稲城正己

〈語る〉蓮如と〈語られた〉蓮如

戦国期真宗の信仰世界

人文書院

目次

《蓮如関係系譜》（本書に関係ある人物以外は省略、番号は本願寺歴代）

- 親鸞①（一一七三―一二六二）（a）
  - 善鸞―如信②（一二三五―一三〇〇）
- 恵信尼（一一八二―?）（b）
  - 覚信尼（一二二四―八三）―覚恵―覚如③（一二七〇―一三五一）（c）
    - 存覚（一二九〇―一三七三）（d）
    - 従覚―善如④―綽如⑤―巧如⑥―存如⑦（一三九六―一四五七）―**蓮如**⑧（一四一五―九九）（e）
      - 実如⑨（一四五八―一五二五）―円如―証如⑩―顕如⑪
      - 蓮淳（一四六四―一五五〇）
      - 蓮悟（一四六八―一五四三）（f）
      - 実悟（一四九二―一五八三）（g）

（本書で取り上げた著述）

（a）『教行信証』
（b）「恵信尼書状」
（c）『口伝鈔』『改邪鈔』『報恩講私記』『親鸞伝絵』
（d）『弁述名体鈔』『報恩講嘆徳文』
（e）『御文』
（f）『蓮如上人御物語次第』
（g）『天正三年記』『蓮如上人一語記』『拾塵記』『山科御坊事并其時代事』

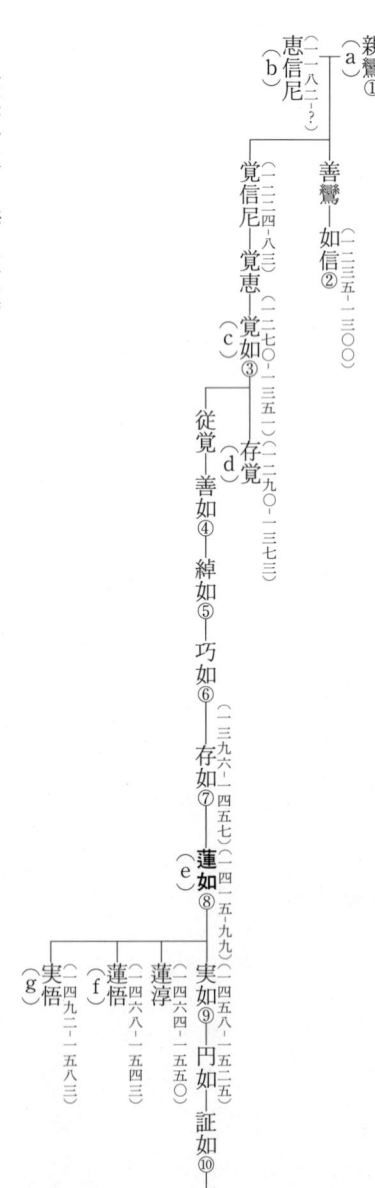

《本福寺系譜》

善道――覚念┬妙専尼
　　　　　　└法住（一三九七―一四七九）――明顕（一四四五―一五〇九）――明宗（a）（一四六九―一五四〇）――明誓（b）（一四九一―一五六〇？）――明順（c）（一五二二―八二？）

（本書で取り上げた著述）

（a）『本福寺由来記』『本福寺明宗跡書』

（b）『本福寺跡書』『本福寺門徒記』

（c）『教訓并俗姓』

〈語る〉蓮如と〈語られた〉蓮如

戦国期真宗の信仰世界

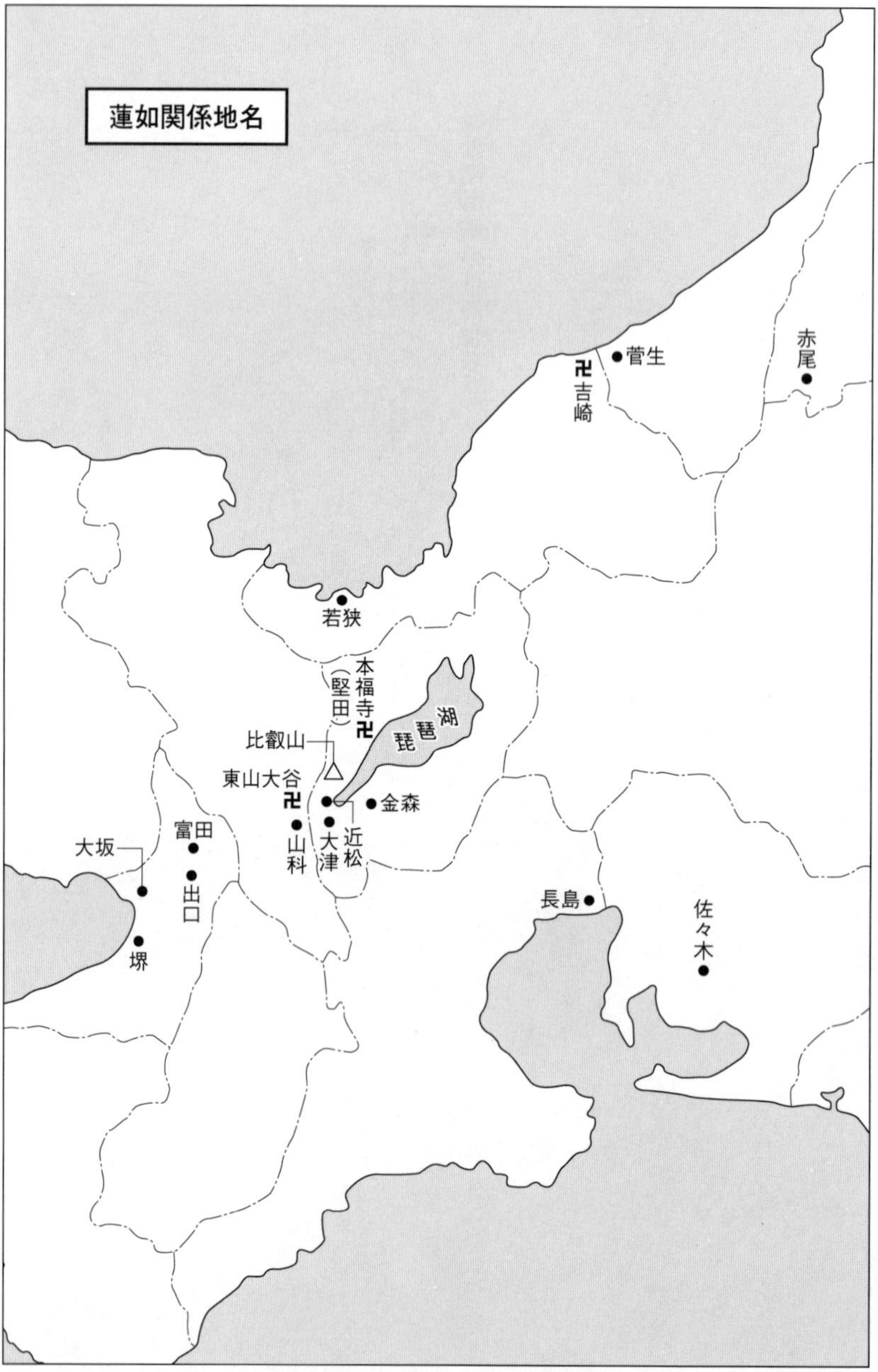

蓮如関係地名
菅生
吉崎
赤尾
若狭
本福寺
（堅田）
湖
琵
琶
比叡山
東山大谷
金森
大津
近松
山科
富田
大坂
出口
堺
長島
佐々木

プロローグ

私は蓮如という人物に特別の魅力を感じているわけではない。また、戦国期という時代に、他の時代以上の興味をもっているわけではない。それではなぜ小著で蓮如について論じるのかという理由を、最初に述べておいた方がいいだろう。

小著では、戦国期の日本に登場し、それ以後の宗教の歴史に大きな影響を及ぼした本願寺第八世・蓮如(一四一五〜九九)の法語・『御文』、彼の示寂後門弟によって編纂されたいくつかの言行録、そして蓮如に帰依した地方寺院の僧侶が書き残した記録について考察する。つまり蓮如をめぐる一群のテクストを論ずるのであるが、その理由として次のような二つの理由をあげることができる。

第一の理由は、近代以降の真宗が宗祖として親鸞を掲げ、親鸞の著作を解読することによって抽出された思想を、真宗のみならず日本の仏教の歴史と思想を考える際の基準としてきたこと、つまり親鸞中心主義的な思考に異議を申し立てたいと思ったからである。これは真宗という日本仏教の一宗派だけの問題ではなく、多くの知識人もまた、親鸞を生涯をかけて実存的な「自己」の確立を目指した真摯な求道者であるかのごとく扱ってきた。もちろん、そのような思索の数々がまったく無意味だったといっているのではない。とりわけ第二次大戦後の日本にあって、日本的な実存主義の発見に寄与した側面があったことまでは否定しない。しかし、それを日本の宗教史や思想史の全体にまで拡大し、歴史上に登場した多くの宗教者の思想や実践の全体までも軽視するような言説を生産してしまったことについては、再考されなければならない。そこで小著では、戦後の知識人たちによって常に親鸞と比較され、その俗物性や政治性を攻撃され続けてきた蓮如をめぐる各種のテクストを取りあげ再解釈することによって、宗教史や思想史を叙述する方法を摸索してみようと考えたのである。

蓮如をめぐる言説を取り上げるもうひとつの理由は次のようなものである。一人の著名な宗教者の著述が残されている場合や、弟子たちによって叙述されたその人物の言行録が残されている場合は決して少なくない。しかし、その宗教者の言説がどのように受容されていったのか、とりわけ「民衆」的な人々による受容のされ方を知る記録はほとんどない。文字言語によって自らの周囲に起こった出来事や体験を記録することのできる人々は、おそらく「民衆」的な人々とは呼べないだろうから、それは当然といえば当然のことである。したがって「民衆」的な人々が受容した思想、あるいは彼らが構築していった知性は、知識人が残した記録や説話や物語に描写される「民衆」的な人々の行動の軌跡を分析することによって、彼らの行動と思考の輪郭が間接的に垣間見えてくるにすぎない。しかし、蓮如をめぐるテクストのなかには、「民衆」的な人々ではないにしても、それに近い人たちによって書かれた記録が存在している。滋賀県大津市にある真宗寺院・本福寺の歴代の住持によって書かれた記録がそれである。彼らは、文字言語によって記録を残すことのできる階層の人々という意味では、「民衆」的な人々ではないかもしれない。しかし彼らは、今日の我々が抱いているような僧侶のイメージとは異なり、当時の真宗僧侶の多くがそうであったように、道場坊主であるとともに商工業者や富裕な農民層であり、また在地の武士—本福寺の住持はときには琵琶湖で海賊行為をしたことを自ら記録している—でもあるような、決して通常の知識人とは呼べそうもない階層の人たちであった。彼らが蓮如が説いた教説をどのように受容したのかを描写した記録は、「民衆」的な人々の教学理解と知性のあり方を知る、またとない記録といえるだろうし、日本の宗教史上を見渡しても他に類例をみない希有なテクストといえよう。つまり、蓮如をめぐるテクスト群は、蓮如・弟子・信者といった人々がそれぞれに記したテクストによって構成されているのである。それらから私たちは、蓮如によって新たな教説が説かれ、それが社会のさまざまな階層の人々によって受容され、各地の信者の宗教的慣習や知性や実践が形成されるとともに、それらがテクスト化されていくプロセスを解読することが可能となるのである。それは真宗史に止まらず、今後の各時代の宗教史・思想史の研究に、一定の示唆を与えてくれると思われる。以上が、私が蓮如をめぐる言説について叙述してみようと思い立った理由である。

なお標題の「〈語る〉蓮如と〈語られた〉蓮如」について若干の説明をしておきたい。この標題は、一九九六年、平凡社から刊行された『講座　蓮如』第一巻に掲載した小論に付したものである。その論考は本書には収められていないが、私自身けっこう気にいっている標題なので、本書のタイトルに用いることにした。「〈語る〉蓮如」とは、戦国期の人々を前にして自らの教説を語り、それを『御文』というテクストとして記録していった蓮如をイメージした言葉である。「〈語られた〉蓮如」は、蓮如の示寂後、弟子や門徒たちによって語り継がれ、記録されたテクストのなかで形成されていった蓮如のイメージを表わす言葉である。私たちにとっての蓮如は、それらのテクストのなかに存在している、あるいはそれらのテクスト相互の関係性のなかから生まれてきたイメージとして私たちの前に姿を表わしてくる。そういった視線から見た蓮如と弟子と門徒たちが、以下の私の叙述のなかで私たちに語りかけてくれるはずである。

序章以下で展開される私の叙述について、そのアウトラインを簡単に記しておきたい。

序章では、蓮如をめぐるテクスト群について検討する前提として、私が思い描いた中世仏教のイメージについて記してみた。歴史学のフィールドで、中世仏教の特色を〈顕密主義〉として定義しようとする考え方がある。

それは、中世における仏教各派の教義をはじめとして、民間信仰や神祇信仰などの多様な宗教は、密教的な理論によって一元的に統合されていたとする立場である。しかし私は、〈顕密主義〉論自体にも異議を唱えたいし、鎌倉期以前に成立し中世社会で大きな政治的・経済的影響力を維持していた仏教各派を正統仏教とし、新たに登場してきた法然・親鸞・日蓮といった宗教者の思想を、異端として定義する考え方にも賛成できない。私は伝統的な宗派に所属しようと、新たな宗派の確立へと向おうと、それぞれの宗教者が多様な仏教の可能性を試みていき、それぞれのミクロコスモスを構築していったところに、中世仏教の理論と実践の特色を見い出すことができると考える。その方法は、あるいは遁世・入宋・遊行といった実践的方法であり、あるいは、自己の〈他者〉化といった理論的方法である。それを私は、仏と人間との間の〈贈与〉関係や僧侶の〈移動〉性・非所有といった視点から考察してみた。このような中世仏教のコンテクストのなかで、蓮如は、他力という思想の可能性を追求していったのである。

第一章では、蓮如の子息・実悟が編纂した、『蓮如上人一語記』という蓮如言行録を素材とした。実悟のこのテクストは、真宗教学の特色である他力信仰を、中世社会の〈非所有〉の論理によって説明しようとする。本章では、〈非所有〉の論理の実践者として蓮如の行動を叙述しようとしたところに、『蓮如上人一語記』の特色があることを論証しようと思う。

第二章では、蓮如の『御文』と蓮如言行録を素材とした。それらの言行録のなかには、今日真宗の開祖として誰も疑うことのない親鸞に関する叙述は少ない。それとは対照的に、蓮如を阿弥陀の化身とし『御文』を神聖な言葉とする叙述が極めて多いのに驚かされる。本章では、そのような蓮如の神格化と『御文』の聖教化の過程を追ってみた。

第三章では、『御文』と蓮如言行録を用いて、真宗教義の受容者の側が、『御文』に書かれた教義をどのように受け入れていったのかを検討する。『御文』では、信者が所属する社会で習慣化している宗教行動を改めようとしない信者の姿が、蓮如によって繰り返し批判されている。それを分析することによって、信者の側の真宗教義の受容の仕方を明らかにしていく。

第四・五章は、滋賀県大津市に所在する真宗寺院・本福寺が所蔵する、戦国期の記録、「本福寺旧記」を分析することによって、在地の坊主や門徒たちが、どのように真宗教義を受容したのかを明らかにしようと思う。まず第四章では、本福寺第六世・明宗(一四六九〜一五四〇)が記録した二つのテクスト、『本福寺由来記』と『本福寺明宗跡書』とを比較する。同一人物が作成した記録であるにもかかわらず、その二つのテクストの間には大きな相違がある。私は、前者を本福寺の聖域としての性格を強調する寺院縁起というべきテクストと考え、後者を本願寺の在地寺院に対する干渉への対抗策を子孫に残すために書かれたテクストと位置づけてみた。二つのテクストの差異を、テクストの役割の違いとして分析してみた。

第五章は、本福寺第六世・明誓(一四九一〜一五六〇?)が記録した、『本福寺跡書』の分析である。この記録は、明宗の二つのテクストを素材として編集したものであるが、書き換えられた部分や追加された記述も多い。本願寺が宗教的権門として絶大な力をもち、末寺を支配しはじめた時期、地域社会における本福寺の社会的権威を維持するために作成されたテクストであるとともに、本願寺権力や戦国期の多様な勢力から、本福寺を護るための家訓としての性格を備えたテクストであるという視点から解読していきたい。それは戦国期という時代の苛酷さを物語ってくれるだろうし、迫り来る近世社会を見通した、近世的な世俗倫理を先取りしたテクストとしての側面も見えてくるはずである。

終章は、戦国期真宗の儀礼について考察した。戦国期の真宗信仰は、報恩講などの儀礼の場に信者たちを参加させ、儀礼を通して受容させることによって普及していった側面を無視することはできない。蓮如の言葉による教化が、真宗信仰が普及していく契機になったことは認めなくてはならないが、一般の信者に真宗信仰を普及していくためには、それだけでは不十分であろう。蓮如は、論理的に説得するだけでなく、儀礼を通して集団的に信心の獲得を実現させようとしたのではないか、そんな問題について考えてみた。

以上のように本書では、蓮如に関するさまざまな性格のテクストを解読することにより、宗教思想の形成と受容の問題を、多面的に明らかにすることを目的としている。そのために本書に収められた各論考は、基本的にはテクスト分析という方法で一貫しているが、書き進めていく過程で、日本のみならず海外を含めて、歴史学・仏教史・思想史はもちろんのこと、それ以外の多様な学問分野の文献を参照した。そのことに違和感を覚える読者も多いと思うが、私への批判は批判として、各論考の末尾の〈注〉に掲載した参考文献の内、専門分野とは異なる文献を数冊でも目を通されることをお勧めしたい。現在の閉塞した研究状況を打開してくれるような文献に、かならず巡り会えるはずだから。

序　章　中世仏教のテクスト・理論・実践

——蓮如論の再構築をめざして——

はじめに

これから私が書こうとしていることは、一般的な意味での中世仏教史を叙述するということではない。蓮如にかかわる言説を検討してみる前に、いままでに私が知りえた中世仏教に関する知識は、どのような座標軸上に配列できるのか、ということをあらかじめ検討しておかなければならないと考えたからである。過去の時代に関するさまざまなテクスト、歴史史料・仏教教理書・物語・説話集など、そして現代の歴史学、哲学、宗教学、文学、社会学、文化人類学など、内外のさまざまな分野の研究者の著作物、それらの多様なテクスト群を読み、解釈を加えることによって、中世仏教の渾沌の中から、やや具体的なイメージが私のなかに形成され始めてきた。それらのイメージを、ひとつは中世仏教のさまざまなテクスト相互の関係性として、もうひとつは理論家の言説と「民衆」的な人々の実践との関係性として、中世仏教の見取図を描いてみようというわけである。そして、蓮如についての各論を展開する前に、それらの座標軸のどこに、蓮如と彼に関わる言説を位置づけるべきかについて、予備的な検討を加えてみるつもりである。

しかし私の方法では、過去と現代の、あるいは異なる学問分野のテクスト間には、いかなる優先順位も設定しないということは、あらかじめいっておいた方がいいだろう。たとえば、教学的な著作物と文書や物語といった歴史史料間に、また歴史史料と歴史研究者の著作の間に、あるいは、中世の説話集と現代の哲学者の著作の間にというように、さまざまなテクスト間に、ア・プリオリにいかなる優劣も差異も設定しないように配慮しているということである。読者のなかには、それらの諸テクスト間には価値的な差異が存在するとか、前近代のテクストと現代のテクストとの間には、何らかの社会的条件上の差異を設定する必要はないかといった、異議や反論を唱える人々も多いかもしれない。だが私は、現代という時代に住む私たちが、いかなるテクスト環境のなかで思考し、個々人が所属する学問分野にふさわしい言説を、いかにしてそれぞれに創り上げていったのかを明らかにしていくことの方が重要だと考えている。もちろん、現代のさまざまなメディアの影響や生活環境・慣習・感性などの要素が、私の叙述に影響していることは疑いないが、本稿ではそこまでの配慮はできなかった。

上記のような視点に立ったうえで、まず最初に、中世仏教を創り出したテクスト環境と、それが生み出した論理と実践とはなんだったかについて考えてみようと思う。私は、中世仏教のテクスト環境を作り出した要素の一つは、日中間の盛んな人的交流と、それにともなって輸入された、中国宋・元代に出版された膨大な仏教テクスト群であったと考えている。九世紀という時代、日本仏教は、入唐僧たちによって新たに輸入された唐代仏教の教理・慣習・儀礼やテクスト群—もちろん、朝鮮半島からの影響も無視できないが—に独自の解釈を加えることによって、新たな体系をもった仏教を構築していった。しかしその後、唐帝国の崩壊と社会的混乱のなかを生き抜いて登場してきた中国宋代の仏教、とりわけ禅・律・天台・華厳・浄土教などは、唐代までの仏教とはまったく異なる相貌をもっていた。一〇世紀後半の日本に知られることになった中国仏教の変貌ぶりは、衝撃となって既存の日本仏教の教理・慣習・儀礼などの再検討を要求し、さらには、全仏教を統合する論理の摸索へと駆り立てていったのである。もちろん、宋代の仏教の刺激だけによって、中世仏教が誕生してきたというつもりはないし、伝統化した従来の仏教のなかからも、中世的変貌の契機は生み出されてきたのではあるが、それらの相互関係から、中世仏教成立期のテクスト環境と、それが要請した論理と実践がどのように形成されていったのかを、以下見ていくことにしよう。

一　中世仏教のテクスト環境

最澄・空海・円仁・円珍たち、九世紀の入唐僧は、それぞれに独自の教学体系を構築していったが、彼らは、それを論証するのに必要なテクストを中国より輸入し、それらのテクストこそが、世界を支えてくれるのだと主張した。彼らの著述と彼らが中国より持ち帰ったテクスト群は、以後四世紀の間、南都の教学とともに、仏教界における権威ある言説の地位を独占していった。もっとも南都では、天平七年（七三五）に帰国した入唐僧、玄《げん》昉《ぼう》が輸入した『開元釈教録』所載の大蔵経―ただし全部ではないが―が、それらが焼失してしまう中世末まで、もっとも権威あるテクストの地位を維持していた。玄昉の大蔵経は、中国から宋・元版が輸入されるようになった一一世紀以降も、南都で出版された各種のテクストの底本となったり、諸本の校訂に際してまず参照すべき権威あるテクストの地位を与えられることにより、南都独自の伝統を誇示する役割を担っていった。

ところで、寛和二年（九八六）東大寺僧・奝然《ちょうねん》は、建国して間もない宋の皇帝・太宗が、帝国の威信をかけて完成した、仏教史上初めての版本大蔵経（いわゆる開宝勅版大蔵経）を、太宗より下賜されて帰国する。この大蔵経とともに、インドからの来宋僧・天息災施護が翻訳した四一巻の新訳経も彼に下賜されている。それらは奝然の没後、彼の弟子によって藤原道長の建立した法成寺に寄進され、法成寺が焼失するまでの百年間、至高の権威を誇るテクストとして君臨する(1)。

版経の開版には、筆墨による経典書写とは異なり、あらかじめ可能な限りの諸本を収集し、優秀な学僧を集めて徹底的な校訂を行って、正確な底本を確定しなければならない。一旦版木に鏤刻《るこく》してしまえば、改訂はかなり困難な作業となるからである。もちろん、開版には、版木の鏤刻だけでも多大な経費と人材を要することはいうまでもない。だが、それをあえて行うのは、書写経が、転写の過程で不可避的に誤字・脱字や恣意的な本文の改変を生じてしまうのに対して、版経は、一旦版木に鏤刻してしまえば、まったく同一のテクストを供給できるというメリットがあるからである。近代の印刷とは異なり初期の印刷は、大量に安価なテクストを供給するために行われたのではない。権威あるテクストを、だれが供給可能であるのかを明らかにし、また、版木を独占的に管理することによって、テクストの供給を一元的に掌握するという、きわめて権力的な意思に基づくものである。太宗は、彼自身の篤い仏教信仰を大蔵経出版の動機としていたにしても、新帝国の威信を一挙に高める文化資本(2)の増大に、もっとも有効な方法の一つとして大蔵経出版という事業を選択したということができる。

藤原道長は、仏教的理想世界の構築、世界全体を浄土化するために、社会組織を組み替えるという、新しいパラダイムの創造を目指していた(3)。中国仏教の最新の叡智の結晶であるこの大蔵経―それはまた、可視と不可視の世界に関する全知識を叙述した、当時の百科全書とでもいうべきものだが―が、道長の管理下に置かれたということは重要な意味をもつ。この大蔵経の輸入は、九世紀以降、各宗の祖師たちが確立した教学体系や、彼らの後継者たちの著述や言行のすべてが、もしかすると誤ったテクストに基づいたために誤謬を抱え込んでしまった、無価値な論述にすぎないのかもしれないという不安を、仏教界全体に蔓延させることになる。その危惧を解消するには、道長やその息男・頼通に膝を屈して、彼らの管理下に置かれた新着の大蔵経を参照するしかないのである。

これ以降、各大寺院は、莫大な経費を要するにもかかわらず、競って宋・元・明版や高麗版の大蔵経の輸入に奔走することになる。経典に文化財的な価値を認めるようになる近代以前には、より新しい版経の方が価値が高いとされていたから、新しい経典が出版されるたびに、各寺院は、その獲得に血眼になったのである。それにともなって、大蔵経に含まれない新訳経、中国各地の寺院で続々と開版されていった中国撰述の章疏や僧伝・語録をはじめとして、儒教・道教・宋学・文学・辞書・医書・史書・地誌などの仏教以外の書籍、大衆小説の類までもが大量に流入することになった。こうなっては、いささか怪しげなテクストも交じったテクスト群を用いて九世紀に確立された仏教テクスト間のヒエラルキー（教相判釈）と、それらによって構築された教学体系の権威は、もはや動揺せざるをえない。

新たな文化資本の獲得競争によって得られたテクスト群と、旧来の伝統から生み出され、集積されてきた文化資本を包括する、すべてのテクスト・慣習・儀礼間のヒエラルキーの確定が試みられることになる。平安末期の各宗派の内部から登場してくる新しい仏教的言説は、そのような伝統の再構築という社会的要求から誕生してきたのであって、けっして伝統的な仏教に対抗し批判する言説として登場してきたわけではない。

二　いわゆる「顕密主義」について

一二世紀末に出現し、後に宗派を形成していったいくつかの教説を「新仏教」と呼び、従前の仏教を一括して「旧仏教」と名づけた仏教史が、一九七〇年代まで再生産され続けてきた。このような旧仏教／新仏教という分類法に根本的な疑義を投げかけたのは、黒田俊雄であった(4)。黒田は、現存する仏教各派の勢力の大小を、中世にもそのまま適用して、法然・親鸞・日蓮・禅宗といった、鎌倉期に新たに登場してくる祖師や宗派を中心に叙述された従来の仏教史を批判する。彼は、そのような仏教史は、各宗派ごとに起源を遡及することによって叙述された、個別の宗派史の寄せ集めにすぎないとし、それを宗派史観と名づけて退ける。さらに彼は、中世仏教の主流はあくまでも南都・北嶺などの伝統的な仏教各派であり、彼らは一一〜一二世紀にかけて、新しい時代にふさわしい経済的基盤の確保と教説の整備を行い、中世仏教へと自己変革を成し遂げていったとした。それに対して、近世以降の日本で大宗派へと変貌を遂げていった、いわゆる「新仏教」の各派は、中世では異端的な地位に止まっていたとした。こうして、従来の通説は、黒田によって完全に逆転されたかに見えた。

このような黒田の中世仏教の構想は、今日でも優れた価値をもっているように見える。だが、このような黒田の構想は、一見客観的な歴史叙述のように見えながら、戦後の日本の知識人を特徴づける「無神論」という、近代社会が生み出した特殊な、しかも知識人にのみ許された特権的な視線から叙述された、これもまた逆説的な意味での宗派史観、「無神論」的歴史観といっていい視点から叙述された宗教史にすぎない。「無神論」は、黒田のようなマルクス主義者のみならず、戦後日本の〝進歩的〟知識人の一般的性向となり、そしてまた、教育の場や公的な言説の場から宗教を排除し、宗教を背景化し、やがて日本人一般の宗教に対する知識の欠如を生み出してしまった—ただし、日本人が宗教に対して無関心になったわけではないことは、統計的なデータから見ても明らかであるが。「無神論」者は、一般の人々に対しては、宗教など過去の遺物で不要なものだと宣言するのだが、彼ら自身もまた、宗教に無関心であったのかといえば、必ずしもそうではない。彼らのなかの「専門家」を自称するグループは、彼らなりに解釈した宗教の知識を収集し、宗教を語る言説の様式—多分に通俗的かつイデオロギー的なものであるが—を、独占的に管理しようとしていただけなのである。もちろん、黒田の中世仏教史論を、それと同列に扱うつもりはないが、そんな社会的コンテクストに対する賛同と批判の両面から、研究者としての黒田の立論が誕生してきたことは確かであろう。

一九世紀前半、西欧社会の歴史家には、小説家と同程度の社会的地位しか与えられていなかった(5)。明治以降、日本に輸入された欧米流の歴史学は、ようやく学問としての社会的地位を確立しつつあった段階の歴史学であった。新しく誕生したばかりの日本の社会のなかで、歴史学を学問として認知させるために、日本近代の歴史家たちは、率先して宗教の色彩を身に纏った「国史」(皇国史観)を支持するとともに、近代国家の確立に寄与するイデオロギーの生産を請け負っていった。それゆえ戦後の歴史学は、「無神論」というモダニズム、あるいは「宗教」を拒絶するマルクス主義を装うことによって、歴史学と「宗教」とのいまわしい関係の記憶を、一刻も早く拭い去ろうとしたのだった。

戦後の歴史学は、唯物史観による社会経済史的分析、とりわけ社会の物質的基礎としての下部構造—つまり、社会的財貨の所有と非所有との関係—の分析を重視するというスタイルをとることによって、宗教や思想からできるだけ距離をとり、自己改革を遂げたかのような印象を与えようとした。しかし戦後の歴史学が、戦前の歴史学とはまったく異なるものとして社会的認知を得られるようになり、学問としての安定した地位を獲得する一九七〇年代になると、人間の多様な活動によって成り立つ歴史世界を、下部構造の分析だけで叙述することには限界があることが明白になってきた。そしてなによりも歴史家自身が、支配/被支配といったパラダイムに還元されてしまうような、あらかじめ予想される結論しか導き出すことのできない自らの研究方法に、物足りなさを感じ始めてくるのである。それゆえ、それまでは下部構造によって、一方的に決定されるものであり、研究する余地も価値もそれほどないと考えられてきた、社会の文化・思想・宗教などの上部構造と、その下部構造への影響関係の研究の必要性が、痛感されるようになっていった。それはまた、新鮮な言説の登場を期待する、多くの日本人の需要に応えることでもあった。

それはまず、残存する史料の限界性から、比較的解釈の自由が許容されていた古代史の分野で、歴史叙述に想像力を働かせる余地を認めることから始まった。いわゆる古代史ブームがそれである。そういった歴史学会の要求に応える形で登場してきた黒田の構想は、中世史を研究する歴史学者に衝撃を与え、賛否両論を巻き起こすことになったが、やがて、ある種の共通感覚を定着させることになっていった。つまり、「無神論」的な認識方法は、宗教の存在を認めるにしても、宗教を前近代社会に特有の心性に基づく現象として、また、近代社会によって克服されるべき未熟な知性として理解しようとする感覚である。あるいは寺院社会を、戦後の歴史学が熟達していた、社会経済史というパラダイムに組み込んで、他の社会集団と等質の政治的・経済的集団にすぎないとして描く歴史叙述を生みだすことになった(6)。それのみならず宗教を、近代の歴史的所産であるイデオロギーという概念装置(7)で解釈することになり、それゆえ、同時代の人々が宗教をいかなるものと考え、どのように受容していったのかを理解しようとする視線を排除してしまう結果をもたらしたといえる(8)。

ところで黒田が、旧仏教/新仏教という二分法に代わって採用した、正統/異端という分類法は、西ヨーロッパの中世キリスト教という、世界史上の特定の地域の限定された時代に登場してきた観念を普遍視し、あたかも他の地域や異なる時代の宗教にも、単純に適用できるかのように錯覚することから生じた分類法にすぎない。それは、ヘーゲルからマルクスに至るまでの、世界史の普遍的な法則性という壮大なテーゼに一致し、それなりに魅力的な視点ではあるにしても、何よりも、黒田の主張する顕密主義というパラダイムと矛盾する概念である。黒田は、「いわば公認された顕密の八宗が神祇崇拝やその他の宗教・呪術までも包括しつつ総体として構成している」のが顕密主義であるという。また、「ただ、八つの「宗」が別のものとして連立しているそのことでなく、そのすべてに基本的に密教的な一つの主義=体制として浸透している「顕密主義」こそが正統性をもつのである」という(9)。

キリスト教で正統／異端という概念が成立したのは、キリスト教の神が唯一性・絶対性をもっているからである。初期のキリスト教では、教会は、単に信仰者の集団を意味していたのであるが、イエス・キリストの死後、二〜三〇〇年の間に確立していったキリスト教の教理は、唯一の神と人間を仲介するものとして教会を位置づけていった。そして、中世になると、教会は位階制で統合された聖職者たちの集団のことを意味するようになった。おおまかにいえば、神の唯一性と絶対性、あるいは神と人間を仲介する教会の役割を否定するのがキリスト教の異端ということになる。したがってキリスト教では、あらゆる宗教が、正統／異端／異教という三分法に従って分類されている(10)。絶対的な権能をもった神が、なぜ神に忠実に従わない異端的な信仰者を生み出すのか。この神学者たちの頭を悩ませた疑問に対して、キリスト教は、それは神が、意図的に自由な意志をもったものとして、つまり神に従う／従わないことを選択できるものとして人間を創造したからだという理由を用意した。それゆえ救済者である神は、その全能性に一見矛盾するかにみえる、神に従わない者たちを生み出し、神自身が彼らを罰しなければならなくなった。神はその唯一性・絶対性のゆえに、救済者であるとともに処罰者にもなるという、アンビヴァレントな性格を持たざるを得ないのである。もし神が、救済に対する疑いをもたないものとして人間を創造したならば、人間の信仰は、単なる生理的反射運動に過ぎないことになり、真の信仰とはいえない。あらゆる生命体のなかで唯一知性をもつ人間にふさわしい、強制ではなく自由意志によって神への信仰を選択することこそ、真の信仰と呼ぶに値するとしたのである。このようにキリスト教は、人間の自由意志を重視するという思想構造自体から、知性によって誤った選択をしてしまう異端を生み続ける必然性をもっているのである。

唯一性・絶対性をもつ神の委任を受けた者（教会）が正統であり、彼らだけが異端を定義でき、異端者を救済から排除できる。しかし、その権限を神より与えられていない世俗的な権力は、異端を定義することと異端者の認定に介入できない。それゆえ、西ヨーロッパ中世では、神の委任を受けた者(教会)の代表者を選出する権限＝叙任権をめぐる、教会と王権との闘争が起こるのである(ちなみに東方教会では、その権限は当初から国王に属していた)。

しかしながら、顕密主義は黒田のいうように、「理念の次元」でのことであり、思想の体系ないしは構造のことである。仏教の全思想を密教的に統合したと定義される顕密主義には、そこからはみ出した〈外部〉、つまり異端や異説が存在する余地はまったくない。伝統から逸脱したかに見える思想が誕生しても、それは、思想が自己増殖・自己改革を遂げていく運動のプロセスの中で必ず起きる現象なのである。新しい教説を組み込んだ、新たな顕密主義の体系が再構築されるまでの過程で起きた出来事のひとつなのであって、それによって顕密主義が崩壊するわけではない。顕密主義とは、黒田によって構想された中世仏教を分析するための概念装置なのであって、実体的な何かが存在しているわけではない。黒田自身の定義によって、その〈外部〉は論理的に存在しえない。彼は顕密主義の成立過程を論じるときには、すべての宗派・教説・儀礼が顕密主義の〈内部〉に統合されていったと論じているにもかかわらず、鎌倉期の法然や日蓮たちが登場してくるやいなや、突然それを顕密主義の〈外部〉、異端と定義しようとする。法然や日蓮たちが、伝統的な教学体系から余りにも飛躍した教義を提唱したことにより、伝統的な教学者から予想を越えた反発を蒙り、また、世俗的な権力から断罪されるような事態が起こったとしても、それは法然や日蓮たちを〈内部〉化し、顕密主義の再構築を行うために必要な手続きの一環なのであって、顕密主義の〈外部〉が誕生したわけではない。そう解釈しなければ、黒田の顕密主義自体が論理的に崩壊してしまうことになる。そういった意味で黒田は、いまだ旧仏教／新仏教という二分法の呪縛から、完全には脱却しきれないまま顕密主義を提唱してしまったといえよう。

それとともに注意したいのは、黒田の顕密主義が、そのような構造をもつものであるとするならば、古代の

「律令制仏教」や近世の「幕藩制仏教」と、構造的にはそれほどの差異はないということである。もちろん黒田は、古代・近世とは異なり、中世社会は、寺社勢力が独自の権門として、世俗権力に拮抗するような政治的・経済的実力を維持し、いわゆる権門体制の一員となっていたところにその独自性を見い出している。ごく単純化していえば、黒田は顕密主義を、世界をどのように体系的に理解するかの方法として、一方、権門体制を、社会的現実としての政治的・経済的体制として理解しようとする。黒田は、権門体制という下部構造（所有関係）によって、顕密主義という上部構造が規定されていると理解しているのである─黒田は、それらの相互関係を単純な教条主義的解釈によって叙述しているわけではないが。したがって顕密主義とは、結局のところ、権門体制のイデオロギー的側面ということになる。

しかし顕密主義と権門体制とは、黒田が考えるような相互関係をもっているのだろうか。私は、顕密主義は中世の思想構造を表象する概念であり、権門体制は中世の社会構造を客観的に表象する概念であるという考え方には同調できない。なぜなら、思想構造も社会構造も共に、中世のテクスト群のなかから、歴史家が、それらを叙述していると考えた言説を抽出し、現代に生きる彼の価値基準でもってその言説に解釈を加え、しかし、あたかもテクストがそのように物語っているかのように叙述した言説、歴史家が再構成した物語にすぎないからである（この問題については、後の各章で論じられることになる）。つまり歴史叙述とは、歴史家の解釈を密かに介入させ、しかもそれが「客観的」な歴史であるかのごとく装い、しかもそのことを歴史家同士が暗黙裡に不問に付したときにのみ成り立つ言説にすぎない。

中世の思想構造と中世の社会構造とは、中世のテクスト群を二つに分類し、それぞれに異なる解釈を加えることによって成立した二種の言説なのであり、それを歴史家が、あたかも二つの現実が存在しているかのごとく叙述している、あるいは錯覚しているにすぎないものなのである。中世の思想構造と社会構造は、それを実証するにふさわしい、一方は理論的著作に、一方は所領関係の文書といった、それぞれ異なるテクストに叙述されていると反論されるかもしれない。しかし、そのようなテクストの選別や分類自体が、歴史家の恣意性の所産なのではないか。たとえば、ある寺院に所蔵されている中世の全テクスト群—経典・注釈書・儀礼書・政治的文書・財産に関する文書など—を分類し、それらを思想に関するものと社会生活に関するものに分類したうえで、それぞれの歴史を叙述しようとはしていないか。そこには、宗教／政治／経済などといった、近代社会が生み出した概念を介入させてはいないか。それらの概念は、中世社会にはなかったのではないのか。一枚の文書からでさえ、その気になれば、思想と社会関係といった別々の側面を抽出することは可能なのだ。そのような分類自体が、すでに歴史家の解釈を介入させているのである。そこからは、予め行った分類に応じた、思想や社会関係しか見えてこないのは、当り前のことである。

「律令制仏教」や「幕藩制仏教」という概念も、古代や近世という時代の独自性を抽出しようとして、歴史家が生み出した概念装置である。だから、それらは中世仏教と異質なように見えてしまうにすぎない。しかし、テクストの叙述された言語の関係性、つまり構造という観点からすれば、それらの間にはそれほどの差異はない。黒田は、中世仏教の特色を顕密主義と名づけたのだが、顕密主義と中世後期の仏教の同一性、また、近世仏教と顕密主義との異質性の説明に苦慮したのは、それらの間には—古代仏教も同じことだが—構造的な類似性が横たわっているからである。レヴィ＝ストロースの名前を出すまでもなく、構造的な分析は、異なる地域や時代の間に、同一性が存在することを論証するための理論戦略なのであって、その方法によって差異を発見するのは論理的に困難にならざるをえないのである。黒田が、顕密主義論や権門体制論を提唱した後で、個別寺院の社会構造の分析へと向ったのは、彼の方法論からして、当然の帰結といわざるをえない。なぜなら、そこは、黒田が考えていたような構造が隠された新たなフィールドであり、そのことにまだ多くの研究者は気づいていなかったからである。

とはいえ、筆者自身、上記の広範な問題に応えていく用意はない。本稿では、テクスト分析という方法に生態学や〈存在の連鎖〉という視線を加えることによって、中世仏教の構造とテクストと実践との関係について、とりわけ宋代仏教のテクスト群と実践の影響を受けて再定義されていった禅・律仏教や浄土教を中心に考えていくことにしよう。

三 中世仏教のコスモロジー

従来の研究では、中世における京都や南都の大寺院は、寺領荘園の拡大や地方寺院の末寺化によって経済的自立性を高めていったが、一方で、密教の修法や各種の法会を通して、あるいは貴族師弟の入寺などにより、仏教界と貴族社会との相互依存関係と一体化が極度に進行していったとされている。

見方を変えれば、仏教界と世俗社会がさまざまな活動を行っている全領域、都市や地域社会はもちろんのこと、国土の隅々の山林・原野・海浜に至るまでの空間が、人間が相互に交流し、また自然との関係を維持することによって、生命や身体を相互に交換し共有する巨大な一個の生命体、マクロ・コスモスへと統合されていったということができよう。中世における仏教界と世俗社会との一体化は、仏教界の世俗化というよりも、寺院の行政組織や経済体としての側面にも、世俗社会全般の諸活動にも、仏・菩薩の浄土での活動と同等の神聖性が付与されていったことを意味している。世界に存在するあらゆるものや現象、そこでの人間の交流、人間が自然に働きかけることによって生産された財貨の流通、そして言説の交換は、自然から与えられた生命（無生物さえも生命をもっているのだ)、〈聖なるもの〉＝仏神とのエネルギーの交換関係である。あらゆる存在や現象が、あたかも身体の内部を環流する血液のように、いまや巨大な生命体となった世界のなかを循環しているのである。そこに存在する人間も他の生命体も無生物も、出来事や自然現象も、そして言葉さえもが、何ひとつとして無意味に存在しているものはない(11)。

世俗社会と仏教界との一体化という事態をこのように理解すれば、別の意味づけを与えることができる。それは、古代の律令制的な言説が切断してしまった人間と人間との、あるいは人間と自然との関係性、国家（王権）や法律などをできるだけ介在させない、経済的・法的制度以前の、存在論的な意味での、世界の根源的な相互関係の回復運動とみなすことができる。このような相互関係について、社会思想史研究者・今村仁司は、インドのブラーフマニズムを例として次のように説明する(12)。

生きていること、生命をもっていること、つまり、現実存在はそれ自体で負い目なのである。人間は現世のなかに到来した瞬間から「負い目的に、負い目として、ある」。負債の完済が死であった。してみると人間は生まれたときからその存在を負い目として預けられている。生誕と死の間の人生は猶予の期間である。生命は預りものであり、自分のものではないものを預っている。それが負債であり、いずれはすべてをかえさなくてはならない。……何物かに生存を負っていることについてのブラーフマニズムの解釈がここにある。そしてこの存在解釈と理解は具体的な人生の構造をひそかにつらぬいている。「何ものか」は、まず神々であり、その教えを伝える経典であり、先祖であり、あるいは将来の子孫である。要するに、現世にあるすべての事物に対して個人の存在は負い目をもっている。相互依存の総体が負い目であり負債である。……人間は万物と万人に「結ばれており、縛られている」。相互行為はすべて「縛られる行為」であり、つまりは負債を作る行為である。

人間は、「何ものか」から存在と生命を与えられている。つまり最初に〈贈与〉という行為がある。それは人間にとって負債となるのだが、それに対して人間は、その「何ものか」に自己を〈贈与〉しなければならない。この「何ものか」は、生命の真の所有者である仏神なのだが、現実には自己の〈贈与〉は、社会のなかの誰かに対して行われることになる。それゆえ、社会化された〈贈与〉は、人間の利害関心に動機づけられており、無償の行為ではありえないのだが、見掛け上は何の見返りも期待していないかのごとく振る舞う義務がある。相互行為として他者への〈贈与〉を無私の行為として表象するためには、受け取ったもの以上のものを他者に〈贈与〉する必要がある。しかし現実には、すべての人間が、そんな過剰な〈贈与〉を行えるわけではないから、それができる者に、より高い社会的地位が与えられる。したがって、相互に過剰性を競い合う〈贈与〉は、現実には、社会的地位をめぐる闘争となる。しかし、相互に等価になるように注意深く配慮された〈贈与〉は、負債を相互に共有し、同一性を維持するための非競争的な〈贈与〉（婚姻関係などのように）となるのである。つまり〈贈与〉には、差異化と同一化の性向をもった、二種類の〈贈与〉があることになる。

だが、差異化を生み出すような、社会的に変形された人間相互間の〈贈与〉行為は、何らかの形式で、本来の純粋な〈贈与〉行為へと常に回帰させ修正しておかなければ、社会全体に負い目の不均衡が拡大してしまう。生命の本来の所有者である仏神に対して、社会が莫大な負債を負っているにもかかわらず、その返済が不可能な人間を再生産してしまうことになる。つまり、人間と財貨と生命が、社会のなかに不均等に偏在してしまい、過奢と貧困とが、過剰な欲望と絶望とが、長寿と早逝とが混在し、やがては、〈聖なるもの〉によって、あらゆるものに与えられている固有の意味と場所が、相互に結び合わされた〈存在の連鎖〉が分断されてしまうことになる。それゆえ、人間以外の〈聖なるもの〉への純粋な〈贈与〉、宗教的な善行が、つまり、自分よりも下層の身分の者たちの労働を進んで引き受ける捨身、世俗的な権益の一切の放棄としての出家、集積した財貨の放棄としての造寺・造仏・写経・法会の主催などの布施、生命力の過剰な消費としての苦行や巡礼、貧者への喜捨—儒教的な意味づけを施された「徳政」もそれに含まれるが—、それらの「大いなる」放棄が、社会的地位と財産の多寡に応じて行われるのである。もちろん、それらの行為に対する見返りを仏神に求めてはならないし、仏神にもそれに答える義務はない（それゆえ純粋な〈贈与〉になるのだが）。世俗社会と仏教界との一体化、寺院の行政組織化や経済体化と見える現象は、〈存在の連鎖〉の可視的な部分であり、また社会全体が、このような〈贈与〉関係のシステムとして構造化された外観に他ならない。それらは、近代的な意味での「経済」的関係（権利と義務との相互に等価的な関係性）には、けっして還元できない関係性なのである。

四　〈存在の連鎖〉の再構築—遁世

それでは、平安末期以降、仏教の独自性を主張し、世俗社会と仏教との一体化を拒否し、寺院を仏教本来の得道のための共同体へと回帰させようとしているかに見える、独自の教学を確立し、特異な行動に生きた修学者たちとは一体何であったのか。常識的に考えれば、仏教独自の神聖性を回復させるためには、世俗社会との訣別がもっとも有効であるが、その代表的手法が持戒や遁世であろう(13)。たとえば、鎌倉時代初期の代表的な修学者であった貞慶（一一五五～一二一三）が、興福寺に入寺し、仏教界において高い地位に登るための階梯、維摩会講師などを勤めたにもかかわらず、建久四年（一一九三）、興福寺での栄達と僧綱への昇進の道を捨てて笠置寺へ隠遁したように。

遁世後の貞慶は、勧進により笠置寺の堂塔・仏像・経典などの整備を行う傍ら、『弥勒講式』などを著述し、笠置寺に弥勒信仰の道場を構築していった。承元二年（一二〇八）、彼は海住山寺に移住し、そこを観音信仰と戒律の実践を重視する道場としていく。その間彼は、主として法相教学に関する多くの著述を精力的に著わしている。しかし、密教の相承に関しては、遁世前にわずかに求聞持法などの伝授を受けたことが知られているにすぎない(14)。

同時代の代表的な修学者で、遁世僧として知られる明恵（一一七三〜一二三二）は、高雄・神護寺に入寺し、倶舎・華厳・悉曇《しったん》などを学んだ。彼の教学の特色は、師を求めて東大寺尊勝院等を巡歴して華厳教学を修学し、また、彼の著作にも華厳関係の論述が多数見られるように、華厳教学を重視したところにある。それは見方を変えれば、『華厳経』に説かれる善財童子の師を求めるための巡歴の模倣であったといえよう。もうひとつの彼の特色は、密教の受法と実践にことのほか熱心であったことである。彼は、勧修寺・興然より東密の一派、小野流の伝法を受け、自ら語っているように密教の行法に日夜励んだが、とりわけ仏眼法に長じていたことは、彼の著作のいたる所に語られている通りである。むしろ彼が目指したのは、密教と華厳教学との一致であったといっていい(15)。彼は、建久六年（一一九五）、神護寺を出て、紀伊国・湯浅白上峰に庵居し、そこで観法・坐禅・学問などに専心した。後に聖教閲覧の必要性から、再び高雄に近い栂尾に戻り、観法・坐禅の実践とともに華厳関係の著作に励むことになる。彼らのような遁世僧は、既存と新来の知識を可能な限り吸収し、それらを総合化して、新たな教学体系を構築しようとするよりも、どちらかといえば、意識的に特定の仏・菩薩への帰依に集中し、教学的にも特定の教学へと単一化していこうとする傾向があった。

彼らの遁世は、しかし、必ずしも世俗社会との結びつきを完全に断ち切ることではなかった。世俗と脱俗が別々の原理の支配する社会だとすれば、世俗社会と仏教界は、天子と仏・菩薩をそれぞれに中心とする世界を、別々に構築していかざるをえない。世俗社会は、政治世界と経済的領域において、王権を中心とする独自の身分秩序をもつ中央集権的に構造化された社会を構成する。それに対して仏教は、生命を維持するための資財の提供では世俗社会に依存することはあっても、仏・菩薩を頂点に戴く独自の聖域と組織と規律をもつ構造体である。中世社会では、少なくとも出家者にとっては、生命の維持が最優先の課題ではなかった。仏・菩薩の神聖性は、王権のそれに勝ることを証明し、自らの実践領域を聖別し、世俗権力との住み分けを実現すること、つまり彼らは〈贈与〉される者ではなくて、〈贈与〉する者の側の人間であることを証明することの方が、生きることよりも重要だったのだ。

遁世者たちは、世俗社会と仏教が一つの構造体へと統合されることを必ずしも拒絶したわけではない。むしろ、王権が仏・菩薩の支配に伏するという形式をとることによって、つまり転輪聖王として仏法の信奉者であるとともに保護者となることを望んでさえいた。しかしこのことは、黒田俊雄が考えたように、王権と仏法は、相互依存的関係にあること、しかし実質的には、王権が仏法を支配していることを意味しているわけではない。なぜなら、先にも述べたように、より高い社会的地位を獲得しようと思えば、社会の他の構成員に対して、より過剰に〈贈与〉しなければならない。しかも、社会的地位をめぐる闘争を、〈贈与〉という方法で、もっとも激しく闘わなければならない国王（それが社会に生命力を注ぎ込み、常に活性化するための彼の社会的・儀礼的義務なのだが）は、純粋な〈贈与〉から誰よりも逸脱していることになる。だから彼は、仏神に対する純粋な〈贈与〉（それは、〈贈与〉をめぐる闘争で社会の内部に過剰に充満してしまったエネルギーを、鎮静化させるための彼の義務である）を、誰よりも過剰に行う義務を負っていることになる。そして、少くとも臨終以前に、出家という純粋な〈贈与〉の形式で、仏神より与えられた生命を仏神へと返済し、〈贈与〉関係を清算しておかなければならない。彼は、差異化と同一化の性向をもった二種類の〈贈与〉を、誰よりも過剰に行う社会的義務を負っていることになるのである。

国王は、現代人の眼差しからみれば、社会のなかで最高の地位と権力を保持しているようにみえるのだが、そのために最大の〈贈与〉の義務を、しかも二重に負っている者でもある。そのことは、とりわけ院政期以降、白川と鳥羽に多数の寺院群が建立し続けられていったことによっても証明できるだろう。国王は世界に君臨し、あらゆる存在に優越することによって、仏神と他者に対して莫大な負債を負い続ける者でもあるのだ。

遁世者たちが望んだ遁世とは、むしろ世俗社会と仏教界とが一体化した社会の只中で、遁世者としての生をまっとうすることであった。常識的に考えれば、遁世者となることは、〈世俗社会／仏教界〉として分節されている社会を、〈世俗社会／仏教界／遁世者の共同体〉という形式で再分節化することになるはずである。しかし彼らは、社会の外部に〈他者〉として棲息するのではなく、社会の周縁部、それも都市からさほど遠くない閑静な場所に、遁世者の共同体という小宇宙を構築した。そして、その小宇宙と都市的世界との間を往還しながら、世俗社会との交渉を維持し続け、ときには都市の内部に堂々と遁世者を名乗って居を構えた。これらは、特異なことではなく、むしろ歴史的伝統と神話的言説に根拠をもつ行為だったのだ。

仏教者が世俗社会を逃がれ出て山林を愛好したことは、そこが瞑想の場として最適とされたことから当然であるが(16)、世俗社会の者たちの自然に対する共感もまた、仏教者に勝るとも劣らない伝統をもっている。天平勝宝三年（七五一）に編纂された日本最初の漢詩集、『懐風藻』にもすでに奈良貴族たちの自然に対する様式化された共感、つまり自然の只中での閑居と隠逸が詠まれている。そういった言説がもっとも盛んに生産されたのは、九世紀初頭、天皇嵯峨を中心とする宮廷官僚によって編纂された勅撰三詩集（八一四年『凌雲集』、八一六年『文華秀麗集』、八二七年『経国集』）の時代であろう。世界の中心としての都市と王権と制度に絶対的な信頼を寄せる都市貴族たちによって謳い上げられた都市を取り巻く自然は、あたかも管理の行き届いた庭園であるかのように、整然として穏やかな空間として描写される。彼らは、自らが神仙か隠者であるかのように振る舞い、都市の内部かせいぜいその近郊の別荘で、精神の自由を謳歌しているかのような言説を生産する。

　しかし彼らの言説は、結局のところ、そのような自由を楽しむことができるのは、儒教的な意味での理想的な王権が世界を支配している結果なのだという、啞然とするほど陳腐な定型化した結論を述べているにすぎない。つまり彼ら宮廷官僚たちが生産する言説は、王権と都市と制度による、都市の外部に居住する人々や自然の事物に対する優越や支配を祝福する言説、彼らが職務として生産する言説であって、けっして個々の人間の生のあり方を問うような質の言説ではない。もちろん彼らの作品は、『文選』に代表されるような中国の古典、五・六世紀の南北朝期の老荘風の詩文のテクスト群を範型としているにすぎない。そんな彼らが熱心に推奨する自然の享受法は、「吏隠兼得《りいんけんとく》」という生のあり方である(17)。凡庸な隠者は、人里離れた山中に理想的世界を求めるが、偉大な隠者は、都市の喧騒のなかに逸遊することができるのだという、いかにも都市貴族の好みそうなレトリックを駆使した言説が「吏隠兼得」である。それは、中国の官僚たちが、戦乱と政治的不安定との狭間で、苦渋の選択を迫られた果てに到達した思想だった。意地の悪い評者は、その思想を官僚としての地位を捨て、隠逸への飛翔を決行することによって高い評価を勝ちえた神話的隠者とは異なり、優柔不断にも官僚という地位に拘泥してしまった人間の、自己弁護にすぎない言説だと酷評するにしても。一方、九世紀のこの国の官僚貴族たち、嵯峨とともに政治改革に取り組み、一時的な成功に酔い痴れる彼らは、都市での官僚生活を存分に愉しみながら、しかも、隠逸者の自由をも享受することは可能なのだとうそぶくのである。

　九世紀に伝統化したこのような思想を、中世的言説へ転換しようと試みたのが慶滋保胤《よししげのやすたね》だった。彼は、天元五年（九八二）の「池亭記」(18)という作品のなかで、官僚生活を送りながら、都市で隠者的な心性を維持することは可能なのだという「吏隠兼得」の思想を反復しているように見える。彼自身をモデルとして語られる、一〇世紀の都市貴族たちの多くは、惨めな境遇を悲嘆する立場に甘んじて生きなければならなかった。もちろん、そのような叙述は、言説上に虚構された現実であって、事実か否かは別の問題である。しかし彼は、そんな境遇のゆえに、かえって極楽浄土という新たな隠逸の場、鍛え上げた想像力を駆使できる者だけが見ることのできる、華麗なイリュージョンの世界を発見できると語るのである。

浄土への往生は、官僚生活の放棄も、都市からの逃避も必要としないが、勧学会《かんがくえ》や二十五三昧会《ざんまいえ》のような信仰共同体への参加と、阿弥陀仏に対する〈贈与〉、帰依・経典の読誦・念仏・瞑想・会員同士の相互扶助など―保胤は、それに仏を讃嘆する詩文の作成を加えた―を必要とする。それを躊躇していては、堕地獄を逃れることは決してできない。彼のそんな思想は、寛和元年（九八五）、源信が著わした『往生要集』という理論的テクストによって承認をえることになる。厭離穢土《おんりえど》・欣求《ごんぐ》浄土という源信の思想は、一種の隠逸思想として受容されたのだが、彼のテクストが果した重要な役割は、人間は、現在の限りある生の営みの間に、浄土往生か堕地獄かのどちらかを選択しなければならないこと、結局のところ、浄土往生の他には選択の余地はないことを証明したことである。

保胤のテクストに描写された彼自身の境遇の惨めさは、彼自身の個人的な問題ではない。地位や財力に恵まれている者であっても、都市貴族のすべてが陥っている境遇の惨めさ、仏教的な視線からすれば、誰もが死後の輪廻に対処すべき用意もなく、しかも、それとは気づかずに安閑と日々を送っているという、貴族社会が陥っている真に悲惨な現実の隠喩なのであって、中級貴族たちの現実の生活がどのようなものであるのかを叙述しているわけではない。そういった現実を生み出した真の原因は、社会的地位をめぐって争われる〈贈与〉競争、それによって生み出された財貨と地位の偏在、それらの均衡を回復するための、仏神に対する純粋な〈贈与〉が決定的に不足しているかもしくは忘却されているという事態、とりわけ権力の中枢にいる人間たちの、である。

保胤は、九世紀の都市貴族たちが謳歌した、山林や都市での隠逸にまつわる言説を範型としながらも、一部を改変して、一〇世紀の貴族社会が探究すべき新たな理想世界＝浄土への旅立ちを促す、つまり中世のパラダイムを摸索するなかから生み出された、多分にプロパガンダ的な言説の作成者なのである。それが彼のような当時の文人貴族たちの職掌だったといえる(19)。彼は、この新たな旅立ちのためのガイドブックとして、永観二年（九八四）頃、『日本往生極楽記』を編集する。そして彼自身、政治的状況に影響されたとはいえ、寛和二年（九八六）出家することになる。つまり、もはや言説の生産者には止まることができず、理想世界への到達という実践へと歩みを進めることになる。出家も、彼以降の文人貴族—その代表者は往生伝の編纂者たち—の新たな職掌の一つとなったのである。

重要なのは、保胤によって八世紀以降の貴族社会で伝統化していた、理想的な生活スタイル＝隠逸—もちろん多分に言説上のことにすぎないとしても—が、仏教に、とりわけ浄土教に結び合わされたことである。これによって隠逸は遁世と同義語となっていくが、もはや単なる知識人の言説上に仮構された言葉遊びにすぎないものから、宮廷社会を構成するすべての人間が、選択の余地なく実践しなければならないものとなる。遁世の実践が、仏神に対する自己の生命を返済する純粋な〈贈与〉として、すべての人間の義務となるとすれば、それは都市・地方・山林・寺院・邸宅など、どこでもいつでも実践可能なものでなければならない。また、「吏隠兼得」の思想によって、官僚／隠者の区分が明瞭さを失ったように、在家者／出家者の分節も曖昧なものとならざるをえない。遁世とは、このように王権・都市・貴族的生活を拒否するのではなく、むしろそれらと、「民衆」的人々・辺境・貧者的生活との二元論として構築されていた世界の価値体系を、相互に浸透させ曖昧にすることによって、再分節化する実践として誕生してくるのである。もちろん、現実世界と仏・神々・死者の世界との境界も曖昧にされるから、夢告や託宣、祟り、霊験、往生の奇瑞のような、二つの世界が相互に浸透し合い、その間を仏神や死者が行き交う現象に注意が向けられるようになる。それらが記憶・伝承・記録され、平安後期以降の物語的・

説話的テクストが編集されることになった。

一〇三〇年頃、藤原道長の栄華の達成までを、編年体の歴史叙述という様式で描いてみせた『栄花物語』という作品は、現実世界に浄土を再現することは可能であること、それを可能にするのは、現実世界に出現した仏・菩薩の化身だけであることを明らかにしようとする(20)。現実世界のなかに菩薩の化身が出現し、救済の共同体を組織し、彼らに導かれることによって、はじめて人々は浄土往生が可能となる、そしてその菩薩の化身とは、藤原道長なのだとこのテクストは主張する。

浄土往生は、阿弥陀仏の意志によって菩薩の化身がこの国土に出現し、最初の往生者を誕生させることによってしか実現できない。浄土教は、現実世界／浄土、煩悩／悟りの世界との絶対的な断絶という二元論的な場に立つから、人間が自らの努力によって浄土に往生し、悟りへと至ることは不可能なのだと考える。そして、阿弥陀仏や菩薩の力によってしか、人間は悟りへと至ることはできないのだと。人間の存在根拠は現実世界にはなく、絶対的な〈他者〉＝阿弥陀仏や〈異界〉＝浄土の側の人間に対する純粋な〈贈与〉によってしか往生者は誕生できないのだ。『日本往生極楽記』が記すように、浄土から日本に送られてきた最初の菩薩の化身は、聖徳太子であった。彼によって、この国の人々の浄土往生の途が開かれたのだ。そして今また、聖徳太子の化身である道長がこの国に出現して、人々に浄土往生のチャンスを与えにやって来た。彼によって、現実世界と浄土との境界が通交可能になり、社会は浄土往生のための共同体として再構築され、人々を浄土に導く指導者＝道長が、天子に代わって世界に君臨する転輪聖王となった。あるいは、歴史世界への道長の登場は、弥勒下生そのものなのだ。『栄花物語』とは、そういった社会的コンテクストの転換の軌跡を描こうとしたテクストなのだ。

このような、一見すると道長に対する見え透いた賛美にしか見えないテクストが、それなりに社会に受容されていったのは、なぜなのだろうか。反道長的感情をもった人たちには、道長の化身神話を素直に受容するには抵抗があったとしても、社会的に変形された人間相互間の〈贈与〉（天皇・皇族・貴族に対する女子や官職などの贈与）によって社会的地位をめぐる闘争に勝利した道長が、その補償行為として、造寺・造仏・法会の主催といった形式で、純粋な〈贈与〉行為を行う義務があり、それを成し遂げたということには異存はないだろう。そして、道長の社会的地位をめぐる闘争に無関係な、より下層の僧俗の人々、仏・菩薩に対する純粋な〈贈与〉行為を独力で行うことのできない彼らにも、仏・菩薩からの〈贈与〉を受け取る機会を提供してくれた道長を菩薩の化身とみなすことには、何の躊躇もなかったはずである(21)。都市的社会の各階層のなかで語られ、伝えられ、批評されていく過程で生成されていった「世評」が、道長の化身神話を支持していったということができよう(22)。

菩薩の化身の出現によって往生者が誕生すれば、その後は、その往生者が菩薩の化身となって、再びこの世界に帰還し、救済活動を行うというサイクルが出来上がることになる。菩薩の化身、つまり誰が救済者なのかのリストが「往生伝」なのである。もっとも往生者はすでに死去しているし、彼らが現実世界に帰還してきたとしても、それが誰なのかは一般の人々にはわからないから、このリストに記載された人物の後継者か、記載された人物と同じ実践を行っている人物に結縁して、自らの往生を実現しようとするのである。だから、往生に対する社会的欲求が高まれば高まる程、あらゆる階層のさまざまな地域の往生者たちが増産されなければならなくなるのである。往生者に関する情報を収集し、往生者のリストに記載していくのも文人貴族の一つの職掌なのだ。このような往生者を供給する社会システムが完備した社会においては、仏・菩薩は広範な地域の、あらゆる階層の人々の多様な要求に応じて、さまざまな仏・菩薩・神々などの姿をとって活動していると認識されるようになるから、仏教の多神教化や本地垂迹説の流布が促進されることになる。

それでは、浄土往生を実現するための個々人の実践、つまり仏への純粋な〈贈与〉は必要ないのかといえばそうではない。たとえ、浄土往生が菩薩の化身によって人間に〈贈与〉されたとしても、それに見合うだけの、いや、それ以上に仏に対する純粋な〈贈与〉は必要なのであり、その量に際限はないのだ。それは、浄土往生自体が困難だからではない。往生した者は、それで彼らの義務が終了してしまうわけではないからだ。彼らは菩薩となって再び現実世界へと回帰し、すべての人間が浄土へと収容されるまで、気の遠くなる程の未来まで、救済活動を続けなければならない。つまり往生者は、次には人間に対する純粋な〈贈与〉者となって、衆生に往生する力を供給し続けなければならないのだが、予め、その純粋な〈贈与〉を蓄積—別の言葉でいえば「作善」ということになるが—しておけば、生前に菩薩もしくはその化身となることが可能なのだ。つまり、純粋な〈贈与〉は、いつのまにか社会的地位を争う〈贈与〉に転移してしまうのである。

それゆえ、どうすれば純粋な〈贈与〉を継続的に行えるのかという問題に真剣に取り組もうとした人々が出現した。彼らは、都市やその周辺で仏・菩薩との出会いを待つのではなく、社会的な〈贈与〉関係からできるだけ遠ざかり、他者を介在させることなく、苦行・修法・観相・夢想のなかで仏・菩薩たちと直接対面し、共住できる場所の探究へと旅立っていった。そういった種類の僧侶も、当然のことながら遁世の一形態なのであり、「聖」「持経者」などと呼ばれた。

つまり彼らは、王権と仏法とが相互に浸透しているがゆえに、いつのまにか純粋な〈贈与〉関係と社会的な〈贈与〉関係とが混同されてしまいがちな都市的世界(23)の外部へと逃れ出て、仏・菩薩と遁世者との間での、純粋な〈贈与〉関係だけが存在する新たな聖地を次々と発見し、それらの聖地間を〈移動〉し続けるという生の様式、「巡礼」という方法を開拓していった(24)。都市であれ田園であれ、〈定住〉という生の様式は、国家（王権）・権力・都市・制度・所有・自己・主体性・中心性といった中央集権的な概念に拘束されてしまう。一方〈移動〉する生の様式に生きる者たちは、国家や権力者からの援助や制度的な保障は期待できないし、財産といったようなものにも拘泥しないから、生きること自体がいつも危機に晒されているものの、自己や主体性を放棄することによって、仏・菩薩への純粋な〈贈与〉に生きることができる(25)。

たとえば、〈移動〉する生の様式に生きる人間の典型である遊牧民たち―世界中の遊牧民すべてがそうではないが―は、国家や行政組織をもたず、小さな家族以上の集団を構成することもなく、家族や部族のなかの序列はあるにしても、神(彼らの多くはイスラームの)以外に支配する者はいないから、神と慣習のみに従い、必要以上の財産を所有せず、他者に分け与えることを喜びとし、神と向い合うとき以外には自己という存在は不必要だと考える。そんな遊牧民の生のあり方は、世界中に広範に分布し、今日まで連綿と営み続けられてきた(26)。いま自分たちがどこにいるのか、何者であるのかという問いに答をえるために、何らかのアイデンティティを持ちたいという欲求を満たすために、人間は、あえて〈定住〉性より生じる支配と不自由を受け入れるのである。だが、自己という存在やアイデンティティを持ちたいという欲求が、世界に〈時間〉的・〈空間〉的差異を作り出し、世界を細分化された断片へと解体してしまうのだ。つまり、自らの生を確実にしたいという欲望が、逆に自らの生を不確実で不自由なものにしてしまっているのだ。

「聖」「持経者」たちは、あたかも遊牧民のように、〈移動〉する生の様式をまっとうしようとしたから、彼らは移動の足跡＝「歴史」を残そうとはしなかったし、詩的な言説(和歌や漢詩)以外の言葉を語ろうともしなかった。もちろん、一遍や西行のような偉大な〈移動〉者については、弟子たちによって語録や伝記が編纂され、また説話集のなかにその事蹟が記録されたが、それは、彼ら自身が望んだものではなかったにちがいない。

そういった意味で遁世者は、しばしば巡礼者となったのだが、彼らの実践は、仏・菩薩と自己のみによって形成される聖地―遁世者は、それを諸仏の浄土そのものと理解しているのだが―を確保し、仏・菩薩に対して自らの全存在を捧げ尽くす、純粋な〈贈与〉のみに生きようとする試みだったといっていい。そして、もしそれが完璧なまでに遂行されるなら、彼ら自身、菩薩と呼ぶにふさわしい存在だったということができる。つまり〈移動〉する生の様式、巡礼とは、仏・菩薩・遁世者のみが共住する聖地を宇宙の中心(27)とし、自らを菩薩そのものに同化するための実践、あるいは、経典に描かれる菩薩の実践を、どれほど忠実に模倣できるかを試みる行為だということができる。このような遁世者の聖地における実践は、仏・菩薩と自己との、〈他者〉の介在を排除した、一対一の直接的な関係になり勝ちだから、教学的に選択された、あるいは、夢告などの神秘的体験によって直接対面した、特定の仏・菩薩との関係を重視する一神教的な傾向へと向かうことが多い―貞慶や明恵、後に触れる法然たちのように。

しかし、彼らが構想した聖地と自己の実践の意味を、社会が否定したり破壊しようとしない限り、つまり、世界は〈仏・菩薩／遁世者・世俗社会〉といった形式で分節化されているのではなく、いまや、〈仏・菩薩＝遁世者／世俗社会〉という分節構造に転換したことを社会が承認し、遁世者たちを菩薩と認めるのなら、彼らは、世俗社会との接触を拒否しないし、菩薩の利他行としての密教などの実践活動は、当然行われてしかるべきなのである。

だが社会の大部分が、浄土往生を遂げるための共同体としてシステム化された中世社会では、遁世者が各地に構築していった多数の小宇宙は、極めて狭小で脆弱な点の連なりでしかない。遁世者が、仏・菩薩に対する純粋な〈贈与〉のために巡礼という生の様式をとることによって、菩薩と呼ぶに値する存在となったとしても、彼らが菩薩として、純粋な〈贈与〉を社会の人々に対して行う場合、それは社会的な〈贈与〉関係に還元されてしまう可能性が極めて大きい。純粋な〈贈与〉として修法・受戒・講会などを彼らに行ってもらった者は、あくまでも、仏・菩薩に対する純粋な〈贈与〉、帰依・造寺・造仏・写経・持戒・念仏などの実践という形で返済しなければならない。

にもかかわらず、純粋な〈贈与〉が、通常の人間に対する社会的な〈贈与〉、遁世者の生存（自己の再生産）に必要な資材の提供という意識で返済されてしまえば、それは、遁世者の地位を菩薩から人間へと、聖地を世俗的空間と何らかわらない場所へと貶めてしまうことになる。それを防止する最良の方法が〈移動〉性である。つまり遁世者は、純粋な〈贈与〉を一方的に与えると、それへの返礼としての〈贈与〉を受け取る前に直ちにそこを立ち去り、次の場所へと〈移動〉しなければならない。もしそれが不可能な場合には、〈贈与〉されたものの性格や意図がどのようなものであれ、その資材のすべてを費消し尽くすまで、造寺・造仏・写経・講経などを続け、それが終われば再び〈巡礼〉へと赴かなければならない。一遍や叡尊たちの言行を見れば、それがいかなる質の生であるのかが理解できるだろう。

遁世者に帰依する在俗者は、むしろ、遁世者たちからの純粋な〈贈与〉に対して、意識的に社会的な〈贈与〉で返礼しようとしていたといえなくもない。在俗者は、遁世者に対する援助や、彼らに菩薩の化身としての地位を与えること（ときには政治権力を行使して）と、遁世者の力によって浄土往生を遂げることとを交換しようとするからである。在俗者は、自らが棲息する世俗社会という領域で、日ごろ慣れ親しんだ慣習に従って、人間同士の交換関係の相手として遁世者に対しても振る舞おうとする。それに対して遁世者たちが、独自の小宇宙を死守しようとすれば、世俗社会の側は、彼らを異質な〈他者〉として排斥しようとすることになる。貞慶にしろ明恵にしろ、その危険性を十分承知の上で取った方策が持戒である。自らの行動と思索に自ら制限を加える持戒は、寺院内に入ろうとする在俗者に対しても大きな行動の制約を課すから、自己の聖域を確保するために欠くべからざる仏教の伝統的手法となっていた。自己の地理的かつ精神的聖域へ世俗社会が侵入することを防止し、また、自己が世俗社会の交換関係の陥穽に陥らないための最良の方法が持戒だったのである。

五　自己の〈他者〉化―入宋

ところで、世俗社会と仏教との新たな関係の構築に、別の方法を用いたのが栄西と俊芿《しゅんじょう》であった。その方法には、もちろん持戒も含まれていたのであるが、彼らの取った独自の方法は入宋であった。当時の宋代仏教は臨済禅が全盛となっており、また禅院独特の生活規範＝清規《しんぎ》の制定によって、戒律を遵守する叢林仏教の制度が確立された時代でもあった。その制度は、中央集権国家として登場してきた宋帝国の仏教政策、唐代律令制の復活という方針に対応して、中国仏教界が自己改革と組織の再編を模索していった結果として登場してきたという側面をもつのだが、仏教の世俗化を防止し教学の振興に一定の役割を果したことも否定できない。宋代仏教は、禅の興隆と共に、天台教学の復興、民衆を巻き込んだ浄土教の流行、そして、元照による律宗の隆盛をもたらした。

鎌倉時代の初頭、宋代仏教の移入にかかわった代表的僧侶として、栄西と俊芿の名を挙げねばならない。生涯を賭けて、臨済宗の日本における定着に尽力したかに見える彼らの別の顔として忘れてならないのは、共に密教の正統な相承者であったということである。栄西（一一四一〜一二一五）は、二回の入宋を果したが、仁安三年（一一八六）の第一回目の入宋では、天台の新章疏三〇余部六〇巻を持ち帰り、叡山座主・明雲に献上した。帰国後彼が熱望したのは、治承二年（一一七八）に書かれた「入唐取経願文」にあるように、当時もっとも正確とされていた仏教のテクスト、宋版一切経の輸入であった。

文治三年（一一八七）、第二回目の入宋を果した栄西は、天台山で虚菴懐敞《きあんえしよう》に遇い、密教と臨済禅とは一致することを示唆される。彼は比叡山において、基好より天台密教の内、皇慶を祖とする谷流の法系に属する穴太《あのう》流《りゅう》と蓮華流の法脈を受け、また東寺系の密教の法脈をも継承していたことが知られている。それのみならず、栄西自身が葉上流密教の派祖ともなっている。彼は建久二年（一一九一）、虚菴より臨済禅を嗣法して帰国するが、彼の禅はなによりも持戒持律を重視するものであった。つまり、宋代仏教から栄西が学んだのは、天台・密教・禅その他いかなる教学であろうと、仏法とは持戒持律なのであって、それ以外の差異は、経典解釈上の差異にすぎないということであった。それはまた、入宋中の彼が三度まで大蔵経を通読して獲得した確信でもあった。

また彼は、王法と仏法との調和を主張して『興禅護国論』を著わしているが、彼の脳裏にあったのは、『涅槃経』金剛身品に説かれるような、歴史上の、しかし多分に神話化されたインド・中国の理想的天子と仏弟子とで構成されるユートピア的「国家」であって、現実の日本でそれを実現できるという過度の期待をもっていたわけではない(28)。理想的「国家」が望み通りに実現できるくらいなら、わざわざ入宋までする必要はない。

一方、俊芿《しゅんじょう》（一一六六—一二二七）は、太宰府の地において、鎮西の領袖と称された真俊より谷流の法脈を相承すると共に、高野山南院流・中院流の東密系をも受法している。彼は、建久一〇年（一一九九）入宋し、在宋一三年の間に、蒙菴元聡より禅を、如庵了宏より南山律学を学び、当時の代表的な学僧・北峯宗印より八ヵ年の間、趙宋天台の教観を修学して、建暦元年（一二一一）帰国している。彼は帰国に際し、律部三二七巻、天台章疏七一六巻、華厳章疏一七五巻、孺道書三五六巻、雑書四六三巻などの書籍を合計二一〇三巻、さらに仏画・祖師画像・舎利などを輸入している(29)。上記の二人は共に、天台教学を修得するとともに、可能な限り広範な修学を志し、それに加えるに、密教の正統な法脈を継いでいるが、それが、当時の新しい仏教の確立を目指していた修学僧に共通する特性となっていた。彼らの該博な知識と彼らがもたらした最新の大蔵経や膨大なテクスト群は、入唐僧や渡来僧たちによって移入された旧来の大蔵経テクスト、それに基づいて祖師や学僧たちが著わし、伝統教学を形成してきた種々のテクストの価値を相対化するには十分な質と量を備えていた。

栄西と俊芿の仏教の特異な点は、宋帝国の仏教寺院の建築・仏像・仏具の様式から制度・規則・言語・儀礼の方法に至るまで、そっくりそのまま日本の地に再現しようとしたことである。栄西は帰国後、建久六年（一一九五）、博多・聖福寺を禅宗の道場として創建し、正治二年（一二〇〇）には鎌倉に寿福寺、建仁二年（一二〇二）には京都に建仁寺の建立を開始している。一方俊芿は、帰国後、建暦二年、京都・稲荷還坂の崇福寺に住したが、建保六年（一二一八）、中原道賢より寄進された仙遊寺を泉涌寺と改称し伝法の道場とした。彼は、『清衆規式』を作成して修学者の規範とし、日中の聴学と夜間の坐禅を日課と定めた。当然のことながら、厳しい持戒が要求されたことはいうまでもない。しかし、栄西も俊芿も、禅と律のみを修学者の業行としたのではない。栄西の建立した建仁寺には、真言・止観・禅の三宗が置かれたし、俊芿の泉涌寺は、天台・禅・律・真言の四宗を併置した寺院として整備されていった。しかも、彼のいう天台宗とは、新設された十六観堂で、宋代に流行していた観相を中心とする往生業をもって、天台の止観業に充当するものであった。

当時、東アジア世界の中心であった宋帝国の寺院の景観、そこで行われていた各種の仏教儀礼や慣習が、そのまま日本に出現したときの、人々の驚嘆ぶりを想像してみればいい。それは藤原道長が、浄土の再現として建立した法成寺の与えた衝撃と、ある意味では共通性をもっているといえるだろう。天空に向かって反り返る屋根の曲線、過剰なまでの装飾を施された軒周り、リアルな身体表現を取り入れた、エロティシズムさえ漂わせる宋代風の彫刻群、華やかな楽器の演奏を伴う法会、宋音で唱えられる経文、中国語を用いた説法と会話、膨大な最新のテクスト群、僧たちが斬新な書法で記す未知の語彙に溢れた詩文、僧侶たちのゆったりとした大陸風の物腰、視覚的にも聴覚的にも異国風でないものはなにもない。それらのすべてが実現したのは、栄西の時代からさらに数十年後になるが、それらは、王権と仏教の相互浸透によって形成された、僧俗の人々が出入りする、それでいて浄土の光景を髣髴とさせる日本国内の寺院を遙かに凌駕して、至高の聖なる宇宙の出現を感覚させないようなものは何もない。

栄西が、博多・京都・鎌倉に次々と創出した寺院は、中国本土の聖域、天台山や五台山が突然この国の都市の只中に舞い降りたかのように感覚されたのである。その天台山や五台山は、釈尊が説法した霊鷲山や祇園精舎を忠実に模造した寺院という神話的伝承が成立していたのだから、結局、聖福寺・建仁寺・寿福寺は、霊鷲山や祇園精舎、あるいは天台山や五台山の模像ということになるだろう(30)。当時の日本の三国仏教観、日本を粟散辺土とみなす地理感覚すれば、いかなる王権も仏教諸宗も犯し難い程の聖性を確保できたのである(31)。それらの寺院は、日本に存在するインドあるいは中国の寺院であるかのような、治外法権を獲得した別の聖域を形成していたということができよう。

彼らは、宋帝国を、そして当時の天台山などの中国の聖地を、浄土そのものとみなそうとしていたといえる。そうであるならば、彼らの入宋は、疑似的な浄土往生といっていいし、彼らは浄土から日本という娑婆世界に帰還した菩薩ということになる。先に今村仁司の引用文で見たように、ブラーフマニズムの思考では、人間に生を〈贈与〉するものは、「神々であり、その教えを伝える経典であり、先祖であり、あるいは将来の子孫である」と解釈していた。栄西も俊芿も、新しい仏教経典の移入に異常な程の執念をみせたのは、彼らが訪れた場所、天台山などの中国の聖地が、高度な文明を誇る世界帝国の文化的中心以上のもの、菩薩僧たちが綺羅星のごとく並みいる浄土そのものであることを立証するために是非とも必要な物的証拠が、それらの仏教経典だったからである。ただしそれらの仏教経典は、誰にでも読解可能なものではなかったから、彼らの居住する空間をまったくの異界とし、彼ら自身を菩薩として表象するために、上記のような文化装置を構築し、誰もが視覚や聴覚を通してそれを確認できるようにしたのだといえよう。ただ、同じ菩薩を目指した遁世者たちとは異なり、栄西や俊芿は、自らを日本の社会の〈他者〉として位置づけることによって、独自の聖域を維持しようとしたのである。

栄西と俊芿は、禅律あるいは趙宋《ちょうそう》天台教学の他に真言宗を併置したのだが、それは決して当時の日本の仏教界との妥協ではない。俊芿は彼の伝記『不可棄法師伝』の中で、渡宋中しばしば密教の修法を彼の地で行ったことが、その効験を誇るかのように叙述されている。当時の中国において、唐代にあれほど盛んであった密教はほとんど失われてしまっていた。彼の師・北峯の要請によって彼は各種の修法を行い、彼の地の士大夫や商人たちは、ただただ彼の呪験力に感服するばかりだったと伝記は語っている。彼は、相承した密教に誇りをもち、その伝法の義務を負っていると自覚し、浄土から帰還した菩薩の慈悲行として、見返りを期待しない純粋な〈贈与〉として修法を行ったのである。仏教の相承とは、それが禅であれ律であれ密教であれ、いかなるものであっても一旦相承したからには、それを後代に伝えるべき義務を負っている。その義務の放棄は、還俗する場合以外には許されることはない。このことを無視してはならないのであって、彼らの密教もこの範疇で論じられなければならない。したがって、彼らが宋代仏教の修学体系に密教を組み込んだのは、日本仏教の伝統を彼らの禅院の論理の内に取り入れて、宋代仏教をさえ上回る、より総合的な仏教の体系の構築を目論んだ結果と考えた方が適切であろう。その際起こるかもしれない、密教に付着した世俗社会の〈贈与〉の論理の侵入の危険性は、厳格な持律による世俗社会と寺院生活との分離、財産の非所有、僧に課せられた苛烈な行業、精神と肉体の常軌を逸した鍛練によって防ぎうると考えていたのである。

彼らが厳格な持律を標榜すれば、何らかの意図をもった寄進者の社会的な〈贈与〉を彼らは拒絶せざるをえないし、まったくの無私の布施（純粋な〈贈与〉）のみを選択して受け入れることになるから、伝記に記されるように、彼らは日常的に飢餓に晒されることになる。つまり、彼らが目指した僧院の生活とは、中国的聖域の中で仏に対面するとともに、社会的支援を得られない場合には、たちまち飢餓とも死とも直面せざるをえないような、極限の〝生〟を生きねばならない質のものであった。死をもって終る限定された〝生〟しかもたない現代人は、中世の人々の〝生〟の様式も現代人と同様であったと錯覚してしまいがちである。彼らにとって、というよりもこの時代の宗教者にとって、生きるということ自体は、必ずしも重要な価値をもっていない。過去・現在・未来へと〈移動〉し続ける〝生〟の連続性にとって、現在の〝生〟は、かけがえのないものではなく、〝生〟の連続のなかの、一時的な通過点の価値しかもたない。それとともに、現在の〝生〟は未来の〝生〟のために生きなければならない〝生〟でもあるのだ。それゆえ、彼らの僧院の生活には、現在の〝生〟の破綻、修行者の精神的破滅や死は許容されていても、未来の〝生〟を犠牲にしてしまう、社会的な〈贈与〉を忍び込ませる余地などなかった。それは、単に仏教的論理の帰結としてあるばかりでなく、彼らが入宋中に経験した中国禅院での苛酷な修行生活、彼らが目の当たりにした早逝した修行僧たちの墓標群、そして中国禅僧の伝記集の叙述から学んだものでもある。現在の〝生〟の可能な限りの軽量化が、王権から自立した聖域と小宇宙を確保するための条件であったといっていい。

以上、鎌倉初期における遁世と禅という二種の新たな仏教運動について叙述してきたが、それらは形式を異にするとはいえ、理論的には仏教の基本的テーゼへの回帰、社会的には純粋な〈贈与〉の実践という意味で一致している。これらの運動が釈尊への回帰を標榜していたからといって、決して当時急速に社会に浸透してきた浄土教に対抗しようとしていたわけではない。宗教とは、論理的言語の羅列としてあるのではなく、常に世界の始原へと回帰する運動に身を委ねることにあるのだ。新しい仏教の発見者たちのある者は、仏教の歴史的始原として釈尊を発見し、他の者たちは、歴史的始原としての釈尊をさらに遡及していくことによって、超歴史的・論理的始原としての阿弥陀仏を発見したということにすぎない。そういった意味では、釈迦信仰も弥陀信仰も質的な差異があるわけではない。むしろ両者の相違点を考える上で重要なことは、人間にとって純粋な〈贈与〉は可能か否かという問題であった。それはまた、継続的に純粋な〈贈与〉を行うための出家・持戒という実践は有効なのかという問いでもある。これまでに取り上げた仏教者たちがいずれも出家主義であったことはいうまでもないし、そのための持戒の重視であったということである。

六　純粋な〈贈与〉の不可能性──本願・他力・遊行

人間には、仏・菩薩に対して純粋な〈贈与〉をする能力はないと主張したのは、いうまでもなく、法然とその門流の浄土願生者たちであった。彼らは、阿弥陀仏からの純粋な〈贈与〉である本願の力に拠るしか浄土往生の途はなく、それゆえ出家や持戒は無意味なものにすぎないという、出家主義に疑問を呈する立場に立っていたわけである。しかし、社会全体が往生者を生み出すシステムと化し、遁世者が都市の周辺に多数の聖地を次々と開拓していき、また、栄西や俊芿のような、最新のテクストと文化を独占した入宋僧が、博多・京都・鎌倉という都市の只中に、東アジア世界の標準に準拠した世界の中心を確立し、都市にも辺境にも菩薩たちの群が行き交う光景が出現したとき、彼らはどこに居場所を見出すことができるのだろうか。

出家主義でもなく、かといって在家主義に徹するのでもない、僧形でありながら無戒の浄土願生者たちは、都市の内部でも辺境でも、他の出家者に比肩しうる聖性を保つことはできない。末法の世には、持戒は不可能だと叫んでみたところで、当時の東アジア世界の思想的潮流は、無戒の僧侶という論理的矛盾を背負ったままの存在を許容しはしない。無戒の僧侶の群なら諸宗の寺院にあふれ返っている。彼ら無戒の僧侶が諸宗の大寺院やその末寺・荘園のなかに居住しているのは、彼らが居住する世界全体が浄土化しているからである。浄土には俗人は存在しないはずだから、そこで仏神と人間との間の〈贈与〉に直接関わっている人間は、本寺で修学に勤しむ者や儀礼を執行する者から、在地で年貢の取り立てに携わる人間に至るまで、全員が浄土の住人にふさわしい姿で、すくなくとも出家者の姿で活動しなければならないのである。世界の浄土化とは、理念や言説上のことだけでなく、そこに居住するあらゆる人間が、誰もが感覚的に体験し実践できるものでなければならないのだ。

承元元年（一二〇七）、法然およびその門下が還俗させられ、流罪に処せられたのは、権力の暴虐といえなくはないにしても、宋代の禅律仏教や中世の仏教各派と対峙した彼らが、徹底した在家主義者たりえなかったこと、在俗の浄土願生者としての論理の確立と自分たちの聖域の確保―彼らの場合には、専修念仏者の強固な共同体組織（イスラーム社会のような）しかない―をなしえなかったことの当然の帰結なのである。あるいは次のように考えることもできよう。法然たちは、仏典のような神聖なテクストに注釈を加えることが許される階層に属していなかったこと、このことに対して仏教各派は、一斉に反発したのだと。凡僧もしくは「聖」に過ぎない法然たちに、注釈の叙述を許してしまえば、神聖な寺院社会とそこで生産されるテクストの秩序が崩壊してしまいかねないからだ。その結果、強制的に在俗者とされ、仏教各派の活動範囲の外部へと放逐され、世界の辺境へと追い出されてしまったということでしかない。逆説的な言い方をすれば、強制的に還俗させられることによってしか、真に仏教者となりえなかったといっていいのかもしれない。

これ以降、法然門下の専修念仏者の活動は、主として地方において行われざるをえないのだが、それも最初は、仏教各派の活動領域の狭間にしか、彼らを許容する空間はなかった。しかし一四世紀、諸宗の教学を博綜した聖《しょう》冏《げい》（一三四一～一四二〇）・聖聡（一三六六～一四四〇）の登場によって、中世の注釈のルールにのっとった解釈が法然の著述に施され、出家主義が回復され、浄土宗独自の法脈の伝授（五重相伝）が創始された。それは、存在論上のアイデンティティを変更したことを意味するが、それによって諸宗との軋轢が回避され、急速に活動領域を拡大していったのは確かである。ただし、無戒の僧の浄土願生者が、中世社会において生き延びる途がまったくなかったというわけではない。

一遍（一二三九〜八九）がその好例である。彼は、一処不住、遊行という〈移動〉する〝生〟の様式を生きた。これは、別種の遁世であり〈阿弥陀仏―自己〉を宇宙軸としながらも、その宇宙軸を特定の聖地に固定するのではなく、常に移動し続けることにより、いかなる権力によっても絡め取られることなく、また都市を占拠した禅律仏教や諸宗派と聖性の優劣を争うこともなく、無戒と僧形を維持し続けることができたのであった。つまり一遍の〈移動〉性は、確固とした世界の中心や寺院の存在、そして信仰共同体それ自体を拒絶したのであり、反＝都市的な仏教であったということができる(32)。中世社会にあっては、王権の他に幕府が存在し、多くの権門や有力寺社が並存していたから、世界の中心の単一性自体が成立しえなかったのであり、国家（王権）・権力・都市・制度などは、言説上には存在していても、実体としてははなはだ曖昧な、それぞれの寺院や聖地が、それぞれに世界の中心であると主張する言説、物語・説話・縁起などを生産し続けていた時代である。つまり実際のところ、どれが正統の仏教でどれが非正統的な仏教であるかを決定する基準などなかったといっていい。一遍の遊行は、まさにこの多種多様な世界を〈移動〉し続けることによって、〈阿弥陀仏―自己〉という聖域を守り通しながら、その聖性を鍛えていく方法だったといっていい。

七　中世仏教のなかの蓮如

以上が、私が描いてみた中世仏教の大まかな見取図なのであるが、中世末期に登場してくる蓮如は、こういった中世仏教のパラダイムをいかに改変していこうとしたのであろうか。蓮如が教化に当って直面した問題は、むしろ教学の欠如といった方がいいかもしれないが、「善知識だのみ」「物トリ信心」といった問題であった。

中世における専修念仏者の辿るべき途は、あくまでも在俗者としての途を取るか、法然門下の諸流のように、自らの論理を、中世仏教共通の論理的言語の一つであった天台教学などの言説の様式に翻訳して、自らの居場所を確保する他はなかった。前者の立場を推し進め、しかも自己の優越性と独自性を確保していったのが真宗の特異な一派、三門徒派である。つまり、念仏以外の仏教的行為や言説の一切の拒否である。これは、遁世や〈移動〉性、さらには禅にも内包されている危険性なのであるが、仏教のもつ逆説性や反論理性のみをデフォルメしていけば、非仏教的なものに辿りつくということの見本のようなものである。蓮如は、文明六年（一四七四）二月の『御文』のなかで、「珠数ノ一連ヲモモツヒトナシ」（60）(33)と三門徒派について記し、袈裟・法衣・数珠などの、僧侶どころか仏教者を表象するものの一切を拒否する彼らの特異な姿を描写している。ただ、彼らの異形ぶりを批判するよりも、彼らがそれ程までに自らを〈他者〉化するより他に専修念仏者たることをまっとうしえない、中世仏教の、あるいは中世社会の苛酷な現実にこそ目を向けるべきなのかもしれない。そして、そこにこそ蓮如の苦悩があったというべきであろう。

蓮如は文明五年一二月の『御文』で次のように語っている。

衣食支身命トテ、クウ（食う）コトトキル（着る）コトトノフタツカケ（欠け）ヌレバ、身命ヤスカラズシテ、カナシキ（悲しき）コトカギリ（限り）ナシ。マヅキル（着る）コトヨリモクウ（食う）コト一日片時モカケヌレバ、ハヤスデニ命ツキナンズルヤウニオモヘリ（思えり）。コレハ人間ニヲイテ一大事ナリ。ヨクヨクハカリオモフ（思う）ベキコトナリ。サリナガラ今生ハ、御主ヲヒトリタノミ（一人頼み）マヒラスレバ、サムク（寒く）モヒダルク（饑く＝空腹）モナシ。ソレモ御主ニコソヨルベケレ。コトニイマノ世ニハ、クウ（食う）コトモキル（着る）コトモナキ御主ハイクラモコレオホシ（多し）。サレドモヨキ御主ニトリアヒマヒラスルソノ御恩アサ（浅）カラヌコトナレバ、イカニモヨクミヤヅカヒ（宮仕い）ニココロヲイレズンバ、ソノ冥加アルベカラズ。（51）

生きること、これが人間（ただし非出家者の）であることの最低条件である。宗教（救済）のシステムと世俗社会（生存）のシステムは別のものである。生存の保証は宗教に求めるべきではないと蓮如は考える。しかし中世仏教は、救済と生存のシステムを一致させようとする。仏神の〈贈与〉により、人間を含む一切の生命体の生命の誕生や生の維持、生産物の豊穣が実現されるのであり、人間はそれに対して純粋な〈贈与〉で応えなければならないのだが、中世仏教は、仏神と人間の間には両者を仲介できる領主や寺院・僧侶たちが必要だと考え、彼らに対する奉仕（公事）や貢納（年貢）を許容することになる。仲介者たちはあらゆる言説、文書・寺社縁起・物語・説話・説教などを駆使して、彼らに対する〈贈与〉は、仏神に対する純粋な〈贈与〉である、つまり寺院は浄土であり、僧侶は菩薩なのだと主張するのだが、結果的には、人間に対する社会的〈贈与〉に置き換えられてしまうから、〈贈与〉の純粋性を保つことはできないのだ。その結果、物質的財貨が、領主や寺院・僧侶に集積されるという結果がもたらされるわけである。

蓮如は、救済と生存とを別の次元のものとして分離する。蓮如は先の文言に続けて、「サテ、一期ノアヒダ（間）ハ御主ノ御恩ニテ今日マデソノワヅラヒ（煩い）ナシ。マタコレヨリノチ（後）ノコトモ不思議ノ縁ニヨリテ、コノ山内ニコノ二三ケ年ノホドアリシニヨリテ、仏法信心ノ次第キク（聞く）ニ耳モツレナカラデ、マコトニウタガヒ（疑い）モナク極楽ニ往生スベシ」と述べる。人間の生存は、「御主ノ御恩」に拠るにしても、往生のことは、「御主ノ御恩」とは無関係に阿弥陀仏の〈贈与〉に拠るのであると。蓮如は、「ヨキ御主」とそうでない御主がいるといっているが、この場合の「ヨキ御主」とは、真宗信者でないにしても、少なくとも、社会的に仏神に対する純粋な〈贈与〉を行っており、仏神の加護を得ていると評価されている領主をいっているのであろう。もちろん蓮如は、決して領主の支配に服従せよといっているのでも、世俗の権力に追従するなといっているのでもない。蓮如は、従来の中世仏教のシステムのなかから、救済のシステムを分離しようとしているのだ。つまり、仮に生命は仏神からの〈贈与〉であると認めるにしても、真実の生のあり方は、阿弥陀仏以外には〈贈与〉してくれないのだと。

救済と生存のシステムを一体化した中世仏教の論理を真宗に適用したのが、いわゆる「物トリ信心」である。「物トリ信心」について、文明五年九月の『御文』は次のように語っている。

> コレニツイテ、チカゴロ（近頃）ハコノ方ノ念仏者ノ坊主タチ仏法ノ次第モテノホカ相違ス。ソノユヘハ、門徒ノ方ヨリモノヲトル（取る）ヲヨキ弟子トイヒ、コレヲ信心ノヒト（人）トイヘリ。コレオホキナルアヤマリ（誤り）ナリ。マタ弟子ハ坊主ニモノヲダニモオホクマヒラセ（多く参らせ）バ、ワガチカラ（力）カナハズトモ、坊主ノチカラ（力）ニテタスカルベキ様ニオモ（思）ヘリ。コレモアヤマリ（誤り）ナリ。……マコトニアサ（浅）マシヤ。師弟子トモニ極楽ニハ往生セズシテ、ムナシク地獄ニヲチン（堕ん）コトハウタガヒ（疑い）ナシ。ナゲキ（嘆き）テモナヲアマリアリ。（30）

ここでは僧侶も門徒たちも、阿弥陀仏からの救済（浄土での生）の〈贈与〉―真宗の論理では、それを人間の側からいえば、まず信心の獲得という形式で実現されるのだが―を、信心を可視的な〈モノ〉の流れと同一化してしまう論理に、彼らは取り憑かれてしまっている。蓮如は、救済と生存の論理を分離することによって、そんな論理を解体しようとする。真宗の論理（法然も同じだが）では、浄土に往生したいという意志、阿弥陀仏への帰依（つまり信心）、これらの浄土願生に必要な阿弥陀仏に対する純粋な〈贈与〉さえも、通常の人間には不可能なのであって、阿弥陀仏から〈贈与〉されるしかないのである。そのような阿弥陀仏からの純粋な〈贈与〉と、領主からの社会的〈贈与〉、生存を保証する経済的再生産のシステムの保証、「食ウコトト着ルコト」とを明確に分離すれば、「物トリ信心」など成立しえないと考えたのである。そのことは、阿弥陀仏と人間との中間で、救済を媒介する僧侶＝善知識を排除することにもなる。人間は阿弥陀仏と直接対峙しているのであって、いかなる意味でもそれを仲介できる者など存在しはしないのである。

「善知識だのみ」も寺領荘園における僧侶の機能を真宗に当てはめたものにすぎない。当然、蓮如はそれを拒否するのである。ところで真宗門徒を、定住的な農民層を主体とする集団であるという見解(34)や、逆に〝ワタリ〟〝タイシ〟と呼ばれる非定住的な非農耕民を主体とする集団とする考え(35)が、これまでに提起されてきた。先に述べてきたように、中世における専修念仏は、非都市的にならざるをえなかったこと、あるいは都市のなかに建立された寺院を世界の中心とし、それが地方に散在する寺院を統轄するような、中央集権的な世界観の確立を拒否されてしまったことからくる、論理上の反＝都市性と中心の欠如を属性としている。それが、地方農民や非定住者としての専修念仏者といったイメージを作り出しているのであって、歴史的現実として、どちらが主体であったかといった論争は無意味なことでしかない。

最後に、『御文』による教化という蓮如の編み出した布教法について一言述べておこう。有力寺院の荘園制的イデオロギーはいうまでもなく、いかなる言葉による論理も、言説を生産し物語ることのできる僧侶が、教説を独占してしまう事態を避け難く生み出す。言葉によるコミュニケーションは、仏教というもののイメージを伝達するのに必要不可欠ではあるが、身分制社会—現代でも大して変わりはないが—にあって、言葉が表象する事物や出来事は書記言語化されることにより、常に権力と富を所有する者の側の所有に帰属させられてしまう。口称の念仏とは、阿弥陀仏に対する純粋な〈贈与〉を実現し、言葉の所有化、物象化の危険性を排除するためにこそ生み出された非言語的な言葉〈〈声〉〉である。僧侶が言葉によって仏法を語り叙述しようとする行為は、仏法の所有化と物象化を招き、彼自身の得道を破滅へと導く危険性と隣り合わせなのである。

蓮如は、善知識による救済の所有化、独占化、物象化を否定するのであるが、その蓮如自身が発する言葉が、『御文』という書記言語に記録されることによって、それを受け取った僧侶や門徒集団の所有物と成り果ててしまえば、結果的に同じ途を辿ることになってしまう。したがって蓮如は、『御文』が知的言語として解釈されることをあくまで拒否し、民衆が用いる語りの言葉、音声言語にできるだけ近づけるように『御文』を叙述しようとする。これによって蓮如は、言葉の独占的所有の可能性を排除しようとしたのである。身分制社会につきものの、言葉を発する者（〈贈与〉者）と受け取る者との間に発生する階層的関係を除去することが、蓮如にとっての最重要課題だったのである。

だが、「物トリ信心」を拒絶したとしても、布教の結果として善知識たちに〈贈与〉された財貨が、蓮如のもとに懇志として大量に集中してしまう結果を招くことになった。懇志は、仏に対する布施の一種であるから、たとえそれが社会的な〈贈与〉であるとわかっていたとしても、仏教者として拒否することはできない。なぜなら、たとえ蓮如であっても一真宗信者にすぎないのであって、他の真宗信者に優越した地位に立ち、命令する権限を阿弥陀仏から〈贈与〉されているわけではないからである。かといって、懇志を蓮如のもとに集積したまま、彼が所有したままにしておくこともできない。蓮如は、それをすべて費消し尽くさねばならない。

近代以前の社会において、特定の人物への富の集中は、他者への再配分、仏神への献納、儀礼における焼却などといった方法、つまり蕩尽という形式で費消される(36)。造寺・造仏・写経などの方法によって仏神に〈贈与〉し、富の私有化を排除し、完全に費消し尽くそうとされる。蓮如が、吉崎・山科・大坂などで大規模な堂舎を次々と建立しなければならなかったのは、蓮如の教勢拡大のための戦略などではない。近代以前の財貨の費消の様式に忠実に従ったまでのことである。しかしながら寺院の建立は、そこを世界の中心として、寺内町という新たな都市性と中心性を生み出してしまう(37)。都市は、世界に序列化と頽廃をもたらすものにすぎない。したがって蓮如は、都市的世界の誕生とともに、その中心から〈移動〉していかねばならない。蓮如の生涯は、つねに中心を作りつつ、そこから自らを脱出させ続けていく遊行者であり続けたということができよう。そういった意味で蓮如は、中世の宗教者の風貌を確実に身につけていたということができよう。

おわりに

私が述べたいと思っていることは、私にとって不可思議な存在であり続けている、歴史上の〈他者〉について考えること、そして、それによって問い返される私自身の〈自己〉の不可思議さについて考えること、それら双方の困難さと、しかも、それらについて考えざるをえない人間の性向について叙述することである。

多少なりとも本稿に則していえば、日本中世に登場してくる、いくつかの思考とそれを叙述したテクスト群、それも私が興味をもち、知識として所有している限りでのそれらの関係について叙述してみたに過ぎない。私の乏しい知識のなかでさえ、歴史上に登場してくるさまざまなテクストに叙述されている人間も事物も出来事も、理解するのが困難なほど不可思議である。たとえば、夢告・託宣・往生の奇瑞、仏・菩薩の化身といった、およそ現代人が理解困難な出来事が多くの人々によって目撃され、物語られ、伝承され、記録されていくのはなぜなのか。あるいは、さまざまな宗教者が語る教説を、人々はどのように真偽を判断し、受容もしくは拒絶していったのか。そんなことをテクストのなかから読み取れないか。およそ歴史学も他の諸学も、大して問題ともしてこなかったことに、私は興味を覚えるのである。

それは近年盛んになりつつある、心性史といったジャンルと重なる部分もないではないが、それとともに、テクストの構造分析やポスト・モダニズムの問いかけにも耳を傾けた上で、それらの問題について考えてみたいと思っている。このような私のテクスト解読法は、以下の諸論稿のすべてに共通する方法なのであるが、具体的な分析方法は、各論考ごとに少しずつ変えながら、さまざまな方法の可能性を試してみたいと思っている。ただし以下の論考は、もちろん中世仏教全般にわたる分析ではない。蓮如という戦国末期に登場してくる一真宗僧侶が残した法語と、彼の弟子たちによって編纂された言行録、そして蓮如の弟子となった地方寺院の僧侶が残した記録などを素材として、上記のテーマについて考えてみようというささやかな試みにすぎない。

《註》

（1）開宝勅版大蔵経以降の中国版経の出版に関しては、大蔵会編『大蔵経―成立と変遷』（百華苑、一九六四年）、大庭脩「日本における中国典籍の伝播と影響」（大庭脩・王勇編『日中文化交流史叢書』9 典籍、大修館書店、一九九六年）、竺沙雅章「中国古版経について―宋代単刻本仏典と明清蔵経」（『奈良県所在中国古版経調査報告書』、奈良県教育委員会、二〇〇一年）参照。

（2）「文化資本」という概念については、ピエール・ブルデュー『ディスタンクシオン』（石井洋二郎訳、藤原書店、一九九〇年）参照。

（3）藤原道長における仏教の位置については、拙稿「摂関期における都市・自然・仏教―『栄花物語』の言説より」（『仏教史学研究』第三六巻第一号、一九九三年）で論及した。

（4）黒田俊雄『日本中世の国家と宗教』（岩波書店、一九七五年）

（5）近代社会の成立期には、歴史学者と小説家との区別は、ほとんどなされていなかった。小倉孝誠は、一九世紀前半期のフランスの状況を、「歴史と小説は学問／創作として対立するものではなく、どちらも認識と語りの領域に属するディスクールなのであり、人間の経験と社会性を理解し、把握するための異なる二つの様式にほかならなかった」と記している。そうした状況から、両者がどのように分離されていったのかについては、小倉孝誠『歴史と表象―近代フランスの歴史小説を読む』（新曜社、一九九七年）参照。

（6）近代の思想（とくに「生存権」をめぐる）が、必ずしも宗教を排除するものではなく、とりわけエコロジー（生態学）という視点からすれば、むしろ宗教を含むさまざまな学問分野間の積極的な交流により、新たな思想の再構築として展開されなければならないという、最近の思想史の潮流を紹介した著作として、ロデリック・F・ナッシュ『自然の権利―環境倫理の文明史』（松野弘訳、ちくま学芸文庫、一九九九年）第4章「宗教の緑化」、リチャード・エバノフ「宗教・芸術と環境観」（小原秀雄監修『環境思想の系譜』3、東海大学出版会、一九九五年）がある。キリスト教の立場から、過去の神学の誤謬を指摘し、新たな神学の展望を描いた古典的な著作として、リン・ホワイト『機械と神―生態学的危機の歴史的根源』（青木靖三訳、みすず書房、一九七二年）がある。

（7）イデオロギーの歴史と、その驚くほど多様な解釈については、テリー・イーグルトン『イデオロギーとは何か』（大橋洋一訳、平凡社、一九九六年）参照。

（8）平雅行は『日本中世の社会と仏教』（塙書房、一九九二年）の序で、同書の主要な目的を、「国家の宗教政策」「領主権力のイデオロギー」「（民衆の）通俗的仏教観」の解明であると述べる。そして、「決して中世人の世界観そのものの解明なのではなくて、あくまでも日本の中世社会に規定的影響を与えた支配イデオロギーの解明」と位置づけている。だが、「国家」「政策」「権力」「イデオロギー」「通俗的」「世界観」といった近代社会が生み出した概念装置、換言すれば「客観的」「科学的」方法を用いて中世仏教を分析することによって導き出されるのは、近代的なパラダイムに加工し直された中世仏教の虚像でしかないことに、あまりにも無頓着である。つまり平の方法では、国家や領主の権力を維持するためのイデオロギーとしての宗教、そしてそれに呪縛された中世人という、あらかじめ平が期待したような、中世仏教のイメージが導き出されるのは当たり前であって、他の結論が出てくる可能性は始めから排除されているのである。われわれは、現代の視線からしか過去を見ることはできないにしても、「中世人の世界観」の解明は、近代社会が絶対視してきた世界観を振り返り相対化するために必要だし、そこから歴史世界との対話が始まるのである。平の方法では、いかに法然の革新性や「民衆」の力を評価したところで、しょせん中世人は、無知と不幸のアレゴリーにしかならないのであって、結局、現代社会の優位を誇らしげに語るだけの「モダニズム」から抜け出すことはできない。歴史世界は、現代社会や現代人をより美しく見せるための背景でも奴隷でもないのだ。ポスト・モダニズムの思考に慣れること、そのために、アナール学派の方法や、ドミニク・ラカプラ（『思想史再考―テクスト、コンテクスト、言語』、山本和平・他訳、平凡社、一九九三年）の忠告を受け入れることを、今日の日本の多くの歴史家にお薦めしたい。なお、日本近世の宗教的言説を、すべてイデオロギーとして解釈することを主張した論考として、ヘルマン・オームス『徳川イデオロギー』（黒住真訳、ぺりかん社、一九九〇年）がある。イデオロギー分析という方法を採るならば、オームスが行ったような、新たな方法論の構築が必要となるのである。ただし彼は、日本の近世史研究者とは異なり、日本の近世を、近代社会として定義し直そうという意図から出発しているのであるが。

（9） 黒田俊雄「中世における顕密体制の展開」（同『日本中世の国家と宗教』所収）。

（10） キリスト教の異端については、M・D・ノウルズほか『キリスト教史』4　中世キリスト教の発展（上智大学中世思想研究所編訳、平凡社ライブラリー、一九九六年）第一六章「異端」、マーガレット・アストン「中世における民衆の宗教運動」（ジェフリー・バラクラフ編『図説　キリスト教文化史』II、別宮貞徳訳、原書房、一九九三年）などを参照。

（11） 世界全体を一個の生命体、マクロ・コスモスとする世界観に関する古典的な名著として、アーサー・O・ラヴジョイ『存在の大いなる連鎖』（内藤健二訳、晶文社、一九七五年）がある。近年のエコロジー関係の著作では、このような世界観について当然のごとく論じられている。たとえば、J・E・ラヴロック『ガイアの時代―地球生命圏の進化』（スワミ・プレム・プレブッダ訳、工作舎、一九八九年）、エドワード・ゴールドスミス『エコロジーの道―人間の地球の存続の智恵を求めて』（大熊昭信訳、法政大学出版局、一九九八年）など多数がある。〈存在の連鎖〉という思想に、もはや超克の対象でしかない近代の「人間中心主義」を嗅ぎ取り、思想の「生物中心主義」への転換と「新しい言語」創出の必要性を強調する論考に、クリストファー・マニス「自然と沈黙―思想史のなかのエコクリティシズム」（ハロルド・フロム他編『緑の文学批評』、伊藤詔子・他訳、松柏社、一九九八年）がある。

（12） 今村仁司『交易する人間―贈与と交換の人間学』（講談社選書メチエ、二〇〇〇年）第四章。〈贈与〉を介した相互行為についての詳細は、同書を参照されたい。このような相互行為と仏教との関係については、今村仁司編訳『現代語訳清沢満之語録』（岩波現代文庫、二〇〇一年）「解説」が参考になるだろう。

(13) 遁世の概念については、蓑輪顕量「官僧・遁世僧と論議における戒律」（同『中世初期南都戒律復興の研究』、法蔵館、一九九九年）が参考になる。ただし、遁世僧／官僧という二元論的な対概念にすることには疑問がある。たとえば、入宋僧や宋元よりの渡来僧、あるいは彼らの後継者たちの位置づけには必ずしも有効ではない。彼らは、意識的に日本の仏教界にも世俗の社会にも包摂されない〈他者〉であろうとしたからである（もちろん交流しなかったということではない）。また、確かに「官僧」の立場から見れば、世界は〈遁世僧／「官僧」／世俗社会〉と分節化されるのであるが、遁世僧から見たときの世界は、〈遁世僧／「官僧」・世俗社会〉と分節化されるのであるから、結局、〈遁世僧／世俗社会〉という二つの世界が存在していることになる。つまり遁世僧／官僧という区分は、あくまでも「官僧」から、もしくは世俗社会から見た視線にすぎないことになる。

(14) 貞慶については、上田さち子「貞慶の宗教活動について」（『ヒストリア』第七五号、一九七七年）、保井秀孝「貞慶の宗教活動」（『日本史研究』第二二四号、一九八一年）参照。

(15) 明恵については、奥田勲『明恵―遍歴と夢』（東京大学出版会、一九七八年）、田中久夫『明恵』（吉川弘文館、一九八八年）、末木文美士『鎌倉仏教形成論―思想史の立場から』（法蔵館、一九九八年）第Ⅲ「明恵とその周辺」参照。

(16) 空海の詩文集『遍照発揮性霊集』（日本古典文学大系71）巻第一に収められた「遊山慕仙詩」「入山興」「山中有何楽」などの彼の作品が、日本の仏教者が、自然との関係を叙述した代表的なテクストである。なお、平安初期の仏教と貴族社会、都市と自然との関係については、拙稿「王宮と山巖と―空海をめぐる都市と山林」（『南都仏教』第五九号、一九八八年）で考察した。

(17) 「吏隠兼得」については、後藤昭雄「宮廷詩人と律令官人と―嵯峨朝文壇の基盤」（『国語と国文学』第五六巻第六号、一九七九年）、藤原克己「吏隠兼得の思想―勅撰三集の一考察」（『日本文学』第二八巻第七号、一九七九年）参照。

(18) 『本朝文粋』巻第十二（『新日本古典文学大系』27）所収。

(19) 井上光貞『日本浄土教成立史の研究』（山川出版社、一九五六年）以降、小原仁『文人貴族の系譜』（吉川弘文館、一九八七年）に至るまで、定説と化していった平安浄土教発生の原因、文人貴族層の社会的役割が縮小し、地位が低下していくなかで、彼らが現世を否定し後世に希望を見い出すような浄土教に没入していったという見解は、今日多くの研究者によって否定されてしまった。たとえば黒田俊雄は、平安期の浄土教の盛行を、顕密仏教のパラダイムの内部で、天台宗の自己主張として発展していったものだと位置づけ、文人貴族の役割を評価していない（黒田「中世における顕密体制の展開」）。文人貴族の役割の変化という点についていえば、彼らの社会的役割は、クライアントの要望に沿ったいかなる言説でも生産するという意味では、彼らの役割はなんら変わることはない。『本朝文粋』などのテクストをみれば、源為憲や慶慈保胤のような文人貴族が、一見すると、あらゆる種類の言説を、しかもどこに彼らのアイデンティティがあるのか疑いたくなるほど、無節操に生産しているかのような印象を受けるだろう。ときには彼らに、たとえば隠者や出家者の役回りを演じることが要求されることもある。個人的な感慨を表白するような独白的言説は、近代に主流となる言説の様式であって、この時代の主要な言説の様式ではない。もちろん、そういった言説の様式が存在しないわけではないのだが、それはテクストの聞き手／読み手を共同体の一員として確認するためか、その内部に組み入れるための言説の様式であって、言説は常に社会的なものである。

(20) 源為憲『三宝絵』や慶滋保胤『日本往生極楽記』では、聖徳太子や行基を観音や文殊菩薩の化身とする。慶滋保胤は、「七言暮春於六波羅蜜寺供花会聴講法華経同賦一称南無仏」という詩のなかで、空也を「如来の使」と記す。また彼は、「為二品長公四十九日願文」で、源為憲から『三宝絵』を献呈された内親王尊子を、妙音・観音菩薩の化身と、「為大納言藤原卿息女女御四十九日願文」では、花山院女御怟子を、現身に仏果を得た「龍女」と記す（以上の彼の作品は、いずれも『本朝文粋』所収）。源信とともに念仏結社、二十五三昧会のメンバーだった覚超が、源信の死の直後に書いたとされる「首楞厳院廿五三昧結縁過去帳」の源信伝には、源信をやはり「如来の使」と記している。また、『栄花物語』は、藤原道長を聖徳太子や空海の再誕と位置づける。

(21) 『大鏡』第五巻には、下層の都市民の間では、そのような道長評価が存在したと叙述されている。もちろん、それは『大鏡』という貴族社会で成立したテクストに叙述された、貴族の下層民に対する解釈にすぎないが、少なくとも、純粋な〈贈与〉に関する貴族社会の解釈を見て取ることができる。

(22) 中世の「世評」や「うわさ」の形成過程については、石井正己「世間話し・世語り――『源氏物語』の世界」（本田義憲・他編『説話の講座』2、勉誠社、一九九一年）、酒井紀美『中世のうわさ―情報伝達のしくみ』（吉川弘文館、一九九七年）参照。

（23）ここでいう都市とは、大室幹雄『劇場都市―古代中国の世界像』（三省堂、一九八一年）が叙述するような、ユートピア的世界の理念もしくはイメージが現実化したものとしての政治的・文化的中心性のことである。

（24）平安期の巡礼の思想的意味については、拙稿「仏の旅・ひとの旅―示現と巡礼からみた平安社会」（巡礼研究会編『巡礼論集』1　巡礼研究の可能性、岩田書院、二〇〇〇年）で論じておいた。

（25）このような〈定住〉と〈移動〉から生じる世界観の差異については、エリック・リード『旅の思想史―ギルガメシュ叙事詩から世界観光旅行へ』（伊藤誓訳、法政大学出版局、一九九三年）参照。

（26）イスラームの文化に、早くから注目していたのは井筒俊彦である（井筒『イスラーム文化―その根柢にあるもの』、岩波書店、一九八一年など）。しかし、多くの日本人が中東世界とイスラームの文化に目を向けるようになったのは、オイル・ショックや中東を舞台とする戦争が、日本にも大きな影響力を及ぼすことが意識されるようになった近年のことである。中東の遊牧民の生のあり方が注目されるようになったのは、さらに遅れて、エコロジーの重要性に人々が気がつくようになった、ごく最近のことにすぎない。遊牧民の生活と思想については、D・P・コウル『遊牧の民　ベドウィン』（片倉もとこ訳、教養文庫、一九八二年）、片倉もとこ『「移動文化」考―イスラームの世界をたずねて』（岩波書店、一九九八年）、奴田原睦明『遊牧の文学―イブラヒーム・アル・コーニーの世界』（岩波書店、一九九九年）参照。中東の遊牧民以外の〈移動〉性と思想については、松本宣郎他編『移動の地域史』（山川出版社、一九九八年）所収の諸論考や松井健『遊牧という文化―移動の生活戦略』（吉川弘文館、二〇〇一年）が参考となる。

（27）世界の中心や宇宙軸という概念については、ミルチャ・エリアーデ『永遠回帰の神話』（堀一郎訳、未来社、一九六三年）、V・V・イワーノフ他『宇宙樹・神話・歴史叙述―モスクワ-タルトゥ・グループ文化記号論集』（北岡誠司編訳、岩波書店、一九八三年）、マンフレート・ルルカー『象徴としての円―人類の思想・宗教・芸術における表現』（竹内章訳、法政大学出版局、一九九一年）など、多くの著作で論及されている。

（28）栄西の伝記に関しては、多賀宗隼『栄西』（吉川弘文館、一九六五年）、柳田聖山「栄西と『興禅護国論』の課題」

（『日本思想大系』16　中世禅家の思想、岩波書店、一九七二年）参照。

(29) 俊芿の伝記は、『泉涌寺不可棄法師伝』（『続群書類従』第九輯下）、『元亨釈書』（『新訂増補　国史大系』第三一巻）による。日本に輸入された宋元仏画と、それが製作された中国仏教と社会の状況については、井手誠之輔『日本の宗元仏画』日本の美術四一八号（至文堂、二〇〇一年）が参考になる。

(30) 中国五台山が、生身の文殊菩薩の住む聖地だということは、九世紀に入唐した円仁の記述によってすでに知られていた。しかし、一二世紀以降になると、インドの霊鷲山の一部が欠けて中国に飛来して五台山となり、さらに五台山の一部が欠けて日本の山岳霊場になったという伝承が、さまざまな説話的テクストに叙述されるようになる。それらの説話は、中世において各地に続々と誕生してきた聖地・霊場が、日本という社会の外部に存在根拠を求めるこのような伝承を素材として自己の聖域化を主張する、独自の神話的テクストを生産していったことを示している。池上洵一『修験の道─三国伝記の世界』（以文社、一九九九年）第4章「平流山文化圏─飛来峰伝説」参照。

(31) 中世の対外認識が始原として何を発見し、どのような言説を生産していったかについては、成沢光『政治のことば─意味の歴史をめぐって』（平凡社選書、一九八四年）、市川浩史『日本中世の光と影─「内なる三国」の思想』（ぺりかん社、一九九九年）、佐藤晃「対外認識と中世の言説」（鈴木則郎編『中世文芸の表現機構』、おうふう、一九九八年）参照。

(32) 反=都市的という概念については、大室幹雄『園林都市─中世中国の世界像』（三省堂、一九八五年）参照。

(33) 蓮如の『御文』には、『御文章』などの呼称もあるが、ここでは、戦国期の言行録にも使用されている『御文』の名称で統一しておく。『御文』の引用は『真宗史料集成』第二巻所収「諸文集」により、番号はそれに付された通し番号である。なお、意味の取りにくい片仮名表記の言葉には、括弧内に漢字を表示するなどの改変を施した。したがって、ここに引用されたテクストを読む場合には、以下のようなことに注意してほしい。後述のように『御文』は、読むというよりも、読み上げられたものを聞くということを前提として書かれていると考えられる。それゆえ、意識的に漢字表記を少なくし、十分な読み書き能力を持たない門徒にも読み上げられるように配慮してあると考えられる。それとともに、中世の聖教伝授は師弟間で読み方が伝授されるという形式を取る場合が多かったから、漢字表記を少なくすることは、『御文』が聖教化され、『御文』の所有者に特権的地位を与えることを防ぐためにも必要だったと思われる。

(34) たとえば笠原一男は、『一向一揆の研究』(山川出版社、一九六二年)など一連の著作で、真宗門徒を定住農耕民とする前提でもって叙述している。

(35) 井上鋭夫『山の民・川の民―日本中世の生活と信仰』(平凡社選書、一九八一年)。井上論を発展させた研究に、金龍静「宗教一揆論」(岩波講座『日本通史』一〇巻 中世4、岩波書店、一九九四年)、網野善彦「真宗の社会的基盤をめぐって―宗教と経済の関係について」(浄土真宗教学研究所・本願寺史料研究所編『講座蓮如』第一巻、平凡社、一九九六年)がある。

(36) P・メカートフ他『死の儀礼―葬送習俗の人類学的研究』(江上良正・他訳、未来社、一九八五年)、今村仁司『交易する人間―贈与と交換の人間学』参照。

(37) 蓮如の御坊建設と都市への発展については、西川幸治「蓮如の町づくり―寺内町と城下町の比較考察」(浄土真宗教学研究所・本願寺史料研究所編『講座　蓮如』第四巻、平凡社、一九九七年)に叙述されている。

第一章　中世真宗のコスモロジーと蓮如の言葉

――『蓮如上人一語記』と〈非所有〉の論理――

はじめに

　蓮如（一四一五～九九）について論じようとするならば、まず蓮如自身の著作から検討するのが当然かもしれない。しかし私は最初に、蓮如の言行録の解読から始めようと思う。というのは、たとえば蓮如の著作を代表するものである『御文』を、真宗の教義を叙述するテクストとしてでなく、当時の宗教史の史料として解読しようとすると、極めて扱いにくい史料と化してしまうからである。『御文』から教学的叙述だけを切り取って解釈すれば、蓮如の思想が浮び上がってくるように見える。そして、蓮如に帰依した当時の「民衆」的な人々がそれを反復して読み、また読み上げられる『御文』の言葉を聞くことによって、彼らにも蓮如の語る真宗の論理がそのまま浸透していったように見えてしまう(1)。したがって蓮如の思想は、『御文』というテクストだけを検討することによって十分理解が可能であるように見えるかもしれない。

　だが『御文』には、今日の真宗教学者たちが語っているような、狭い意味での真宗教義だけが叙述されているわけではない。むしろ『御文』は、教学に直接関係しないように見える叙述、真宗教義に無関心な「民衆」的な階層に属する信者たちに対する蓮如の非難と失望の言葉で満たされているといっていい。蓮如の非難と失望の言葉を理解するためには、当時社会のなかで『御文』というテクストが、どのような社会的機能を果たしていったのかを検証する必要がある。だが、「民衆」的な人々が『御文』を通して真宗教義を受容するとはどういうことなのか、教義の理解はどのような過程を経ることによって可能になるのか、あるいは真宗教義は本当に理解されていったのかを、『御文』自体から読み取ることは困難なのである。なぜなら、このような問題を考える前提となる『御文』が、どのような状況で誰に向けて発給され、それがどのような過程をたどって地域社会の人々に届けられたのか、あるいは、『御文』を読むことが可能だったのは誰なのか、どのような機会に誰に対して『御文』は読み上げられたのか、また、『御文』の読み手／聞き手はそこから何を汲み取り、どのように理解していったのかということについて、『御文』に具体的に書かれているわけではないからである。それらの問題は、『御文』以外のテクスト、言行録や門徒の記録といった、蓮如や『御文』とその受容者との関係を目撃していた人たちの証言や、受容者の側から書かれたテクストを参照しながら、『御文』を解読するという方法によって明らかにしていく他はない。それゆえ蓮如について論じる場合、まず蓮如の言行録から考察してみようと考えるのである。

本稿では、蓮如に関する言行録のうち、主として『蓮如上人一語記』というテクストを解読することによって、蓮如が、どのような中世の思想的環境のなかで、どのように仏教や真宗の論理を語ろうとしたのかを考えてみることにする。

一　残された蓮如の言葉

近世以前に成立した蓮如の言行録には、晩年の蓮如に近侍した弟子・空善（生没年未詳）が編纂した『第八祖御物語空善聞書』や、蓮如の子息、第六男・蓮淳（一四六四～一五五〇）の「蓮如上人御若年砌事《みぎりのこと》」（実悟『天正三年記』所収）「信証院殿大谷砌事」（実悟『蓮如上人塵拾鈔』所収）、第七男・蓮悟（一四六八～一五四三）の『蓮如上人御物語次第』、第一〇男・実悟（一四九二～一五八三）のもの、本願寺一族の栄玄（生没年未詳）によって記録された『栄玄聞書』などがあるが、量的には実悟の撰述したものがもっとも多い。実悟が編纂した言行録には、『蓮如上人一語記』『蓮如上人仰条々』『蓮如上人御一期記』があるが、彼は他にも『拾塵記』『蓮如上人塵拾記』のような蓮如に関する歴史叙述、『山科御坊事并《ならびに》其時代事』『本願寺作法之次第』といった本願寺の儀礼や慣習などに関する著述を残している(2)。

実悟は蓮如晩年の誕生であり、生後すぐに異母兄・蓮悟の住む加賀本泉寺に移され、そこで養育された(3)。実悟は、蓮如の言行に直接触れる機会はなかったと思われるが、彼は、残されたさまざまの記録類、蓮如を知る人々から得た知見などを取捨選択して、数次にわたって言行録を撰述していった。実悟撰述の言行録であっても、撰述時期の異なるものの相互関係は極めて複雑であるが、そのことについてはここでは触れない(4)。実悟撰述の言行録は、他の類書と比較して、何といっても量的にもっとも豊富な言行を記録しているし、よく整理もされているので、以下、実悟撰述の言行録に拠りながら、蓮如の没後、彼の言行がどのように解釈されていったのかを考えてみたい。

実悟撰述の言行録の代表的なものとして、『蓮如上人一語記』と『蓮如上人御一期記』の二つを上げることができよう。両者は、よく似た名称が付されているため、しばしば混同されてきたが編纂時期は異なる。『蓮如上人一語記』（以下『一語記』と略記）は、享禄四年（一五三一）、本願寺と加賀三ヵ寺（本泉寺・松岡寺・光教寺）が加賀国の支配権を争って闘った、いわゆる享禄の錯乱以前に編纂したものだが、乱によって失われたと実悟自身は述べている。稲葉昌丸は、諸書に引用された条文からそれを復元し、『実悟旧記』と名づけて刊行した。その後、江戸期の写本が発見され、稲葉の復元が正しかったことが立証された。

一方、『蓮如上人御一期記』（以下『一期記』と略記）は、いわゆる石山戦争終結直後の天正八年（一五八〇）九月、それまでの自撰・他撰の言行録の集大成として撰述されたテクストである。両者の叙述には重複する条文も多いが、主要なテーマは教化者としての蓮如の言行である。大桑斉は、両者の特徴をさらに整理し、『一語記』は、戦国大名化し、聖俗両面にわたって宗主権力を肥大化させていく本願寺に対する批判として、宗主の権威を宗教的領域に限定すべきことを明らかにするために撰述されたと解釈する。そのような意図から『一語記』では蓮如を、衆生を救済する阿弥陀仏の生まれ変り、「権者」「化身」として描写し、蓮如が示したさまざまな奇瑞が叙述されることになったが、実悟の意図とは逆に、宗主のカリスマ化を促進する「宗教王国のイデオロギー」となってしまったとされる。それに対して、石山戦争の敗北後に編纂された『一期記』は、宗主が世俗的権力をもはや失ってしまった状況を受けて、カリスマ的表現を後退させ、精神世界にのみ君臨する宗主像、近世本願寺のイデオロギーにふさわしい、「教化者蓮如」としての蓮如像を造形していったものであるとした(5)。

両者の条文の中からカリスマ的表現である「権者」「化身」といった叙述、神秘的表現である「不思議」「夢」、各種の奇瑞などの叙述を拾い上げていくと、『一語記』（二一例）よりも『一期記』（二四例）の方が若干多くなっている。もっとも、奇瑞等を多く記す蓮如の往生に関する叙述は、『一語記』では除かれ、別に『拾塵記』として編纂されている。一方、『一期記』は往生に関する叙述を集録しているので、カリスマ的表現に関しては、両者の間にそれほど顕著な差異があるわけではない。むしろ私が注目したいのは、中世社会に特徴的な所有観念(6)、中世的な〈非所有〉の論理を表象する「仏物」「如来聖人ノ御用」「御用」などの言葉が、『一語記』(一七例)の方に多く用いられているのに対して、『一期記』(一〇例)では明らかに減少していることである。以下、最初に中世社会における〈非所有〉の意味を検討し、次に『一語記』に登場する〈非所有〉について検討してみたい。

二　中世的世界のコスモロジー

前章で述べたように、私は中世社会を、宗教的かつ多様なミクロコスモスが並存し、ときにはそれらが重層的に重なり合い、ひとつの集合体＝マクロコスモスを形成しているように見えるが、ときには分裂を繰り返しながら無数のミクロコスモスへと細分化していくような運動体として理解している。ただし、そこには運動の法則性といったようなものはないし、なによりも個々のミクロコスモスは、自分たちこそが真のマクロコスモスであると表象するような言説・絵画・儀礼などを不断に生産し続けていることに注意しなければならない。小堂に安置された見栄えのしない仏たちに見守られ、名もない鎮守の神々に抱かれた小規模の村落共同体であっても、可視のモノから不可視のモノまで、そこは全宇宙に存在するあらゆる生命・人間・物質が凝縮された世界、生態学的な宇宙を構成する要素のすべてによって満たされたマクロコスモスだと認識されている。そこはまぎれもなく世界の中心なのだ。ただし生態学とはいっても、存在するものすべてが平等の関係にあるわけではないという意味で、近代的なエコロジーの概念とは異なるが。

　別の理由からも各地の地域共同体は、国家を超えたマクロコスモスだということができる。なぜなら国家は、欠如によって成り立っている、つまり、社会が完璧なものであるならば政治や為政者は存在理由を失ってしまうからである。それゆえ政治的言説は常に社会と政治の不完全さについて語り続けなければならないのだし、反対に宗教的言説は世界の完全性を語るのである。したがって、宗教的によって意味づけられた地域社会は、つねに世俗的な国家を越えているのである。では宗教的に意味づけられた国家は、地域社会の上位に立つことができるのかといえば、それは容易なことではない。確かに地理的な領域からすれば、国家は地域社会の総和であるから、単純に広さを比較すれば国家は地域社会に勝る。しかし、双方が宗教的に意味づけられた空間同士である場合、想像力の領域での比較になるから、双方の優劣は比較しようがない。われわれは、無意識のうちに近代的な国家のイメージで中世社会を理解しようとするから、国家の優越を無条件に前提にしてしまいがちとなる。それは単にわれわれの時代の思い込みにすぎないのだ—その点からも、私は黒田俊雄に同意できないのだ。

　ところで各地域社会がそれぞれにひとつのマクロコスモスを構成しているとすれば、そこに居住する個々の人間がミクロコスモスという関係になろう(7)。そこではすべての人間が、〈大日如来—諸仏・諸菩薩—諸神—僧侶・貴族・武家—諸人〉という、宗教的と世俗的な階層秩序が重層したヒエラルキーへと組み込まれ序列化されている。もちろんそれは固定的なものではなく、たとえば最下層の人間が仏神の託宣を語ることにより、あるいは地域社会の外部からの人間の来訪により、彼らが一時的に社会の最上部へと昇るといった出来事や、富や威信の増減や災異の出現によって常に秩序が流動するように構造化されている。また、その社会の中での個人の位置は、過去と現在の宗教的善行の総量によって決まるとされる。そこでは、人間と人間との関係、政治的な支配と従属、経済的な収取と貢納との関係は、誰がより仏神に近い神聖な属性を備えているのか、誰が宗教的な力をコントロールして現実世界に安穏と豊穣をもたらしてくれるのか、そして誰が仏神と人間との仲介者として未来の救済を提供してくれるのかというような能力を表象するものとして構造化されている。この関係は、各個人が仏教における悟りへと至る階梯（純粋な〈贈与〉関係）のどの位置にいるのかを、現実社会における身分的階層関係（社会的な〈贈与〉関係）へと置き換えたものであり、その逆ではない(8)。

中世社会における都市は、多様なミクロコスモスのなかで卓越した世界の中枢部として振る舞おうとし、その卓越性を視覚的に表象する装置であろうとする特殊な属性をもつ。都市は、天皇・貴族・武家・高位の僧侶など、自らが世界の頂点に君臨していると自認する人間たちと、彼らへの奉仕者であり観客でもある者たちが集住する場である。彼らは各種の文化資産、宮廷建築や邸宅、寺社建築や庭園、そこで取り行われる儀礼の数々によって、都市が権力と秩序と財貨と文化の中心であり、宗教的エネルギーの発生源であることを、都市の内外に視覚や聴覚を通して、あるいは、そこで生産される言説（教学書・儀式書・物語・説話・寺社縁起など）によって表象する(9)。一方在地社会は、文化資産の量や言説の生産能力では都市に劣るが、世界の生命活動を支える物質的生産物は、そこで産み出されているのである。つまり、〈聖なるもの〉から生命エネルギーの〈贈与〉を直接受け取れる場であるという意味で都市に優越する。この〈贈与〉の直接性が、在地社会での言説の生産を不用なものとしているのであり、反対に都市は、〈贈与〉の間接性を文化資本や言説の量によって補わざるをえないのである。

中世社会にあっては、都市と地方との現実の地理的関係は組み替えられる。各権門とそれが都市の周辺や地方に所有する所領との関係は、権門の所在地からの実際の距離関係によって認識されるわけではない。各地の所領は、権門を中心とする曼荼羅世界を構成する一部分として叙述される。その曼荼羅世界のなかでは、都市に住む権門と在地社会の住人との関係は、両者が伝統的な政治組織のなかで、どのような地位や身分が与えられているのかによって（高い地位や身分を与えられている者は、慣習として都市に居住しなければならない）、曼荼羅世界の中心に君臨する偉大なる仏・菩薩の生まれ変りなのか、それとも周縁にかろうじて存在することを許されている、往生することすら覚束ない者たちなのかが表象される。それらは、都市的な文化資本や言説、いわゆる垂迹曼荼羅・絵巻物や物語・説話・記録などによって視覚化されているのである。それらが中世社会における地図の役割を果しているのであるから、地理的関係を「客観的」に表示する地図は不要なのである。地域社会で完結してしまう絵画や言説が登場してくるのは、地域社会がもはや旧来の都市的世界との関係を清算して、自らが都市的社会に変貌したことをアピールするためにそれらが生産されたことを意味している。中世の本地垂迹思想というのは、決して宗教的領域に限られる問題ではなくて、社会における世俗的身分と宗教的なヒエラルキー＝悟りへの遠近、〈聖なるもの〉との贈与関係などを重層的に表象しているのである。

都市の言説は、都市の権門寺社が奉祠する神々と各地の所領に君臨する神々との関係もまた、密教的曼荼羅の中心に君臨する大日如来に近い上位の仏と周辺の下位の天部の関係として表象する。この都市の言説は、都市の各権門が構想するミクロコスモスの地図にすぎないのだが、寺社縁起という言説や寺社曼荼羅という絵画として表象されることになる。当然在地社会も、自らのミクロコスモスを都市と同じような言説や絵画で表象しようとする欲求はあるのだが、都市のそれらと比べて、贈与者である仏神の居住地の自然の景観をより多く、よりリアルに描き込もうとする。

現実の土地の領有関係は、文書という様式で記録される場合があるが、それらの文書の本来的役割は、所有権の所在を証明することではなくて、そのような寺社縁起に叙述された仏神の威力に対する賛歌として、また純粋な〈贈与〉の対象者、生命力の根源的所在を明らかにする言説として必要なのである。現実の領有関係は、在地社会にあっては自明なものであり、必ずしも文字言語に記録されねばならないわけではない(10)。また仮に対立関係が生じたとしても、紛争処理は在地の慣習法で十分に対応可能なのである。もしそれが裁判によって決着されねばならないとすれば、そこで争われるのは人間の所有権ではなくて、対立する勢力が〈贈与〉の対象としたそれぞれの仏神のうち、どちらがより根源的な生命の提供者であるのかということである。とはいえ、いかなる権門といえども自分たちより上位の概念である仏神の威力の優劣を決定できはしないから、それは当事者間の問答で決着されるほかはない。しかし問答をする人間の言葉は、その背後にある仏神の託宣の言葉を伝達するものなのであり、問答の勝敗を決めるのは、あくまでも仏神同士なのである。その土地の管理をどちらの側に委ねるかを決定するのは、仏神間の交渉次第ということになる。中世の裁判は所有権の争いというよりも、当事者双方が背負っている仏神の威力を競い合う、「験比べ」―それは修験者たちが、自分の所持する霊力を互いに競い合う儀礼として、各地の山岳霊場で行われていたものだが―とでもいうべき儀礼だといった方がいいのだろう。

このような中世の神話的空間のなかでは、すべての人間とモノは、ひとつの建築物の各部材のようにそれぞれが存在する場所を与えられている(11)。天子であろうと乞食であろうと犯罪者であろうと、場所を異にするとはいえ、王宮・街路・牢獄といった、それぞれにふさわしい生存すべき場所が与えられている。生前のみならず死後においても各人は、生きるべき場所が割り当てられている。前世の行為によって現在の〈生〉が決定され、現在の行為によって死後の〈生〉(六道)が決定される。死後の世界をもたないのは、現在の〈生〉に意味を与えることができないということである。宗教によって全世界が覆い尽くされた社会にあっては、たとえ救いようのない宗教的な罪を犯した者ですら、地獄という場所が用意されていなければ、彼もしくは彼女の〈生〉は宙釣りにされたまま、一日たりとも現実の生を生き延びることはできない。動物としての〈生〉は生きられたとしても、人間としての〈生〉、意味をもち価値を与えられた〈生〉を生きることはできない。中世仏教は、それがどのようなものであれ、すべての人間に存在する場所と〈生〉の意味を提供していたという意味で、エコロジー的な思想だったといっていい。

　中世仏教のなかの各ミクロコスモスは、自らを物語る言説のなかに、王権や国家にまつわる各種の記号を挿入し—それを黒田は顕密主義を表象する言説と誤読したのだ—さらに、国家を超えた単一の〝マクロコスモス〟、仏・菩薩・神々の世界によって成り立っている全宇宙、そしてインド・中国・日本という当時知られていた限りでの全領域を包摂するスケールへと同一化した上で、自立したコスモスとして自らを閉じてしまう傾向がある。それゆえ、国家や王権という概念で表象される領域は、もっとも小さなミクロコスモスと比べてさえ、はるかに狭小な概念でしかなかった。世界は、国家や王権の求心力によって統合されるよりも、それらの範囲を超えて想像力の及ぶ限りの大きさへと膨張していく傾向にあるのである。つまり、人々が仏・菩薩の浄土や中世神話に思いを馳せた途端、たちまち国家や王権といったパラダイムは軽々と踏み越えられてしまうのである。黒田俊雄のいう「顕密主義」が、理念的には中世社会の権力構造をよく表象しているようにみえながら、歴史的現実との間にギャップがあるように見えるのは、中世社会自体が、社会の権力構造に人々を繋ぎとめ続けることのできない、中心性を無意味にし拡散性を再生産してしまう〈反〉構造的要素を抱え込んでいるからである。

　それゆえ中世社会は、揺るぎなく統合され、国家・王権・都市といった〈世界の中心〉から周縁世界へと宗教的生命力を一方的に供給するシステムであるよりは、各地の地域社会が、それぞれに宗教的生命力を自給しようとし、自らが〈世界の中心〉であろうとした。それどころか〈世界の中心〉からの逸脱者、新しい宗教の首唱者が続々と登場し、各地に独自の小宇宙を構想していったのだから、現実には多数の〈世界の中心〉が並存し、独自の言説を生産しながら互いに競い合い離合集散を繰り返し続ける社会であったといえる。中世が残した、大量の説話や物語、和歌や漢詩、あるいは膨大な記録や文書群は、その営為の遺産に他ならない。

　京都は権門がもっとも集中しているがゆえに、もっとも都市的な空間であったというのは間違いない。だが、博多や鎌倉、その他の都市も十分に〈世界の中心〉たりえたのだし、比叡山とともに南都や高野山のような大寺院も、地方の小寺院でさえも、独立した曼荼羅的宇宙、〈世界の中心〉としてのイデアを実現したものであろうとした。このように無数の〈世界の中心〉が存在するということは、世界は中心性の創出とその解体が繰り返されながらも、結局のところ、確たる中心の存在しない宇宙ということになる。したがって現実の中世社会とは、中心と周縁との差異が曖昧な、どこをとっても均質な空間へと変貌し続けていく運動体ということになる。

中世の均質な空間とは、いくらでも移動可能な空間、旅の空間でもある(12)。一遍や西行が旅のなかに自己のトポスを発見したのは、中世社会にとって極めて意味のあることなのだ。旅は、誰の所有も許さない時間と空間のなかに棲息することであるが、とりわけ宗教者にとっては、それ自体が浄土往生の道程となり究極の遁世を実現してくれる場ともなる。また旅は、商人や職人たちの移動と、モノの実体化を容易にする空間でもある(13)。網野善彦がいうような無縁や公界の領域が、中世以前から存在していたわけではない。中世社会が多数の〈世界の中心〉をもつがために、空間の均質化の進行と人々の移動の活発化がもたらされ、伝統的な言説によって意味づけられていた領域が意味を失って、名づけられていない場所、居住者の特定されない空間が誕生してきたのである。そして、移動を属性とする遊行者や商人や職人という身分も成立してくるのである。そのような空白の空間に、あたかも古代以来の伝統であるかのような神話的言説が付加されることによって新たな意味が与えられ、無縁や公界という場が誕生してきたということである。それらは、中世以前から無主や公共の空間であったわけではない(14)。

三　中世における〈非所有〉の論理

中世初頭に続々と登場してくる、新しいタイプの宗教者に共通する属性は、〈非所有〉である。それは、鎌倉期の律僧に顕著な属性として知られているが、彼らのみならず、権門寺社が構造化したコスモスの引力圏から離脱し、独自のコスモスを構想した宗教者に共通する特性である。〈非所有〉こそが、あらゆる権力・秩序・財貨・文化が集積され、それらが重層的に構造化されてしまっている大寺院の煩わしさから逃れ出る、もっとも有効な手段であったことは間違いないのだが、しかしそれは、既存のコスモスの内部に安息していれば保証されていた各自の生存の場を放棄すること、つまり社会的な〝死〟を宣言することでもある。別のいい方をすれば、〈非所有〉とは、彼らが行う実践、帰依・経典の読誦・瞑想・坐禅などが、仏・菩薩に対する純粋な〈贈与〉となり、それらの功徳が他者の所有する財貨と交換されるような、社会的な〈贈与〉関係へと転化されることがないように、他者から提供される財貨の所有をあらかじめ拒絶しておくことである。つまり〈非所有〉とは、社会的な〈贈与〉関係の排除のことなのである。

中世における「所有」はやっかいな問題だ。「所有」に関する権限は、一見仏神にあるように見えるからだ。人間は仏神から〈贈与〉された自然に対して、専有権を行使できるにすぎないように見える。だが中世における「所有」は、〈非所有〉を含んだ上での「所有」の概念なのだ。近代的意味での「所有」は、常に他者によって脅かされざるをえない、排他性のゆえに不安定な、こういっていいなら不完全な「所有」にすぎない。中世社会における「所有」は、徳政の例を見ればわかるように、〈非所有〉(「所有」の放棄、もしくは仏神への返済)を含んだ「所有」である。したがって仏神が「所有」の主体であるように見えるし、人間も「所有」の主体であるかのように見える。中世の「所有」は、〈非所有〉を含んでいるとともに、宇宙に存在するものすべてが相互に浸透しあい「共有」しあっていることをも含意しているのだ。宇宙はエコロジー的な空間なのである。

これらの「所有」の観念は、仏教の基本的テーゼである、実体的にモノが存在するという観念の否定、〝無我〟や〝無常〟や〝空〟の思想によって根拠づけられているから、中世社会の世界観にあっては、モノそのものという観念は存在しない。だから、絶対的な意味での「所有」の対象となるようなモノも存在しないというのが、中世社会における物質観なのである。つまり中世社会は近代社会と異なり、モノに対して総じて無頓着な社会なのである。ただ、モノがもっている、観念を表象する能力に注目しているだけなのである。中世社会は、人間も含めてあらゆるモノを通して世界の秩序と構造を可視的に表象しようとする(15)。物質も人間も、一定の観念を表象する限りにおいて実在とされる。それゆえモノは、ときとして仏神のものと見なされたり、人間の所有物と見えたり、あるいはそのように表象されるのである。

中世の浄土教のうち、法然やその弟子たちは、仏教的真理は観念の内部にすら実在しないと考えた。なぜなら、人間は本来、目前の現実が何であるかすら認識する能力をもたないと考えたからだ。彼らは、経典のなかから「末法」という言葉を見つけ出して、人間は釈尊の時代から遠ざかるにつれて次第に真実を探究する能力を失い続けてきたのだという、一応の理由づけをした。だが、仏教的真理は論理的にいって仏自体のことであって、煩悩をもつ人間のものにはならない。いかなる修行、つまり輪廻転生を無限に繰り返しどれほど純粋な〈贈与〉を続けてみたところで、人間は真理を「所有」することなどできないこと、そして、仏をひたむきに信仰し熱愛すること以外に彼らは何もできないことを発見したのだ(16)。

宇宙には悟りをえた如来は無数に存在すると、多くの仏典に確かに記されている。けれども、宇宙の始原のときから、如来は如来であって衆生は衆生なのである。人間の仏に対する熱愛（つまり信仰）が激しければ激しいほど、仏はいつでも、どこでも、だれにでも、無数の多様な姿となって現前してくれるにしても、人間がひとたび熱愛そのもの、つまり仏になりたいと思った瞬間に、人間の前から仏は姿を消してしまうのだ。それゆえ、仏とは無数の存在であるとともに唯一の存在といってもいいことになる。そして、その仏は阿弥陀仏という名前をもつ存在としてわれわれの前に立ち現れてくるときにのみ、仏の真の姿を全的に開示するのだということを彼らは発見したのだ。これが、彼ら浄土教徒が確信したものであった。彼ら浄土教徒は、仏教を一神教的なものとして理解したといってもいい。そして、阿弥陀仏だけをひたすら熱愛し続けること、それを他力と名づけた。阿弥陀仏だけが、浄土往生を人間に与えるという純粋な〈贈与〉が可能な者であり、人間にはいかなる方法でも純粋な〈贈与〉は不可能なのだ。強いていえば、その不可能性を自覚し告白する言葉、それすら阿弥陀仏からの純粋な〈贈与〉であるのだが、「南無阿弥陀仏」という阿弥陀仏より与えられた、言葉を越えた言葉＝〈声〉を、阿弥陀仏に対する純粋な〈贈与〉として返済することだけが可能なのである。阿弥陀仏から〈贈与〉された言葉であるからこそ、人間が「所有」する言葉となることはできず、「南無阿弥陀仏」をいくら称えたとしても、社会的な〈贈与〉に転化してしまうことはない。ということは、他の仏教諸派が一斉に反発したように、社会的実践のレベルで見れば、僧侶自身が菩薩として、あるいはその化身として他者に対して何かを〈贈与〉すること、菩薩として衆生救済的な実践を行うことは不可能とならざるをえない。浄土教徒に唯一可能な社会的実践は、他者を自分たちと同様な他力信仰を奉ずる浄土教徒に引き入れることだけなのだ。

このように、中世仏教を〈非所有〉という側面から見れば、禅律僧は「顕密主義」的で、浄土教徒は反＝「顕密主義」的という分節化は無意味なものになってしまう。〈非所有〉をアイデンティティとしたという意味では両者は共通性をもつのであって、その差異は〈非所有〉に自己の悟りを含めるか否かということなのである。

〈非所有〉、つまり仏・菩薩に対する純粋な〈贈与〉のみを実践しようとすれば、浄土教は悟りへの欲望を放棄し、一神教的な熱愛に限りなく近づいていかざるをえないと考えるから、外見上は他の仏教諸派と異質な実践形態を取っているように見えるのである。

それとともに彼ら浄土教徒は、モノの実在性を極度に拒否しようとするし、モノのもつ世界の秩序と構造を表象する能力も認めようとはしない。別のいい方をすれば、彼らは、中世的な「所有」概念の内より〈非所有〉だけを分離してしまったのであるが、そのことは中世社会の秩序と構造を無意味なものにし、結局それを解体してしまうことになる。彼らは、〈非所有〉という実践の様式で自己のアイデンティティを表象しようとするのだが、その結果、彼らが放棄した「所有」の外部には、ただ化石化したモノの残骸だけ、外見上形を留める物質だけが残され、モノのもつ世界を表象する能力は奪い去られることとなる。ただ「南無阿弥陀仏」という〈声〉だけが、全宇宙の構造を表象することになるからだ。それにともなってモノは世俗的存在として、またただの物質的存在として、交易や流通の対象となり、絶えず変貌し続けている無数のミクロコスモスのネットワークから抜け出して、逆説的に近代的意味に近い所有物となることが可能となるのである。モノは意味としてではなく単に質量として世界に存在し、宗教的あるいは政治的意味づけなしに所有することが可能となる。これは、貨幣が唯一の価値の標準となり、貨幣が蓄積され、社会的な〈贈与〉関係ではないただの貸借関係が生じ、モノや貨幣の「所有」が社会的地位の唯一の指標となる前提でもある(17)。

もっとも法然の後継者たちも、モノのもつ世界の秩序と構造を表象する能力の誘惑から完全に逃れることはできなかった。一三世紀後半以降、大量の浄土曼荼羅・来迎図・祖師像の作製、祖師の法語集や絵伝が、さまざまな流派が分立していくなかで、自己の流派の正統性を主張するために盛んに作製されることになる—これもミクロコスモスの自己増殖の運動の一形態である。それは彼らが、世界の秩序と構造を表象するモノの魔力に魅せられてしまった結果でもある。もちろん、その魔力に魅了されてしまえば、「南無阿弥陀仏」という言葉だけが全宇宙の構造を表象するという浄土教のもっとも魅惑的な側面を、みすみす失ってしまうことになると判っていたとしても。

四 『蓮如上人一語記』における〈化身〉

以上、中世社会における〈非所有〉について概観したので、次に、『蓮如上人一語記』に見られる〈非所有〉の論理を表象していると思われる条文のいくつかを引用してみよう(18)。

一 朝夕如来聖人ノ御用ニテ候間、冥加ノ方ヲ深ク存スベキノ由、前々住上人(蓮如)仰ラレ候ヨシニ候。(一一条)

一 衣裳等ニイタルマデ、我物ト思ヒ踏タタクルコト、浅間敷コト也。悉ク聖人ノ御用仏物ニテ候間、前々住上人ハメシモノ(召物)ナンド御足ニアタリ候ヘバ、御イタダキ候由ニ候。(七三条)

一 同ク仰ニ云。イカヤウノ人ニテ候トモ、仏法ノ御家ニ奉公候ハバ、キノフ(昨日)マデハ他宗ニテ候トモ、今日ハハヤ仏法ノ御用トココロウベシ。タトヒアキナヒ(商い)ヲシ候トモ、仏法ノ御用トココロフベシト仰候ト云々。(一九七条)

一 前々住上人ハ、御門徒ノ進上物ヲモ、御衣ノ下ニテ御拝ミ候。又仏物ト思シ召シ候ヘバ、御自身ノメシ物マデモ御足ナドニアタリ候ヘバ、御イタダキ候。御門徒ノ進上物、則チ聖人ヨリノ御アタヘ(与え)ト思シ召シ候ト仰ラレシト云々。(二三一条)

一　蓮如上人兼縁ニ物ヲクダサレ候ヲ冥加ナキト固辞候ヒケレバ仰ラレ候。物ヲバタダトリテ信ヲヨクトレ、信ナクバ冥加ナキトテ法物ヲ受ヌヤウナレドモ、ソレハ曲モナキコトナリ。ワガスルト思フコト皆御用也。ナニゴトカ御用ニモルル（漏るる）コトヤ候ベキ。（二四八条）

これらの叙述が余りにも蓮如を美化し過ぎているとか、その行為に演劇的なまでのわざとらしさを読み取って蓮如を批判的な眼差しで見てしまうのは、中世という時代を考えるのにふさわしい視線とはいえない。何よりも、蓮如にそのような行為をさせているのは、蓮如ではなく阿弥陀仏なのだという中世の社会的コンテクストで叙述されていることを忘れてはならない。蓮如がもっとも重視した他力の信心―それは阿弥陀仏からの純粋な〈贈与〉なのだ―を、かりに獲得した人間であったとしても、そのことを言動の上で表象してはならないということは、『御文』の中に繰り返し説かれている(19)。だが、『一語記』は蓮如の言動を、そのような真宗の一般的な他力の信心の範疇によって限定してはいない。

一　蓮如上人権化ノ再誕ト云フ事、其証是レ多シ。別ニ是ヲシルセリ。御詠歌ニモ、「形見ニハ六字ノ御名ヲノコシ（残し）ヲク、ワガナ（亡）カランアトノカタミ（形見）トモナレ」ト候。弥陀ノ化身トシラレ候事歴然ト云々。（二三四条）

蓮如は、阿弥陀仏（あるいは親鸞）の「権化」「化身」なのだというのが実悟の解釈なのだから、その言動は通常の人間とは異質な真宗教義そのものを体現した人格であるとともに、ときには真宗教義の範疇からさえ逸脱した行為者として表象されるのである。このような叙述は、実悟が造形した蓮如像には違いないが、実悟は中世の仏教各派が多用していた高僧の叙述法を流用して蓮如像を造形し、「権化」「化身」が当然行うべきカリスマ的振る舞いを蓮如に行わせているのである。それどころか実悟は、蓮如の側近であった法敬坊が、「命ヲ前々住上人（＝蓮如）ヨリ御アタヘ候コトニテ候」（二〇一条）とあるように、彼の生命は蓮如から〈贈与〉されたものと信じていたというエピソードを記している。蓮如は阿弥陀仏の化身どころか、あらゆる仏神の権能を体現し、生命をさえコントロールできる造物主・絶対者として描写されている。

実悟は、蓮如だけを「権化」「化身」として造形しているわけではない。早くから蓮如の有力門徒となった金森・従善も、「法然ノ化身」（一三四条）と記述され、南北朝期のすぐれた真宗学者・存覚も「大勢至ノ化身」（二三八条）、あるいは「釈迦ノ化身」（二四〇条）と見做されている。つまり、阿弥陀仏の救済（純粋な〈贈与〉）の働きは、真宗教義さえ越えて、多様な宗教的特質をすべて兼ね備えた人格となって現実世界のなかに顕現し際立った働きをするという、中世でも特異な仏教的思考となって実悟の蓮如解釈を規定していたということになる(20)。つまり実悟は、中世仏教の論理を真宗教義のなかに吸収してしまっているのである。

このような実悟の解釈は、親鸞とも蓮如とも異なる思想を形成することになるが、彼は蓮如たちのような特定の人格に限って、他力の信心の獲得という真宗の論理のダイナミックな働きを表象する場合だけに化身という言葉を使用しているのである。実悟は、蓮如に関する各種のテクストを収集しただけではない。彼が再構成したテクストは、真宗教義を中心としているとはいえ、彼が知る中世仏教の解釈学のすべてをそこに組み込むことにより、信心の獲得という当の本人ですら確認困難な観念の領域に属する不可視の出来事は、蓮如という化身が歴史上に登場することによって、多くの人々によって目撃され確認可能な現実として起こるようになったといっているのだ。実悟はしかし、彼のテクストを読んだ後世の坊主衆や門徒たちが、蓮如と門徒たちの間で起こった過去の時代の出来事を回顧することだけを目指したわけではない。彼と同時代の人々が、どうすれば信心獲得という不可思議な出来事を、蓮如の時代と同じように追体験できるのかということを叙述したテクストを、彼は提供しようとしたのである。つまり門徒たちの信心獲得を実現するためには、誰よりも本願寺宗主が、蓮如の行為を率先して模倣しなければならないことになる。だが反面実悟のそのような言説は、現在する宗主をカリスマ化してしまうことにもなりかねない。

しかし、それを直ちに真宗教義からの逸脱であると批判するのは見当はずれというべきであろう。なぜなら蓮如の宗教的特質を、後世の異なった時間と空間に住む人々に伝達しようとすれば、一定の表現の様式、当時一般に流布していた中世仏教の卓越した人格の表現法に従って叙述することによってしか伝達不可能だということを無視することになるからである。真宗の教義や解釈法がいまだ十分に社会に浸透していない状況下では、優れた宗教者に対応する当時の表現法は、絵画を別とすれば既存の「権者」「化身」といった言葉しかなかった。それゆえこれらの言葉が用いられたのであり、真宗のコンテクストに慣れ親しんだ当時の人々は、われわれの時代が危惧する程には、それらの言葉から誤ったメッセージを受け取ってしまうことは少なかったということである――ということとは、真宗のコンテクストを十分理解していない人々は、そこから誤ったメッセージを読み取ってしまったということになるのだが。

言葉というものは、その時代の慣習化した思考や行動を、ほとんどの人々が何の疑いもなく反復することを促すような言説（ラング）を構成するようにできている。だから、そこから逸脱した〈非所有〉の論理（パロール）を厳密に語るためには、表現しないこと、沈黙こそが〈非所有〉の側に身を置く人間にとっては最高の表現方法であるとしかいいようがない。だが、人間にとって沈黙ほど困難な自己表現はない。しかも、実悟のような書記言語によってコミュニケーションが可能な知識人の場合はともかく、〈声〉に出して語る音声言語によってしかコミュニケーションの手段をもたない「民衆」にとって、沈黙とは自らの生活の場での社会的関係から自らを疎外してしまうことに他ならない。「民衆」的な人々にとって言葉は社会によって共有されているのであり、ある事柄だけを沈黙するというような方法で音声言語をコントロールすることは許されていないし、現実にできもしない(21)。「ワレハ信心ヲエタリ」と語ること、阿弥陀仏以外の仏神の礼拝の拒否、王法(22)の軽視といった自己表象、それらに対する押さえ難い欲求をすべて沈黙という大海の中に沈めてしまうこと、語らないことによってすべてを物語るというパラドクスを生きることは、「民衆」的人々にとっての言葉―身体言語も含めて―のもつ意味を考えれば、〃死〃を生きるというほとんど不可能であるとしかいいようのない〃生〃のあり方になる。蓮如が信心獲得を語る言説の背後にはこのような沈黙、〃死〃に直面する程の緊張、細心の注意の持続という厳しい現実が隠されている。他力の信心とは、それが阿弥陀仏からの純粋な〈贈与〉だからといって、それを受け取ることは決して容易な業ではないし、穏やかな安息の中にあるわけではないのだ。

中世社会のなかで最高の知識人を自負していた禅僧たちが、仏教の真理は言説を超えているという彼らのテーゼ、「不立文字」を掲げていたにもかかわらず、それについてどれだけ饒舌に語らなければならなかったのかは、大量の法語や詩文の残存を考えれば容易に理解できよう。そしてそれにも飽きたらず、彼らは数々の奇行、つまりイレギュラーな身体言語を通して自己表現せざるをえなかったことを考えてみれば、この沈黙がいかに困難なものであるかは容易に想像できよう。

真宗教義は完全な沈黙ではなく阿弥陀仏との間での最小限の音声言語、称名念仏を通したコミュニケーションという形式を選び取る。だがそれは、通常のコミュニケーションではないし言葉でもない。なぜなら称名念仏は、阿弥陀仏に何らかの意志を伝達するものではないし、阿弥陀仏から感覚可能な何らかの反応があるわけでもないからである。それにも関わらず衆生を救済しようという阿弥陀仏の本願と、それが人間に働きかけることによって生ずる信心獲得という不可視の現象によって、阿弥陀仏と自己との間に断ち難いきずなが存在すること、そのような出来事は、わずかに人間の口から念仏という〈声〉となって、阿弥陀仏の慈悲＝純粋な〈贈与〉が顕現することによってのみ証明される(23)。蓮如は、真宗信者が称名念仏を通して、意識的に阿弥陀仏に語りかけようとすることまでは否定しないが、それは阿弥陀仏の無限の慈悲（「御恩」）に対して、その負債を返済することは不可能だとしても、負債の存在を自覚しているという意志表示、「報謝」の念仏と規定する。つまりいかなる意味でも、阿弥陀仏と真宗信者の間で取り交わされる〈声〉を通したコミュニケーションは、阿弥陀仏の一方的な信心の〈贈与〉と、その結果として人間の側に起こる熱愛の表現としての称名念仏という現象との関係にすぎない(24)。

阿弥陀仏の救済の顕現を表象するものとしての〃生〃を生き、なおかつ生命の欲求から生じる一般的な意味での生存を拒絶したものとして真宗信者の〃生〃の様式はある。ついでにいっておけば、この沈黙、緊張と細心の注意の持続が、戦争と〃死〃を生き続けなければならなかった戦国期の人々を魅了し、熱狂的に受け入れられたこと、また蓮如の教説が多様な解釈に晒されていったこと、それらと密接に関係していることは指摘しておいていいだろう。人間は、困難な現実からの脱却と、思いのままに振る舞える自由にのみ熱狂するわけではない。困難な現実に踏みとどまること、そして沈黙することに意味を見い出すとき、彼らの内面はさらに熱く沸騰するのだ。

五　『蓮如上人一語記』における〈非所有〉

さて、蓮如が上記のように一種の人格神としての地位を付与されると、その言説、『御文』もまた特殊な意味づけがなされることとなる。

一　聖人ノ御流ハ、阿弥陀如来ノ御流也。サレバ御文ニハ、阿弥陀如来ノ仰ラレケルト云々。(八条)

一　御文ハ如来ノ直説ト存ズベキノ由候。形ヲミレバ法然、詞ヲキケバ弥陀ノ直説ト云ヘリ。(五七条)

中世の社会的コンテクストからすれば、たとえ蓮如の言葉であっても、彼の口から発話される言葉自体は、彼の言行に接しそれを記憶している人々が死去してしまえば、やがて忘却されてしまうであろう一過性のものでしかない。蓮如の言説は、阿弥陀仏あるいは親鸞の言葉そのものであるというような神話的言説が付加されてはじめて、通時間的な価値を獲得し伝承され記録されることになる。だがそうであるにしても、中世の仏教諸宗の叙述法を取り入れた実悟の叙述は極めて危ういものといわざるをえない。蓮如の教説が、一転して阿弥陀仏もしくは親鸞や蓮如を頂点に戴く、〈宗主―諸坊主―「民衆」的な人々〉という、蓮如が否定しようと努力した旧来の仏教的慣習や身分的ヒエラルキーの亡霊を呼び覚ますイデオロギーへと転化してしまうまでには、ほんの一歩の隙間さえないからである。それを阻止しうるのは、あくまで〈非所有〉の論理の強調しかない。そして、蓮如の言説の絶対的非所有化である。蓮如の言説を書記言語化した『御文』には、『御文』を所有する者、あるいはそれを人々の前で読み上げる者に蓮如と同質の神格や権威を付与してしまう危険性が常につきまとう。蓮如を阿弥陀仏の化身と見なすために流用された中世仏教の論理が、蓮如の言説に物神的性格を与えてしまうかも知れないのである。

それゆえ、次のような蓮如の言葉を、『一語記』は収載しないわけにはいかなかった。

一　御文ハコレ凡夫往生ノ鏡也。シカルヲ御文ノウヘニ法門アルベキヤウニ思フ人アリ。大ナルアヤマリ（誤り）也ト云々。（一一二条）

一　御文ヲヨミテ人ニ聴聞サセ候トモ、報謝ト存ズベシ。一句一言モ信ノ上ヨリ申セバ、ヒトノ心用（＝心を動かす作用）モアリ、又報謝トモナリ。（一四三条）

一　堺ニテアル人、蓮如上人ヘ御文ヲ所望候ニ、ソノトキ仰ラレ候。……後ニ仰ラレ候。仏法ダニ信ゼバ、イカホドナリトモアソバシテタマハル（賜わる）ベキヨシ仰ラレシト云々。（一六五条）

一　道宗、前々住上人ニ御文申サレ候ヘバ、仰ラレ候。文ハトリオトシ（取り落とし）候コトモ候ホドニ、タダ心ニ信ヲダニモトリ（取り）候ヘバ、取オトシ候ハヌ由仰ラレシ。又アクル年アソバサレクダサレ候。

（二五〇条）

『御文』の言葉、実悟の解釈ではそれは阿弥陀仏が語る聖なる言葉そのものなのであるが、言葉としてではなくモノとしての『御文』やその権威を所有したいという欲望、『御文』が物象化され、その所有者に何らかの権威を与えてしまうことは絶対に排除されなければならない。それゆえ、『御文』を読むことも「報謝」であると蓮如は語る。「報謝」とは、対象化できない存在に対して一方的に投棄する行為である。何ものもそれによって得ることはできないし、何かと交換することでもない。人間が、物質でも現象でもない、不可視の阿弥陀仏を対象化し、論理的に理解しようとし、テクストに叙述された知識として所有しようとしても無駄である。一方阿弥陀仏は、人間の全存在を包摂しているという関係にあるのだから、そこには交換関係が成立する前提、相互に対象化しあう関係自体が存在しえない。交換関係の成立しないところに、権力関係や身分関係も成立しえない。あらゆるものが、阿弥陀仏あるいは親鸞への「報謝」に置き換えられることによって成立する世界、これが真宗の他力の世界、つまり蓮如の構想した理想的な生存の場であると、実悟は繰り返し叙述しなければならなかった。

蓮如の『御文』に散見する儒教的言説(25)は、この「報謝」の論理を儒教的言説に置き換えたものである。中国禅宗の言説と緊密に結びついた形で流入してきた、中世における儒教的言説（朱子学や陽明学などの）は、自己の心的作用のコントロールに主眼を置き、心的作用を制御している程度によってその人の社会的地位や役割が決定されるような社会として、世界を再構築しようとする言説であった。当時目新しい言説として注目されるようになった儒教的言説の導入は、したがって、そのまま為政者への無条件な服従を意味しているわけではない。先に見たような、語らないことによってすべてを物語るというパラドクスを生きる真宗信者の〝生〟のあり方を、別の様式で儒教的に物語ればそうなるのだろう。ではなぜ、儒教的言説を混在させる必要があったのかは、別に論じられなければならない問題だが、たとえば、『御文』第四六章などに「禅宗ノハテ、アルヒハ聖道ノハテナンドガ、我本宗ノ字チカラ（力）ヲモテ、ナマジイニ自骨（＝自己流）ニ了簡ヲ加テ」とあるような、新たに真宗集団に加わるようになった、一定の教養や知識をもった他宗の僧侶を、真宗信者へと転換していく方法の一つだったのではないか。つまり彼らの知識を、三教一致的な儒教的言説を仲介させることによって相対化し、真宗の概念へと置き換えていくという方法だったのかもしれない。

言葉さえもが〈非所有〉であるならば、モノも当然そうでなければならない。「仏物」「如来聖人ノ御用」「御用」という語は、そのために必要なのだ。「仏物」という用語は、もちろん蓮如独自の表現ではなく、よく知られているように中世の施入文書等に散見する、如来・菩薩や法会執行のために施入された土地や財産が、僧侶や俗人によって盗用、私有されることを防ぐ目的で使用された用語である(26)。だが『一語記』に見られる「仏物」の語は、「如来聖人ノ御用」などの語と併記されたり、あるいはそれと同義で用いられているのだから、真宗の教義の限定を受けた用語として使用されていると考えるべきである。したがって、次のような解釈が登場してきても不思議ではない。

一　世間ヘツカフ（使う）事ハ、法物ヲ従ニスルコトヨトオソロシク（恐ろしく）思フベシ。サリナガラ、仏法ノ方ヘハイカホドモノヲ入テモアカヌ（飽かぬ）道理ナリ。マタ報謝ニモナルベシト云々。（一六二条）

一　蓮如上人仰ラレ候。御身一生ガイ（一生涯）御沙汰候事、ミナ仏法ニテ候。人ニ信ヲトラセアルベキ御コトバカリニテ候由仰ラレ候。御造作・御普請ヲセラレ候モ仏法ニ候。人ニ信ヲトラセルベキ御方便ニ候ト仰セ候ト云々。（一八〇条）

現実世界に存在するモノが、すべて仏法を表象するものだということは、存在するものすべてが仮象であり、ひとつとして所有の対象となるものはないということである。すべてを仏法のために費消し尽くせ、モノはそのために仮に姿を現わし、あたかも存在しているかのように見せかけているにすぎないということだ。ポトラッチ—蕩尽、ポーランドの社会人類学者マリノフスキーのこの言葉は、歴史世界の生産と消費を考える上で、いまもその輝きを失っていない(27)—こそが、真のモノのあり方なのだ。そしてそのことから、いかなる見返りも期待してはならない、すべてが「報謝」、見せかけの世界にすぎない現実世界における物質的存在は、ただ阿弥陀仏を賛美するためにのみ存在し、すべて阿弥陀仏を荘厳するために一方的に投棄されなければならないということなのである。もちろん、言葉もこの規制を受けるわけであって、言葉も阿弥陀仏への一方的返済であり、阿弥陀仏を賛美する言葉だけが唯一許される言葉の様式となる。

蓮如の吉崎・山科・大坂での坊舎の建立、それらはすべて、阿弥陀仏から与えられた生命とモノを、阿弥陀仏に返済する行為にほかならない。それらは、蓮如の恣意によって建立されたものではないし、蓮如の所有物と見なされることも避けねばならない。それゆえ蓮如は、次々と坊舎が建立され人々が群れ集い多くのモノが集積されると、それらを費消し尽くし〈非所有〉の状態に回帰させるために新天地を求めて移動し(28)、新たな坊舎を建立し始めなければならない。観念上の〈あるべき都市〉、信心の獲得を目指す信仰共同体が、〈現実の都市〉として実現されようとするその瞬間に、あらたな〈あるべき都市〉を求める旅へと旅立たなければならない宿命。そのような、絶えざる緊張と細心の注意の持続、その最終的帰結を往生という。〈非所有〉とは、そういった種類の〝生〟のあり方なのである。

一　蓮如上人御廊架御通リ候テ、紙キレノヲチテ（落ちて）候ツルヲ御覧ゼラレ仰ラレ候。仏法領ノ物ヲアダ（徒）ニスルヤト仰ラレ、両ノ御手ニテ御イタダキ候ト云々。惣ジテ紙ノキレナンドノヤウナル物ヲモ、

御用ト仏物ト思召候ヘバ、アダニ御沙汰ナク候由、前住上人（＝実如）御物語候キ。（二四二条）

このよく知られた条文、これを蓮如のわざとらしいパフォーマンスとする解釈もあるが、すでに述べたように〈非所有〉の論理の物語化として語られていると考えれば、これを採録した実悟の意図も明らかになろうというものである。また、ここに見られる「仏法領」という概念が、一向一揆のイデオロギーになったとか、寺内町の思想的基盤を提供したといった論議がある(29)。だが、このような「仏法領」の概念は、すべてのモノは、阿弥陀仏に「報謝」として返還されなければならないという、〈非所有〉の論理を表象していると見る方が適切であろう。あるいは、世俗的かつ特権的な経済的・社会的地位を有した寺内町のあり方に対する批判的言辞と受け取った方がいいのかもしれない。

于時文明第七初夏上旬ノコロ、幸子房ノテイタラク、マコトニモテ正体ナキノアヒダ、クハシク（詳しく）アヒタヅヌル（相尋ぬる）トコロニ、コノ文ヲ所望ノアヒダ、コレヲカキ（書き）ヲハリヌ。ミナミナ（皆々）コノ文ヲミルベシ。ソレ当流トイフハ仏法領ナリ。仏法力ヲモテ、ホシイママニ、世間ヲ本トシテ、仏法ノカタハ、キハメテ（極めて）疎略ナルコト、モテノホカ、アサマシキ（浅ましき）次第ナリ。ヨクヨクコレヲ思案スベキ事ドモナリ。(30)

この蓮如が残した言説の中で、ただ一度だけ用いられた「仏法領」という言葉は、他力の信心の働く領域という意味で使われ、決して世俗的な特権や地位を保証するような現実の空間を意味しているのではない。実悟は、このような蓮如の言葉を、忠実に復唱しようとしたにすぎないのである。

おわりに

前章では、中世社会を仏神に対する〈贈与〉関係という側面から解読してみた。そこで私は、中世の浄土教の祖師たちは、仏教的実践としての仏に対する純粋な〈贈与〉を人間が行うことは不可能なのだという論理を提起したと述べておいた。本章ではまず、中世の仏教者のうちのある者たちが、純粋な〈贈与〉を実践するために、社会的な所有の放棄、〈非所有〉の論理を実践しようとしたことを述べた。

戦国期、真宗を大きく変貌させていった蓮如は、真宗信者の実践として、信心の獲得を目指すべきことを強調した。しかし称名念仏は、仏に対する純粋な〈贈与〉ではなくて、「報謝」として規定した。それは、中世社会で知られていた〈非所有〉の論理を、真宗の論理に応用したもので、それによって社会的交換関係のなかで生きざるをえない「民衆」的な人々にも、実行可能な実践を提示したのである。しかし、そのような〈非所有〉の論理を強調するのは、蓮如の記した『御文』というよりは、むしろ彼の死後に編纂された言行録であった。蓮如言行録の筆録者、とりわけ蓮如第十男・実悟は、蓮如に関わる言説を収集し再解釈することによって、蓮如の入滅後数十年を経た社会の現実、一向一揆の勃発、教団の肥大化・組織化、寺内町の増大、統一権力の誕生といった状況のなかで、彼の理想としたユートピア的真宗集団、蓮如の時代の再現を、いかにすれば実現できるのかということを考えた上で、『蓮如上人一語記』のようなテクストを編纂していったのである。実悟は、『蓮如上人一語記』というテクストのなかで、蓮如の時代を〈非所有〉の論理の時代として位置づけた。彼が蓮如に関する奇瑞や夢想を集録した『拾塵記』(31)には、蓮如の時代を「一宗繁昌ハ此御時ニ有リ」と記されている。彼は、『一語記』などの言行録を読んだ人々によって蓮如の時代が回顧され、それを実現したのは〈非所有〉の論理だったということが発見されることによって、蓮如の時代の栄光が、現実社会のなかに再び甦る光景を夢見ていたということができよう。

《註》

（1）蓮如や『御文』について論じる場合、蓮如は当時の「民衆」的な人々に理解しやすいような文体によって『御文』を書いて教化した、それゆえ真宗信仰が急速に普及していったということがほとんど疑われることなく前提となっており、『御文』の具体的な機能や門徒側の受容の問題については近年になるまで余り研究されてこなかった。『御文』の文体の問題については、片岡了「仮名法語史から見た「御文」」（浄土真宗教学研究所・本願寺史料研究所編『講座　蓮如』二、平凡社、一九九七年）参照。その機能を考察したものとしては、遠藤一「「御文」の史料化をめざして」（福間光超先生還暦記念会編『真宗史論叢』、永田文昌堂、一九九三年）、大喜直彦「蓮如の書状・御文・裏書を考える―中世後期の文書の世界」（『講座　蓮如』二）などがある。

（2）戦国期に成立した蓮如の言行録については、堅田修編『真宗史料集成』第二巻（同朋舎出版、一九七七年）「解説」、村上學「蓮如＝その言談の時空―空善・実悟・堅田門徒を通して」（『日本文学』第三七巻第六号、一九八八年）などの論考がある。

（3）宮崎圓遵「願得寺実悟の生涯と業績」（宮崎圓遵著作集五巻『真宗史の研究（下）』、永田文昌堂、一九八九年）参照。

（4）実悟撰述の蓮如言行録と他の言行録との関係については、堅田修編『真宗史料集成』第二巻「解説」を参照されたい。

（5）大桑斉「中世末期における蓮如像の形成―願得寺実悟の場合」（『大谷大学研究年報』第二八集、一九七六年）

（6）アーロン・グレーヴィチ『中世文化のカテゴリー』（川端香男里・他訳、岩波書店、一九九二年）参照。

（7）世界と人間との関係を、マクロコスモスとミクロコスモスとの関係として解釈することについては、アーサー・O・ラヴジョイ『存在の大いなる連鎖』（内藤健二訳、昌文社、一九七五年）、フランセス・イエイツ『世界劇場』（藤田実訳、晶文社、一九七八年)、甚野尚志『隠喩のなかの中世―西洋中世における政治表徴の研究』(弘文堂、一九九二年)、E・M・W・ティリヤード『エリザベス朝の世界像』(磯田光一・他訳、筑摩書房、一九九二年)参照。

(8) ここでいう〈贈与〉の概念については、今村仁司『交易する人間―贈与と交換の人間学』(講談社選書メチエ、二〇〇〇年)を参照されたい。なお中世における贈与関係を論じた研究として、盛本昌広『日本中世の贈与と負担』(校倉書房、一九九七年)序章が参考となる。ただし本書では〈贈与〉の概念を、今村が注意を喚起しているように、近代的な経済概念を適用した互酬性とか生産財の社会的再配分といった意味で使用すべきではないと考えている。そういった前提に十分配慮した上で、本書で仏の救済活動や信仰や信心を、〈贈与〉という概念に置き換えて叙述しようとするのは、社会的な生産・流通関係や政治的関係、コミュニケーションやテクストの機能の問題を、宗教的関係と同一平面上で論じてみたいからである。

(9) 大室幹雄『劇場都市―古代中国の世界像』(三省堂、一九八一年)、拙稿「王宮と山嚴と―空海をめぐる都市と山林」(『南都仏教』第五九号、一九八八年)参照。

(10) 西岡芳文「「情報史」の構図―日本中世を中心として」(『歴史学研究』第六二五号、一九九一年)参照。

(11) このような中世の社会構造の解釈学については、フィリップ・ボーサン『石と信仰のたわむれ―ロマネスク芸術の魅力』(小佐井伸二訳、白水社、一九八七年)参照。あるいは、酒井健『ゴシックとは何か―大聖堂の精神史』(講談社現代新書、二〇〇〇年)も参考になる。

(12) 旅のもつ思想性については、エリック・リード『旅の思想史―ギルガメシュ叙事詩から世界観光旅行へ』(伊藤誓訳、法政大学出版局、一九九三年)参照。

(13) 坂本勉『イスラーム巡礼』(岩波新書、二〇〇〇年)参照。

(14) 無縁や公界といった概念に注目したのは、いうまでもなく網野善彦『無縁・公界・楽―日本中世の自由と平和』(平凡社選書、一九七八年)である。もちろん網野は、中世文書などを用いて無縁や公界の存在を論証しているのであるが、文書をひとつのテクストとして、それ自体が神話であり物語であるという視線から分析する必要があるだろう。

(15) 中世における物質と表象との関係を考える場合、次のようなヨーロッパ中世の建築とその思想に関する論考が参考になる。エルヴィン・パノフスキー『視覚芸術の意味』（中森義宗・他訳、岩崎美術社、一九七一年）、オットー・フォン・ジムソン『ゴシックの大聖堂』（前川道郎訳、みすず書房、一九八五年）、馬杉宗夫『大聖堂のコスモロジー―中世の聖なる空間を読む』（講談社現代新書、一九九二年）。

(16)「熱愛」という言葉は、ヒンドゥー教のバクティ（信愛）運動を意識して使用した。それは、法然浄土教の教義とは異なるのだが、戦国期の真宗のように浄土教が一神教的性格を強めていけばいくほど、バクティ運動へと急速に接近していくことは間違いない。バクティ運動については、ニロッド・C・チョウドリー『ヒンドゥー教』（森本達雄訳、みすず書房、一九九六年）、クシティ・モーハン・セーン『ヒンドゥー教―インド三〇〇〇年の生き方・考え方』（中川正生訳、講談社現代新書、一九九九年）参照。

(17) このようなモノの世俗化・記号化のプロセスについては、カール・ポランニー『人間の経済』I（玉野井芳郎・他訳、岩波書店、一九八〇年）、大森荘蔵『知の構造とその呪縛』（ちくま学芸文庫、一九九四年）、ジャン・ジョセフ・グー『言葉の金使い―文学と経済学におけるリアリズムの解体』（土田知則訳、新曜社、一九九八年）、モーリス・ゴドリエ『贈与の謎』（山内昶訳、法政大学出版局、二〇〇〇年）参照。

(18) 引用は堅田修編『真宗史料集成』第二巻によった。条文の番号も同書に付された番号を用いた。なお読み易くするために表記を一部改め、意味の取りにくい片仮名表記には括弧内に漢字を補った（以下の引用史料も同じ）。

(19) このような文言は、たとえば『御文』第三九・四三～六・六一・六二・七二・八八・九一・一三六章などに記されている。番号は堅田修編『真宗史料集成』第二巻所収「諸文集」の番号による。

(20) 中世における「化身」の働きについて考察した拙稿、「仏の旅・ひとの旅―示現と巡礼からみた平安社会」（巡礼研究会編『巡礼研究』1　巡礼研究の可能性、岩田書院、二〇〇〇年）を参照されたい。

(21) 言葉の社会的共有は、中世社会においては「うわさ」という形で現象する。「うわさ」については、酒井紀美『中世のうわさ―情報伝達のしくみ』（吉川弘文館、一九九七年）参照。

(22)「王法」については、大桑斉「蓮如における王法の問題」（浄土真宗教学研究所・本願寺史料研究所編『講座　蓮如』一、平凡社、一九九六年）の見解が妥当と思われる。

（23）歴史における〈声〉の役割については、川田順造『聲』（筑摩書房、一九八八年）、工藤進『声―記号にとり残されたもの』（白水社、一九九八年）、グイン・プリンス「オーラル・ヒストリー」（ピーター・バーク編『ニュー・ヒストリーの現在―歴史叙述の新しい展望』、谷川稔・他訳、人文書院、一九九六年）、スティーブン・フェルド「音響認識論と音世界の人類学―パプアニューギニア・ボサビの森から」（山田陽一編『講座　人間と環境』11　自然の音・文化の音、昭和堂、二〇〇〇年）参照。また、ジャック・デリダ『声と現象―フッサール現象学における記号の問題への序論』（高橋允昭訳、理想社、一九七〇年）も一読の必要があろう。

（24）このようなものとして阿弥陀仏と人間との関係を考える場合、マルセル・モースの「贈与論」を批判的に論じた、今村仁司『交易する人間―贈与と交換の人間学』が参考になる。

（25）たとえば、第九二通の「ホカ（外）ニハ仁義礼智信ヲマモリ（守り）テ、王法ヲモテサキ（先）トシ、内心ニハフカク（深く）本願他力ノ信心ヲ本トスベキ」といった表現や、よく知られた第二四五章「侍能工商之事」などに見られる。

（26）中世における「仏物」などの所有観念を考察した論考に、笠松宏至『法と言葉の中世史』（平凡社選書、一九八四年）がある。

（27）ポトラッチについては、B・マリノフスキー『西太平洋の遠洋航海者』（寺田和夫・他訳、中央公論社、一九七二年）、カール・ポランニー『人間の経済』I、今村・前掲書参照。

（28）「移動」と〈非所有〉が密接な関係にあることについては、D・P・コウル『遊牧の民　ベドウィン』（片倉もとこ訳、社会思想社教養文庫、一九八二年）、エリック・リード『旅の思想史―ギルガメシュ叙事詩から世界観光旅行へ』、片倉もとこ『「移動文化」考―イスラームの世界をたずねて』（岩波書店、一九九八年）参照。

（29）遠藤一「いわゆる「仏法領」について」（『龍谷史壇』第81・82号、一九八三年）。

（30）堅田修編『真宗資料集成』第二巻「諸文集」所収　『御文』第八七章

（31）堅田修編『真宗資料集成』第二巻所収

第二章　〈始まり〉としての蓮如

——蓮如の言説と蓮如の神話化——

はじめに

私が、この作品を書き始めたときから、より正確にいうならば、私がパソコンのキーを叩き始めた瞬間からこの作品が始まるのかといえば、もちろんそうではない。私は、キーに触れる以前にすでに頭のなかではこの作品のテーマなり構想なりの思索が始まっていた。だが、それがいつの時点からなのかを正確に思い出すことは、今となっては不可能に近いし、ある思索の始点が特定の一点から始まることなど、現実にはありえないことに違いない。誰かがそれはいつだったのかを問い、なおかつ私の方にそれに答えなければならない事情があるならば、それがいつだったかを私は答えるかもしれない。しかし、それは私が、聞き手がいかなる答えを期待しているのかとか、それにどのように答えれば私の立場上もっとも都合がいいのかなどを勘案して、私はある時点からどのような理由によって以下に記される作品を構想し始めたのだと答えるに違いない。〈始まり〉というのは、概してこのようなものである(1)。

つまり〈始まり〉とは創作されたものであり、それはまた神話化と呼ぶこともできる。もちろん神話化ということに関してはすでの多くの論考があるが(2)、ここでは言説理論としての神話化の問題を論ずるつもりはない。私の以下の叙述は、蓮如の言説がどのようにして神話化されていったのかという問題に費やされるであろう。蓮如が書いた『御文』と神話的〈始まり〉を語る言説を比較することによって、戦国期という時代の言説のあり方を語ってみたいと思う(3)。

一　『御文』とは何か

蓮如の言葉で、今日残存しているものの大部分は『御文』と呼ばれるものである。『御文』は従来、蓮如の書状と理解され永らく何の疑問も提起されることはなかった。近年、歴史学研究者によって『御文』＝書状という定式の再検討が試みられようとしているが(4)、その問題についてここで論じようとしているわけではない。

私が関心をもっているのは、吉崎・山科・大坂で蓮如が語ったと思われる大量の言説が、そのまま筆録されているのではない、少なくとも残存はしていないということである。今日、「聞書」とか「物語」と名付けられた多くの蓮如の言行録が存在しているので、そこから蓮如が語った言説を知ることは可能だと考えがちである。だがそれらは、編纂物として幾度かの取捨選択と〝解釈〟を経由しているし、極く短い完結した言説に要約されているから、語られた当初の言説とどの程度の同一性があるのか、あるいはまったく異なる編纂物に変形されているのかを考えるすべはない。

また、蓮如が何を意図してどのように語ったのかということは、たとえ蓮如自身が、彼の言説を記録したものに目を通して確認したとしても、記憶違いや考え方の変化の影響を蒙ってしまうから、そのときの意図とはズレを生じてしまう。もちろん、蓮如の口から発せられた言葉そのままが、至高の価値を与えられるべきだといっているのではない。そうではなくて、蓮如の言葉がどのようにして伝えられ、テクスト化され、それがいかなる〝解釈〟を生み出していったのか、そしてそのような〝解釈〟は、社会的コンテクストといかなる関係にあるのかを考えてみることの重要性を認識すべきだということを指摘しておきたいのである(5)。

最初に考慮すべきなのは、蓮如が筆記した、もしくはその忠実な複写と考えられる『御文』を検討してみることであろう。蓮如が、厳密な意味で何を語ったのかは不明ながら、少なくとも彼自身が書記化したものは存在する。そこでまず問題となるのは、語ることと書記化の関係である。多くの人々が、書かれた言葉(書記言語)によって情報を授受すること、つまり読み書き能力を修得することから疎外されている社会では、語られる言葉(音声言語)が重要な社会的役割を担っていたことは間違いない(6)。語られた言葉は、聞き手の〝解釈〟の経路を辿って記憶の中に蓄積される。その場合、聞き手の〝解釈〟の経路は、既存の社会的コンテクストによって一定の枠組みを与えられているわけだが、語られる言葉の性格によって二種の効果がもたらされる。

第一のものは、既存の社会的コンテクストに沿った語り方と聞き方のモードがそのまま反復されることによって、社会的コンテクストを強化し再生産するという効果である。それは、放置すれば忘れ去られてしまう社会的コンテクストを常に甦らせ、多様な日常的経験のなかで、何が重要で何が不必要なものであるかを分類し取捨選択する基準を再生産することである。それは世界の秩序化であるし、世界の意味中心を維持することである。

第二のものは、既存の社会的コンテクストから逸脱した語りが語られることによって、社会的・言語的秩序にズレを生じさせること、つまり脱中心化の語りである。その場合、既存の社会的コンテクストとはまったく異なる言説が語られることはむしろ稀で、隠喩や類比や寓意といった手法をとることによって、単なる言い換えにすぎないといった印象を与え、聞き手に大きな違和感を感じさせることなしに、既存の社会的コンテクストに変化を生じさせることになる(7)。

『御文』の例でいえば、文明五年一二月八日の『御文』に「一心一向ニ弥陀一仏ノ悲願ニ帰シテ、フカクタノミタテマツリテ、モロモロノ雑行ヲ修スル心ヲステ（捨て）、又諸神諸仏ニ今生ヲノミイノリ（祈り）テ、追従マフス心ヲモミナミナステハテテ（捨て果てて）」（四三）(8)と語りながらも、その一方で、「他宗他人ニ対シテ、ソノフルマイ（振る舞い）ヲミセズ、又信心ノヤウ（様）ヲモカタル（語る）ベカラズ。一切ノ諸神ナンドヲモ、我信ゼヌマデナリ。サノミ、オロカ（疎か）ニスベカラズ」と語られている。

しかしこれでは、音声言語の世界に生きる「民衆」的な人々には、ほとんど実践不可能としかいいようのない論理的・知的な書記言語の文化の受容、知識と行為の分離が要求されているといっていい。なぜ「民衆」的な人々にはそれが不可能かといえば、書記言語を操作できない人々にとっては、音声言語を語ることと、なんらかの身体的な所作によって意志を表象することが、彼らに与えられた表現の手段だからである。上記の言葉の前半で蓮如は、弥陀一仏に帰依すること、諸神諸仏への帰依の禁止を指示しながらも、後半では、その両者とも他者に語ったり態度で表わしてはいけないと述べる。だが、自らの意志によって沈黙を守ったり、素知らぬ態度を取るというような自己規制は、書記言語を操作できる社会階層に属する人々に可能な規律なのである。つまりそれは、言葉や行為によって表象されるものを、彼らが共有する書記言語の概念、書記言語によって叙述可能な知的所有物（知識）に還元し、社会を言葉の関係性として再構成する発想である。

それは、「民衆」的な人々が共有する自己表象とは相容れないものである。読み書き能力の所有者は、書記言語で叙述された内容を自己の外部に開示しなくても、所有している書記言語を通して獲得した知識の価値が失われることはない。上位の社会階層の人々にあっては、所有する知識を彼らの地位を表象するものとする共通認識が彼らが属する社会階層に浸透しているから、書記言語を通して獲得した知識は、自らが必要と判断した時、たとえば自らの社会的地位が儀礼の場や同じ階層同士のコミュニケーション（言説の社会的〈贈与〉）の場で、他者によって試されていると判断したとき、おもむろに開示される。

だが、音声言語や身体表現は常に表現し続けること、他者の視線に自己の身体を晒し、他者の感覚の内に自己の存在を〈声〉として、あるいは、自らの身体動作が生み出す〈音〉として、ときには〈匂い〉として印象づけ続けることによってのみ、彼らは社会の中で一定の存在する場所を確保しうるのであるから(9)、それらの表現を禁止することは、社会生活からの脱落を要求しているに等しいことになる。

文明六年二月一六日の『御文』の中に、「イツモ信心ノヒトトヲリ（一通り）ヲバ、ワレココロエガホ（心得顔）ノ由ニテ、ナニゴトヲ聴聞スルニモ、ソノコトトバカリオモヒ（思い）テ耳ヘモシカジカトモイラズ（入らず）、タダヒトマネ（人真似）バカリノ体タラクナリトミエタリ」（六〇）と記されている。その多くが、音声言語の文化圏に属していたと思われる『御文』の聞き手にとって、「ヒトマネ」＝模倣こそが、音声言語と身体表現に依存してコミュニケーションを取り結ぶ人々にとって可能な表現法なのである。右の『御文』は、彼らの間では、相互に模倣することによって各人がその社会の構成員であることが認知され、彼らの間で成立している社会的コンテクストが再生産され、社会的秩序が維持されていたことを逆説的に証明してくれる(10)。戦国期に続々と誕生してくる寺内町のような都市的世界が、しばしば真宗寺院を中心に構築されていく理由の一端は、共通の音声言語と身体表現によってコミュニケーションが可能な空間、彼らが体得している言語と動作を用いることによって生きていける空間を確保したいという衝動であったということができよう。その意味ではかならずしも都市の住人は、同一の宗教を保持していることが絶対的な条件というわけではなかった(11)。

人々が、階層化された身分制度によって分節化されている社会では、公的な場で語り手となることが、上位の社会的地位にある人々の特権となっている場合が多い。その場合の語り手の言葉は、社会の外部から語られる言葉、たとえば、聞き手が直接対面することができないような仏神や貴人の言葉の伝達として語られることも稀ではない。しかし、まったく逆に、社会的には下層に属する身分の人が語り手となる場合も少なくない。前者の場合が多いように見えるのは、今日まで残された言説のほとんどが、社会的な上位者が書記言語によって記録したテクストであるからであるにすぎない。

説話や物語といった書記言語によって記録されたテクストに登場する語り手は、あたかも仏神や貴人の代理人、それらの子孫、出来事の目撃者として自らの出自を語ったり、あるいは聞き手によってそのように見なされるように叙述されている。『御文』に批判的に語られている、「アル人ノコトバ（言葉）ニイハク、タトヒ弥陀ニ帰命ストイフトモ、善知識ナクバイタヅラゴトナリ」（六八）というような、阿弥陀仏と人間を仲介するとされた、善知識と呼ばれる人々に往生の決定権を認め、彼らに依存する「善知識だのみ」などはその典型である。

書記化された言葉が、文字を自由に操作することのできる人々の間での限定された言説空間を形成するものでしかないのに比べて、語られる言葉は、より広範なフィールドを形成する。記録の上では、ある階層の中の上位者がまず語り手となり、下位者が聞き手となる場合が多いにしても、原理的には社会を構成するすべての人が交互に語り手となり聞き手とならなければ、情報は社会のなかに浸透していかない。聞き手は、次には語り手となって他者に語るだろうから、聞き手はまた語り手でもあるのである。たとえば貴族や僧侶の日記には、うわさや伝聞が大量に収載されていることも証左となるだろう。彼らは、身分的優越性を維持するために、社会的現実から自己を隔離する必要があるから、聞き手の側に身を置かざるをえない場合が少なくないのである。まず上位者から語りが始まるとしても、下位者の聞き手は自らの階層の社会的・文化的コンテクストでその語りを〃解釈〃するから、上位者と下位者の語りの位相は同一ではない。また下位者が、同一の階層の他者か、さらに下位者へと語るとしても、その語りは上位者にも反響して、上位者のコンテクストに影響を与えないわけにはいかない。

なぜなら、始めに語り出した者は、下位者からの反響から感じ取られるコンテクストのズレを埋めようとして、下位者のコンテクストに応じた形式に語りを変更しようとするからである。あるいは、自らの社会的コンテクストを変更するために、他の階層のコンテクストで自らのコンテクストを変更してしまう場合もある。つまり、わざと自分よりも下層身分の人物の語りを仮想することによって、自分の所属する社会的な慣習に亀裂を生じさせたり、無視してしまおうとするのである(12)。逆に、下位者が自らの階層の社会的コンテクスト、あるいは社会的地位を変更しようとして、上位者の語りを模倣しようとする場合もある。

ということは、語られる音声言語は書記言語に比べて、幾度かの口述と聴取が繰り返され、語りが各階層間のコンテクストの差異の間を往来する間に、変化を蒙る可能性がより大きいということでもある(13)。語られる言葉が書記化されることの目的の一つは、このような変形の可能性を最小にすること、世界の秩序を維持するための語りが、知らず知らずのうちに社会的コンテクストの脱中心化に寄与してしまうのを防ぐことにある。このように、音声言語の文化圏に属する人々―それは「民衆」的な人々(14)と呼んでもいいだろう―の思考や実践、彼らの文化資本(15)を、さまざまなテクストを用いて復元する場合、そういったプロセスを考慮する必要がある(16)。

二 『第八祖御物語空善聞書』のなかの『御文』

蓮如が記した『御文』が、どのような経路を辿って発給され、またどのようなやり方で受容されたかについては不明な点が多い。晩年の蓮如の言行を直接見聞する立場にあった蓮如の側近・空善が編纂した『第八祖御物語空善聞書』（以下『空善聞書』と略記）(17)のなかから、『御文』について叙述された場面を拾うと、以下のようなものがある。ただし、空善が蓮如の側近だったからといって、『空善聞書』の叙述が事実をそのまま伝承しているのかというと、必ずしもそうとは限らないことには十分留意する必要がある。空善の意図がどうあれ、たとえ空善自らは見聞したままを忠実に叙述しようと努めたとしても、それは、書記言語を操作する能力をもった彼の〝解釈〟の回路を経由した一つのテクストだからである。

一　加賀ヨリ出口殿、山科殿マデノ御作ノ御文ノ一々ニ、美濃殿ニヨマセ（読ませ）マイラセサセタマヒテノタマハク、オレガシタルモノナレドモ、殊勝ナリトテ、御機嫌ニテ色々御雑談共也。（三九条）

一　疫癘トテ人オホク死ス。ウツルニヨリテ、ヤミ（病み）モシ死スルコトニテハナシ、タダ因果ニテヤミ（病み）モシ死ニモスルナリ、ト仰アリテ、ヤガテ（＝すぐに）当座ニテソノコトハリ（理）ヲ御文ニツクリタマヒテ、順誓御前ニ参リ候ニ、ヤガテアソバシケリ。（四六条）

一　順誓申上ラレ候、一念発起ノトコロニテ、ツミ（罪）ミナ消滅シテ、正定聚不退ノクライ（位）ニサダマル（定まる）、ト御文ニアソバサレタリ、シカルニ罪ハイノチ（命）アルアヒダ、ツミ（罪）モアルベシト仰候御文ト、別ニキコエ（聞こえ）候ヤト申上候時、仰ニ、一念ノトコロニテ罪ミナキエテ（消えて）トアルハ、一念ノ信力ニテ往生サダマルトキハ、ツミ（罪）ハサハリ（障り）トナラズ、サレバナキブン（分）ナリ、今娑婆ニアランカギリハ、ツミ（罪）ハツクル也、順誓ハハヤサトリ（悟り）テツミ（罪）ハナキカヤ、聖教ニハ一念ノトコロニテ罪キエテ（消えて）トカク（書く）ナリト仰候キ。ツミ（罪）ノアリナシ（有り無し）ノサタ（沙汰）ヲセンヨリハ、信心ヲトリタルカトラザルカノサタ（沙汰）、イクタビモイクタビモ、（この間脱文あるか）ヨシツミ（罪）キエテ、御タスケアラントモ、ツミ（罪）キエズシテ御タスケアルベシトモ、弥陀ノ御ハカラヒナリ、ハカラフベカラズ、タダ信心肝要ナリト、クレグレ仰ラ

レ候キ。（九五条）

一 明応六、十一月、報恩講ニ御上洛ナク候間、法敬坊御使トシテ当年ハ御在国ニテ御座候間、御講ヲ何ト御サタ（沙汰）アルベキヤトタヅネ（尋ね）御申候ニ、当年ヨリ夕ベノ六時、朝ノ六時ヲカギリ（限り）、ミナ退散アルベシトノ御文ヲツクリテ、カクノゴトクメサレベキヨシ御サダメ（定め）アリ、御堂ノ夜ノトマリ（泊り）衆モソノ日ノ頭人バカリト御定メナリ。又大上様ハ七日ノ御講ノウチヲ富田殿ニテ三日御ツトメ（勤め）アリテ、廿四日ニハ大坂殿ヘ御下向ニテ、大坂殿ニテ四日ノ御勤行ナリ。（一〇五条）

一 御文ノコト文言ヲカシク、テ（手）ニハワロク（悪く）トモ、モシ一人モ信ヲエ（得）ヨカシトオモフバカリニテ、アソバシヲクナリ、テニハ（＝てにをは）ノワロキヲオレガトガ（科）トイヘ。（一一六条）

一 十二月マイリ（参り）候トコロニ、ヨク下リタリ、ト仰候キ。ソノ夜教行証ノ名目ノゴトクナル御文ヲ慶聞坊ニヨマセ（読ませ）ラレタマヒテ、色々仰候キ、アリガタサ（有難さ）申ス計リノ事無キ也。（一二七条）

一 同（明応八年三月）九日ニ御座ヲ御ウヘ（上）ヨリ御亭ヘ御出アリテ、仰ニ、九日ノ日法敬坊ト空善・カガ（加賀）ノ了珍メサレテ、久キナジミ（馴染み）ナレバ、サゾワガ御身ノスガタ（姿）ミタカルラント仰ニテ、法敬坊・空善御シン（寝）所ノ御ソバニ祗候申テ、何事モカタリ（語り）候ヘ、又ワガ御コエ（声）ヲモウケタマハリ（承り）候ヘ、ト仰候キ。又空善クレ候ウグヒス（鶯）ノコエ（声）ニナグサミ（慰み）タリ、コノウグヒス（鶯）ハ法ホキキヨトナク（鳴く）也。サレバ鳥類ダニモ法ヲキケ（聞け）トナク（鳴く）ニ、マシテ人間ニテ聖人ノ御弟子也、法ヲキ（聞）カデハアサマシ（浅まし）キゾ、ト仰ラレテ、慶聞坊ナニゾヨミテキカセ（読みて聞かせ）ヨ、ト仰アリ。畏テ御文ヲトリテ御堂御建立ノ御文ヲ次第ニ三通アソバシケレバ、アラ殊勝ヤ殊勝ヤト御定アリケリ。シカレバ両人御ソバニ九日ヨリ廿四日マ

デ祇候申候キ。(一四二条)

以上が、『空善聞書』の中で『御文』に関説している条文のすべてである。その内、最初に『御文』が登場する三九条、そして最後に登場する一四二条が、共に読み上げられるものとして、しかも聞き手が筆記者の蓮如自身として叙述されていることは極めて示唆的である。自らが書き手となって書記言語化したものを、自らが聞き手となって音声言語として聞く、そこでは彼は書き手と聞き手の二役を演じていることになる。このことは、書記化された言説である『御文』は、読み聞かせるために作成され、さらに聞き手によって語り継がれることを前提にしているのだが、しかし、その過程で言説が改変されてしまう可能性は、完全に排除されなければならないということを警告していると考えていい。なぜなら、蓮如自身によって『御文』の完璧さが称賛されているのだから、『御文』の文言は一切の省略・付加・変更を許さないことになるからである。

この空善の語りは、書記言語と音声言語という本来性格の異なる二種の言語が、『御文』では、奇跡的に一致しているという神話を成立させることになる。この蓮如の書記化された言説は、「オレガシタルモノナレドモ、殊勝ナリ」(三九条)、「アラ殊勝ヤ殊勝ヤト御定アリ」(一四二条)と、蓮如自身に日常会話風の言葉遣いを用いて語らせることによって、一見蓮如自身の語りを生々しく伝えているように見える。しかし、この部分が読み上げられることによって、聞き手はあたかも蓮如自身が現前して語っているように感覚してしまう。それゆえこの語りの生々しさは、逆に『御文』を聖教へと昇華させていくことになる。この聖教化は一二七条で、「教行証ノ名目ノゴトクナル御文」と記され、親鸞の著作『教行信証』と同一化されることによって強化されている。

もっともこの聖教化は、上記のような言説だけによって支えられているわけではない。『空善聞書』の末尾、一三〇条以下は蓮如の終焉記であるが、そこに記される往生の奇瑞といった、蓮如が通常の人間とは異なる人格であったという叙述を挿入することによっても、その聖教化は保証されているのである。つまりこれらの言説は、

『御文』を聖教化するためのイデオロギー的言説ということになる(18)。自らが記した書記言語としての『御文』を、蓮如自らが読み上げられる聖教として受容したという叙述は、もっぱら音声言語に依存している「民衆」的な聞き手に対して、『御文』の受容法を指示した叙述といえる。

四六条は、『御文』の製作過程を明らかにしている叙述として興味深い。そこでは蓮如が、「疫癘」の〃解釈〃について語っているのであるが、その語りは、聞き手＝空善の目の前で直ちに(「ヤガテ」)蓮如自身によって書記言語の文体に改変され、出仕してきた蓮如の側近・順誓によって書記化されたのである。『御文』が、常にこのように作成されたのか否かはわからないし、語られた言葉がすべて書記化されたわけではないかもしれない。だが、『空善聞書』のコンテクストにおいては、事実がどのようなものであったのかは大した問題ではない。

一旦神話化された言説は至高の現実として、実際に起こるさまざまな出来事を、一定のモードに従って〃解釈〃することを強制していく。書記化とは、そのようにして〃解釈〃され神話化された現実を集積し独占的に所有するための有効な方法なのであり、一定の秩序のなかに言説を封入してしまうことに他ならない。『空善聞書』のなかで『御文』が書記化される場に登場する人物は、空善を含めて蓮如に極めて近い関係にある者に限られており、決して一般の「民衆」的な人物ではない。もしかすると、「民衆」的な人々がその場に居合わせたかもしれないが、そのような状況が叙述されることはない。蓮如によって語られた言説が、直ちに蓮如自身によって書記言語化されたという叙述自体が、空善を含めて、生前の蓮如の側近の間で、あるいは蓮如の示寂後、書記言語を操る階層の人々の間で形成された神話的言説なのである。ただし誤解してはならないのは、彼らが事実を歪曲したのではないということである。一定の社会的地位にある人物が語った音声言語が、当時の社会的コンテクストに従って書記言語化される場合、ごく普通にそのような処理が施されるということなのである。まず〈始まり〉が創作され、その〈始まり〉からすべてが出発するという形式の叙述法は、中世ではごくありふれた文法なのである。〃解釈〃が入り込んで神話化が生じたのではなく、逆に〃解釈〃が入り込まないことによって、つまり社会的コンテクストのままに言説が処理されると、中世ではこのような神話的な言説となってしまうということである。イデオロギー的言説とは、特定の社会の枠組みのなかにいる人間には、誰もが疑いを抱くことがないまでに内面化され、慣習化されている言説の様式なのである。そこでは、われわれがいうところの〃解釈〃が入り込む余地は存在しないし、神話的言説以外の言説こそが、排除もしくは禁止されているのである。

しかし、たとえ書記言語化された言説であっても、厳密には他者の〃解釈〃を完全に排除もしくは禁止することはできない。一般に中世においてはテクストは秘蔵されており、他のテクストを参照し、どちらがオリジナルなテクストにより近いのかを確定する必要性が意識されることは少なかった。中世のテクストは、書写が繰り返される過程で付加や削除や変更が加えられ、多くのヴァリエーションが生み出され、脱中心化が進行してしまう可能性を常に孕んでいる(19)。九五条と一二六条では、それゆえ書記化された言説の〃解釈〃の禁止(「ハカラフベカラス」)が指示されているのである。とりわけ一二六条では、たとえ『御文』の文言に疑問を持ったとしても、それは聞き手の側の誤謬として処理されなければならないと指示されており、蓮如は文言の妥当性からは免責されている。

書記言語は、言葉を操作しうる人間だけに〃解釈〃が可能な言語である。文字を知らない人間には、それをどのように〃解釈〃するかの決定権は、最初から与えられていない。もし書記言語が誤って語られたとしても、それを確認する術は「民衆」的な人々には与えられていない。だから一〇五条に語られるように、『御文』は「御サダメ」、つまり一方的に法的な拘束力を行使する言説へと容易に転化してしまうのである。『空善聞書』によって蓮如の『御文』に関する語りが書記言語化され神話化を蒙ることにより、たとえ『御文』がまったく宗教的な内容の言説であったとしても、法的拘束力をもつ特権的な言説として「民衆」的な人々を規制する言説となっていく運命にある。一方それを書記言語化した叙述者にも、書記言語化された蓮如の行為と同一の振る舞いをすることが強制されるのである。だから、法的言説が強制力を発揮するからといって、それがある特定の階層に属する人々に、一定の特権を自動的に付与してくれるわけではないことには注意が必要である。創られたものによって規制されるのは、その言説の聞き手であると同時に書き手でもある。

それでは、書記言語化された『御文』が語られるとき、聞き手としての「民衆」的な人々は、そのような言説を、『空善聞書』が期待したような様式で受容したのであろうか。じつは、そうではないのである。それは『御文』の中に記された、蓮如のさまざまな警告の言葉によって逆説的に知ることができる。それは『空善聞書』が叙述しようとした、『御文』の神話的な成立と受容の枠組みからの逸脱だといっていい。そのような逸脱は、よく知られた、もっとも法的な様式で叙述された「掟」を含む『御文』のなかにこそ見い出すことができる。まず最初は、蓮如の教説が過剰な〝解釈〟に晒されてしまった例である。

抑当流門徒中ニヲイテ、コノ六ケ条ノ篇目ノムネ（旨）ヲヨク存知シテ、仏法ヲ内心ニフカク（深く）信ジテ、外相ニソノイロヲミセヌヤウニフルマフ（振る舞う）ベシ。シカレバ、コノゴロ当流念仏者ニヲイテ、ワザト一流ノスガタ（姿）ヲ他宗ニ対シテコレヲアラハス（顕わす）コト、モテノホカノアヤマリ（誤り）ナリ。所詮、向後コノ題目ノ次第ヲマモリ（守り）テ、仏法ヲバ修行スベシ。モシ、コノムネ（旨）ヲソムカン（背かん）トモガラ（輩）ハ、ナガク門徒中ノ一列タルベカラザルモノナリ。

一　神社ヲカロ（軽）シムルコトアルベカラズ。

一　諸仏菩薩ナラビニ諸堂ヲカロシムベカラズ。

一　諸宗諸法ヲ誹謗スベカラズ。

一　守護地頭ヲ疎略ニスベカラズ。

一　国ノ仏法ノ次第非義タルアヒダ、正義ニオモムクベキコト。

一　当流ニタツ（立つ）ルトコロノ他力信心ヲバ内心ニフカク決定スベシ。（九一）

読み書きする能力をもった読み手が『御文』を読む場合には、読み手は彼が内面化している論理的思考の枠組みに従って、『御文』に知的な〝解釈〟を施し、読み手の内面に構築されている知識の体系のしかるべき場所に新たな知識として組み込んでいく。だが、『御文』が読み上げられ、「民衆」的な聞き手に音声言語として伝達される場合、彼らは、知的な論理化を経由することなく、直ちに〈声〉と動作によって同意か反発かを表明する。つまり『御文』が、真宗教義を彼の内面に論理的に受容するように要求しているにもかかわらず、聞き手は、論理的な思考回路を経由することなく、誰にでもわかるような外面化された表象によって、他者が視覚や聴覚を通して理解できるような感覚的な反応を他者へと伝達しようとするのである。上記の『御文』からは、音声言語を通したコミュニケーションの世界に生きる「民衆」的な人々が、蓮如の禁止にもかかわらず、逸脱した言説と行為によって過剰な反応をしてしまったことが窺われるのである。

同様な過剰な反応の例として、次のような『御文』を上げることができる。

近代コノゴロノ人ノ仏法シリガホ（知り顔）ノ体タラクヲミヲヨブ（見及ぶ）ニ、外相ニハ仏法ヲ信ズルヨシヲ人ニミエテ（見えて）、内心ニハサラニモテ当流安心ノ一途ヲ決定セシメタル分ナクシテ、アマサヘ（剰え）相伝モセザル聖教ヲワガ身ノ字チカラ（力）ヲモテコレヲヨミ（読み）テ、シラヌ（知らぬ）エセ法門ヲイヒテ、自他ノ門徒中ヲ経廻シテ虚言ヲカマヘ、結句本寺ヨリノ成敗ト号シテ、人ヲタブロカシモノヲトリテ、当流ノ一義ヲケガス（汚す）条、真実々々アサマシキ（浅ましき）次第ニアラズヤ。コレニヨリテ、今月廿八日ノ御正忌七日ノ報恩講中ニヲヒテ、ワロキ（悪き）心中ノトヲリヲ改悔《がいけ》懺悔《さんげ》シテ、ヲノヲノ正義ニヲモムカズバ、タトヒコノ七日ノ報恩講中ニヲヒテ、足手ヲハコビ（運び）人マネバカリニ報恩謝徳ノタメ

ト号ストモ、サラニモテナニノ所詮モアルベカラザルモノナリ。（九二）

ここでは「聖教」―ただし非正統的な―という書記言語でさえ、読み手の〃解釈〃の回路（「ワガ身ノ字チカラ」）を経由することによって、たちまち変形された〃解釈〃を生じてしまったことが蓮如によって告白されているのである。これは、文字読解力による知的・論理的な過剰な〃解釈〃が、「民衆」的で直接的な音声言語と行動によって自己の意志を表象する現象と併行して起こっている状況を示している例である。この場合は、「民衆」的な人々よりやや上位の階層に属する人々のコンテクストの様式が叙述されているとみなすことができる。

このように叙述されているとはいえ、書記化された言説は、確かに音声言語に比べて〃解釈〃の過程で変形を蒙ることは少ない。だが書記化された言説は音声言語に比べて、それを所有することをはるかに容易にするし、他者の視線に触れることを制限することを可能にする。一旦所有された書記言語は、最初の筆記者の意図とは無関係に一人歩きをしてしまうのだ。自己の外部に向って発せられる場合にしか有効性を発揮しえない音声言語は、周りの人々によって一定の社会的コンテクストに合致しているか否かが絶えず監視されているから、もし語り手によって社会的コンテクストから逸脱した〃解釈〃が語られたとしても、その逸脱は直ちに社会的批判に晒されてしまう。だが、独占的かつ秘密裡に所有することが可能な書記言語は、テクストと読み手との間で反＝社会的な〃解釈〃が形成されたとしても、それを監視する機能をテクストは内在しているわけではない―もちろん釈尊や高僧の著作といった権威が、テクストの恣意的な解釈を幾分は抑止するかもしれないが。だから、たとえその〃解釈〃が妥当だとしても、彼の〃解釈〃は独断的なもの、他者との合意をもたないものとならざるをえない。またそのテクストの所有者は、通常は彼の語りが、彼の独断的な〃解釈〃を経由したものだとはいわないで、もとのテクストを忠実に復唱しているだけだといい、また当人もそのように認識している場合が多いから、その語りが〃解釈〃物にすぎないということが語りの内から脱落してしまうことになる。それにもかかわらず、テクスト自体は秘密にされたままであるから、テクストの物象化と語り手の〝解釈〟を経た語りとの乖離が進行することになる。テクストが秘蔵される時、語り手は、テクストと自らの語りの双方を神話化してしまうことになるのである。

『空善聞書』が、『御文』の解読法の定式化に力を注げば注ぐほど、たとえ空善の予期しない結果であったとしても、蓮如が『御文』で警告した無知な〝解釈〟者の独断と同じものを再生産することになる。これらのことは、音声言語を書記言語化することによって起こる一般的な傾向なのであって、本願寺が権威化することから直接生み出された結果ではない。権威化とは、多様な現実を一定の価値基準に従って〝解釈〟し、価値基準から外れた現実を排除し序列化することであるが、蓮如の警告はそれとは別のレベル、権威化以前の文化的表象の問題なのである。蓮如の言説およびその行動の〝解釈〟者は、書記化された言説を語るという文化的表象の性向を逆転することによって、それを解決しようとしたのであるが、必ずしも成功しているとはいい難い。

一方、「民衆」的な階層の人々が神社や諸仏・諸菩薩、あるいは守護・地頭を軽視しているという、蓮如が叙述した事態は、彼らが真宗教義を権力に対する反抗の武器として用いたことを意味しているわけではない。カルロ・ギンズブルグが、一六世紀イタリアのキリスト教世界で起こった出来事を用いて論証してみせたように(20)、「民衆」的な階層の人々は、教義を論理的・体系的に受容したのではなくて、教義を断片化し自らが所有していた伝承的世界やさまざまな宗教的知識と混合して、彼らなりの宗教的宇宙像を再構成していたと考えることができる。「民衆」的な階層の人々は、彼らなりの独自な世界像を構築することによって、あるときは神々や阿弥陀仏以外の諸仏・諸菩薩を拒絶したのだし、またあるときは真宗的な阿弥陀仏に諸神や諸仏・諸菩薩の権能を重ね合わせていったのである。彼らが、蓮如の呼び掛けに呼応して自らの内面に問い掛ける時、自覚的に呼び覚まされるのは、それまではほとんど意識されずに感覚してきた彼らの経験世界の中に沈潜している諸仏・諸菩薩のイメージなのである。彼らが、予め所有していたイメージの範囲内で彼らは蓮如の言説を受け入れるのである。

蓮如の言説が、真宗教義を信心の一点に集約して説く一方で、世俗的倫理や王法の遵守について語らねばならないのは、蓮如の目から見れば「民衆」的な人々の宗教観はどう見ても一貫性を欠いているように見えたし、世俗と仏法、仏と神、阿弥陀仏と諸仏・諸菩薩との関係の混乱を解きほぐし、阿弥陀仏と人間との関係として一元的に組み直す必要性を痛感したからである。だがそれは現代の目から見れば、蓮如の言説、とりわけ王法と仏法との関係に関する言説の方にこそ宗教性と世俗性との混乱があるように見えてしまうという結果をもたらす。それは、蓮如のコンテクストと「民衆」的な人々のコンテクストとの間の言説構造の相違から生じた結果であって、どちらも混乱しているわけではなく、それぞれに一貫性をもっているのである。ただ、身分制的に階層化された社会にあっては、相互に共感しあうようなコミュニケーションの回路や共通の文法がないということなのである。とりわけ蓮如の側に、「民衆」的なコンテクスト—それは、特定の宗派とか教学とかによって体系化されているような性格のものではなくて、「民衆」独自の文法で語られる神話的言説である—をどのように理解したらいいのかという試行錯誤が、初期の『御文』には多く見い出せる。『御文』を子細に検討してみると、蓮如の言説は信心を勧める文言に変動はないにしても、それを取り巻く言説は、けっして一貫したものではない。むしろ、微妙な揺らめきの中にこそ、蓮如が接触したさまざまな地域や階層の人々、蓮如の言葉に熱狂し蓮如を仏の化身のごとくに崇めるが、けっして全幅の信頼を置いているわけではない人々の、多様でしたたかな〝生〟のあり方を発見できるのである。

三　戦国期の親鸞像

それでは、蓮如の示寂後、蓮如に関する言説はどのように変容していったのであろうか。空善より一世代後の世代に属する蓮如第一〇男・実悟（一四九二〜一五八三）は、もっとも多くの蓮如の言行録の編纂者として知られている。彼は、蓮如の子息とはいえ、実際に父・蓮如の言行に直接触れる機会はまったくなかったといっていい(21)。そんな彼は、空善や蓮如の他の子息や弟子たちが残した言行録を、独自に〝解釈〟することによって、新たな蓮如像を構築していった。むしろ、蓮如の言行に直接触れることがなかった彼だからこそ、蓮如の言行に関するテクストを所有する必要があったのだろうし、しかも自由な〝解釈〟を施すことができたともいえる。

実悟の編集したテクストは、内容から四種類に分類することができる。主要なテクストだけを上げれば次のようになる。

（1）言行録　『蓮如上人一語記』『蓮如上人御一期記』
（2）歴史叙述　『天正三年記』『拾塵記』『蓮如上人塵拾記』
（3）儀式書　『山科御坊事并其時代事』『本願寺作法次第』
（4）系図　『日野一流系図』『下間系図』

編集の時期から分類すると次のようになる。

（A）天正三年（一五七五）以前
　a―1　享禄の錯乱（一五三一）以前　『蓮如上人一語記』『拾塵記』

a—2　天正三年頃

『山科御坊事并其時代事』

『蓮如上人御一期記』『蓮如上人塵拾記』『本願寺作法次第』

（B）　天正八年頃

天正八年頃に編集された各種のテクストは、天正三年に一応完成していたテクスト群を、短期間の間に再編集したものである。天正八年の再編集は、より精緻な改訂を試みたといっていいものであるが、いまその意味は問わない(22)。上記以外の親鸞の系譜『日野一流系図』は天文一〇年（一五四一）に、本願寺坊官・下間氏の系譜『下間系図』は天文二〇年に、それぞれ編集したものである。

このように、実悟の種々のテクスト編集の試みは、他者の編集になる蓮如に関する書記化された言説や伝承されたさまざまな逸話を、ジャンル別に分類し体系的に編成し直したものといっていい。蓮如の法語集としては、実如の時代に残存していた多くの『御文』の中から八〇通を取捨選択したテクスト、いわゆる『五帖御文』がすでに編集されていた。だが、実悟の編集活動は単に『御文』の補足を目的としたものではない。蓮如の示寂後の真宗集団の内部や周辺で成立していた雑多な書記言語と音声言語を、実悟が造形した蓮如のイメージに合せて書記言語化し再編集しようとしたのである。以下、天正三年以前に実悟が編集したテクストを素材として、それらのテクスト化が何をもたらしたのかを検討してみたい—もっとも、その成立時期は、実悟がテクストにそう記しているだけで、現実にいつ成立したのかは多少疑問ではあるが。

今日のわれわれの常識では、真宗の〈始まり〉は当然のごとく親鸞であると考えている。それでは、実悟が編集したテクストでも真宗の〈始まり〉が親鸞とされているかというと、かならずしもそうではない。『蓮如上人一語記』（以下『一語記』と省略）のなかから親鸞に関する叙述を拾い上げてみると、意外なことに気づかされる(23)。

一　聖人ノ御流ハ、阿弥陀如来ノ御流也。サレバ御文ニハ、阿弥陀如来ノ仰ラレケルト云々。（八条）

一　同仰ニ云。聖人ノ御影ヲ申（＝申請する）ハ、大事ノコトナリ。昔ハ御本寺ヨリ外ハ御座ナキコトナリ。信ナクバ必ス御罸ヲカウブル（蒙る）ベキ由シ仰ラレ候。（三七条）

一　前住上人（＝実如）仰ラレ候テ、御本寺御坊ヲバ、聖人御在生ノ時ノヤウニオボシメサレ（思召され）候。御自身ハ、御留守ヲ当座御沙汰候。シカレドモ仏恩ヲ御忘候コトハナク候。御斎ノ御法談ニ仰ラレ候キ。御斎ヲ御受用候間モ、御ワスレ（忘れ）候事ハ御入ナキト仰ラレ候キ。（一五七条）

一　開山聖人ノ大事ノ客人ト申ハ、門徒衆ノ事ナリト仰候ヒシト云々。（二五一条）

これらの条文の中からは、どこにも親鸞の実像を描き出そうという志向は見い出せない。親鸞は、歴史上に実在した人物ではなく、すでに疑う余地もないくらいに神話化された存在となっている。宗教者としての親鸞を髣髴とさせるような語りや伝承が、すでに失われてしまっていたのか、あるいは親鸞の弟子たちの系譜を継ぐ真宗の他派と異なり、本願寺の系譜は親鸞の言行に直接触れた者によって継承されたわけではなかったから、親鸞入滅後三〇年余り経ってから覚如が造形した『親鸞伝絵』のイメージ以外は伝承されていなかったのかもしれない(24)。『一語記』というテクストは、むしろ当時本願寺に伝わっていた肖像彫刻や絵画としての親鸞のイメージを受容させようとしたといっていい。歴史上の親鸞のできるだけ原型に近いと考えられる言葉を収集し書記言語化し、テクストの読み手の内面にリアルなイメージとして新鸞を再現前化させるのではなく、彫刻や絵画といった物質に転化されて現在している親鸞像に、神話的イメージを付加するテクストとして『一語記』が編集されたということである。つまり、親鸞の教説を読む／聞くというのではなく、本願寺や在地の寺院で門徒たちが親鸞の肖像に対面することの意味を明らかにするテクストということになる。

八条では、親鸞の教説＝「阿弥陀如来ノ仰」であると記されるが、それは親鸞＝阿弥陀如来といっているに等しい—それゆえ、親鸞の教説を継承している『御文』の言説も、阿弥陀仏の言葉そのものということになる。そこから、三七条の「聖人ノ御影」が不信の者に罰を下すという叙述が導き出されることになる。親鸞の彫刻や画像が物象化されて、罰を与える聖遺物となっているのである。そのような言説は、本願寺をも親鸞像の容器として物象化してしまう。

不信者を罰する親鸞というのは、真摯な宗教者であり求道者であるといった今日的な親鸞のイメージからは程遠い、というよりも、親鸞を冒瀆しているように見えるかもしれない(25)。しかし、阿弥陀仏を最高の救済者として諸仏の最上位に位置づけるだけでなく、他の仏・菩薩・明王・天部が保持しているあらゆる権能を弥陀一仏に集約していけば、救済者であるとともに審判者であり法や倫理の制定者であるという、一神教的な全能者としての性格(26)が阿弥陀仏に与えられるのは当然といえる。真宗教義は、阿弥陀仏を一神教的な全能者へと押し上げてしまう傾向をもつが(27)、そのことが親鸞に審判者としての性格を与えてしまうのである(28)。その場合、親鸞は絶対的な権力をもつ支配者となり、真宗信者はそれに服従する者という関係に立つことになる。

『一語記』の最後、二五一条は、門徒＝「開山聖人ノ大事ノ客人」という言葉で結ばれる―同様な叙述は、二二七・二二八条にもある。このようにしてテクストの始めに親鸞＝阿弥陀如来という条文を配列することにより、それ以後の親鸞に関する言説は、すべて親鸞＝阿弥陀如来という神話的言説の性格を帯びてくるのである。つまり本尊としての親鸞像（＝阿弥陀仏）、親鸞像を安置する容器としての本願寺御影堂、親鸞像への奉仕者としての本願寺宗主、親鸞像を遠路遙々と訪れる門徒たち（もちろん彼らも親鸞像への奉仕者である）、そのような集団として真宗は存在すべきであると『一語記』はいっているのである―そのような集団は、必ずしも教義の受容によって結合されているわけではないので、ここでは教団とは呼ばないで、「真宗集団」といっておく。

親鸞の語りとして記録されたほとんど唯一といっていい叙述は、二二四条に、「開山聖人ノ御代、高田ノ顕智上洛ノトキ、申サレ候。今度ハ既ニ御目ニカカルマジキカト存ジ候処ニ、不思議ニ御目ニカカリ候ト申サレ候、ソレハイカン（如何）ト仰ラレ候。船路ニ難風ニアイ迷惑仕リ候シ由申サレ候ヘバ、聖人仰ラレ候。ソレナラバ船ニハノラル（乗らる）マジキモノヲト仰ラレ候。其御詞ノ末ヘニテ候トテ、一期船ニノラレズ候。……カヤウニ仰ヲ信ジチガヒ（違い）申マジク存《ぞんぜ》ラレ候事、誠ニ有難ク殊勝ノ覚悟トノ義候」とある叙述である。これは、親鸞に無条件に従う門弟という、神話化された親鸞と門徒との関係を物語ろうとする言説といえる。

これらの叙述が、実悟や本願寺の坊主衆によって創作されたイデオロギー的言説であるのかといえば、必ずしもそうとはいえないであろう。親鸞像にしても本願寺の堂舎にしても、そこで生活しそれらに直接関わっている当事者たちにとっては、それらが親鸞の時代そのままの状態ではなく、幾多の歴史的な転変を経てきたものであることは十分に承知しているであろうし、むしろ日常化した慣習のなかに組込まれている装置であるから、上記のような形式で神話化することはかえって困難なのである。バーバラ・マイヤーホフが、「儀礼は神話とちがって行為を要求する。儀礼はドラマ化である。……その行動のレベルを通して始めて、ギアツ（文化人類学者、クリフォード・ギアツ）が表現しているように、『儀礼が『真に真の』宗教的価値をつくり、『現世』と『夢の世界』を融合させる」と指摘しているように(29)、彼らは神話化ではなくて儀礼化することにより、親鸞との歴史的な距離を埋め、親鸞の時代を現前化させようとするのである(30)。

実悟が編集した『山科御坊事并其時代事』などの儀式書は、親鸞像や本願寺の堂舎を、体系化された本願寺の儀礼に関する言説のなかに組み込むことにより、儀礼に奉仕する者があたかも親鸞に直接対面し、対話しているかのような感覚を体験できるようなものとして儀礼を位置づけたものである。もっとも、『山科御坊事并其時代事』は、そのような作法の多くを定めたのは蓮如や実如だという神話的語りに依存しているのだが。だから本願寺の坊主衆たちは、『御文』に繰り返し述べられているような、たび重なる非難を蓮如から浴び続けたにもかかわらず、儀礼には熱中しても教義の理解には消極的なのである。また彼らは、書記言語によって叙述されたもの、親鸞の著作、後人の編集した親鸞に関する記録や語録、叙述されたあるいは叙述されていない伝承などを、保有もしくは知識として知っているから、彼らにとって親鸞は歴史上の人物として、あくまで知的な〃解釈〃の対象とされ、神話化される度合いは少ないといえる。

だから神話化は、むしろ親鸞像や本願寺御影堂から隔離され、また親鸞に纏わるテクストから疎外された人々によって、つまり所属する身分階層のゆえに、それらに接する機会を与えられることの少ない「民衆」的な門徒たちや遠隔地の坊主・門徒衆によって進行していったと考えられる(31)。彼らは、それらに直接接する機会はほとんどないから、それらを媒介として親鸞のイメージを形成するのではなく、親鸞を自分たちが知っているもの、身近な高位の僧侶や伝説化された高僧—行基・泰澄・空海・円仁のような—、ときには通俗的な仏神のイメージと同化することによって独自の神話化を行い、それらを自己のアイデンティティ、言葉を換えれば自分たちの所有物にしようとするのである。それゆえ親鸞を神話化したのは、実悟や本願寺とその周辺にいた人々によってというよりも、より「民衆」的な人々や遠隔地の門徒衆であったと推測することができる。

実悟は彼が収集したテクストとともに、そのような「民衆」的な人々が所有していたイメージ群をも含めて、真宗集団で保有されているあらゆる言説、書記言語化された、あるいは音声言語として伝承されている言説、儀礼や伝承や神話など、収集可能なすべての情報を収集し総合し再構成し、新たな真宗と親鸞と蓮如のイメージを創造してみようと試みたのである。

しかし『一語記』における親鸞に関する叙述には、これとは別の様式がある。

一　衣奨(衣裳)等ニイタルマデ、我物ト思ヒ踏タタクルコト、浅間敷コト也。悉ク聖人ノ御用仏物ニテ候間、前々住上人(=蓮如)ハメシモノ(召物)ナンド御足ニアタリ候ヘバ、御イタダキ候由候。(七三条)

一　アル人申サレ候ト云々。我ハ井ノ水ヲノム(飲む)モ仏法ノ御用ナレバ水ノ一口モ如来聖人ノ御用ト存

ジ候由申サレ候云々。（九六条）

一　兼縁堺ニテ、蓮如上人御存生ノトキ、背摺布ヲ買得アリケレバ、蓮如上人仰セラレ候。サヤウノ者ハ我方ニモアルモノヲ、无用ノ買コトヨト仰ラレ候。兼縁自物ニテトリ中タルト荅御申候処ニ、仰ラレ候。ソレハ我物ヨト仰ラレ候。コトゴトク仏物如来聖人ノ御用ニモルルコトハアルマジク候。（二四七条）

あらゆる財貨から一口の水に至るまで、すべての事物は「如来聖人ノ御用」、つまり、あらゆるものは阿弥陀仏と親鸞の救済活動の働きと語られる言説がそれである。類話は『一語記』に多くみられるが、ほとんどの場合、「如来」と「聖人」は一体の言葉として用いられていることは注意していい。先に見た、親鸞神話化の言説によって、「如来」＝「聖人」という神話的パラダイムが成立しているから、両者は分離することができない一体化したものとして作用しているのである。さらに、「如来聖人ノ御用」という言葉は、中世文書に見られる「仏物」という言葉(32)と併用されているから、あらゆる事物は如来＝親鸞の所有物、つまり、いかなる人々も所有権をもちえないという言説が、真宗集団には適用されるのだということが語られているのだ。ということは、蓮如を始めとするあらゆる階層の人々は、いかなる所有権も主張できない、すべての事物は親鸞への貢納・奉仕〈贈与〉として用いられなければならないということを主張しているといっていい(33)。真宗教義が一神教的傾向を強めていけばいくほど〈贈与〉は義務化していくことになる。このような所有観念が、ヨーロッパの中世社会においても決して特殊なものでなかったことは、アーロン・グレーヴィチも指摘しているところである(34)。

だが、このような言説が、ただちに本願寺への無条件の貢納と奉仕を強制するイデオロギーになるのかといえばそうではない。なぜなら、確かに本願寺に対する貢納や奉仕を正当化してくれる論理には違いないが、二四七条にも語られているように、逆に本願寺に関わる人間の財貨の消費の仕方にも一定の制限を加える言説でもあるからである。本願寺に対して貢納・奉仕する者とそれを受け取る者との両者を、これらの語りは規制しているのである。つまり彼らは共に、阿弥陀仏と親鸞の影響力のなかにあり、彼らが行う事物の〈贈与〉・交換・消費のすべてが、生きているということ自体が、阿弥陀仏と親鸞に対する貢納・奉仕にならざるをえないということなのである。どちらかが一方的に奉仕を強制され、その見返りとして救済が与えられるという関係ではないのである。貢納や奉仕は、阿弥陀仏や親鸞に対して無条件かつ一方的になされるものであり、それに対して誰からも、蓮如や本願寺の坊主衆から救済が約束されるわけではない。救済は、阿弥陀仏（したがって親鸞）から無条件に、つまり何らの貢納も奉仕も要求されることなく、あらゆる人間に与えられる(35)。ただ阿弥陀仏から与えられる信心を、無条件に受け入れることだけが要求されるのである。このような、一方的な宗教的関係を他力の信心と蓮如は名づけた。

しかしながら、人々はこのような関係を、しばしば親鸞という保証人を仲介者とする互恵的な契約関係（社会的〈贈与〉関係）と理解し、宗教的関係を越えた社会的関係にまで拡張しようとした。統一的な政権が成立する以前の戦国期にあっては、それは親鸞を保証人として、正常な商品流通や売買契約を恒常的に、しかも広域的に成り立たせるための条件を整えるという役割を担うこととなった。それゆえこのような貢納のある部分は、スムースな流通関係を保証してくれる親鸞への保証料としての意味をもっていると考えられていた。親鸞にそのような役割を求めたのは、本願寺の側というよりもむしろ流通に携わる商人や職人層などを想定した方がいいのかもしれないし、彼らは恐らく不安定な政治権力である領主層に安全な流通の保証を期待するよりも、その方が安全かつ安上がりに広範囲な交易が保証されると判断したのであろう。

以上のように、親鸞にまつわる言説も、あるものは神話化のプロセスとして理解できるし、他のものは現実的な利害関心に規制された言説であると〝解釈〟しうるように、言説自体は多様な〝解釈〟の可能性を孕んでおり、どれかひとつだけが唯一妥当な〝解釈〟であるわけではない。状況に応じて、もっともふさわしい〝解釈〟が選択され適用されたと考えるべきであろう。

四　『御文』の神話化

それでは『御文』は、『一語記』のなかで、どのように叙述されているのであろうか。

一　聖人ノ御流ハ、阿弥陀如来ノ御流也。サレバ御文ニハ、阿弥陀如来ノ仰ラレケルト云々。（八条）

一　御文ハ如来ノ直説ト存ズベキノ由候。形ヲミレバ法然、詞ヲキケバ弥陀ノ直説ト云ヘリ。（五七条）

一　蓮如上人御病中ニ、慶聞坊ニナニゾ物ヲヨメ（読め）ト仰ラレ候。御文ヲヨミ申ベキカト申サレ候。サラバヨミ申セト仰ラレ、三通ヲ二返ヅツ六返ヨマセラレ候テ仰ラレ候ハ、ワガ作タルモノナレドモ、殊勝ナルヨト仰ラレ候云々。（五八条）

八条は、すでに取り上げた条文であるが、この八条と五七条の叙述によって、〈阿弥陀仏の言説＝親鸞の言説＝蓮如の言説〉というアナロジーが形成され、『一語記』の他の叙述は、この神話化された『御文』の影響下に置かれることになる。五七条で興味深いのは、『御文』の言説が、阿弥陀仏の言説と同一であると叙述されているだけではなくて、蓮如の視覚的な外貌が法然に類似していることが指摘されている点である。『一語記』一三四条には金森・従善を、「善ハ法然ノ化身也。世上ニ人申ツルト同仰ラレ候キ。カノ往生ハ八月廿五日ニテ候」と記されている。二三四条には、「蓮如上人権化ノ再誕ト云事、其証是多シ、別ニ是ヲシルセリ（記せり）。御詠歌ニモ、形見ニハ六字ノ御名ヲノコシヲク（残し置く）、ワガナカランアトノカタミ（形見）トモナレト候。弥陀ノ化身トシラレ候事歴然ト云々」とあり、蓮如を「弥陀ノ化身」として神格化する叙述が見られる——「別ニ是ヲシルセリ」とあるのは、『拾塵記』のことをいっていると思われる。このように、外貌の類似、世間の評判、往生の期日の一致（法然・蓮如・従善は同じ二五日に死去）といった、私たちの時代からすれば、他愛もない程単純な理由から化身説話が発生するのが、この時代の特色といっていい(36)。むしろ、そのような簡単に神格化を認めてしまう社会的コンテクストの存在が、〈『御文』＝阿弥陀仏の言説〉という神話の社会的受容を容易にしているということにも十分留意すべきであろう(37)。

このような単純な視覚的記号を、隠された神秘的な事象の証明とみなすのが、「民衆」的な人々が現実を分節化する際の方法なのであるが、注意しなければならないのは、それは「民衆」的な人々の知の浅薄さを証明するものではないということである。現実の中から些細な視覚上の差異を見つけ出すことによって、一見何の変哲もない現実を、異質なものへと読み換えることが可能になるということは、社会的コンテクストにズレを生じさせ、別の社会的コンテクストを生み出す上で、極めて有効な手法なのである。『一語記』は、そのような「民衆」的な人々の社会的コンテクストを変更する手法を使用して、『御文』を単なる歴史上の人物の言説ではなく、特別な言説、神話的言説に置き換えようとするのである。

五八条は、先に見た『空善聞書』一四二条から引用された条文であるが、阿弥陀仏の化身である蓮如が、自ら作成した『御文』を讃嘆したと叙述することによって、『御文』の聖教化・神話化は完成することになる。だがそれは、書記化された言説に価値があるのではなく、一一二条にあるように、誰の所有も許さない、つまり物象化することのできない、読み上げられる音声言語としての『御文』にこそ絶対的な価値があると語られるのである。注意すべきは、『空善聞書』では、臨終という時間的限定と大坂建立の『御文』という特定の『御文』への限定、つまり空善自身が体験した歴史的出来事として語られている現実が、『一語記』では、病床の蓮如という、より一般的な時間と、特に限定されない『御文』一般へと叙述が変更されることにより、『御文』はいつどこで読まれても、本来浄土でしか聞きえない、阿弥陀仏の直接の説法と同等の価値を持つものへと転換されていることである。

一　同夢云。同年極月廿八日ノ夜、前々住上人、御衣袈裟ニテ、奥ノ障子ヲアケラレ御出候間、御法談聴聞申ベキ心ニテ候処ニ、ツイタテ障子ノヤウナルモノニ御文ノ御詞御入候ヲヨミ候ヲ御覧ジテ、ソレハナニゾト御尋候間、御文ニ候トノ由申上候ヘバ、ソレコソ肝要ヨ、信仰シテキケト仰ラレケリト云々。（一九〇条）

一　享禄二十年二月十八日ノ夜、兼縁夢候。蓮如上人ニ御文ヲアソバシ下サレ候。其詞ニ梅干ノコトヲイヘバ、皆人ノ口一同ニスシ。一味ノ安心ハカヤウニカハルマジキコト也。同一念仏无別道故ノココロニテ候ツルヤウニオボヘ候ベシト云々。（二〇五条）

阿弥陀仏の直説という『御文』の神話化は、『一語記』の最後になって、このような実悟の兄で彼の養父となった兼縁の夢想による神秘性が付加されていく。先述した「民衆」的な人々の社会的コンテクストを応用して神話化された『御文』は、こんどは逆に、誰でもが感覚可能な現実の圏外にある、兼縁と実悟という、蓮如の子息たちの間で秘密裡に伝承され、もはや「民衆」的な人々によっては知ることの不可能な言説、彼らによる自由な〝解釈〟が決して許されない言説へと転換されてしまう。夢告を感覚できる程に、蓮如と親しい関係にあった特定の人物にのみ、『御文』の〈本質〉について語ることができるというのである。

一　蓮如上人、堺ノ御坊ニ御座時、兼誉御参候。御堂ニオヒテ卓ノ上ニ御文ヲオカセ（置かせ）ラレテ、一人二人乃至五人十人マヒラレ（参られ）候人々ニ対シ御文ヲヨマセ（読ませ）ラレ候。ソノ夜、蓮如上人御物語ノ時、此間オモシロキ（面白き）コトヲ思出テ候。堂ニ於テ文、一人ナリトモ来ラレ候人ニモヨマセテキカセ候。宿縁ノ人ハ、信ヲトルベシ。此間ヲモシロキコトヲ思案シ出タルトクレグレ仰ラレ候。サ

テハ御文肝要ノ御コトトイヨイヨ知レ候トノ事ニ候。（二一三条）

一般の真宗信者は、『御文』を所蔵する御坊や、それを下付された寺院や道場に参詣し、一方的に読み上げられる『御文』を聞くことによって、蓮如の言葉に接し信心を獲得せよと実悟はいう。しかし実悟の時代の現実は、これとはいささか異なっていたはずだ。蓮如の存生時、今日考えられている程には多くないにしても、多様な階層の人々が、蓮如から直接真宗教義を聞き、彼らは在地に帰った後、蓮如が語った言説を在地の人々に語ったと思われる(38)。そして彼らは、多様な教義〝解釈〟を独自にそれぞれ形成していったはずである。

それゆえ、実悟は、次のような実如が彼に語った言葉という形式で、多様な教義〝解釈〟を禁止し、『御文』の叙述のみが唯一絶対の真宗教義であること、そして、真宗集団に所属する限りは、同一の信心を得なければならないと語るのである。

一　蓮如上人御病中ノ、大坂殿ヨリ御上洛ノトキ、明応八年二月十八日、サンバノ浄賢処ニテ、前住上人（＝実如）へ対シ御申候。御一流ノ肝要ヲバ、御文ニクハシク（詳しく）アソバシトドメラレ候間、今ハ中マギラカス者モアルマジク候。此分ヲヨクヨク御ココロエ（心得）アリ、御門徒中へモ仰付ラレ候ヘト、御遺言ノ由候。然バ前住上人ノ御安心モ御文ノゴトク。又諸国御門徒モ御文ノゴトク信ヲエラレヨトノ支証ノタメニ御判ナサレ候事ト云々。（二三七条）

蓮如は、生前に多くの方便法身像（阿弥陀如来画像）や六字名号・『御文』などを発給した。方便法身像には、何時どこの誰に蓮如が発給したのかを記した裏書がなされている。それは受給者にとっては、阿弥陀仏の化身である蓮如から往生の保証を得たという物語や神話を叙述したものと〝解釈〟されている。あるいは受給者によって、そのように物語化され神話化されて、在地社会で語られることになる。しかし、名号や『御文』には、通常発給された日時や受給者の名前は記されない。だから、発給された時の状況や実際の受給者の名前は、所蔵者の移転や死去などによって、あるいは、譲渡や売買によって変更を蒙り、ときには消滅してしまうことになるし、次の所蔵者によって、別の物語や神話が付与されることになる。蓮如の入寂後、彼が発給したそれらのモノは、往生を保証してくれる力をもつモノとして物象化されるが、さらにモノの所蔵者が、モノに付随する物語や神話を語ることにより、彼は聞き手によって蓮如と同等の存在とみなされることになる。つまり、無数のカリスマが再生産され続け、蓮如の分身が各地で生き続けることになるのだ。

だから実悟の時代の状況は、ただ『御文』に記された文言を、音声言語として聞き手の前で反復してみせるだけでは、蓮如と語り手との間で成立していた言説空間を再生産することはもはや不可能なのである。蓮如とある真宗集団との歴史的関係は、神話的関係に転換されているから、歴史上の出来事として伝承された、蓮如とその真宗集団にまつわる出来事が語られるたびに、その集団が他の社会集団とは異なる特殊な優越した集団であるという感覚を呼び起こすことになる。あるいは、伝承が語られることによって、歴史上に起きた出来事（信心の獲得や霊験）が、現在に再現されることが期待されるのである。

方便法身像や六字名号や『御文』の存在が、あるいは、それについての語りが、「民衆」的な人々の感性の中に、いつまでも蓮如を甦らせ、〈いま〉〈ここ〉に蓮如が実在するという感覚を再生産してしまうのである。だから実悟は、『一語記』の冒頭で、「蓮如上人仰ラレ候。本尊ハ掛ケヤブレ、聖教ハ読破レト対句ニ仰ラレ候」（一条）という蓮如の語りを挿入し、それらのモノ自体にこだわり続ける「民衆」的な神話的〝解釈〟を否定しようとする。そして、次のように語ることによって、聖教として存在し続けなければならない『御文』と、だが、それによって神話化と物象化をまぬがれえない『御文』との矛盾を回避しようとする。

一　御文ハコレ凡夫往生ノ鏡也。シカルニ御文ノウヘニ法門アルベキヤウニ思人アリ。大ナルアヤマリ（誤り）也ト云々。（一一二条）

『御文』が、各地の真宗集団の中で読み上げられる時、実悟が収集した記録や伝承から復元した蓮如のイメージとは余りに掛け離れた、時には荒唐無稽ですらある多様な蓮如のイメージが生産されてしまう。それらは、蓮如の虚像にすぎないのであるが、現実には、それらをすべて排除してしまうことは不可能に近い作業だし、当時の人々は、蓮如の実像の復元に大して興味をもたないに違いない。なぜなら、蓮如の実像を知ったところで、彼らの〝生〟の営みや往生には、なんの役にも立たないからである。だとすれば、それらの虚像のすべてを組み込み、逆に「民衆」的な想像力を上回るような、大胆かつ極端にカリスマ化された巨大な蓮如の虚像を創ることによってしか、各地に生じた無数の蓮如のカリスマ像を凌駕することはできないだろう。多様なイメージを喚起する膨大な言説の集合体として言行録を編集すること、それは、「民衆」的な感性を取り込んだ上で、誰も全体像を把握しえないほど巨大な言説そのものとして、そしてそこに叙述された超人的な行動力をもつ人物として蓮如像を造形することである。

一　毎日々々ニ御文ノ金言ヲ聴聞サセラレ候事ハ、宝ヲ御譲リ候コトニ候ト云々。(二二三条)

一　道宗前々住上人ヘ御文申サレ候ヘバ、仰ラレ候。文ハトリオトシ(取り落とし)候コトモ候ホドニ、タダ心ニ信ヲダニトリ候ヘバ、取オトシ候ハヌ由仰ラレシ。又アクル年アソバサレクダサレ候。(二五〇条)

蓮如の言葉は、いかに「金言」ではあっても、聞くことしかできない。蓮如に直接対面したい、あるいは、自らの手で『御文』に触れ、自分の目でそれを読むことによって蓮如を感じ取りたいと思う真宗集団の欲望は、実悟によって収集され、膨れ上がってしまった言説の余りの膨大さ、蓮如の言行の想像力を越えた広がりによって、けっして実現されないものとなる。ある地域には知られていても、他の地域には知られていないような伝承が大量に集積されれば、それは、聞き手／読み手にとって、未知の途方もなく不可思議な蓮如の霊験集となってしまう。さらに、「信ヲダニトリ候ヘバ」という条件が付されることにより、蓮如の言葉を所有したいという欲望は、いつも遅延され、結局は永遠に満たされることのないものとなる。

おわりに

『一語記』は、蓮如の言葉として語られるにしても、実悟の語り以外の何物でもない。しかし、それはけっして実悟の創作したものでもない。彼が収集した蓮如にまつわる記録や伝承は、音声言語の伝達方法に沿った形式に翻訳したという意味で、実悟の語りなのである。だが、その語りのリアリティを確保するためには、蓮如の示寂から実悟の語りまでの時間的経過を無化しなくてはならない。そのためには蓮如が、歴史的時間の中のある特定の時点に生存し語ったのではなくて、〈いま〉〈ここ〉で語りえる存在でなければならない。それゆえ、『一語記』八条で語られるような、『御文』＝「阿弥陀如来ノ仰」という語りが必要なのである。この語りは、あらゆる事象を歴史的出来事と認識し、知的な書記言語に置き換えて所有化しようとする知識人の言説では実現できない。それは、「民衆」的な想像力と感性で語られる音声言語の領域での言語作用に依存してのみ、実現可能な時間の無化なのである。

しかし、それは同時に『御文』自体が、そのような語りの場を実現するような、ある種の霊的な言説であるという神話へと導かれる可能性を摘み取るために、一一二条にあるような、「御文ノウヘニ法門アルベキヤウニ思人アリ。大ナルアヤマリナリ」という警告の言葉、書記言語を操る知識人の論理からしか発しえないような言葉が付随させられることになる。蓮如は、〈いま〉〈ここ〉に現前しているのだ、それは直接感覚に触れるような実体的・物質的存在としてではなく、『御文』という言葉として実在し、永遠に人々を教化し続けているという神話化が完成するのである。

実悟によって、あらゆる階層のさまざまな種類の想像力が投入されることにより、蓮如は、ほとんど理解不能な程の超人的イメージへと飛躍してしまった。それによって蓮如は、真宗の神話的始原＝〈始まり〉の地位を獲得し、結果として親鸞を忘却の彼方へと追いやってしまったのである。もちろんそれは、蓮如の責任ではないにしても。最初、その〈始まり〉は、ささやかなエピソードの〈始まり〉としてあったのだが、さまざまな階層の神話的言説が集積されることにより、蓮如は、それらすべての〈始まり〉へと飛翔していったということができよう(39)。

《註》

(1)〈始まり〉ということに関しては、エドワード・サイード『始まりの現象―意図と方法』(山形和美・他訳、法政大学出版局、一九九二年)参照。あるいは、小川豊生「中世日本紀の胎動―生成の〈場〉をめぐって」(『日本文学』第四二巻第三号、一九九三年)、同「変成する日本紀―〈始まり〉の言説を追って」(『説話文学研究』第三〇号、一九九五年)も参考となろう。

(2)神話化についての論考として、クロード・レヴィ＝ストロース『構造・神話・労働』(大橋保夫訳、みすず書房、一九七九年)、ロラン・バルト『神話作用』(篠田秀夫訳、現代思想社、一九八三年)、竹沢尚一郎『宗教という技法―物語論的アプローチ』(勁草書房、一九九二年)などを参照した。

(3)神話と歴史との関係については、ミシェル・ド・セルトー『歴史のエクリチュール』(佐藤和生訳、法政大学出版局、一九九六年)参照。

(4)たとえば、遠藤一「「御文」の史料化をめざして」(福間光超先生還暦記念会編『真宗史論叢』、永田文昌堂、一九九三年)、岡村喜史「蓮如自筆御文と御文流布の意義」・大喜直彦「蓮如の書状・御文・裏書を考える―中世後期の文書の世界」（共に浄土真宗教学研究所・本願寺史料研究所編『講座　蓮如』第二巻、平凡社、一九九七年所収）などがある。

（5）もちろん、テクストと〝解釈〟の関係は、ポストモダンの中心テーマとして、膨大な研究成果が現在も蓄積され続けている。現在の研究状況については、宮坂和男「物語理論と脱構築」（現象学・解釈学会編『歴史の現象学』、世界書院、一九九六年）、北條勝貴「《言語論的転回》と歴史認識／叙述批判―現状と整理と展望」（『年刊　ジラティーヴァ』第一号、二〇〇〇年）参照。

（6）読み書き能力の修得の歴史に関しては、リチャード・ホカート『読み書き能力の効用』（香内三郎訳、昌文社、一九七四年）、W・J・オング『声の文化と文字の文化』（桜井直文・他訳、藤原書店、一九九一年）、菊池久一『〈識字〉の構造―思考を抑圧する文字文化』（勁草出版、一九九五年）、アルベルト・マングェル『読書の歴史―あるいは読者の歴史』（原田範行訳、原書房、一九九九年）、ロジェ・シャルティエ他編『読むことの歴史―ヨーロッパ読書史』（田村毅・他訳、大修館書店、二〇〇〇年）などがある。

（7）このような社会的コンテクストの再生産と変更のプロセスについては、ピエール・ブルデュー『実践感覚』1（今村仁司・他訳、みすず書房、一九八八年）第1部第三章など、彼の一連の著作に詳細に分析されている。

（8）以下の『御文』の引用は、堅田修編『真宗史料集成』第二巻（同朋舎出版、一九七七年）所収「諸文集」による。引用文の後の番号は、同書所収の『御文』に付された通し番号である。なお、読みやすくするために一部の表記を改め、括弧内に漢字を補った（以下の引用史料も同じ）。

（9）感性に訴える情報の社会的役割については、アラン・コルバン『においの歴史―嗅覚と社会的想像力』（山田登世子・他訳、藤原書店、一九九〇年）、同『時間・欲望・恐怖―歴史学と感覚の人類学』（小倉孝誠・他訳、藤原書店、一九九三年）、A・V・ビュフォー『涙の歴史』（持田明子訳、藤原書店、一九九四年）、L・フェーヴル他『感性の歴史』（大久保康明・他訳、藤原書店、一九九七年）、アニック・ル・ゲレ『匂いの魔力―香りと臭いの文化誌』（今泉敦子訳、工作舎、二〇〇〇年）、山田陽一編『講座　人間と環境』11　自然の音・文化の音（昭和堂、二〇〇〇年）参照。

（10）「模倣」については、坂部恵『ふるまいの詩学』（岩波書店、一九九七年）、小峯和明「写し・似せ・よそおうものの現象論」（『日本文学』第四七巻第一号、一九九八年）参照。

(11) 一七世紀の例だが、非門徒が本願寺内の住人であったことを論証した研究に、岡佳子「本願寺と京の町衆―亀屋宗富をめぐって」(福間光超先生還暦記念会編『真宗史論叢』、同朋舎出版、一九九三年)がある。

(12) たとえば『大鏡』という作品は、「世継」という名の下層身分の老翁たちを登場させ、彼らの視線が捉えた平安貴族たちの歴史を語り合うという構成をとっている。それによって、先行作品である『栄花物語』と同じ時代を扱いながらも、ときには笑いを交えながら辛辣な批評を繰り広げる、まったく異質なコンテクストによる作品を誕生させていったのである。

(13) 志立正和「テクスト言説の内部と外部―『平家物語』における時間構造と周辺説話」(鈴木則郎編『中世文芸の表現機構』、おうふう、一九九八年)参照。

(14) 「民衆」的な人々の歴史を復元するには、ほとんどの場合、知識人が書記言語によって叙述したテクストを用いることになる(もちろん、「民衆」という言葉自体が、歴史上どこにも存在したことのない、歴史家が仮構した概念にすぎないが)。したがってそれらのテクストには、当然のことながら知識人の〃解釈〃が介在していることを前提として、その影響を取り除く配慮が必要である。あるいは、「民衆」的人々の証言を記録した裁判記録や、知識人の〃解釈〃が介在することが少ない、極く短い断片的な記録を大量に収集し、分析するという方法が取られる場合もある。「民衆」という概念については、ミシェル・ド・セルトー『文化の政治学』(山田登世子訳、岩波書店、一九九〇年)参照。「民衆」の「歴史」を叙述したすぐれた作品としては、フィリップ・アリエス『死と歴史―西欧中世から現代へ』(伊藤晃・他訳、みすず書房、一九八三年)、カルロ・ギンズブルグ『チーズとうじ虫―一六世紀の一粉挽屋の世界像』(杉山光信訳、みすず書房、一九八四年)、ナタリー・Z・デーヴィス『マルタン・ゲールの帰還―16世紀フランスのにせ亭主事件』(成瀬駒男訳、平凡社、一九八五年)、ロバート・ダーントン『猫の大虐殺』(海保真夫・他訳、岩波書店、一九八六年)、E・ル=ロワ=ラデュリ『モンタイユー―ピレネーの村　1292-1324』上・下(井上幸治・他訳、刀水書房、一九九〇・九一年)、アラン・コルバン『音の風景』(小倉孝誠訳、藤原書店、一九九七年)、同『記録を残さなかった男の歴史―ある木靴職人の世界　1798-1976』(渡辺響子訳、藤原書店、一九九九年)などがある。

(15) 「文化資本」という概念については、ピエール・ブルデュー『ディスタンクシオン』I(石井洋二郎訳、藤原書店、一九九〇年)、石井洋二郎『差異と欲望―ブルデュー『ディスタンクシオン』を読む』(藤原書店、一九九三年)参照。

(16)このようなテクストと〈語り〉との相互関係について論じたものとして、兵藤裕己の『語り物序説―「平家」語りの発生と表現』(有精堂、一九八五年)など一連の著作、志立正知「テクスト言説の内部と外部―『平家物語』における時間構造と周辺説話の摂取」(鈴木則郎編『中世文芸の表現機構』)などがある。

(17)堅田修編『真宗史料集成』第二巻所収。

(18)イデオロギー的言説については、ヘルマン・オームス『徳川イデオロギー』(黒住真・他訳、ぺりかん社、一九九〇年)、同『宗教研究とイデオロギー分析』(大桑斉編訳、ぺりかん社、一九九六年)参照。

(19)このようなテクストの変更が制度化されると、中世的な「注釈」が生み出されることになる。中世の「注釈」については、三谷邦明・小峯和明編『中世の知と学問―〈注釈〉を読む』(森話社、一九九七年)参照。

(20)カルロ・ギンズブルグ『チーズとうじ虫―一六世紀の一粉挽屋の世界像』参照。

(21)実悟の生涯については、宮崎圓遵「願得寺実悟の生涯と業績」(宮崎圓遵著作集第五巻『真宗史の研究(下)』、永田文昌堂、一九八九年)参照。

(22)大桑斉は、「中世末期における蓮如像の形成―願得寺実悟の場合」(『大谷大学研究年報』第二八集、一九七六年)の中で、この問題について分析しているので参照されたい。

(23)『蓮如上人一語記』からの引用は堅田修編『真宗史料集成』第二巻による。

(24)『親鸞伝絵』が描き出した親鸞のイメージについては、吉原浩人「『親鸞聖人伝絵』にみる親鸞像―善光寺如来の来現として」(『国文学　解釈と鑑賞』第六三巻第一〇号)、平松令三『親鸞』(吉川弘文館、一九九八年)で分析されている。

(25)それゆえ、不信者を罰する親鸞のイメージ化に、本願寺教団の権力志向を見い出そうとする見解もある。そういった解釈に、遠藤一「「聖人ノ御罰」ということ」(『真宗研究』第三一輯、一九八七年)がある。

(26)一神教的な全能者は、救済者であるとともに処罰者でもあるという両義的な性格をもつこと、その場合人間は、全能者の奴隷と自覚されることについては、井筒俊彦『イスラーム文化』(岩波書店、一九八一年)、同『コーランを読む』(岩波書店、一九八三年)に要領をえた解説がある。井筒は前者のなかで、イスラームという言葉は、「絶対帰依」の意味であり、したがってそれは、「絶対他力信仰的な態度を意味する」と説明している。
(27) 大桑斉「戦国期宗教化状況における神観念—東アジア世界史における日本の十五・十六世紀と宗教」(同『日本近世の思想と仏教』、法蔵館、一九八九年)参照。
(28) 佐藤弘夫は、「怒る神と救う神」(同『仏・神・王権の中世』、法蔵館、一九九八年)のなかで、本地垂迹説のなかに組み込まれた日本中世の仏たちは、〈救う仏〉として「現世利益」を与えるとともに、〈怒れる神〉となって「下罰」を与える存在となったとしている。佐藤も注意しているように、親鸞や日蓮のような専修的な仏教者にとって、仏は一神教的な性格を帯びることになるから、救済者であり処罰者である全能者となって立ち現れてくることになる。中世ヨーロッパの神判について分析した赤阪俊一『神に問う—中世における秩序・正義・神判』(嵯峨野書院、一九九九年)も参考になる。
(29) バーバラ・マイヤーホフ「ウィリクタへの回帰」(バーバラ・バブコック編『さかさまの世界—芸術と社会における象徴的逆転』、岩崎宗治・他訳、岩波書店、一九八四年)。
(30) 中世神話の成立のプロセスについては、山本ひろ子『中世神話』(岩波新書、一九九八年)、桜井好朗「中世王権神話とその対極をなすもの—構造的に、そして歴史的に」(『民衆史研究』第五九号、二〇〇〇年)参照。
(31) 中世における真宗集団の身分構造については、金龍静「蓮如教団の身分的・組織的構造」(楠瀬勝編『日本の前近代と北陸社会』、思文閣出版、一九八九年)参照。
(32) 「仏物」については、笠松宏至「仏物・僧物・人物」(同『法と言葉の中世史』、平凡社選書、一九八四年)参照。
(33) 本願寺に対する貢納や奉仕を、親鸞に対する義務(「役」)であったと指摘した研究として、草野顕之「戦国期本願寺直参考」(福間光超先生還暦記念会編『真宗史論叢』、永田文昌堂、一九九三年)、金龍静「宗教一揆論」(岩波講座『日本通史』第一〇巻、一九九四年)がある。
(34) アーロン・グレーヴィチ『中世文化のカテゴリー』(川端香里男・他訳、岩波書店、一九九二年)第四章参照。
(35) このような宗教的関係における仏神と財貨の関係については、ヴァルター・ブルケルト『人はなぜ神を創りだすのか』(松浦俊輔訳、青土社、一九九八年)、今村仁司『交易する人間—贈与と交換の人間学』(講談社選書メチエ、二〇〇〇年）参照。

（36）中世の化身説については、誉田慶信「本地垂迹の体系と中世民衆神学」（羽下徳彦編『中世の政治と宗教』、吉川弘文館、一九九四年）、池見澄隆「善導・法然をめぐる人師信仰」（同『増補改訂版　中世の精神世界―死と救済』、人文書院、一九九七年）参照。神格化と仏教思想との関係について分析したすぐれた研究として、曽根原理『徳川家康神格化への道―中世天台思想の展開』（吉川弘文館、一九九六年）第三部「天海と東照権現」がある。

（37）このような化身説が容易に受容されるのは、善知識を阿弥陀仏と等価とみるような「如来等同」思想が一般に流布していたからに他ならない。もちろんそれは、親鸞のいう「如来等同」とは異質なものであることはいうまでもないにしても、中世説話の世界で一般化していた化身説を吸収して、親鸞の思想を読み換えていったものである。当時の「如来等同」思想については、金龍静「蓮如上人の本尊観・善知識観」（『宗教』一九九五年二月号、教育新潮社）参照。

（38）宗主から直接教化を受けることができたのは、「門徒」と呼ばれる階層の人たちであるが、それは本願寺に対して「頭役」や「番役」の義務を負っている限られた人々であって、誰でもが蓮如の教化を受けられたわけではない。金龍静「蓮如教団の身分的・組織的構造」（楠瀬勝編『日本の前近代と北陸社会』）、同『蓮如』（吉川弘文館、一九九七年）参照。

（39）それは、浄土真宗という宗派の〈始まり〉でもある。宗派の〈始まり〉については、金龍静「一向宗の宗派の成立」（浄土真宗教学研究所・本願寺史料研究所編『講座　蓮如』第四巻、平凡社、一九九七年）参照。

第三章　『御文』はどのように読まれたのか
――中世社会におけるコミュニケーション――

はじめに

語られる言葉、つまり音声言語が、社会のなかで主要な役割を果たしている時代にあっては、たとえ文字化された言説が豊富に作成されたとしても、それらの文字化された言説は、音声言語によるコミュニケーションの世界の影響を受けざるをえない。

現代の社会にあっては、意識しているか否かにかかわらず、文字で書かれた、もしくは印刷された書記言語の規則によって思考や行動が規制されている。わたしが書記言語で書かれたテクストを読む時、書かれた言葉を目で追いながらテクストとの対話が試みられ、テクストの言葉が分析され、そこから何らかの意味を探りだそうとする。そうして取り出された意味のいくつかを意識の中で再構成して、書き手が伝えようとしたものを読み取ろうとする。だが、それは決して書き手の意図そのままではありえないし、読み手の内面に創り出されたある種のイメージの集合体にすぎない。この過程が内面化の過程であるが、そこで、〈自己〉と〈他者〉の区分が生じ、いわゆる〈自我〉が生み出されていく。〈自我〉とは、読むという行為によって形成される〝内面〟という場と、その内面に再構成されたイメージの別称である。それらが個人の所有物、つまり〈主体性〉や〈知識〉として社会的な認知をえ、〈自己〉と同時に形成される〈他者〉、つまり〈自己〉から分離された外部の領域が、容易には入ってはならない聖域として承認される時、近代的な〈個人〉という幻影の一種が成立することになる(1)。テクストとはこのように、誰かによって書かれ、誰かによって読まれるものとして、書き手と読み手の双方によって対象化された言葉のことである。

たとえそれが書かれたものでなく語られたものであったとしても、もはや同じことになってしまう。書記言語に慣らされた私たちにとって、話された言葉と書かれた言葉の区別なく、それらは書記言語の解読法による内面化のプロセスを経るうちに、元のまとまりをもった語群は一旦ばらばらにされた上で分析と接合が繰り返され、ある一定のパラダイムに従って再構成された知識が、個人の所有物として集積される。

一方、音声言語が主要なコミュニケーションの手段である社会にあっては、これとは異なる言語の様式が成立する。それは社会がまったく文字を知らないか、あるいは社会の大多数の人々が、文字を書くことから排除されているかのどちらかであるが、蓮如の時代について考える本章では、後者の場合だけを問題にすればいいだろう。後者の社会は、特定の社会階層に属する人々だけが、書記言語を用いて文章を作成する社会のことである。このような社会にあっては、〈読む〉という行為は、特殊な社会的行為に属することであって、もっぱら〈語る〉ということと〈聞く〉という行為が、社会の主要なコミュニケーションと思考の様式を規制する。そこでは、語られる瞬間にのみ言葉が存在するのであって、言葉は瞬時に消滅してしまうから、言葉の内面化や聞いたことが個人の内部で再構成されることは少ない。一つの言葉にこだわっていたら次々と押し寄せる言葉の流れを見失ってしまい、結局何が語られたのかさえわからなくなってしまう。

また音声言語は書記言語とは異なり、それが伝達されるためには多くを記憶に依存しなければならないから、語られる言葉の語彙数も制限を受けざるをえない(2)。つまり、ある集団内部の人々に周知され定型化された文言を配列することによってしか、語り手は聞き手に受け入れさせ記憶させることはできない。聞き手の方は、もし定型化されていない言葉が語られた時には、聞き慣れない言葉をすぐに聞き慣れた言葉に置き換えるか、無視したままで語り手の言葉を追っていかない限り、聞き続けることはできない。語り手は、聞き手の記憶が失われないように定型化された言葉の羅列をいつも反復し、聞き手の記憶が持続するように心掛けなくてはならないし、聞き手もそのような言葉を要求せざるをえない。〈聞く〉という行為は反復であり、薄れゆく記憶を絶えず再生し続けることである。したがって〈語る〉〈聞く〉という行為自体が、一定の社会的コードが再生産されるという意味で儀礼的な行為であり、また、なんらかの宗教儀礼の場でそれが反復されることになる(3)。

〈聞く〉という領域においては相互に反復することがコミュニケーションの規則となっているから、自己と他者との区別は曖昧となる。それゆえ、語り手と聞き手、語られた行為と現実の行為との境界は極めて曖昧なものとなる。そして、他者と言葉や行為を相互に共有しているから、聞いたことがあるということと現実に体験することとは厳密に分離されない。言葉は世界を分節化する記号ではないのだ。聞き手は時として、語られた言葉の中に登場する人物に自己を同化してしまうし、語り手が語られた言葉の中に登場する人物と同化されてしまうことも稀ではない。したがって語り手が、語られた出来事の体験者自身とみなされたりするし、聞き手は遙か過去の出来事を聞いているにもかかわらず、同時代の出来事として聞いてしまうのである。それとともに、〈語り〉のなかでは、ある人物の言葉として伝承されているもの以外の言葉を付加したり、逆に省略することも、ある程度語り手の自由に任されていることにも留意しなければならない(4)。

つまり、もっとも権威的かつ超歴史性をもち、変化は許されないと想像しがちな宗教的な言説=ラングのなかに、恣意的な〈語り〉=パロールの混入が許容され構造化されていることになる。言語構造のなかに構造を相対化し解体し改変してしまうシステムが組み込まれ、しかもそれらの総体がラングとして権威化され、何も変ってはいないのだという合意が成立しているところに〈語り〉というもののもつ極めて重要な秘密が隠されている。蓮如に関する言行録・記録類も、旧来の定型化し伝統化した歴史上の高僧の神話的な語りの一部を取り入れて、蓮如に関する〈物語〉として再構成されたものが混入していることも考慮されなければならない。言行録などに見られる蓮如に関する神秘的叙述もしくは神格化の問題は、〈語り〉のもつ伝承的な言語文化、フォークロアの問題としても再検討してみる必要がある。

書記言語によって書かれたテクストは、それが繙かれる時、読み手の中に過去に起こった出来事を再生してくれるのであるが、テクストというものは、あらかじめ読者によって対象化されているから、時間的にも空間的にも書かれた出来事と読者は隔離されている。読み手の内面とテクストに叙述される世界とは相互に異質な世界であり、テクストの書き手、あるいはそこに登場する人物と読者とは他者同士なのである。しかしこの隔離は、音声言語の領域では判然としない。過去／現在／未来という時制の境界も、現在いる場所と物語られた場所との空間的隔たりも曖昧で相互に浸透しあっている(5)。

音声言語と書記言語が交錯する日本の中世末期、蓮如の書き残した言葉と蓮如を語る言葉とが織りなす言葉の残響の中から、その時代の宗教的言説の質を問い直してみようというのが小論の目的である。蓮如自身の著作物である『御文』にしても、蓮如の子息や弟子たちが彼の言動を記録した言行録にしても、〈語る〉もしくは〈聞く〉ものであるとともに、文字化された〈読む〉テクストでもあるという二面性をもっている。蓮如のような知識人は、文字を通した〈書く／読む〉というコミュニケーションの世界、書記言語の世界に生きていた。しかし、『御文』や言行録などの受容者たちの多くは、必ずしも文字を読み書きできる能力を備えていたわけではない。彼らの多くは文字に依存しない〈語る／聞く〉というコミュニケーションの世界、音声言語の世界の住人たちであったと考えられる。〈書く／読む〉と〈語る／聞く〉という二つのコミュニケーションの方法の間には、まったく異なる言語といっていい程の文法上の差異があることは、ここまでの叙述で述べた通りである。

小論の叙述によって、これまでとは異なる蓮如と真宗信仰の受容者たちとの関係が見えてくると思う。わたしがあえて、これまでとは異なる分析方法を採るのは、私たちが今直面している事態、書記言語の文法によって構築されてきた世界が、目の前で崩壊しつつあるという現実、視覚に直接訴えかけるようなメディアが世界を覆い尽くし、文字で書かれたものや内省といったことが軽視される事態は、音声言語によってコミュニケーションが維持されていた時代と共通する側面が多いと思われるからである。だから文字文化の衰退に、過度に悲観的になる必要はない。新たなコミュニケーション理論の可能性に読者の関心が向けられれば幸いである。

一　『御文』の文法――〈読む〉と〈語る〉

蓮如が、教化のために記した法語である『御文』には、自筆本、写本、編纂された各種の御文集、版本など多種多様なものがある。数え方にもよるが、わずかな語句の違いがあるテクストも別本と考えれば、三百通を越える『御文』が残存していることになる(6)。『御文』は、書状形式の法語であるといわれる(7)。しかしそのような規定は、ともすれば文字で記された言語としての側面のみを強調してしまうことになる。

また蓮如にしても言行録の編者にしても、門徒たちの前で読み上げるのにふさわしい文体で叙述したり、蓮如の語りをそのまま筆録したかのような叙述法を採用している。したがって、書記言語で叙述されているにもかかわらず、それらが門徒たちを前にして読み上げられれば、その内容は音声言語圏の人々にそのまま理解されたと思いがちである。しかし問題なのは、書記言語を使用するのか、あるいは音声言語を使用するのかによって、まったく異なった思考の構造が生みだされてしまうということに、研究者がほとんど無頓着であるということである。『御文』には、書記言語としての側面と、音声言語としての側面があることの意味をもっとよく考えてみなければならない。

文明五年（一四七三）九月の『御文』には、次のように記される(8)。

右斯文ドモハ、文明第三之比ヨリ同キ第五之秋ノ時分マデ、天性ココロニウカム（浮む）ママニ何ノ分別モナク連々ニ筆ヲソメオキツル文ドモナリ。サダメテ文体ノオカシキコトモアリヌベシ。マタコトバ（言葉）ナンゾノツヅカヌコトモアリヌベシ。……外見ノ儀クレグレアルベカラズ、タダ、自然ノトキ、自要（用）バカリニコレヲソナヘラルベキモノナリ。（三七）

これは、蓮如の初期の側近、安芸・蓮崇に筆写を許した、石川県珠洲市西光寺所蔵のいわゆる蓮崇本『御文』に、蓮崇の求めに応じて蓮如が端書として記した言葉である。そこには、蓮崇本『御文』の底本となったテクストは、蓮如が備忘録として手元に置いていたテクストだと記されている。確かに現存する蓮崇本には、門徒に宛てた蓮如自筆の『御文』の草稿とともに、第一四章にある「一念多念事」や「平生業成事」のような教義書の草稿とおぼしきもの、第一五章のような論疏などからの抜書も見られる。文中にあるように、蓮崇本の底本は、かならずしも整った文集とはなっていない。したがって、記憶を補完するためだけに見るようにと蓮崇に命じた文言が書き加えられたと考えられよう。もっとも、このような文言は、多くの写本類の定型化した識語として頻繁に用いられているから、かならずしも字義通りに受け取る必要はないのかもしれない。

これによって蓮如は、門徒たちに発給した『御文』を記憶に頼るだけではなく、当時の書状や文書と同じように、文字で記録した案文として手元に置いていた。また、他の門徒に『御文』を発給する場合に役立てるためもあってか、同じ文集には諸論疏からの引用文も集録していたことがわかる。このように、蓮如が『御文』を作成したプロセスの一端を、蓮崇本によってうかがうことができるのである。だが通常『御文』には、誰に発給したのかとか、どこで書かれたのかは記されていない。ところで第一〇章には、まったく同一の本文をもつ本泉寺所蔵の蓮如自筆本と蓮崇本の二本が残存している。しかし、蓮崇本には本泉寺本にはない「加州二俣ニテ」という添書が巻頭にある。これが、蓮如が自身の所持本だけに備忘のために記しておいたものか、それとも蓮崇が書き加えたものかはわからないが、他の蓮如自筆本からみて、書写場所などの記載は原本にはなく、蓮如が記憶していたと考えられる。当時の知識人にとって、経典や漢籍の要文とか先人の著述はもとより、発給・受給した文書などや、よく知られた和歌・物語に至るまで、基本的にすべて記憶しているのが当たり前であった(9)。『御文』には、ほとんど同一文言のものが何通も現存するが、多少の字句の相違があるのは、筆写するときの誤写が考えられるにしても、その多くは、蓮如が記憶に基づいて執筆していたために、多少の文言の相違が生じたと考えた方が自然であろう。場合によっては、読み上げられた『御文』を、聞き手が記憶に基づいて筆録したために誤差が生じたと考えてもいいくらいに、当時は記憶が重要な位置を占めていた。

このように考えると、当時蓮如に近侍していた蓮崇に、備忘録というべき諸文集の書写を許可したということは、単に書写を許したという以上の意味をもっていることに気づく。蓮崇は知識人ではなかったが、蓮如の言行をすべて知っていたと考えられる。蓮如の備忘録が書かれた事情、それに載せられた『御文』が、どのようなプロセスを経て、いつ、何のために、誰に、どこで書かれたのか、あるいは蓮如の思索の過程、そんなことのほとんどを蓮崇は目撃していた。そういったことの全プロセスを蓮崇に記憶しておくように命じた、つまり、蓮崇を媒体＝語り手として、多くの門徒たちに蓮如の言行が語られ、それを聞いた門徒たちによって、さらに広範囲に蓮如の言葉が語り伝えられていくことを期待して、上記のような措置がとられたと考えられる。

文字を読み書きできない音声言語の世界に生きる人々にとって、蓮如の教義は、耳を通して聞くより他に受容の方法がないのであるが、そうして聞き取られた教義は、かならずしも聞き手によって論理的に理解されるわけではない。われわれが日常的に行っている知的・論理的理解は、当時においては、文字文化の中で生きる人々、公家や上層の武家や僧侶のような知識人の専有物であった。もちろん『御文』は、論理的な言葉で叙述されている。しかしそのような論理性は、蓮如がいかに懇切丁寧に解説しようとも、音声言語圏のほとんどの人々には理解されなかったのではないか。これは、音声言語の世界に住む人々が無知であったというのではなく、「知」の様式自体が書記言語の世界に住む人々とは異なっていたからである。〈なぜそうなのか〉という論理的な説明は伝達されなくて、ある特別な人物（高僧や篤信の信者のような）が〈このように行動した〉というモデルが提示されることによって、聞き手は同じ行動を模倣しようとする(10)。〈何が語られたのか〉は、言葉通りほぼ正確に他者に伝達されるが、内容の論理的理解は要求されないのである。

蓮崇本『御文』には、全文にわたって丁寧に仮名が付されている。当時の聖教の伝授は、なによりもテクストをどのように読むのかを相伝することが重視された。それゆえ、蓮如自身による『御文』の読み方を蓮崇は記録しようとしたのだろう。

蓮崇本『御文』は、蓮崇によって読み上げられたのだろうが、蓮如が蓮崇に期待したのは、音声言語の世界に住む人々に、ただ『御文』を読み聞かせることではない。読み聞かせるだけなら、彼以外にも可能な人間はたくさんいる。蓮如と蓮崇との関係、真宗教義の語り手と聞き手との間の理想的な関係を人々の眼前で物語り再現し反復してみせること、それは、彼のように常に蓮如に近侍し、行動の一部始終を見聞し、蓮如と自らとの関係を人々の前で演じてみせる才能に恵まれた人間、しかも蓮如の全幅の信頼を勝ちえたごく限られた人間にしか許されない。蓮崇が、門徒たちを前にして蓮如の言葉を――おそらく蓮如の発音や所作も模倣して――語り始める時、蓮如が蓮崇に語ったという出来事は、こんどは蓮崇と聞き手との関係として門徒の眼前で再現されることになる。時間的・空間的差異を無化してしまう場は儀礼的な場ということになるが、儀礼的な場で蓮崇が蓮如について物語る時、聞き手は蓮崇を蓮如と同一視し、蓮崇は蓮如に、聞き手は蓮崇になりきろうとする。つまり、蓮如を演じることが許された証明として、蓮崇に御文集の所持が許されているのである。音声言語の文化圏の人々にとって、蓮崇が御文集を所持していることは、単に蓮崇が蓮如の側近であるとか、教義の理解者であるとかを意味するだけではなくて、彼が蓮如の全人格を身につけていることを意味しているのである。

明応五年（一四九六）閏二月、蓮如の熱烈な信奉者として知られる、赤尾・道宗（弥七）に下付された『御文』には次のように記されている。

カノ男（＝弥七）ノイハク、当流ノ安心ノヤウ、カタノゴトク聴聞仕リ候トイヘドモ、国ヘクダリ（下り）テ人ヲススメ（勧め）ケルニ、サラニ人々承引セザルアヒダ、一筆安心ノヲモムキヲフミ（文）ニシル（記）シテタマ（給）ハルベキ由シキリニ所望セシメテ、田舎ヘマカリクダリテ人々ニマフシ（申し）キ（聞）カシメント申スアヒダ、コレヲカキクダス（書き下す）モノナリ（一四三）

この文言の前には、この『御文』を書き与えた道宗が信頼に足る人物であることが記されている。また、この文言の後には、「夫レ当流ノ安心ト申スハ……」という、通常の法語文言が記されている。つまり蓮如自筆の『御文』は、道宗が物語る言葉の正統性の保証書であるとともに、道宗が在地の真宗集団の人々を前にして、この『御文』を読み聞かせる時、蓮如の言葉を、あたかも道宗と共に直接聞いているかのような印象を、人々が受けるように構成されているのである。この『御文』が読まれる時、聞き手は道宗の〈声〉を蓮如の〈声〉として聞いてしまうこと、それが読まれる間は蓮如が現前しているかのように感覚してしまうこと、それらを十分計算して作成された文章であることがわかる。『御文』はどれをとってみても、ほぼ定型化されたいくつかの文言を繋ぎ合わせた文章によって構成されている。それは、真宗の教義を一定の決まり文句化することにより、聞き手にまず記憶させることに主眼が置かれているからで、『御文』が繰り返し読み上げられることによって、それらの文言が記憶されるという条件があって始めて、読み上げられるたびに、蓮如と直接対面しているかのような感覚が、いつでも聞き手に呼び起こされるようになる(11)。

しかし蓮崇の場合、彼が語り手と聞き手の関係のモデルを忠実に演じている場合はいいのだが、蓮如との関係や『御文』の内容を恣意的に解釈して語ったりするようになると、つまり、蓮如の言葉や所作の忠実な模倣ではなく、自らの解釈を混えた〈自己〉の言葉として語り始める時、問題が生じることになる。彼が音声言語圏の演技者を逸脱して、書記言語圏の知識人を演じ始めたとしても、聞き手は彼の言葉を蓮如の言葉そのものと受け取ってしまう。現実にそのような事態が生じ彼が追放処分になったことは、蓮如一〇男・実悟が、本願寺の周辺のどちらかといえばスキャンダラスといっていい出来事を記録した『天正三年記』に収められた「安芸法眼事」(12)に詳しい。そのような事態を防ぐために、蓮崇の場合は、彼自身の語りに任されていた蓮如と彼が所持していた『御文』との関係を、道宗の場合には『御文』の中に書き込むことによって、道宗の恣意的な解釈が紛れ込む余地が最初から排除されているのである。

それによって、道宗に下付された『御文』が読み上げられるたびに、わざわざ蓮如が出向かなくても、蓮如が目の前で説法しているのと同じ効果を、この一通の『御文』が果たしてくれるのである。それとともに道宗はしばしば蓮如のもとを訪れ、道宗が物語る言葉が、蓮如の語る言葉とズレを生じていないかが繰り返し確認される必要がある。道宗の死後、この『御文』が読まれる場合でも、蓮如と道宗との関係は、この『御文』の中に書き込まれているから、それが読み上げられるたびに、聞き手は宗主と篤信の門徒との理想的関係が、今まさに人々の眼前に出現したかのような感覚を共有するのである。つまり、そこではある種の神話化が起こっているのであり、そんな神話化がなければ聞き手はリアルな出来事として聞くことはできないし、真宗信者としてどのように行動すべきかを知ることもできない。このような神話化は、実悟の編集した蓮如の言行録で顕著になるが、それは前章で述べたので、ここではこれ以上論述しないでおく。

蓮如は、自らの言説を正しく伝えてくれるような門徒を慎重に選んだ上で『御文』を下付していき、門徒の側も誰が正統な語り手であるのかの保証として『御文』を下付してくれるよう蓮如に望んだと思われる。その限りで、一人の蓮如が幾人もの分身をえて、各地で教化することが可能となるのである。このように、言葉の解釈が一人歩きしてしまうのを排除しようとしたのは蓮如自身であるのだが、自分の解釈ぬきで蓮如の言葉を反復してくれる語り手を、音声言語圏の人々も要求していたといえる。

二　対話様式の『御文』

蓮如の『御文』で年紀の記されているものは、寛正二年（一四六一）三月から明応七年（一四九八）一二月までの三八年間に一八六通が現存している。『御文』を通覧して気づくことは、前半期のものに対話様式のものが多々みられることである(13)。対話様式は、音声言語が書記言語に翻訳される時、最初に採用される言説の様式である(14)。『御文』は、かならずしも蓮如が語った言葉そのものを、あるいは、蓮如が現実に体験したことをそのまま書記言語化したものではないにしても、音声言語の世界に住む人々に、ある教説を伝え記憶させようとすれば、対話様式がもっともふさわしい言説の様式であることは間違いない。

というのは、中世社会においては、文字化することにより聖性が毀損されてしまうと認識され、師資相承される口伝・秘説(15)や、逆に、文字という神聖な記号によって記録されることが憚られるような巷談・雑説類は、本来、書記言語としては存在すべきではないという伝統が形成されていた。にもかかわらず、それらの神聖な言説と卑俗な言説の両者が書記言語化され今日まで伝存しているのは、もちろん備忘のためということもあるが、文字化しそれを所有することにより、全世界を所有し支配することが可能だと考えられていたからである。発話されるときにのみ存在し、直ちに消滅してしまう無形の音声言語を書記言語化し、書物という物質へと固定することにより、言葉は所有と操作の対象となる。なによりも、テクストを所有すれば、それを繙くたびに叙述されている出来事を、いつでも好きなときに再現することが可能になる。

今日では、テクストを読むということは、過去の出来事が読み手のイメージのなかに再生するだけのことにすぎない。だが、近代以前の社会にあっては、テクストを繙くたびに言葉は現実世界にも影響力を及ぼすと考えられていた。つまりテクストに叙述された意味のある言説（ラング）が発話されれば、それに従って世界（環境）もまた変化するということになる。世界に存在するあらゆる事物は、他の事物と無関係に存在するのではなくて、相互に依存し影響しあうエコロジカルな関係にあるのである。言葉は単なる記号ではなくて、事物のエコロジカルな関係が、現実世界に現れてくるときの表象なのである(16)。近代以前の社会にあっては、テクストは黙読されるのではなくて、〈声〉に出して読まれるのが通例であった。〈声〉と世界とは響鳴関係にあったのである(17)。

もっとも重要な言葉は、口伝（〈声〉）によって伝承されていくのだが、たとえそれが書記言語化されたとしても、読み方だけは師弟間で〈声〉の〈贈与〉によって伝承していくという社会システムが消滅しない限り、書記言語圏の知識人も音声言語の〈語る／聞く〉という形式を決して放棄しない。〈声〉が世界と人間とを結びつける限り、「対話様式」という叙述法は、特殊な言語上の地位を確保することとなる。現実に対話が存在したのか否かにかかわらず、「対話様式」を仮構、つまり戯曲化することによって書記言語化されたテクストは、発話される以前の神聖な〈声〉の休息地の地位を与えられ、権威化することが可能なのである。

対話様式の『御文』のもっとも早い例の一つは、文明三年（一四七一）七月の第九章（蓮崇本）である。最初に、「或人イハク、当流ノココロハ、門徒ヲバカナラズ（必ず）我弟子トココロヘ（心得）オクベク候ヤラン、如来聖人ノ御弟子トマフス（申す）ベク候フヤラン、ソノ分別ヲ存知セズ候フ」とあり、門徒は阿弥陀仏や親鸞の弟子か、それとも坊主衆の弟子かというテーマが設定される。それに対して、「答テイハク、此不審尤モ肝要トコソ存ジ候へ、カタノゴトク耳ニトドメオキ（留め置き）候分、マフシノブ（申し述ぶ）ベクキコシメサレ候ヘ」とあり、上記の問いに対する解答が続く。次に、「故聖人ノ仰ニハ」として、覚如『口伝鈔』等から親鸞の言葉が引用され、それに蓮如の解説が加えられる。最後に、「古歌ニイハク」として和歌が引かれ、その解釈に引きつけて真宗教義の要点が解説される。第九章とほぼ同文の第七章（高田本）の末尾もまた、「カタノゴトクミミ（耳）ニトドメヲキ候オモムキ、申ノブベク候」と結ばれ、このような言説が、音声言語によって伝承されてきた言葉の復唱であると記される。

第一〇章（本泉寺自筆本）では、より物語的な対話が展開される。最初に、「文明第三初秋仲旬之比《ころ》、加州或山中辺ニオイテ人アマタ会合シテ申様、近比、仏法讃嘆、事外ワロ（悪）キ由ヲマフシアヘリ、ソノナカニ俗ノ一人アリケルガ申ス様、去比、南北ノ念仏ノ大坊主モチタル人ニ対シテ法文問答シタルヨシマフシテ、カクコソカタリ侍ベリケリ」とある。

中世に盛んに作成された「巡り物語」[18]のような書き出しで始まるこのような出来事が、蓮如が目撃した事実なのか、伝聞なのか、他のテクストからの書承なのか、それとも虚構された物語であるのかを問うことは、たいして意味のあることではない。聞き手が音声言語圏の人々である場合、どちらであっても両者が区別されることはないからだ。むしろ、中世社会の〈語り〉やそれがテクスト化された〈物語〉にあっては、仏神と現実世界とがいかに密接に結び合わされているかを、聞き手や読み手にいかにリアルに感覚させられるかどうかが問題なのである(19)。

以下、篤信の俗人と一人の大坊主との対話が展開されるが、俗人は、「東山殿」＝本願寺で教化を受けた人物、大坊主は、「当流上人(＝親鸞)ノ御勧化ノ次第ハ、……巨細ハヨクモ存知セズ候」、ただ「先師ナドノ申オキ候趣」のみを墨守しているような人物として設定されている。まるで、『維摩経』のような場面設定であるが、問答の後半で俗人は、「先御流御勧化ノ趣ハ、信心ヲモテ本トセラレ候、……」という、真宗の要義を略述した文言によって大坊主を教化(つまり言葉の〈贈与〉)し、それに感激した大坊主は、俗人に自分に所属する門徒を寄進するという結末でこの『御文』は結ばれる。

蓮如が、中世の知識継承のコンテクストに従って、『御文』に「対話様式」を採用したことにより、『御文』を下付したり読み上げたりする行為は、相手にあたかも口伝・秘説の伝授であるかのように感覚されるから、蓮如の言説に一定の権威を与えてくれるに違いない。だが、蓮如が単に中世的な口伝の権威に依存していたと考えるのは正しくない。というのは、『御文』の対話のなかでは、語り手と聞き手の地位が逆転しているからである。上記の在地の有力僧侶と俗人との対話では、本来、俗人を教化すべき僧侶が、教義についてはまったく無知であることを暴露してしまい、京都在住の間に本願寺で教化を受けた人物として設定される俗人から逆に教化を受けることとなる(20)。

同じ「対話様式」によって書かれた第二〇章は、「アルヒト」と僧侶との対話である。僧侶は「物トリ信心バカリヲ存知セラレタルヒト」、つまり往生は寄進の多寡によって決定されると理解している僧侶と設定されている。このように、「対話様式」によって批判の対象となっているのは、主として「物トリ信心」に汚染された在地の有力坊主たちである。第二四章では、「京都ノ御一族」が逆に教化されるという設定になっており、ここでも「対話様式」による辛辣な批判が、本願寺一族にも例外なしに向けられていく。教化者が教化されるという地位の逆転の言説は、在地の秩序や僧侶間の身分関係を相対化し、ひいては、解体してしまう言説（パロール）となる。これらの『御文』は、「対話様式」という本来教学上もっとも重要な秘説や口伝の伝承に用いられる言語様式（ラング）で語ることにより、口伝という知識体系が、もはや無価値なものでしかないことを逆に暴露してしまうという構成をとっている。旧来の秩序はパロディ化され、それに代って正統な真宗教義、つまり蓮如の言葉を叙述した『御文』、あるいは、蓮如に教化を受けた教養の正しい伝承者の言葉のみが、新たなラングとして生き残ることが許されることになる(21)。

注意したいのは、上記の「先御流御勧化ノ趣ハ、信心ヲモテ本トセラレ候、……」という、『御文』の中に必ずといっていい程頻繁に登場している文言（後世定型化して、「聖人一流章」などと呼ばれるようになる）や、親鸞の命日に読まれていた『六時礼讃』の中の文、「自身教人信乃至大悲伝普化」のような、意味というよりも聞き慣れた〈声〉として記憶されている文言が、随所に挿入されていることである。音声言語圏のコミュニケーションにおいては、「対話様式」のような一定の語りの形式、聞き慣れた〈声〉としての言葉、リズム感のある話法、これらを用いることによって、聞き手のコミュニケーションの回路が開かれ、語られた言葉が記憶されるのである。これは決して、聞き手の教義に対する無理解を意味するのではない。記憶された言葉が、文字に記録されない場合、言葉を他者にそのまま伝達するためには、上記のような記憶されることを優先するような話法が必要なのである。記憶された言葉の伝達が、コミュニケーションのネットワーク―言葉の〈贈与〉関係―を形成し、それが共通の言葉を記憶した社会集団を形成する。そのような集団の中では、記憶された同一の言葉が語られ、その言葉が指示している共通の行動がなされることによって集団のアイデンティティが維持されているのだから、言葉の意味の理解よりも、まず共通の言葉を記憶することが優先されるのである。

三　『御文』と「ヲキテ」

ところが、このような音声言語圏の文法が、蓮如の批判の対象となる。文明六年二月の『御文』には、次のように記される。

イツモ信心ノヒトトヲリヲバ、ワレココロエガホ（心得顔）ノ由ニテ、ナニゴトヲ聴聞スルニモ、ソノコトトバカリオモヒ耳ヘモシカジカトモイラズ、タダヒトマネ（人真似）バカリノ体タラクナリトミエタリ（六〇）

音声言語圏の人々にとっては、「ヒトマネ」こそが重要なコミュニケーションの手段なのである。一定の形式の振る舞いやしぐさ、つまり身体言語が相互に模倣され反復されることによって社会集団の結合が維持され、集団内の共通の価値観と慣習が相互に再確認される(22)。文明五年十二月の『御文』四六章に、親鸞の言葉の引用として記される、「モシハ後世者、モシハ善人、モシハ仏法者トミユルヤウニフルマフベカラズ」という言葉は、真の信仰者とその振る舞いを単に模倣したにすぎない者との区分が判然としない—というよりも、目に見える現実とは別に「実態」というものが存在しない—音声言語圏の文法をよく示している。

富山県・行徳寺に蓮如自筆本が残されている四六章の末尾には、抹消されているとはいえ、「此御コトバ（言葉）ハ、当流信心ヲヨクヱタル行者ハ、身ニモソノフルマイ（振る舞い）ヲミエベカラズ。イハンヤコトバ（言葉）ニモイフベカラズトイヘルココロナリトシルベシ」と記されている。だがこれは目に見える現実以外の現実をもたない、音声言語圏で生活する人々には不可能なことに違いない。これでは知的に教義を理解し、誰にも気づかれることなく、自己の内面に密かに知識として教義を保存できる書記言語圏の人だけが救済の対象となってしまう。音声言語圏の人々にとっての勧化とは、説法の聴聞、念仏を称えるといったような、目に見える行為を他者に模倣させ反復させることである。教化する蓮如と聞き手との関係は、その聞き手が語り手となって他者へ、その他者からさらに別の他者へというように、次々と音声言語によって伝達されていくが、その間に最初の〈蓮如―聞き手〉という関係は物語化ないし神話化され、模倣すべき原型の地位をえることになる。つまり、語る坊主と聞く信者との関係は、最初の〈蓮如―聞き手〉との関係に還元されて理解されることになる。

先にも見た「対話様式」の『御文』である文明五年二月の二〇章には、信心について問われた坊主が答えたのは、「モロモロノ雑行ヲステテ、一向一心ニ弥陀ニ帰スルガ、スナハチ信心トコソ存ジオキサフラヘ」という、通り一遍の返答であった。さらに聞き質すと、「イマノ時分ミナ人々ノオナジクチ（同じ口）ニマフ（申）サレサフラフホドニ、サテマフシテサフラフ、ソノイハレヲバ存知セズサフラフ」と答えたとあるのも、上記のような言説環境の中に、坊主も信者も生活していたことを伺わせるものである。このような対話様式で『御文』が叙述されると、その内容ではなく、対話という様式だけが模倣される場合がでてくる。たとえば、文明六年二月の六一章には、「他宗他人ニ対シ沙汰スベカラズ、又路次大道我々ノ在所ナンドニテモ、アラハニ人ヲハバカラズ、コレヲ讃嘆スベカラズ」とある。同様な文言は、他の『御文』にもしばしば見受けられるが、これは、対話によって相手を論破したという『御文』の叙述を、そのまま現実の社会で模倣し再現した結果起こった出来事である。「ヒトマネ」が、異なる社会集団との接触の場で要求されると、ときに、他者のアイデンティティを破壊し、他者が自分たちと同一の「ヒトマネ」を受容するまで戦わなければならなくなる。中世における戦さで、しばしば言葉による中傷合戦がおこなわれたように、言葉による闘争と武力による闘争との間には、われわれが信じている程の距離はない(23)。

音声言語の文化圏では、知識を再構成して作り上げられた、客観的に存在する時間や空間といった概念は成立しない。現在自分たちがいる〈いま〉という時間しか時制はないし、〈ここ〉という場以外の空間はない。過去／現在／未来という概念を知ってはいるが、それらの時間は相互に浸透しているから、それを厳密に区別することは意味をもたない。もちろん〈ここ〉（現世）という観念とともに、来世や他界といった観念も知られてはいるが、それらの空間も相互に浸透しあっているから、来世や他界が異質な空間として理解されることもない。また比喩として、架空の設定として語られたことと、現実に起こったこととの区別もない。

過去／現在／未来という時制は、さまざまな体験や知識を、一度〈自己〉というフィルターを通して線的時間軸上に配列するという作業を通して創り出された、書記言語圏特有の想像世界なのである。比喩や仮定というものも、現実と認められたものと想像力によって生み出されたものとを分離し――もちろん恣意的に――、後者を知識として一時的に保存しておくことができる場合にのみ可能なのである。想像することも現実の一部とみなす音声言語圏では――現象学は、それを意図的に模倣しようとしたが――、比喩や仮定などというものは存在しない。過去について、あるいは他界について想像できるということ自体が、それらが現実と深く結び合わされ、浸透しあっていることの証拠とみなされるのである。

体験した出来事を、一度〈自己〉の内面に持ち込んで自分なりに再構成し、それを客観的な出来事と認識することに慣れてしまっている現代の私たちは、そんな思考のプロセスが、恣意的な想像物であることをすっかり忘れてしまっているし、別の考え方をする人々が存在するということを想像することすら困難になってしまっている。初期の博物学者や人類学者がそうであったように、もしそのような人々の存在に気づいたとしても、〈無知〉とか〈野蛮〉とかで片付けてしまう。しかし歴史上はもとより現代でも、世界中の多様な社会を見渡してみれば、そのような世界に住んでいる人々の方が圧倒的に大多数である(24)。

もちろん、当時の坊主衆の中には書記言語を理解した者も当然いたわけだが、文明五年十二月の四八章には端書に、「是ハ聖教ヨミノワロ（悪）キヲ、ナヲ（直）サムカ為也」とあり、彼らに対する批判の言辞が記されている。本文には、「近比ハ当国加州ノ両国ノアヒダニオイテ、仏法ニツイテ或ハ聖教ヲヨミテ人ヲ勧化スルニ、五人アレバ五人ナガラ、ソノコトバ（言葉）アヒカハレリト云々、是レ併テ法流相承ナキイハレナリ、或ハ聖道ノハテ、或ハ禅僧ノハテナンドガ、我本宗ノ字チカラヲモテナマジイニ自骨（＝自己流）ニ了簡ヲクハヘテ、人ヲヘツラヒタラセルイハレナリ、コレ言語道断アサマシキ次第ナリ、向後ニオイテカノコトバ（言葉）ヲ信用スベカラザルモノナリ」とある。蓮如が典拠を上げて教化を行うと、坊主衆の中には、自らが所有する知識のパラダイムの範囲内だけで解釈しようとする者たちが次々と出現し、収拾がつかなくなる事態が生じたというのである。書記言語圏の人々は、書かれた文字であっても、聞いた言葉であっても、〈自己〉の所有する解釈の枠組み、つまり自分が所属している社会集団のコンテクストに従って論理を再構成するから、真宗以外の集団に属していた僧侶が、その解釈の枠組みを維持したまま新たに真宗集団に加われば、非真宗的な多様な解釈が生じることになる。同文の自筆本が四通残っていることからすれば、当時、このような事態が頻繁に起こっていたことをうかがわせる(25)。

『御文』が、音声言語の文化のなかで模倣・反復されていけば、次々と既存の社会的秩序や身分制を浸食していく。かといって、書記言語の文化だけを許容してしまうと、多様な解釈の氾濫を招いてしまう。模倣でもなく、かといって独断的な解釈も許されないとするならば、どのようなコミュニケーションの手法が可能なのであろうか。

それは、法的言語＝「掟」の制定である。音声言語の文化圏から書記言語の文化圏へと、つまり、模倣・反復から知識・内面化への移行を抵抗なく行い、その間の断絶を最小限に食い止めるためには、模倣・反復すべき行為を書記言語化し、そこに記された行為だけを模倣・反復するようにすればよい。それには法的言語がもっともふさわしい。なんの疑いもなく日常的に繰り返している慣習的言行の替わりに、「掟」に書かれている行為を自らの意志で選択し守っているのだという、倫理的意識を生じさせることが必要なのである。それが、阿弥陀仏を選択し自らの意志で信順するという、真宗信仰を支える意識を生み出すことになるとともに、新たに誕生してくる真宗集団が共有するアイデンティティとなる。いったん社会のなかで「掟」が定着すれば、誕生の瞬間から社会生活を送るなかで「掟」に従うことを教え込まれ内面化されて、意識しようとしまいと「掟」から逸脱しないように訓練される(26)。このようにして、社会の全構成員が、真宗信仰を内面化した集団として再生産されることになる。まずは、「掟」に書かれている通りに模倣・反復すること、「対話様式」の『御文』に続く後半期の『御文』には、「掟」を書き込んだ『御文』が急激に増加してくる。

『御文』に記された「掟」の典型的な例として、文明七年七月の九一章に載せる「六ヶ条ノ篇目」を抜粋しておこう。

一　神社ヲカロシムルコトアルベカラズ。
一　諸仏菩薩ナラビニ諸堂ヲカロシムベカラズ。
一　諸宗諸法ヲ誹謗スベカラズ。
一　守護地頭ヲ疎略ニスベカラズ。
一　国ノ仏法ノ次第非義タルアヒダ正義ニオモムクベキコト。
一　当流ニタツ(立)ルトコロノ他力信心ヲバ内心ニフカク決定スベシ。

中世の地域社会は、書記言語化されていない独自の慣習法を、それぞれの地域社会が保有していた(27)。慣習法は、模倣・反復すべき儀礼的行為を規定し、それが神々・地域社会の開創者・先祖たちによって制定されたという伝承をもつという意味で極めて神話に近い。蓮如は、在地の社会的秩序や身分制、それらを規定している慣習法を、すぐに改変しようとはしない。むしろ在地の社会秩序や身分制の遵守を、上記の『御文』にも見られるように、「掟」のなかに執拗に繰り返している。もちろん、真宗信仰の基本である信心獲得の重要性を強調しているのはいうまでもないが。それゆえ蓮如は、旧来の秩序に対して妥協的だったと評価する研究者も多い(28)。しかし蓮如は、真宗教義の普及によって慣習法を根底で支えている宗教的秩序が変わってしまえば、いずれ在地の社会的秩序や身分制は自然崩壊すると考えているのである。蓮如は、旧来の秩序と真宗の信仰世界との共存を可能にし、しかも、前者から後者へと緩やかに移行させるために、「掟」を記した『御文』を発給するという方法を採ったのである。

文明五年九月の『御文』二八章には、「ソレ当流ノヲキテ(掟)ヲマボルトイフハ、我流ニツタ(伝)フルトコロノ義ヲシカト内心ニタクハヘテ、外相ニソノイロヲアラハサヌヲ、ヨク物ニココロエタル人トハイフナリ」とある。そこに登場している「ヲキテ」という言葉が「掟」の最初の例である。これは、「当世ハ我宗ノ事ヲ他門他宗ニムカヒテソノ斟酌《しんしやく》モナク聊尓《りようじ》ニ沙汰スルニヨリテ、当流ヲ人ノアサマニオモフナリ」といった、他宗の人たちに論争を挑むような事態の出現に対して、蓮如が出した警告の言葉である。「掟」は、たとえば文明七年七月の九二章で、「開山聖人ノサダメオカレシ御掟」と記されるように、その制定者は親鸞とされている。本願寺系以外の真宗集団においては、すでに鎌倉後期より親鸞が制定したとされた「制禁」が流布しており、存覚も彼の著作に引用している。蓮如は、それらの一部を手直しして、本願寺系の「掟」にしたと考えられる(29)。

だが、蓮如の「掟」は、単に集団の意識と言動を規制するだけの言説ではない。文章表現上での対話という様式が、そのまま社会で模倣される時論争が生じる。『御文』では、そのような論争が禁止されているようにみえながら、実のところ禁止されているのは、模倣という音声言語圏の文化の様式なのである。「掟」という言説様式で命じられているのは、「内心ニタクハヘテ」という信仰の内面化、つまり書記言語の文化への転換なのである。蓮如は、「掟」で規制することによって、音声言語の文化圏の人々を、書記言語の文化圏へと誘導しようとしているのである。二八章に、「物忌トイフ事ハ、我流ニハ仏法ニツイテモノイマ(忌)ハヌ、トイヘル事ナリ」とあるように、弥陀一仏への帰依を主張する真宗では、教学的には、それ以外の宗教的習俗は厳しく排除されている(30)。だが、「物忌」といった習俗は、音声言語圏で慣習化し反復されている場合、音声言語の文化そのものを解体するか、少なくとも相対化しないことには模倣され続けてしまう。

その一方で同章には、「他宗ニモ公方ニモ対シテハ、ナドカモノヲイマ(忌)ザラムヤ、他宗他門ニムカヒテハモトヨリイム(忌)ベキ事勿論ナリ、又ヨソノ人ノ物ヲイム(忌)トイヒテソシルベカラズ」とあり、他宗や公方が物忌することに対しては、批判が禁じられている。一方で禁止し、他方で容認するというのは、一見矛盾しているようにみえる。だが後者の文言の後には、『涅槃経』や『般舟三昧経』の文が引かれているように、書記言語圏の人々に対しては、論理的な批判や説得によって対抗するのが正統な方法である。同じ物忌という習俗であっても書記言語圏のそれは、客観化され体系化された〈知識〉の一部に組み込まれており、さまざまな典籍・歴史書・儀式書などの書記言語群によって権威化されている。音声言語圏の文法を、つまり、書記言語による根拠をもたない模倣を強要しても、書記言語圏の人々には、けっして受け入れられることはない。それゆえ、音声言語圏に住む真宗集団の人たちが、異なる宗教習俗を維持している文化(音声言語圏の文化か書記言語圏の文化かにかかわりなく)を、自分たちが理解する真宗の文化と一致させようとするとき、彼らの眼前から非真宗的な要素を取り去ってしまうこと、真宗以外の寺社や仏像を破壊するという行為によって、強制的に文化の同一化が強行されることになる(31)。

ところで、音声言語圏では、聞き手が次には語り手となり、聞いた言葉が次には話し言葉となるように、すべては模倣と反復という関係になるから、原因と結果は常に等価であり交換可能である。しかし、書記言語の文化圏では、言葉をある種のモノとみなし、それがどこで生産され、どのような経路で流通し、誰が消費するのかという、社会的交換関係として理解しようとされる。むしろ蓮如が恐れたのは、書記言語のもつあらゆる事物を対象化し、交換関係に還元してしまうという思考形式が音声言語圏の人々の中に持ち込まれると、阿弥陀仏の本願と真宗信者の信心との関係が、経済的な利害関心や交換関係と同一視されてしまうという危険性であったと考えられる。音声言語圏の人々が、無防備のまま書記言語圏の人々と接触したときに受ける精神的なダメージを蓮如は危惧しているのだ。音声言語圏の人々を、書記言語圏に軟着陸させねばならない。模倣と反復を慣習化している人々の心性は、教説をそのまま素直に受け取るためには必要だが、それを維持したまま、利害関心や知識に振り回されることなく、知性を働かせることのできる人間—そんな人間が実在しうるのかといった問題は、ここでは問わないでおこう—、これこそが真宗信者にふさわしい人間なのだ。誤解しないでほしいのは、「民衆」的な人々が、純粋な心性の持ち主だといっているのではない。模倣と反復という慣習行動のなかには、阿弥陀仏への信順と等質の心性が含まれているから、それを自己の意識として維持すべきだということなのだ。

阿弥陀仏に対する一方的な信順を説く真宗の教義にとって、阿弥陀仏の救済を得るために、誰にどれだけ投資すればいいのかといった発想が生まれてしまうことほど危険なことはない。現実にそのような発想が、坊主衆の側にも信者の側にも生まれていたことは、『御文』の中でたびたび警告されている「物トリ信心」と呼ばれるものが、広範に増殖していたことからもうかがわれる(32)。知的理解は必要である、しかし、それは利害を計算することではない。だから蓮如の言説は、理解されても解釈が挿まれるようなものであってはならなかった。それゆえ命令=「掟」が唯一可能な言説の様式だった。

人々は書記言語の文化圏へと徐々に移行していくうちに、〈自己〉というものの存在に気づき始める。宗教が、神秘的な体験（書記言語はその場合、記録や説教のための覚書にすぎないものとなる）の重視から、書記言語化された規則（コード）の遵守という様式に移行していくなかで、仏神に少しでも近づくために規則を知り、率先してそれに従おうとする人々の意志が、〈自己〉という概念を生み出し、宗教の内面化を促進していく。書記言語により固定化された規則とその実例集は、書記言語を修得し始めた一般の人々によっても読まれる対象となり、人々の慣習的行動も無意識のレベルまで自己規制されていくことになる。ラングのパロールに対する絶対的優位は、このようなプロセスを経て確立されていく。神秘主義に彩られた権門寺社の縁起や霊験譚といった神話的言説が、惣村や戦国大名の「掟」の前に急速に精彩を失っていく契機として、「民衆」レベルの読み書き能力の獲得という言語文化上の変化に、もっと注意がむけられてもいいはずである。

〈自己〉を発見し始めた人々は、同時に〈他者〉をも発見するのであるが、その場合の〈他者〉とは誰なのであろうか。恐らく、同じ社会階層に属する自分と大差ない人たちを〈他者〉とは認識しないであろう。〈自己〉からもっとも遠い存在、それは阿弥陀仏であろうが、それは絶対的な存在だから〈他者〉とは認識されない。また、阿弥陀仏と蓮如が同一視されれば、彼もまた〈他者〉ではない。彼らが発見した〈他者〉が誰であったのかは、やはり『御文』の「掟」のなかにヒントがある。彼らが発見した〈他者〉は、彼らの周辺でもっとも彼らの自己認識に刺激を与え続けている存在、「諸神」「諸仏菩薩」であり、彼らの生活圏の近くにいる「他宗」の人々であり、「守護地頭」であった。〈自己〉のアイデンティティを確固たるものにするには、それらを〈自己〉の支配下に組み伏せるか排除しなければならない、そう彼らは考え始める。もちろん彼ら自身は、そんな力を持ち合せてはいないから、阿弥陀仏や蓮如の力を借りて。

通常、音声言語の文化圏の人々は、彼らの音声言語や身体言語によってコミュニケーションが可能な範囲、そして感性が自然（環境）の変化を感覚できる範囲で生活するから、自分から積極的に外界に語り掛けることはない。仏神や精霊や死者の世界、他界や冥界は、彼らの生活圏と背中合せに重複して存在しているから、それらとの交流も生活圏の内部で可能なのである。彼らが外界に語り掛けるという事態は、書記言語の論理が彼らの中に持ち込まれることによって起こる。社会の中に自分たちとは異質な〈他者〉が現われ、日常的に自分たちが反復している言説とはまったく異質な言説が語られる時、〈他者〉の異質性を感覚することはあっても、それによって〈自己〉が見い出されるわけではない(33)。通常〈他者〉は、自分たちの生活圏を一時的に通過するだけだから、〈他者〉の個別性は剝ぎ取られて、音声言語圏でよくみられる〝外部からの来訪者(マレビト)の物語〟の一登場人物に置き換えられて処理され、社会に大きな影響を及ぼすことはない(34)。だが、外部からの来訪者の言葉に、〈自己〉を呼び覚ますようなメッセージが組み込まれている場合、外部の〈他者〉の存在に気づくとともに、〈自己〉が呼び覚まされる。その〈自己〉に存在理由が吹き込まれ、思考することが求められる時、〈自己〉という存在が顕在化しはじめる。〈自己〉は発生の当初、まず外部に対して眼を開く。だが〈自己〉には、内面というものがあるということには、まだ気づいていない。〈自己〉は最初、伝統的な社会構造のなかから、自立した存在として〈自己〉を分離するのではなく、一気に拡大した外部の世界のもっとも目立つ存在に目を注ぐ。そこに「他宗」「諸神」「諸仏菩薩」「守護地頭」があったということだ。それらと〈自己〉との差異を観察することによって、人々は〈自己〉が何であるかを知ろうと試みる。

音声言語圏の人々が、〈他者〉の存在に気づかされた時、まず最初に行うのは、外界に語り掛けることである。それは決して〈自己〉との異質性を見極めるためではない。〈自己〉と〈他者〉とが同質であることを期待して、この対話は始められる。だが、この期待は裏切られるものだ。そのとき人々は、〈自己〉と〈他者〉とが異質であることを許容できない、というよりも、長い間慣れ親しんできた音声言語圏の慣習からすれば、そんなことがありえるとは想像すらできないから、外界を自分たちの世界と同質化しようと試みる。先に見た六一章の叙述、

「路次大道我々ノ在所ナンドニテモ、アラハニ（露に）人ヲハバカラ（憚ら）ズ、コレ（＝真宗の教義）ヲ讃嘆スベカラズ」とあるのは、このような世界の同質化の試みでもあるのだ。同章には続けて、「守護地頭ニムキテモ、我ハ信心ヲエタリトイヒテ疎略ノ儀ナク、イヨイヨ公事ヲマタク（全く）スベシ、又諸神諸菩薩ヲモオロソカニスベカラズ、……コトニ外ニハ王法ヲオモテトシ、内心ニハ他力ノ信心ヲフカクタクハヘテ、世間ノ仁義ヲ本トスベシ、コレスナハチ当流ニサダムルトコロノヲキテ（掟）ノオモムキナリ、トココロウベキモノナリ」とある。「守護地頭」や「諸神諸菩薩」を軽視しようとするのは、それらを〈自己〉と対等で同質の地位に引きずり降ろそうとするからか、信心をえた〈自己〉が、「守護地頭」や「諸神諸菩薩」の社会的地位と対等な地位に上昇したとみなすからである。それも世界の同質化の試みである。このような試みが武力を用いてなされる時、場合によっては、それが一揆という形態を取ることもある。

　これに対して蓮如は、〈他者〉を〈自己〉に同一化するのではなく、〈他者〉と〈自己〉との完全な分離を要求する。それは、自己意識の次の段階に属する。〈自己〉を〈他者〉の眼で振り返って見る時、もう一人の〈自己〉、内面という〈自己〉を発見することになる。そこには、〈自己〉とそれを見つめている〈他者〉としての〈自己〉、二人の〈自己〉が存在し、また人間は、精神と身体の二つの要素によって構成されると認識されるようになる。これは、文字を読み書きできるか否かにかかわらず、書記言語的な世界に住むことを意味する。この分離した二つの〈自己〉を、内面という場で対立させ、最終的には浄土という場でしか両者は統合できないということを理解させようというのが蓮如の立場なのだが、そのためには、まず二つの〈自己〉の発見と分離が必要なのだ。

　しかし、〈自己〉を意識しはじめた音声言語圏の人々は、発見された〈他者〉に対して、自分たちと同じことを考え、同じように行動することを要求することによって、〈自己〉と〈他者〉の統合を手っ取り早く達成しようとする。音声言語圏の文化、模倣と反復を外部の世界にも要求し、ときには力ずくでも従わせようとする。新しい世界を創造するのではなく、住み慣れた音声言語圏の世界の中に、外部の〈他者〉を引き連れて戻ろうとする。彼らは、新しい世界を創造しそこに住む、そんな危険なことには慣れていないのだ。

それができるのは、書記言語の文化に浸り切った人たちである。書記言語の文化圏では、自分が創造した世界を〈知識〉として、あるいは、文字で書き表わされ対象化された記号として、あらゆる事物を自由に操作し所有することができるから、もしくは、所有しているような気になってしまうから、どこにいても〈自己〉がいつも世界の中心にいるような錯覚の中で生きていける。だが音声言語圏の人々は、ある現象に対して同じように反応し、同じ物語が語られ、同じ行為をみんなが反復しているような場でしか生きていけない。彼らにとっては、「諸神諸菩薩」の物語が、「他力信心」の物語によって取って代わられても一向にかまわない。「守護地頭」に対する従順が、短期間の内に阿弥陀仏や蓮如に対する帰依に代わるというようなことも、決して珍しいことではない。だが、〈自己〉を世界の中心にすることは、今日の社会ではごく当たり前のことなのだが、それでも、誕生直後から長い時間をかけて社会の中で訓練された結果身につけたものである。〈自己〉を世界の中心に置くというのは、個々の人間の認識が変化するということだけでは実現できない。社会の構造全体が変わることによって可能となるのだし、それには長期間を要するのだ。

おわりに

〈自己〉を〈他者〉の視座から振り返って見ること、それは、もう一人の〈自己〉、内面という〈自己〉を発見することである。そのような事態が、普遍的に〈自己〉の内面に起こるとすれば、『歎異抄』とか『赤尾道宗廿一箇条覚書』(35)といった信仰告白風の記録が、もっとたくさん残されていることを期待してもいいはずである。だが、私たちの期待に沿うような記録が存在することは極めて稀である。『歎異抄』は、親鸞という一知識人の言葉が、たまたま唯円という知識人と出会うことによって記録され、偶然にも蓮如によって再発見され書写された結果、残存しえた希有な例である。『赤尾道宗廿一箇条覚書』は、道宗という篤信の門徒が、後世の者たちに残した家訓ともいうべき自筆のテクストが、彼が辺境の地に建立した真宗寺院に、子孫によって保管され続けられることによって運よく残存したということにすぎない。それでは、〈自己〉の発見という事態を記録したものは、他にないのかといえば、そうともいえない。〈自己〉の発見を、一種の物語あるいは神話的言説として叙述したものは、いくつか残存している。その一例として、滋賀県大津市・本福寺に残されている『本福寺由来記』や『本福寺跡書』といったテクストを上げることができるが、それらの検討は次章で行うことにしよう。

以上の考察は、社会が成り立っている要因のすべてを、音声言語と書記言語の社会に対する影響力に求めようとするものではないが、これら二つの言語の様式が社会に及ぼす影響を考えることにより、新しい視野が開けてくることも事実である。少なくとも、社会の経済的側面や政治的側面にのみ向けられた眼を、文化全般まで広げることには役立つだろうし、史料の読み方の再考や、これまで用いられなかった素材の新たな解読法を開拓することは間違いない。

また、〈自己〉の発見が、戦国期だけになされたという気は毛頭ないのであって、〈自己〉は歴史の中で幾度となく発見されてきたのだし、社会階層や地域によっても〈自己〉の発見のされ方は異なる。ここでは、『御文』という書記言語が、〈自己〉の発見とどのように関わっているのかを分析してみたにすぎない。これと同じ方法が、古文書や記録類、説話、物語、寺社縁起などの分析にも適用できることを示唆したかったのである。

今日残されているテクストを、われわれの思考法や感性で、どう解釈できるのかを考える前に、各テクストが書かれた時代の人々の受け取り方（受容理論）、後世の人々がそれをどのように解読してきたのか（テクストの解読史）、あるいは、同じ史料が時代によって異なる用いられ方や解釈を生み出してきたこと（テクスト分析）を考えることは、宗教を歴史的に論ずる場合必須の視点である。宗教的なテクストを解読する場合、従来それらは、普遍的真理を叙述したテクストであるという前提のもとに、著者の意図を復元することに努力が払われてきた。だが、いかに卓越した教義を叙述したテクストと見えるものであっても、同時代の他の記録類や説話・物語といった他のテクスト群のコンテクストとの関係、「間テクスト性」について考えてみなくてはいけない。また、それらは長期にわたって、幾重にも重なり合った解釈が施され、社会階層や地域によって多様に解釈し直され受容されてきた。そのことに対する配慮が余りにも欠けていたことは否めない。

だがそのためには、まず今日われわれが当然と考えている価値観や視点をこそ、一旦白紙の状態に戻してみる必要がある。われわれの時代の視座に異議を申し立て、相対化してみないことには、この視座は獲得できない。それは常識を覆すような極めて困難な作業ではあるが、それによって、じつに広い視野が開かれてくるに違いない。もしかするとそれは、古い制度の呪縛から自らを解き放とうともがき続けた中世末期の人々が見た地平と同種のものかもしれない。そう考えると、まんざらこのような方法も無意味な作業ではないような気がしてくるし、新たな歴史のパノラマが展開されそうな密かな期待もないわけではない。少なくとも、そう考えざるをえないような論理を構築していくことこそ、今日もっとも必要とされていることなのだろう。

《註》

（1）近代的な〈個人〉〈自我〉などの誕生の歴史に関する研究は多いが、ここでは、スティーヴン・グリーンブラット『ルネサンスの自己成型―モアからシェイクスピアまで』（高田茂樹訳、みすず書房、一九九二年）、西谷修『不死のワンダーランド―戦争の世紀を越えて』（講談社学術文庫、一九九六年）などを参照。

（2）ただし、彼らの間で用いられる語彙数が少ないといっても、各地域集団間ごとに世界観・知識の体系・語彙の種類や変化・発音（方言）は異なるし、環境によって用いられる語彙や、聴覚や視覚などの感性の内、どれをより重視するのかといった差異があるので、彼らの知識や感覚が単純なものだと考えるのは正しくない。山田陽一編『講座　人間と環境』11　自然の音・文化の音（昭和堂、二〇〇〇年）参照。

（3）儀礼と言葉の関係については、青木保『儀礼の象徴性』（岩波書店、一九八四年）、古代文学会編『祭儀と言説―生成の〈現場〉へ』（森話社、一九九九年）参照。

（4）〈語る〉ということの特質については、兵藤裕己の『語り物序説―「平家」語りの発生と表現』（有精堂、一九八五年）をはじめとする一連の著作や、本多義憲・他編『説話の講座』2　口承・書承・媒体（勉誠社、一九九二年）、糸井通浩・他編『物語の方法―語りの意味論』（世界思想社、一九九二年）など、説話・物語・軍記物といった〈語り物〉関する研究が参考になる。『説話の講座』2の巻末に収められた文献目録を参照されたい。

（5）書記言語と音声言語の差異に関する論考は多いが、代表的なものに次のようなものがある。川田順造『無文字社会の歴史―西アフリカ・モシ族の事例を中心に』（岩波書店、一九七六年）、兵藤裕己『語り物序説―「平家」語りの発生と表現』（有精堂、一九八五年）、W・J・オング『声の文化と文字の文化』（桜井直文・他訳、藤原書店、一九九一年）、篠田浩一郎『形象と文明―書くことの歴史』（白水社、一九九二年）、藤井貞和『物語の方法』（桜楓社、一九九二年）、イヴァン・イリイチ『テクストのぶどう畑で』（岡部佳世訳、法政大学出版会、一九九五年）、D・クローリー他編『歴史のなかのコミュニケーション―メディア革命の社会文化史』（林進・他訳、新曜社、一九九五年）、廣末保・他〈座談会〉語りと書くこと」（『日本文学』第三九巻第六号所収、一九九〇年）

（6）『御文』の諸本については、稲葉昌丸編『蓮如上人遺文』（法蔵館、一九三七年）、堅田修編『真宗資料集成』第二巻

（同朋舎出版、一九七七年）解説参照。

（7）『御文』の性格に関する最近の研究としては、遠藤一「「御文」の資料化をめざして」（福間光超先生還暦記念会編『真宗史論叢』、永田文昌堂、一九九三年）、岡村喜史「蓮如自筆御文と御文流布の意義」・大喜直彦「蓮如の書状・御文・裏書を考える—中世後期の文書の世界」（共に浄土真宗教学研究所・本願寺史料研究所編『講座　蓮如』第二巻、平凡社、一九九七年所収）などがある。

（8）『御文』の引用と各章の番号は、堅田修編『真宗史料集成』第二巻所収の「諸文集」による。なお、読みやすくするため一部の表記を改め、読みにくい仮名表記の部分には括弧内に漢字を補った（以下の引用史料も同じ）。

（9）中世における記憶の役割については、山内潤三「日本文芸における記憶と伝誦」（『中世文学』第三四号、一九八九年）参照。記憶一般に関する論考としては、フランセス・A・イエイツ『記憶術』（玉泉八洲男監訳、水声社、一九九三年）、メアリー・カラザース『記憶術と書物—中世ヨーロッパの情報文化』（別宮貞徳監訳、工作舎、一九九七年）参照。

（10）「模倣」については、坂部恵『ふるまいの詩学』（岩波書店、一九九七年）、辻本雅史『「学び」の復権—模倣と習熟』（角川書店、一九九九年）が参考になろう。

（11）このような習慣化の問題については、ピエール・ブルデュー『実践感覚』1（今村仁司・他訳、みすず書房、一九八八年）、同『構造と実践』（石崎晴己訳、藤原書店、一九九一年）参照。あるいは、イバン・イリイチ『生きる思想—反=教育／技術／生命』（桜井直文訳、藤原書店、一九九一年）、菊池久一『〈識字〉の構造—思考を抑圧する文字文化』（勁草書房、一九九五年）も参考になろう。

（12）『真宗史料集成』第二巻所収。

（13）「対話様式」については、阿部泰郎「対話様式作品論序説—『聞持記』をめぐりて」（『日本文学』第三七巻第六号所収、一九八八年）参照。神田千里は、『一向一揆と真宗信仰』（吉川弘文館、一九九一年）第三章で、「対話様式」の『御文』について、当時優勢であった専修寺門徒や仏光寺門徒などの他派に対する蓮如の批判、つまり、歴史的な現実に対応した『御文』という視点から論じている。そのような視点からすれば、これらの『御文』は、蓮如と同時代の専修寺真慧『顕正流儀鈔』のような、「対話様式」で書かれた真宗他派の著述をパロディ化するために意識的に同じ様式を模倣し、その価値を相対化しようとした言説であったということになろう。しかし私は、「対話様式」の『御文』を、テクスト分析という方法で解読しようとしているのであって、それが歴史上の現実の反映か否かを問題とするつもりはない。

(14) W・J・オング『声の文化と文字の文化』参照。

(15) 中世の「口伝」については、竹内理三「口伝と教命—公卿学系譜(秘事口伝成立以前)」(同編『律令制と貴族政権』第II部、一九五八年)、小峯和明「院政期文学史の構想」(『国文学　解釈と鑑賞』第五三巻第三号、一九八八年)、熊倉功夫「秘伝の思想」(守屋毅編『大系　日本人と仏教』7、春秋社、一九八八年)、黒田俊雄「顕密仏教における歴史意識—中世比叡山の記家について」(同『日本中世の社会と宗教』、岩波書店、一九九〇年)、菊池仁「口伝・秘伝・聞き書き—注釈というメディア」(三谷邦明・小峯和明編『中世の知と学問—〈注釈〉を読む』、森話社、一九九七年)参照。

(16) クリストファー・マニス「自然と沈黙—思想史のなかのエコクリティシズム」(ハロルド・フロム他『緑の文学批評』、伊藤詔子・他訳、松柏社、一九九八年)参照。

(17) 世界と〈声〉との響鳴関係については、工藤進『声—記号にとり残されたもの』(白水社、一九九八年)、山田陽一「自然と文化をつなぐ声、そして身体—音響身体論にむけて」(山田陽一編『講座　人間と環境』11)参照。

(18) 「巡り物語」については、川端善明「巡物語・通夜物語—場と枠、或いは形の意味について」(本田義憲・他編『説話の講座』2　説話の言説—口承・書承・媒体、勉誠社、一九九一年)参照。

(19) アーロン・グレーヴィッチが、西欧中世の説教で語られた例話を扱った『同時代人の見た中世ヨーロッパ—十三世紀の例話』(中沢敦夫訳、平凡社、一九九五年)は、『御文』を考える上で有益である。

(20) 社会的地位の逆転の文化的意味については、バーバラ・バブコック編『さかさまの世界—芸術と社会における象徴的逆転』(岩崎宗治・他訳、岩波書店、一九八四年)参照。

(21) ラング/パロールについては、ミシェル・フーコー『言葉と物—人文科学の考古学』(渡辺一民・他訳、新潮社、一九七四年)、石井洋二郎『差異と欲望—ブルデュー『ディスタンクシオン』を読む』(藤原書店、一九九三年)第3章

「ハビトゥスの構造と機能」参照。

(22)「振る舞い」や「しぐさ」(身体言語)については、ノベルト・エリアス『文明化の過程』上・下(赤井慧爾・他訳、法政大学出版局、一九七七・七八年)、黒田日出男『姿としぐさの中世史―絵図と絵巻の風景から』(平凡社、一九八六年)、池上俊一『歴史としての身体―ヨーロッパ中世の深層を読む』(柏書房、一九九二年)、ジャン=クロード・シュミット『中世の身ぶり』(村松剛訳、みすず書房、一九九六年)参照。言葉と身体との関係については、デイヴィッド・エイブラム「言語の果肉―感覚的なるものの魔術」(ハロルド・フロム他編『緑の文学批評』)参照。

(23)言葉による戦いについては、大室幹雄『新編　滑稽―古代中国の異人たち』(せりか書房、一九八六年)、藤木久志『戦国の作法』(平凡社、一九八七年)、ヘルマン・オームス『徳川イデオロギー』(頼住光子・他訳、ぺりかん社、一九九〇年)第四章参照。

(24)異なる時代や場所に対する他者認識については、エドワード・サイード『オリエンタリズム』(今沢紀子訳、平凡社、一九八六年)、P・A・コーエン『知の帝国主義―オリエンタリズムと中国像』(佐藤慎一訳、平凡社、一九八八年)、スティーヴン・グリーンブラット『驚異と占有―新世界の驚き』(荒木正純訳、みすず書房、一九九四年)、樺山紘一『異境の発見』(東京大学出版会、一九九五年)参照。

(25)〈読む〉という行為の文化的意味については、ロジェ・シャルチエ編『書物から読書へ』(水林章・他訳、みすず書房、一九九二年)、ロジェ・シャルチエ『読書と読者―アンシャン・レジーム期フランスにおける』(長谷川輝夫・他訳、みすず書房、一九九四年)、ロジェ・シャルティエ、グリエルモ・カヴァッロ編『読むことの歴史―ヨーロッパ読書史』(田村毅・他訳、大修館書店、二〇〇〇年)参照。

(26)このような問題を扱った代表的な著作として、ミッシェル・フーコー『監獄の誕生―監視と処罰』(田村俶訳、新潮社、一九七七年)、ピエール・ブルデュー『実践感覚』1(今村仁・他訳、みすず書房、一九八八年)、同『構造と実践』(石崎晴己訳、藤原書店、一九九一年)がある。

(27)中世における慣習法については、蔵持重裕「中世古老の機能と様相」(『歴史学研究』五六三号所収、一九八七年)、保立道久「中世民衆のライフサイクル」(『岩波講座　日本通史』第7巻、一九九三年)などを参照。

(28) それらのほとんどは、近代主義からの批判である。たとえば、山崎龍明「親鸞と蓮如の宗教状況—神祇観を中心として」(二葉憲香編『続 国家と仏教』古代・中世編、永田文昌堂、一九八一年)、横井徹「蓮如における政治と宗教—文明・長享一揆をめぐって」(『名古屋大学法政論集』第八九号、一九八一年)などがその例ある。
(29) 真宗集団内部の「掟」については、青木馨「中世真宗教団の制禁及び掟について」(『同朋大学仏教文化研究所紀要』第四号、一九八二年)、神田千里「戦国期本願寺教団の構造」(『史学雑誌』第一〇四編第四号所収、一九九五年)などの論考がある。一般的な中世法については、アーロン・グレーヴィチ『中世文化のカテゴリー』(川端香男里・他訳、岩波書店、一九九二年)が有益である。
(30) 中世真宗における真宗教義と宗教習俗との関係については、柏原祐泉「真宗における神祇観の変遷」(『大谷学報』第五六巻第一号、一九七六年)、同「中世真宗における神祇観の推移—談義本を中心に」(『日本仏教』第六〇・六一合併号、一九八四年)参照。
(31) 真宗集団が、他宗の仏像・経巻などを焼却したことについては、大喜直彦「仏像の焼失」(『歴史学研究』第六七三号、一九九五年)で論じられている。関連する論考に、佐藤弘夫「破仏考」(大隅和雄編『鎌倉時代文化伝播の研究』、吉川弘文館、一九九三年)がある。
(32) 「物トリ信心」については、柏原祐泉「中世真宗の「善知識」の性格」(北西弘先生還暦記念会編『中世仏教と真宗』、吉川弘文館、一九八五年)参照。
(33) 〈他者〉とのコミュニケーションの問題については、マーシャル・サーリンズ『歴史の島々』(山本真鳥訳、法政大学出版局、一九九三年)、あるいは、クリフォード・ギアーツ『文化の読み方/書き方』(森泉弘次訳、岩波書店、一九九六年)参照。
(34) 「マレビト」については、鈴木満男『マレビトの構造』(三一書房、一九七四年)、小松和彦『異人論—民俗社会の心性』(青土社、一九八五年)参照。
(35) 堅田修編『真宗資料集成』第二巻所収。

第四章　戦国期真宗寺院の歴史叙述と神話（1）

――『本福寺由来記』と『本福寺明宗跡書』と――

はじめに

ある時代のある史料を読んでいく時、その時代が、われわれの生きている現代と異なる思考と感覚を生きていたことを知らないわけではない。だが、われわれが史料を見ていく時、そこに書かれていることが、現実に起こった出来事なのか、それとも虚偽なのか、そんな関心で史料を解読しようとする。つまり残された記録を〈歴史〉というカテゴリーとして思考の対象とすることは、その時代を解読する唯一の方法ではないかもしれない。そのような疑いをもって以下の叙述が書き進まれていくことを、最初に読者の方々に断っておいた方がいいだろう。

今日常識化されている歴史解釈を留保した上で、文字として残されたテクストを、できる限り多様な読みに晒してみること、テクスト自体がどのように構成されているのかを再検討してみること、これが本稿の主たる目的である(1)。素材としては、滋賀県大津市の本福寺に残された一群の記録、「本福寺旧記」の内、『本福寺由来記』と『本福寺明宗跡書』とを用いた(2)。真宗史の研究者のみならず、中世史の研究者にも広く知られているこの記録は、戦国期の真宗寺院の実態、あるいは一向一揆を語る上での基本的な史料として重要視されてきた。いままでの研究蓄積によって明らかにされてきた解釈は、おおよそ次のようなものであろう。在地の寺院を中心として活動してきた真宗は、戦国期にいたると蓮如の登場を契機として教線を飛躍的に拡大するとともに組織化されていき、本願寺を中心とする中央集権的な教団組織に再編成されていったと。そんなプロセスを、「本福寺旧記」は垣間みせてくれるのだと。

だが、そのような解釈には、ある種の違和感を感じないわけにはいかない。それは私の目指している〈読み〉ではない、そんな懐疑が頭をもたげてきたのだ。多少具体的にいえば、支配／抵抗、信仰／世俗化、中世的世界の解体／近世的世界の登場、そんな二元的コンテクストで「本福寺旧記」を読んでいいのだろうか、そんな疑問が消し難いものになってきたのだ。それは、決して従来の歴史学が確立してきた解釈の方法が間違っているという理由からではない。「本福寺旧記」が、私に語りかけているものと異質だと感じ始めたからである。以下の私の叙述は、従来の〈読み〉からできるだけ遠ざかった〈読み〉へと進むことになるであろう。私の〈読み〉に対する批判は承知の上で、私が違和感なく「本福寺旧記」と共存できる〈読み〉の場の探究を進めてみよう。テクストが私を導いてくれる限り遠くへ。

一　『本福寺由来記』のコンテクスト（1）――〈始まり〉としての夢想

「本福寺旧記」という名称は、幾世代かにわたって書かれた複数のテクスト群に近年になって付けられた総称である。それらをテクストの筆記者から分類すれば、本福寺第五世明宗（一四六九～一五四〇）が父・明顕（一四四五〜一五〇九）の〈語り〉を筆録した『本福寺由来記』と『本福寺明宗跡書』、第六世明誓（一四九一〜一五六〇？）の筆録した『本福寺跡書』と『本福寺門徒記』、第七世明順（一五二二？〜一五八二？）が父・明誓の遺誡を筆録した『教訓并俗姓』、および近世の編纂物に分類できる。テクストの様式からすれば、おおよそ聞書・口伝・遺誡とその他のものに分類できるであろう。テクストを筆録者の順に並べ、テクスト間の性格の相違に注意しながら、出来事を年代順に配列していけば、それは本福寺の〈歴史〉を語ることになるかもしれない。

しかし、私はそれで十分だとは考えない。たとえば明宗は、本福寺第三世法住の蓮如への献身的といってもいいほどの親密な関係を『本福寺由来記』（以下『由来記』と略記）のなかで叙述しながらも、その一方で本願寺一家宗、とりわけ蓮如第六男・蓮淳（一四六四〜一五五〇）の横暴振りを『本福寺明宗跡書』（以下『明宗跡書』と略記）のなかに執拗に叙述している。もちろん、蓮如と蓮淳とは異なる人物であるから評価が異なるのは当然としても、なぜまったく対照的な印象を与える二種類のテクストを作成したのか。なぜ明誓は、父が残した二つのテクストを一つのテクストとして再構成したのか、そんな疑念が次々と頭をもたげてくるのだ。そういった思いをテクストに書き込んでいくうちに、叙述はどんどん長くなってしまって、「本福寺旧記」に収められた戦国期の主要なテクストの全体を、本稿で言及することができなくなってしまった。ここでは、明宗の二つのテクスト、『由来記』と『明宗跡書』の相互関係のみに限定して論述し、明宗のテクストを明誓の『本福寺跡書』などと比較する作業は別稿で行った(3)。本章では最初に、『由来記』がいかなるコンテクストで叙述されているのかの検討から始めることにする(4)。

ここで最初に確認しておきたいことは、われわれが当然のごとく受入れている〈歴史〉叙述という言説の様式は、作者も読者も共に出来事の外部に「客観的」に存在しているということが前提とされなければ成立しないということである(5)。別のいい方をすれば、テクストに叙述された出来事に対して、作者も読者も共に参入できない、あるいはしてはいけないのであり、許されているのは、テクストに叙述されていることが〈事実〉であるのか、それとも〈虚偽〉であるのかを、外部の視線から「客観的」に判断することだけである。テクスト自体に手を加えてはいけないというルールを設定し、〈事実〉のみを選択して時間軸上に配列されたものが〈歴史〉と呼ぶに値するということである。テクストに叙述されたことに異義を申し立てることは許されても、テクスト自体を改変することが許されてしまえば、〈歴史〉は「客観的」に存在できない。それでは『由来記』は、現代の〈歴史〉叙述に、そのまま引用可能な〈事実〉を内在させたテクストとしての資質を備えているのだろうか。

『由来記』は、本福寺第三世法住の誕生から往生までの出来事、堅田にまつわる各種の伝承、それらに蓮如の言行を交えながら、四〇余箇条の項目を、ほぼ年代順に並べたテクストである。文中に頻繁に用いられる「……トカヤ」などの伝聞を伺わせるような語法、口頭伝承を書記言語化したような記事の挿入、反故紙の紙背を利用した草子仕立の装幀、これらは、中世の聞書の様式に忠実に従っているといえる(6)。『由来記』の冒頭は、「当寺仏法再弘之事」ではじまり、本福寺初代善道の出自（＝湖東三上社の神主職）と真宗への帰依、第二代覚念の禅宗への転宗(7)、第三代法住一七歳の夢想の順に記されている。その夢想とは、疫病を患った法住の夢に「ウスズミゾメ（薄墨染）ノ衣メサレシ貴僧二人」が登場し、「汝ガ身ハキタナシヤ」といって、鳥箒で屋内を掃っていったというものである。この夢想を聞いた法住の母・妙専尼は、それを次のように解読する(8)。

妙専尼ノタマフハ、「ソレコソタフト（尊）ケレ。父ヲヤ（親）覚念ノ代ニテ禅宗ヲトリタテテ、本願寺ドノ仏法ヲウトミ（疎み）トヲザカリテアルヲ、イマ一度コノ違例（＝疫病）トリモナヲサバ、ヲヌシモワレモ御本寺マイリヲ申スベキゾ。オガミ（拝み）マウサレタルトコロノ二人ノタフトキ御僧ハ、一人ハ黒谷上人、一人ハ本願寺親鸞上人ニテオハシマシケルゾヤ。コレヨリホカニ別ノ御僧ハマミヘ（見え）タマフベカラズ、カマヘテカマヘテ、ケンゴ（堅固）ニ仏法ヲタシナムベキゾ」ト、ネンゴロ（懇ろ）ニイイキカセラ

レタリケルゾアリガタキ。(六六一頁)

従来の歴史学では、この夢想はほとんど無視され、夢想の後の法住が本願寺に参詣したことのみが〈事実〉として〈歴史〉叙述に組み込まれている(9)。上記に続く『由来記』の叙述は、さびれ果てた本願寺の有様を目の当たりにした法住が、当時繁昌していた仏光寺へと向かい、仏光寺西坊に帰依するという第二条へと展開されていく。このような叙述から、蓮如以前の荒廃した本願寺と名帳・絵系図の下付によって繁栄を極めていた仏光寺という対比が、歴史的〈事実〉として歴史家によって流布させられてきた。だが、そのようなストーリーは、蓮如の果した歴史的役割を、蓮如以前の本願寺の状況と対比して見せる格好の素材、蓮如が零落した本願寺を再興し、多くの人々を教化し真宗の隆盛をもたらしたという、歴史家と読者を共に満足させるような素材が『由来記』のなかから取りだされ、再構成されて創りだされた一つの物語にすぎない。テクストとしての『由来記』は、はたしてそのような〈読み〉を許容しているのであろうか。

仏光寺は、〈親鸞―真仏―源海〉という系譜を持ち、『親鸞聖人御因縁秘伝鈔』を伝承し、道場坊主とその妻(坊守)の肖像を系図風に描いた「絵系図」(10)を製作していた荒木門徒の系統を引く真宗集団である。「絵系図」は、阿弥陀仏と親鸞、歴代の善知識の力は、「イエ」、つまり道場坊主とその妻、そしてその子へと、系譜に沿って継承され発現するということを絵画という様式で表象しようとする。「絵系図」は、往生という確認不能という意味で神話的な出来事を、言葉ではなく具象的・視覚的に表象したものなのである。神話的出来事が口頭で伝承されるような社会にあっては、個々人の個別的なライフ・ストーリーはほとんど無視されて、定型化した〈語り〉に還元された往生譚として語り伝えられる。それゆえ、言葉書きを伴わない「絵系図」という単純な絵画の様式に還元された表象だけでも、充分に表現し記録することが可能となる。

しかし、人々が文字文化の洗礼を受け始めると、個々人の個別的な思考や記憶を記録することが可能となり、また人々も、それまで一定の様式に還元されていたライフ・ストーリーには満足しなくなるから、単純な絵画による表象である「絵系図」—たとえ表情の描写が個性的であっても—は、往生の証明としての役割を果たせなくなる。法住が、母の示教に導かれて仏光寺に至ったという伝承は、「絵系図」による往生者の記録という結果だけが表現されてきた往生の系譜を、言葉による表現を用いることによって、阿弥陀仏や善知識の宗教的救済力が母から子へと継承されていくという物語りとして記録していこうとする試みであるといっていい。『由来記』の叙述などから、本福寺が、蓮如の教化以前は仏光寺系の真宗門徒であったと考える研究者は多い。しかし、『由来記』は、その〈始まり〉を語るために、仏光寺系の神話的語りの方法、あるいは他寺の縁起を流用しているかもしれないし、史料の残存状況自体がひとつの神話的物語を構成していることも考慮しなければならない。〈始まり〉に関する言説では、最初に位置する妙専尼・法住母子の役割の強調、蓮如と法住との出会いを、よりドラマチックに演出すること、それらを表象するために、伝承と現実のなかから必要な項目が選別され配置し直される(11)。神話的言説という文法的に全く異質な言説から、客観的な歴史的〈事実〉を抽出しようという試みには、極めて大きな困難が伴うといわざるをえない。

『由来記』の叙述では、法住一七歳の夢想—この夢想を「第一の夢想」と呼んでおこう—のなかに法然・親鸞が登場したこと、その夢想の意味を母・妙専尼は真宗に帰依せよという命令なのだと解読したこと、そのことが「当寺仏法再弘」なのだといっているのである。いまだ蓮如の誕生していない本願寺への参詣は、さして重要な出来事ではないし、「仏法再弘」と呼ぶに値しないのである。

ここで、夢告の解読をする母・妙専尼が、夢解きをする巫女的な役割を担って登場していることは注意される。中世の夢想は二面性をもっている。フォークロア的側面と中世仏教の各宗が共有していた神秘主義的側面との二面性である。神祇信仰を拒否、あるいは軽視する真宗教義からすれば、在地性の強い本地垂迹的・フォークロア的な夢想は〈違法な言説〉＝パロールといっていい。三上社の神主職の家系に生まれた法住という冒頭の叙述からすれば、この夢想は、フォークロア的な、非真宗的なパロールに違いないという予断を、『由来記』の聞き手／読者に感覚させるはずである。だが、予想に反して夢告に登場する貴僧は、法然・親鸞の二人の聖人である。このテクストは、夢想・「貴僧二人」そして母が、以下の叙述のキーワードだと冒頭で指示しているのである。テクストの指示に従って、しばらく、この三つのキーワードがどのような物語を織りあげていくのかをみていくことにしよう。すると、第四条に「妙専尼懐妊夢相ノ事」という条文があるのに気づく。その叙述はこうだ。

法住ニ妙専尼モノガタリ（物語）シタマフヤウハ、「ヲヌシヲクワイニン（懐妊）ノハジメ、アラタニ御ムサウ（夢想）ヲカウムル事アリ。ウスズミゾメ（薄墨染）ノコロモ（衣）メサレタル御ラウ（老）僧、コレヨコレヨトテ御手ニ御ケサ一帖モタセタマヒ、汝ニアタフルトテ、ワラハカフトコロ（懐）ノウチヘオシ入タマヒ、タダゴトトハオモフベカラズトオウセオハルトシテユメ（夢）サメケリ。サテホドモナククワイニン（懐妊）ゾト。タダヨクヨク仏法ヲ心ニ入タマヘ」ト色々ニキカセフクメ給ヒケリ。（六六二頁）

この条文は、妙専尼が法住を懐妊したときの夢想―これを「第二の夢想」と呼んでおく―であるから、冒頭の叙述よりも時代を遡る出来事である。『由来記』は、ほぼ年代順に条文が配列されているのであるが、この部分は叙述が逆転している。叙述を乱すような意図的な逆転には注意が必要である。それは、読者に何かを喚起し強調しようとするサインだからである。第一条で指示されたキーワードに従えば、まず夢想に注意する必要がある。僧侶の誕生以前、母が特殊な夢想を経験することは、中国以来の高僧伝や説話に繰り返し叙述されてきた(12)。それは多くの場合、誕生した子供が将来高僧となったり、特殊な霊能を獲得することの予告である。法住は、『由来記』の最後になって、通常の人間ではなかったことが夢告によって明らかにされる。『由来記』は、当時一般的であった高僧の叙述法に従って、誕生以前の瑞夢により、そのことはすでに予告されていたといっているのだ。叙述の逆転は、このテクストが通常の年代記とは異なるものであることを読み手に想起させ、むしろ意図的にある種の矛盾を内在させることによって神秘性や秘事性を誇示するのも、これらの説話的なテクストの常套手段といえる。荒唐無稽と見える言説は、論理的思考の枠組みを超えた、夢想や観相の次元でのリアリティを強調するための技法であり、聞き手／読者の側も充分に承知して受容していたと考えられる。

ところで、上記の叙述のなかで夢告を行うのは、「ウスズミゾメノコロモメサレタル御ラウ僧」である。先にみた「第一の夢想」で夢告を行ったのは、「ウスズミゾメノ衣メサレシ貴僧二人」であり、それは法然・親鸞であった。しかし、ここに登場する「御ラウ僧」は一人であるから法然・親鸞とは異なる人物かもしれないことは推測されるものの、それが誰なのかは明記されていない。それは、聞き手／読者の想像力と多様な解釈に任されている。たとえばそれを、阿弥陀如来と解釈することも可能だし、蓮如と解釈することも可能なのである。阿弥陀如来と解釈すれば、後に触れる法住往生の折の夢想と連接してくるし、蓮如と解釈すれば、寛正六年（一四六五）の大谷本願寺破却と法住の比叡山登山という事件に緊密に結びつくことになる。どちらにより強く引きつけて解釈するかによって、『由来記』のコンテクストは微妙に変化するのであるが、どちらの解釈も間違っているわけではない。私を含めて各時代の読者の知識や関心によって、〈読み〉は変化するのであるが、それによって多様な解釈が生まれ、さまざまなテクストが産出される。近代以降の特定の作者によって書かれた固有の〈作品〉とは異なり、近代以前のテクストは、読者が参画し多様な解釈を生産すること、時には読者（集団である場合もある）が書き手となって内容の増減や改変をすることが頻繁におこりうるテクストなのである(13)。

付言しておくと、「ウスズミゾメノ衣」については、初期の蓮如言行録の一つ、『第八祖御物語空善聞書』(14)四二条に、文明十九年（一四八七）の蓮如の夢想として、「上様（蓮如）、御夢ニ法然上人親鸞聖人御同行ニテ、上様モ御アトニ御同行ナリ、上様ヘ対シマシマシテ、法然上人ノノタマハク、御流コソ誠ニ繁昌ニテ候ヘ、サレバ御ノゾミ（望）ノゴトク、ワガ衣スミゾメ（墨染）ニナシテ候へ、イマコソ一心専念ノ文ニハ、アヒカナヒ候へ、トノタマヘリ、ト御ユメニ御覧ジテ候」と記されている。東山知恩院の法然画像の衣が、本来の「スミゾメ」から「黄衣」に塗り直されていたのが、蓮如の指摘に従って、知恩院は元の「スミゾメ」に戻したが、法然自身が蓮如の夢の中に現われて、そのことを告げたという物語である(15)。『由来記』と『空善聞書』が、何を素材として上記の説話を構成したのか、あるいは、成立の先後関係は不明だが、説話同士が相互に影響しあいながら、「スミゾメノ衣」という言葉が、特殊な神話的力をもつラングとなっていったことがわかる。

私は一応、上記の夢告を行った人物を蓮如と解釈しておく。そのように解釈すると、夢告の中の会話文の親しげな語り口は、以後の法住と蓮如との親密な関係を示唆するものということになる。ただし、そのように解釈すると、蓮如が誕生以前に夢想の中に登場するという矛盾をはらむことになる。だが、法住も蓮如も共に尋常の人間とは異質な仏・菩薩の化身として叙述されているとも考えられる。そんな考えも、中世では決して珍しいものではない。

「御ケサ一帖モタセタマヒ、汝ニアタフルトテ、ワラハガフトコロノウチヘオシ入タマヒ」という表現は、性的関係を暗示させるような際どさをもっている。そのように表現することによって、法住が仏・菩薩の「授かり子」(16)というよりは、仏・菩薩（あるいは蓮如）と妙専尼との間に生まれた落胤であるという単刀直入な表現によって、彼を聖別しようとしているように見える。もちろん、そこでは不可逆的な時間の規則、現実と夢想の厳密な区分といった〈歴史〉叙述の原則は作用していない。つまり、時間自体が作用しえない、事物の始原にかかわる神話的な場を叙述した言説ということになる(17)。読者がそのように解釈すれば、これらの叙述は、近江の有力神社の神主職という出自を越え、彼と同等の身分に属する数多の真宗の大坊主とも異質な、本願寺の宗主に比肩するような身分へと法住を押上げるための神話的叙述ということになる。『由来記』の言説は、だから、みかけの素朴さとは異なり、禁忌を犯すことさえ厭わないような相当のしたたかさを秘めている。

ところで、この第四条の後半には、法住の父・覚念が禅宗に改宗し高徳庵を建立した時、本福寺には「ヨロヅノ魔」「化生ノモノ」（六六二頁）が蔓延したと叙述している。だから、法住一七歳の折の疫病もこの「魔」の作用ということになる。このように、後の叙述によって、前の叙述の理由が説明されるという方法は、テクストが描写する出来事とそれに対する読み手の解釈を、テクスト自体が常に裏切り続けているということである。このテクストは、出来事の原因と結果を叙述する、編年体という〈歴史〉叙述の様式に従いながら、それを解体する脱中心化の言説ということができる(18)。

それに続く第五条は、応永二三年（一四一六）の妙専尼の往生を記す。法住を再び真宗へと導き入れた妙専尼は、前年の蓮如の誕生を見届けるようにして世を去っていった(19)。妙専尼の果した役割は、蓮如が継承してくれるはずだからである。エコロジカルな心性からすれば、妙専尼の死と蓮如の誕生とが交換されたといってもいい。妙専尼の役割は、真宗における女性の属性を示唆してくれる(20)。彼女の属性は、覚如の著わした親鸞の伝記、『親鸞伝絵』（康永本）上巻(21)に、親鸞が六角堂で救世観音の夢告によって感得したとされる、「行者宿報設女犯、我成玉女身被犯、一生之間能荘厳、臨終引導生極楽」という言葉、いわゆる「女犯偈」のなかに登場している「玉女」とも共鳴しあっている。つまり、法住の誕生にまつわる性的とも解釈できる夢想は、妙専尼＝「玉女」を暗示しているともいえるのである。このように解釈すれば、第二の夢想に登場する「御ラウ僧」は親鸞ということになり、法住はその授かり子、あるいはその落胤ということになる。このような「玉女」伝承は、本願寺系とは異なる関東の親鸞の門弟の間で伝承されていた『親鸞夢記』『親鸞聖人御因縁秘伝鈔』などの説話を翻案したものと考えられている。

ところで、この「玉女」伝承は、親鸞の伝記にのみ登場しているわけではなく、権門寺院や摂家に伝承されていた中世王権にまつわる神秘主義的な秘伝と密接な関連をもっている(22)。これらの伝承は、その源流を十三世紀の天台密教の図像集、『阿沙《あさ》縛抄《ばしょう》』まで遡ることができる。同時代のテクストでは、慈円『夢想記』や真言密教の図像集『覚禅抄』にも類似の叙述を見出すことができる。このように親鸞の夢告伝承は、中世仏教が権威の拠りどころの一つとしていた、王権神話にかかわる神秘的な夢想とも繋がっている。それゆえ法住の夢想は、真宗の〈正統な言説〉＝ラング、つまり親鸞の夢告という起源神話の再現としての位置づけを獲得することになる。『由来記』は、一見ローカルな範囲での聞書と見えながら、真宗各派のテクストを吸収することにより、真宗という枠組みを超えていこうとする。さらに、中世仏教の王権神話と共鳴することによって、真宗内部からの批判にも対抗しうる言説を目指そうとするのである。

　真宗集団の〈始まり〉、始原である親鸞や蓮如にまつわる物語は、もはやそれ以上遡って引用できるような神話的ラングはないわけだから、一見すると非真宗的・本地垂迹的なフォークロア、他宗の聖者に関する説話、聖徳太子説話のような、各宗派が共有する説話を借用しそれらを改変することによって、〈始まり〉を創作しなければならないというパラドクスが避け難いものとなる。非真宗的な素材を転用、再解釈して〈始まり〉を語らなければならない場合、上記の中世王権神話のような中世社会全体を包摂する、より上位の正統性をもつラングが、神話の素材として選択されることになる。しかし、より上位の正統性をもつ神話的素材は神秘的かつ秘儀的であるから、権威の確立には寄与しても、聞き手／読者には馴染みがないから、記憶の持続や伝承としての残存は保証の限りではない。そこで、ある地域や特定の宗教集団の多くの人々に周知されているフォークロア的要素を組合わせることによってはじめて明快なイメージを喚起させ、記憶させ伝承させることが保証されることになる。神話的叙述にあっては、個々の出来事は、あくまで仏神の隠された力が現実世界に顕れてくるプロセスのなかの一表象に過ぎないから、何が起り、それが意味のあることであるのかどうかは、それを仏神の力の表象と解読するか否かにかかっている。出来事が仏神の意志とは無関係な意味のないものと解読されれば、それは存在しないものとして無視されてしまい、伝承も記録も残されない。何が意味がある出来事なのかは、類似した神話的物語が地域社会や宗教集団に伝承され記録されているのか、そして、それらと抵抗なく交換できるかどうかによって決定される。

中世のテクストは、このように、聞き手／読者の知識の広がりに応じて多様な〈読み〉を生産する。先行するテクストや伝承を引用し参照することによって、解釈は無限の増殖を繰り返しながら、複雑に絡まりあったテクストの網目を形成していくのである。だから、上記のような夢想の解釈も決して無謀というわけではない。私は、そのような解釈が当時実際に行われていたか否かを確定するのではなく、さまざまな解釈の可能性をシミュレーションしてみることにより、現在の歴史学的・教学的枠組みのなかで行われている常識的・倫理的な解釈、いわば解釈の自己規制を廃棄する作業をしたいと思っているのである。それは、中世という時代の物語や説話が行おうとしたこととの反復でもある(23)。

それに続く『由来記』の言説で注意したいのは第六条である。第六条冒頭の叙述は以下のようなものである。

アル時存如上人様、御方様〈蓮如上人御事也〉、門田法西道場へ御出ハ、江州北郡へ御下向ノツイデニ、本福寺へ御出アリケル間、左衛門（＝法西）道場へ御出ナサル、忝ナキ御事ナリ。コノ御下向ヲ法住十七年ノエキレイ（疫癘）ノウチニシテオガミ奉ルユメ（夢）ヲオモヒアハセタリト也。（六六二〜三頁）

かつて自分が見た夢想を解読してくれた妙専尼の言葉を、法住はここで想い起こしている。「コレヨリホカニ別ノ御僧ハマミヘタマフベカラズ」と妙専尼が語った「二人ノタフトキ御僧」、つまり法然・親鸞を、法住は存如・蓮如に重ね合わせているのだ。夢想は、やがて現実の出来事として再現される。この叙述法は、読み手の知識や年代記的なテクストの〈読み〉を解体させ相対化するために、物語や説話が用いる常套的な手法である。法然・親鸞＝存如・蓮如というアナロジーの手法は、不可視の力、真宗の救済力が現実に作用していることを暗示し、その力こそが世界を形成しているのだという神話的コンテクストを浮びあがらせてくる。だが、そのようなコンテクストから現実を解読しなければならないとすれば、もう一つの力が現実世界に作用していることを無視できないことになる。第四条に叙述されていた「魔」の力である。第七条「当所ノ宮仕、魔ニオカサルル事」は、堅田大宮での出来事、「魔」によって樹上に釣り上げられてしまった男の話である。彼は、所持していた「メイヨノ刀」の威力によって、危うく「魔」から逃れることができた。しかしこれ以後も、「魔」の力は、姿を変えつつ法住たち堅田住人に挑みかかろうと虎視眈眈とうかがい続ける(24)。存如・蓮如が登場してきたからといって、それだけで「魔」が易々と退散してしまうわけではない。真宗の救済力と「魔」の力の詰抗関係、どうやらこれが『由来記』の重要なテーマの一つであることがほの見えてくる。

続く第八条は、存如のお気に入りとなった本弘寺大進が、存如と門徒の仲介者として横暴を働いたこと、それによって法住は一三年の間、存如と対面できなかったことを記す。「魔」は、真宗集団の外部から真宗の救済力を奪い取ろうと狙っているだけではない。真宗集団の内部にも忍び込み、内部から浸食してしまう力でもあるのだ。ところで、『由来記』は、本弘寺大進を存如の落胤とするうわさのあったことを記す。もしも、法住が神話的言説の上で、蓮如の申し子、あるいは落胤という地位を与えられるとするならば、本弘寺大進は叔父という関係になる。あるいは、夢告の主は存如だったという解釈も成立しないわけではない。うわさは中世社会においても現代においても、社会的なコミュニケーションを維持する上での重要な役割が与えられている(25)。存如の落胤という「うわさ」が人々を呪縛し、本弘寺大進に権勢を振るうことを許したのだが、それはまた、法住の出生の秘密にもリアリティを与えてくれるはずである。そして、この法住と本弘寺大進との対立は、『由来記』のコンテクストを、正法と「魔」との闘争へと転換していくことになる。

二　『本福寺由来記』のコンテクスト（2）―通過儀礼としての〝いくさ〟

ここで叙述（第九～一一条）は、蓮如より下付された本福寺の法宝物へと移る。法宝物とは、「无旱《むげ》光《こう》御本尊」「御開山御影様 并《ならびに》 御寿像」「御伝絵」（いずれも現存）の三種である。「御開山御影様并御寿像」は、親鸞と蓮如の連座像であるが、それについて『由来記』は、次のように記している。

蓮如上人様御寿蔵（像）イヅクヘモ御ユルサレ（許され）ナシトイヘドモ、法住ニハジメテ御免アルナリ。ソノオリフシハ、先住上人様ノ御寿像ヲ所々ヨリノゾミ申サルトイヘドモ、法住ノワレハ不可思議ノ御慈悲カウムルトコロヘ、シカシナガラ、上様ノ御恩ト存ジ候ヘバ、忝ナク候トテ、上様ノ御寿像ヲモ望申サレケレバ、ヤガテ御免アリ。……ソノ御代ニムマレアヒ（生れ合い）タテマツル機ハ、アハレアハレト御寿蔵ヲノゾミ申ココロザシタヘズ候ヘバ、一期ノイノチ（命）ヲカギリ御免モアレカシト、心底ニウチヲキ申ヒマモナク候。（六六五頁）

存命中の親鸞が、入西房の請に応じて画師・定禅法橋に肖像画を描かせたことは、『親鸞伝絵』（康永本）上巻の叙述に見られるが、そこにも夢想がかかわっており、極めて興味深い内容であるので以下に引用しておこう(26)。

（定禅）すなわち尊顔にむかひたてまつりて申ていはく、去夜、奇特の霊夢をなん感するところなり、その夢中に拝したてまつるところの聖僧の面像、いまむかひたてまつる容貌すこしもたがふところなしといひて、たちまちに随喜感歎の色ふかくして、みづからその夢をかたる。貴僧二人来入す、一人の僧のたまはく、この化僧の真影をうつさしめむとおもふこころざしあり、ねがはくは禅下筆をくだすべしと。定禅問ていはく、かの化僧たれ人ぞや、くだむの僧いはく善光寺の本願御房これなりと。ここに定禅たなごころをあはせ、ひざまづきて夢のうちにおもふ様、さては生身の弥陀如来にこそと、身毛いよたちて、恭敬尊重をいたす、……かくのごとく問答往復して、夢さめをはりぬ、しかるに、いまこの貴坊にまいりてみたてまつる尊容、夢中の聖僧にすこしもたがはずとて、随喜のあまり涙をながす。……つらつらこの奇瑞をおもふに、聖人弥陀如来の来現といふこと炳焉なり、しかればすなわち、弘通したまふ教行、おそらくは弥陀の直説といひつべし、

この『親鸞伝絵』の叙述は、親鸞＝生身の弥陀如来といっているのであるが、このような起源神話的叙述によって、本願寺より下付されるあらゆる親鸞画像にも神話的意味が付与されることになる。『親鸞伝絵』の夢想に登場する「貴僧二人」から直ちに連想されるは、先に見た『由来記』冒頭の法住一七歳の夢想の「貴僧二人」である。『親鸞伝絵』の夢想と『由来記』の夢想は、互いに共鳴しあっているのであって、「貴僧二人」は法住の夢想中の法然・親鸞であるとともに、『親鸞伝絵』中の善光寺如来と親鸞、そして連座像の親鸞・蓮如とアナロジカルな関係にあり、法然／親鸞／蓮如の三者がともに阿弥陀如来の化身、それらの言葉はいずれも「弥陀ノ直説」というコンテクストが成立することになる。蓮如第七男・蓮悟の集録した蓮如言行録、『蓮如上人御物語次第』[27]一六条には、「御文ヲバ如来ノ御直説ト存ズベキヨシ候、カタチヲミレハ法然カト、コトバ（言葉）ヲキケバ弥陀ノ直説トイヘリ」とあるが、ともに共通するコンテクストをもっているといえる。蓮悟のような当時の真宗きっての学僧も、『由来記』と同質の神話的・フォークロア的要素を言行録に巧みに織り交ぜることにより、言説にリアリティを喚起しようとしているのである。

というよりも、当時の〈知識〉とは、かならずしも今日のような純粋に「学問的」なものを意味しているわけ

ではなかった。今日的意味での「学問的」とは、対象化され客観化された現実を言葉の関係性へと移しかえたもの、記号としての言葉によって構築された言葉の構造物でしかない。いわば他者の言葉なのである。歴史世界の〈知識〉とは、対象化や客観化されえない、非論理的で感覚するしかないような要素も、それらと同等な地位を与えられて、堂々と学問の中に位置を占めている。それらが渾然と一体化した中から、ある種のリアリティを感覚できればそれで十分なのであり、そのような場を明宗も空善も蓮悟も共有していたということになる。それなくしては、〈知識〉は言葉の寄せ集めにすぎなくなるし、仏は単なる〈知識〉のなかに存在するものとなってしまい、何の活動もしないことになる。また、知識人と民衆との間のコミュニケーション（言葉の〈贈与〉）も成立しなくなるからである。

「御絵伝」は単なる絵画作品ではない。「御絵伝」を所有することは、その詞書（『御伝鈔』）が読み上げられる時、そこに描かれ叙述された神秘的出来事が、本福寺でも起こりうることの証明となるのである。『由来記』に記される本福寺の法宝物は、蓮如と法住との密接な関係を物語るだけでなく、神秘的な属性を発揮するものとして叙述されていくことになる。

それに続く第一二条「大谷御流破却之事」は、『由来記』の中でもっとも詳細かつ長文の叙述、寛正六年（一四六五）のいわゆる寛正の法難に関するものである。叙述の主役はもちろん法住なのだが、影の主役は、この「无㝵光御本尊」である。寛正の法難とは、「本願寺邪法ヲトリタテ、国々ニヲヒテ専ラ在家出家ヲエラバズ、流布シテススメ（勧め）ラルル処ノ法并ニ无㝵光ヲ本尊トシテ、正法ヲミダス（乱す）」（六六八頁）と主張する比叡山衆徒たちによって、本願寺堂舎が破却されようとした事件である(28)。ここまでの叙述に登場する「魔」とは、いわば比叡山の分身の活動にすぎないのであって、ここではじめて「魔」はその本性を剝きだしにして、真宗の救済力に襲いかかろうとする。そのことを、上京してきた三河門徒の重鎮、上宮寺（佐々木）如光の口を借りて『由来記』は、「我等ゴトキノモノノ往生ハ治定ニテ候ナリ。ソノユヘハマコトニ一向専修専念真実ノ御勧化アルニ、サラニアク（悪）魔ケサイ（＝障害）ヲナスコトナキ間、不審ヲ致ツルニ、ハヤケサイヲナセル不思議ノ御事カナ。真実ノ善知識ニアヒタテマツル宿習ノホドノタフトサヨ」（六六六頁）と記す。現実の戦さの背後で、「魔」の力と真宗の救済力が正面から激突しようとしているのである[29]。

この時法住たち近江の門徒衆は、本願寺守護のために武装して上京する。このあたりの叙述は、当時の在地武士の行動を髣髴とさせるような軍記物語の語りそのものである[30]。語られる、あるいは読まれるものとしての軍記物語は、戦闘場面の詳細な描写をその特性としながらも、決して〈事実〉を明らかにすることを目指すものではない[31]。それでは虚構が語られる／書かれるのかといえば、そうではなくて、語り手／読み手（近世中期以前は、多くの場合、物語とは他者に読み聞かせるものであった）と聞き手との間で成立する、共感する場が物語というものである[32]。だから、書かれている内容の虚実が問題になることはなく、登場人物は、幸運・悲惨・罪・罰・運命などのアレゴリーとして受容される。登場人物に、読者や聞き手が自己を同化していけるかどうかが叙述の中心にあるのである。一種のカタルシスの場が物語なのであり、それを聞くことによって、社会的な秩序やイデオロギーが再生産され強化される場でもある。しかし〈語り〉であれテクストであれ、物語の内容は、語る／聞くというコミュニケーションの方法の性質からして、常に流動的であり改変可能であるから、ときに物語は現実に対する批判を含んだ言葉へと横すべりしていくこともありうる。それも社会的コンテクストを変換する有力な方法なのであって、物語とは、社会制度や慣習を強化させる場合と、それから逸脱させる場合の双方向に作用しながら、物語自体も変貌を遂げ、語り続けられてきたのである。

『由来記』の戦闘場面の描写に続くのは、二派に分かれた真宗側の対応に関する叙述である。宗論を闘わせて決着をつけるという「老衆」の意見と、金銭による和解という主張の二つである。結果的には、衆徒たちの行動は、金目当てにすぎないと喝破した如光の指示に従って、比叡山に多額の礼銭を支払うことにより、上記の対立は一応の決着をみる。つまり、本福寺門徒にしても比叡山衆徒にしても、所属する集団が異なるとはいえ、社会階層やそこでの役割、それに利害関心にも大した違いはなく、共に仏神によって守護されていると自覚している、金銭感覚に鋭敏な集団だということである。それゆえ、彼らは相互に競合的であり、相手を互に「魔」と位置づけているのだが、その戦いは相互の仏神の威力を確かめ合うような、多分に儀礼的な性格を帯びている。そして、仏神の威力は金銭の力とも通底しているから、力と利害が平衡をえた時、一時的な休戦が成立する。

しかし、この戦いは、やがて近江国全体に波及していき、各地の門徒集団も比叡山の側も双方共に多大の損害を蒙ることになる。門徒たちも衆徒たちも、自らの生活基盤を死守せざるをえないから戦っているのであるが、その戦いは、それぞれを守護する仏神同士の戦いでもあるから、相手の神社仏閣が最終的な攻撃の標的となる。

だが蓮如の目には、それは仏法を破滅させる戦いとしか映らないから、彼はあくまで、法論を闘わせることを要求する。戦闘上の不利を、自らが奉ずる仏神の威力の不足と理解し、それを金銭で贖おうとする態度こそ、阿弥陀仏と真宗教義を貶しめることになるという認識がそこにはある。論争と戦争との間には、われわれが考える程の距離があるわけではないにしても、正統な真宗教義の言葉は「弥陀の直説」であるからには、あらゆる武力に対抗しうる、あらゆる人間を説得する力をもっている言説のモノに対する優越、それが蓮如の立場であった。蓮如は宗論による解決を命ずる。

蓮如が武器ではなく言葉に依ろうとし、両者の間にあくまで区分を設けようとするのは、歴史上の一事象というよりも多分に象徴的な出来事なのである。言葉とモノの分離とは、言葉とモノの双方を対象化し客観化することである。それは、〈自己〉を対象化し客観化するということでもある。認識の主体としての〈自己〉がつくりだされ、認識する対象としてのモノ、モノ自体として自律的に存在する物質が誕生する(33)。言葉は、客観的に存在するモノを指示する記号となり、〈自己〉の外部に客観的に存在するようになったモノの世界を論理的に説明する道具となる。認識の主体＝〈自己〉の誕生は、宗教的人格、つまり阿弥陀仏によって救済されなければならない存在として自己を認識する上で極めて重要なことである。言葉とモノとの分離は、仏神に保護された地域集団の中の一員としてあった無自覚の〈自己〉を覚醒させ、新たな拠り所をもとめる旅へと駆り立てる。と同時に、言葉とモノとの分離の過程で、モノに付随していたさまざまな神話的言説が剝ぎ取られ、モノ自体が自立して存在するようになり、モノ自体を自由に取り扱うことが可能となる。それは、商工業者の視線であり法住（あるいは明宗）の視座でもある敏感な利害関心と金銭感覚として立ち現われてくる(34)。

法住は、蓮如の命令を体現するかのように、「无㝵光ノ御本尊」を手に単身比叡山に登り、本尊を根本中堂の正面にかかげ、数多の衆徒たちを前に真宗の宗義を滔々と語りはじめる。第一九条で、東近江衆に「イカニモ仏法ノ義サホドシカジカトナク候」（六七一頁）と評された法住が、真宗教義を経論の言葉を引用しつつ語るのである。もっとも経論からの引用は、彼が携行した「无㝵光ノ御本尊」の上部に書かれた銘文そのままなのであるが。それにしても、弁舌爽やかな法住の語りは『由来記』のなかでも圧倒的な存在感を印象づけるものである。というのも、『由来記』のなかで真宗の教義が叙述されているのはこの場面だけといってもいいほど、『由来記』は教義に対する無関心を装っている。蓮如の言葉は幾度も引用されているのだが、教義について蓮如が語る場面はまったくないといっていい。他の蓮如の言行録が、蓮如が開拓した真宗教義の独特の語り口の叙述に多くの配慮を見せているのに比較して、『由来記』は、蓮如の教学を意図的に排除しているとしか見えない。

むしろ、この点にこそ『由来記』の特色があるといっていい。『由来記』の語る〈自己〉は、利害関心によって一見自由に行動しているように見える〈自己〉である。しかし、その〈自己〉は、常に宗教的規制、仏神の化身の指示を受けることによって、個人的にも集団的にもコントロールされている。宗教的「内省」といったことに叙述の中心はないのであって、仏神の実在を証明するもの、利害に直接関わるような霊験や奇瑞、あるいは魔や悪報という現象に目が向けられていく。だから、本願寺の破却等にかかわった比叡山の衆徒たちの結末について、「山（＝比叡山）ヨリノユルシヲ得ンタメニ、大宮ノ鳥居ノ前ニ八十貫文ツマセ（積ませ）タリ、ソレヲトル者後悪シク果タリトゾ」とか、「其後山門十六谷ニ方々ヨリ三千貫入トカヤ、三十ケ年経テ西覚坊、本願寺ヨリ銭ヲ取タル者果悪シト悟ラレケル」（六七三頁）という叙述を挿入するのである。

一方、先にみた第一九条で蓮如は、「法住ハ仏法ガウスク信モウスクアルゾヤ。ナレドモアレハ聖人ニムマレ（生まれ）アハレタル人ゾ」（六七一頁）と語っている。一見蓮如は、金銭による和解ではなく、あくまで宗論という言葉による決着を指示しているように見える。しかし蓮如は言葉を通した教学理解よりも、神秘的な体験の方がより重要なのだ、夢想のなかで親鸞に対面したという〈事実〉こそが、決定的な意味をもつのだと語っていることになる。また法住は、親鸞、无导光本尊、さらには妙専尼によって守護されているのであり、それ故単身で巨大な〈魔〉と対抗できるのである。だから、法住の比叡山登山は、在地武士としての法住が宗教者として生まれ変わるための、もしくは、在地武士という仮の姿を脱ぎ捨てて、本来の宗教者・善知識としての相貌を取り戻す通過儀礼といっていいものである(35)。あるいは、親鸞や妙専尼が彼に憑依して、そのような教化の言葉を語らせているのかもしれない。ここでも、多様な解釈が可能なのである。いずれにしても、『由来記』は、蓮如を優れた教化者として描写しようとはしないし、多くの蓮如言行録が、そして近代以降の歴史家や真宗学者のほとんどが、蓮如の重要な教化手段として疑わなかった、「御文」の果たした役割についてもまったく言及しない(36)。

法住の比叡山登山によって、本福寺は「无导光ノ御本尊」の所持を認められることになる。近江地方の他の寺院も「无导光ノ御本尊」を所持していたのだが、その多くが比叡山の衆徒たちによって奪い去られていったなかで、本福寺の本尊が残りえた理由、つまりもちろん法住の口舌の働きにもよるのだが、何よりも彼を守護する見えない力の働き、「无㝵光ノ御本尊」の霊験に関する神話的叙述、にこそ叙述の力点があるといっていい。第一五条には、応仁二年（一四六八）の出来事として、堅田の唯賢道場の焼亡と、その折の蓮如筆「无㝵光仏ノ御本尊」の奇瑞が記されている。道場の焼失とともに失われたかにみえた本尊は、「カノ火ノナカヨリ金色ノ仏トビタマヒヌト西浦ノレウシ（漁師）ミタテマツルトアル間、タヅネタテマツルニ、下ババ（馬場）ノシマニツミナラベ（積み並べ）タル、イシ（石）ノ西ノソヘト唯賢ハマ（浜）ノ磊《イシクラ》トノアハヒニ、タレマキ（巻き）タル人ナキニ、ウツクシクマキテ御本尊ヲハシマス」（六六九頁）という奇瑞が起り、奇跡的に残存したのである。このような叙述を挿入することによって、本福寺本尊の霊験譚が側面から補強されている。

とはいえ、それによって本福寺に安穏な日々が訪れたわけではない。この事件を契機として本福寺をはじめ、実如・本願寺奏者下間氏・近江の真宗寺院のいくつかが、比叡山諸坊の末寺としての関係を強化することによって、はじめて安穏をえたと叙述されていることである。金銭による和解や宗論によっては、「魔」の影響力を排除することができない、逆に「魔」の支配に屈伏する状況におかれてしまったというのである。

いまだ危機的な状況を脱していない本福寺に、親鸞の「生身之御影像」が下向してくる(37)。大谷の地を追われた本願寺は、寺基を転々とせざるをえない状況に追い込まれた。それは、親鸞自身の辿った運命と重ね合わされた貴種流離譚ともいえる(38)。京都や近江の各地を流浪した「生身之御影像」は、応仁元年（一四六七年）本福寺に安置され、報恩講も多くの参詣者を集めて同所で勤修されることとなる。報恩講には蓮如も臨席し、そのことを『由来記』は、「希代未曾有ノ御イトナミ（営み）、世、上代モ中比《なかごろ》モタメシ（＝例）スクナクコソオハシマス。ヨロコビノナカノヨロコビ、幸ノ中ノ幸、本懐マンゾク何事カコノ一事ニシカンヤ」（六六九頁）と、手放しの喜びようで叙述する。本福寺に「生身之御影像」・蓮如・「无㝵光仏ノ御本尊」という三つの〈聖なるもの〉

が集積し、本福寺は真宗寺院最高の聖地となった(39)。唯賢道場の奇瑞は、それらの聖なるものの集中によって起こるべくして起きた霊験なのである。『由来記』の筆録者・明宗にとって、堅田は真宗集団屈指の聖域なのであり、それこそが、『由来記』の主要なテーマなのである。だが、そんな叙述も、その直後の第一四条であっけなく顚倒させられてしまう。

当所ニテ蓮如上人様ヲ申(=招請する)ニハ、御礼セン(銭)クワヘ(加え)ケツコウ(結構)ツカマツレバ、三貫文ニテサイハンアリ。御礼センナケレバ、一貫五百文ニテイトナミ申也。大ガイ皆々申サレタル。タレノ所ヘモサウ(左右)ナク御イデヲナサレタリ。コノ事ヲ世間ノ人ニイフベカラズ。御慈悲ニテ御イデマシマスゾヤ。(六六九頁)

蓮如の下向は「御慈悲」によるものだと記す一方で、現実には礼銭によって蓮如の下向が実現することも隠すことなく叙述するのである。一種の暴露を伴う叙述は、蓮如の聖性を毀損し相対化する言説にほかならない。比叡山に対して教義による説得を主張し、金銭による和解や戦争による解決を拒否しているかにみえる蓮如自身が、金銭によって行動するさまを描写すること。だが、それは決して蓮如に対する単純な批判ではない。金銭を決して無視しないという別のイメージの蓮如像を造形し、その行動を称賛しているのである。

法住をはじめとして明宗も堅田の住人も、鴨社供御人として自由通行権をもち、それを基盤として遠隔地の鴨社領を結ぶ商業活動をおこなう商人、あるいは手工業者であり在地武士層であったことはよく知られている(40)。彼らは、とりわけ金銭感覚に鋭敏であったから、金銭による和解によって寛正の法難を解決しようとしたり、礼銭によって蓮如を招聘しようという発想をするのである。つまり、真宗の救済力と同様の威力を銭貨にも見い出しているのである。そしてこれまでの『由来記』の叙述をみればわかるように、明宗自ら聞書というテクストを作成しながらも、言葉に信頼を置くのではなくて、本尊や銭貨のような物質的かつ可視的なモノ自体に全幅の信頼を置こうとしている(41)。そのような視点から叙述されるテクストに表象された蓮如は、われわれのまなざしからすれば、一般の俗人となんら変らない人格として行動しているように見えてしまうかもしれない。だが、堅田の住人にとっては、自分たちの実践的な感覚を受け入れてくれる、あるいはそのように演じてくれる、希有で偉大な人物に見えているのである。聖域としての堅田は、莫大な財貨と聖なる呪物、多数の参詣者によってみたされた、物質的で可視的な栄光に満ちた場所となった。

振り返って、一七歳の法住が本願寺ではなくて仏光寺に引き寄せられた理由を、このようなコンテクストで考えてみると、仏光寺は、当時の本願寺とは異なり、名帳・絵系図という聖なる呪物を与えてくれる、多数の参詣者にみたされた、物質性と可視性が充満した領域だったからということになる。だが、「生身之御影」、各種の名号・絵像という呪物、蓮如のような活動的な善知識、教義を触れ回る多くのイデオローグたちという、仏光寺を上回る物質性・可視性を蓮如が提供する時、法住は蓮如の方へ引き寄せられていったと解釈できる。このように『由来記』のような聞書は、後の叙述によって前の叙述が呼び戻され再解釈され、幾重にも折り重なった多様な解釈を生みだしていくテクストである。それは、死んだ言葉の羅列としてのテクストではなく、解釈を増殖し続ける生きたテクストなのである。

第一七条には面白い叙述がある。大谷本願寺に法住が「大夫」を伴って参詣した時のこと、「大夫」は大胆にも、本尊の脇に懸けられていた「无㝵光ノ本尊」を所望した。すると蓮如は意外にも、それに裏書を加えて「大夫」に下付してやったのである。この叙述によって、蓮如下付の「无㝵光ノ本尊」すべてに、かつて本願寺所用の本尊だったという伝承を付加し、本願寺の本尊と同等の聖性を付与することが可能になったといえる。これは、本福寺の无㝵光本尊の価値を相対化しかねない言説である。それゆえ第九条の叙述には、「本福寺ノウツボ字ノ无㝵光ハシル谷(=仏光寺)ノ光明ボンヨリハバ(幅)ヒロニヲタケ(御文)長ク、天下ニタグイナクコソアソバシケル」（六六四頁）という注記や、比叡山で説法をする法住を護った无导光本尊という〈歴史〉叙述が必要となるのである。そうした本福寺本尊の価値の下落の危険を冒してまで、第一七条の叙述を挿入するのは、本福寺の霊場説話を成立させるためにはどうしても霊場としての本願寺の価値を相対化しておかなければならないからである。

第一六条にあるように、「生身之御影」は、比叡山の圧迫によってさらに大津浜に移座される。その場所は、本福寺の門徒・道覚の道場の敷地内だったとはいえ、その道場は三井寺南院の末寺でもあったから、「生身之御影」は自己の聖域を確保しえたわけではない。第一八条は、大津に逃れていた蓮如と順如が、法住の病気見舞に堅田を訪れたという記事である。一七歳の法住の夢想に現われた法然・親鸞は、存如・蓮如の本福寺来訪、蓮如・順如の見舞という様式で、現実世界のなかに繰り返し出現してくるのである。だが、一旦はじまった「生身之御影」と蓮如たちの流浪はいつ終わるともしれない。

第二〇条「地下故実之事」は、応仁二年（一四六八）三月の、いわゆる堅田大責に関する叙述である。湖上海賊を働いたという理由で、堅田は幕府の命を受けた比叡山衆徒の攻撃を受ける(42)。「生身御影」は、これに先立って大津に移座されていたが、激しい攻撃にさらされた堅田の町並は全焼し、敗北した堅田衆は沖島に退去せざるをえなかった。「魔」の力によって、堅田は完全に壊滅状態に陥ってしまったのである。文明二年（一四七〇）一一月、多額の礼銭を叡山に支払って、堅田衆はやっとのことで還住を許される。この事件によって、堅田の社会構成に大きな変化が生じる。南北朝期以来、堅田で各種の特権を享受してきた「殿原衆」と、新興の商工業者と思われる「全人衆」との間の身分的差異が消滅してしまったのである。法住たち堅田門徒は、後者に属する身分であったと思われるが、その経済力を背景として莫大な礼銭を負担し、堅田還住に主導的役割を果した。「魔」の力により一旦灰燼に帰した堅田は、新しい堅田として蘇ったのである。それは、堅田という地方都市の通過儀礼の物語なのである。

第二四～二八条は、堅田というトポスの特殊性の叙述に割かれている。第二五・二六条には、地名起源伝承、鴨社の供御人としての自由通行権や湖上交通の支配権などの堅田の特権、地域社会の構成が記されている。第二七条では、「ソメドノノキサキ」（染殿后）、つまり文徳天皇后で清和天皇母であった藤原明子（八二九～九〇〇）の流謫の地であること、彼女が毎月十八講に田地を寄進したことを記している。第一六条には、堅田の地名に関する起源説話、天智天皇の皇子で、壬申の乱（六七二年）に敗北し大津京で自殺したとされる大友皇子が、実は堅田に流されて残りの生涯を送り、彼にまつわる地名が今も残されているという貴種流離譚が記載されている。第二八条は、六角氏との訴訟に関する叙述であるが、このような貴種流離譚を踏まえて、「カタタ（堅田）侍、俗性王ソン（孫）トムカシヨリ申ツタヘケル」（六七二頁）という言葉が挿入されることになる。零落したとはいえ天皇家に連なる貴人が居住していたからには、堅田住人は貴種の末裔、王孫に違いないというのである(43)。『由来記』は、献身的に本願寺や蓮如に帰依する法住を描写する一方で、その叙述の隙間に本福寺あるいは堅田の特権や優越性を書き加えることによって、本願寺の聖性を相対化しておくことも忘れない。

第二九～三三条は、後筆であるので考察の対象からははずしておく。第三五条には、文明三年（一四七一）、「魔」の力から逃れるために、蓮如は新天地を求めて越前吉崎に避難するほかはなかったことが記される。吉崎に下向する途次、蓮如は法住弟・法西の西浦道場に立ち寄るが、法西の息男・五郎次郎の同地に御坊を建立してはという申し出に、比叡山の方を眺めながら、「アレガチカイホドニ」といって断ったという。蓮如は、さらなる流浪の旅へと赴くことになるのだが、それはまた、蓮如にとっての通過儀礼でもある。法住も蓮如も共に試練を受けねばならない。第三七条は、河内国出口に新天地を見い出した蓮如が、同所でおこなった報恩講でのエピソードである。当時、「生身之御影」は大津・近松寺に安置されていたが、報恩講は出口で勤修された。

ここでは、本来不可分であるはずの親鸞像＝「生身之御影」と親鸞の忌日法要・報恩講とが分離されている。そして蓮如は後者の場にいる。法住は、報恩講参詣のため出口に赴くが、出口御坊を建立した空念は、「生身之御影」に参詣する方が先だと法住を戒める。それに対して法住は、御影ならどこにでもあるのだし、どの御影も同じなのだから、わざわざ「生身之御影」に参詣する必要はない、それよりも善知識＝蓮如の所へ参詣する方が大事だと反論する。この対話は、法住と空念との間で交わされた善知識と「生身之御影」との優劣に関する対論である。この論争に敗れた法住は、すごすごと堅田に帰っていくのだが、蓮如は、両者の対話を「御文」にしたためて法住に下付してやる。その「御文」（現存）の全文は『由来記』に収載されている。『由来記』には「御文」と記されているのであるが、それは、通常の「御文」のように真宗信仰の要点を記した仮名法語ではない。蓮如＝善知識ということに何の疑いももたない法住に、蓮如は、親鸞こそが善知識なのだから、「生身之御影」への参詣と報恩が重要なのだと記した「御文」を法住に下付してやったのである。

だが法住の誤解が生じたのも、もとはといえば蓮如・「生身之御影」・報恩講という真宗の聖なるものを代表する三者が分裂状態にあるからで、山科御坊の建立によってそれらが統合されれば問題は解決されるのである。山科御坊の建立は、それとともに、蓮如と「生身之御影」の波瀾に満ちた流浪の旅の終わりでもある。蓮如は、自らに課せられた試練の旅を経ることによって、「魔」の影響力の及ばない安穏の地をえることができたということである。第三九条は、山科御坊に祗候した法住と蓮如との間で取り交わされた、時刻を知るための香盤に関する、いささか滑稽ともいえる応答を記す。本願寺は、なにものにも煩わされることのない平和な自足した宇宙として完結したのだ。そんななかで、二人の老人が子供のように戯れている風景、それを記すことにより『由来記』は、そろそろこの物語が終局にさしかかっていることを暗示する。

三　『本福寺由来記』のコンテクスト（3）――自己完結する物語

ここまでの検討で、『由来記』は、真宗を救済の論理としてではなく、物質的・可視的に解釈しようとしていることがわかった。また法住と蓮如の言動は、それに根拠を与えるというコンテクストで叙述されていることも浮び上がってきた。そのような印象を与えておいて、『由来記』はその掉尾を夢想で締め括ろうとする。第四〇条は、文明十一年（一四七九）十二月の法住往生に関する叙述である。

　アル男、馬場殿（本福寺）ノ御本尊ヘ参、ヒザツキ坐ル処ニ御年五十余バカリノ御僧ウスズミゾメ（薄墨染）ノ御衣御ケサ（袈裟）御ジユズ（数珠）モタセタマヒテ、仏壇ヨリヲリタマフ。オガミ奉レハ御ユビ（指）ヲサシテアノタツミノ方ニアリ、御堂ニ仏入滅アルハ参リテオガメ（拝め）ト仰ケル。身ノケ（毛）イヨダチタフト（尊）キ間、参リオガミ申セバ、一間間中四方ノ御堂東ノ方ハザマカウシ（狭間格子）トミエ、ヨハヒ（齢）八旬ニアマラセ給フホドノ老、御クチビルヲアカセ給ヒ、東向ニモノニヨリカカリ給フヲオガムトスレバサ（覚）メヌ。（六七六〜七頁）

本福寺に参詣したある男が、夢想で「ウスズミゾメノ御衣」を着た貴僧から「仏入滅」の予告をされる。翌朝、本福寺に行ってみると、夢で見た「仏入滅」そのままの姿で座っている法住に出会う。法住は、釈尊の生まれ変わりであったということが、『由来記』の最後になって明らかにされるのである。ここでも第一・第二の夢想と同様に、「ウスズミゾメノ御衣」を着た貴僧が登場するが、その貴僧の名は明示されていない。仏壇から降り来たったことからすれば、阿弥陀如来自身（それは、往生した妙専尼かもしれない）の夢告ということなのであろうか。法住＝釈尊という叙述は、実在の人物を容易に仏・菩薩の化身と解釈してしまう中世社会においては、決して無謀な附会というわけではない(44)。これまでの夢想は、法住＝釈尊という秘事の伏線であったことが、最後の段階で明らかになるのだが、それによって、これまでのコンテクスト全体が顚倒してしまうことになる。蓮如でさえ一個の人間でしかない『由来記』の叙述のなかで、法住のみが仏の化身であるとするならば、真の善知識は法住であり、蓮如が法住を教化したのではなくて、法住が蓮如を教化したのだということになる。だから、蓮如の教化の言葉を『由来記』は一切記載しないのであり、法住だけが「魔」(＝比叡山)に対抗しうる言説の唯一の語り手として叙述されているのである。このテクストは聞書の体裁をとり、一見するとローカルなフォークロア風のいかにも説話的な言説が散りばめられているから、本福寺住持が、堅田の門徒衆に対して用いた唱導のテクストであるかのような錯覚をもってしまう。だがこのテクストは、本願寺の権威に拮抗するような、対抗的言説としての色彩を濃厚に宿している。

最後の第四二条「道幸夢相物語ノ事」は、後半を欠失しているので叙述の全体像はよくわからないが、『本福寺跡書』の叙述で補ってみると次のような内容となる。殺人を犯した男が、堅田大宮で救済を願う祈誓をすると、神が夢想に現われ、本福寺に参詣し真宗の教化を受けるように命ずる。その男は、本福寺に至り法住の子息・明顕の教化を受けて救済されるという物語である。「道幸夢想ノ事」は、中近世の物語によく見られる定型化した懺悔譚の一つのヴァリエーションにすぎない(45)。在所を放逐された主人公が、数々の苦難や聖地巡礼という通過儀礼を経ることによって、仏神の示現をえて往生を遂げるとか、在所に領主となって戻るとか、在所の神となって祀られるとかいった物語は、語り物としてもっともポピュラーなものである。だがこの物語は、諸宗に対する真宗の優位、本福寺の他寺院に勝る聖域性を物語る極めてイデオロギー性の高い言説となっている。イデオロギーとは決して論理的なものではなく、聞き手と語り手、聞き手同士が共有できる共通感覚、歓喜であれ悲嘆で

人文書院
刊行案内

2025.10

渋紙色

食権力の現代史
——ナチス「飢餓計画」とその水脈

藤原辰史著

なぜ、権力は飢えさせるのか?

史上最大の殺人計画「飢餓計画(ハンガープラン)」ソ連の住民3000万人の餓死を目標としたこのナチスの計画は、どこから来てどこへ向かったのか。飢餓を終えられない現代社会の根源を探る画期的歴史論考。

購入はこちら

四六判並製322頁　定価2970円

リプロダクティブ・ジャスティス
——交差性から読み解く性と生殖・再生産の歴史

ロレッタ・ロス/リッキー・ソリンジャー著
申琪榮/高橋麻美 監訳

不正義が交差する現代社会にあらがう

生殖と家族形成を取り巻く構造的抑圧から生まれたこの社会運動は、いかにして不平等を可視化し是正することができるのか。待望の解説書。

購入はこちら

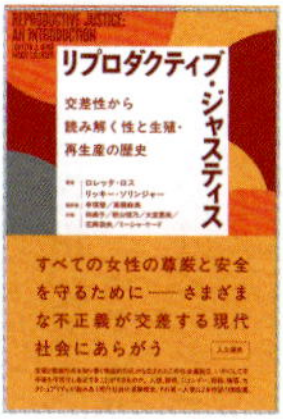

四六判並製324頁　定価3960円

人文書院ホームページで直接ご注文が可能です。スマートフォンで各QRコードを読み込んでください。注文方法は右記QRコードでご確認ください。決済可能方法:クレジットカード/PayPay/楽天ペイ/代金引換

〒612-8447 京都市伏見区竹田西内畑町9　TEL 075-603-1344
http://www.jimbunshoin.co.jp/　【X】@jimbunshoin
(価格は10%税込)

新刊

脱領域の読書
——あるロシア研究者の知的遍歴

塩川伸明著

知的遍歴をたどる読書録

長年ソ連・ロシア研究に携わってきた著者が自らの学問的基盤を振り返り、その知的遍歴をたどる読書録。

学問論／歴史学と政治学／文学と政治／ジェンダーとケア／歴史の中の個人

購入はこちら

四六判並製310頁　定価3520円

未来への負債
——世代間倫理の哲学

キルステン・マイヤー 著
御子柴善之監訳

世代間倫理の基礎を考える

なぜ未来への責任が発生するのか、それは何によって正当化され、一体どこまで負うべきものなのか。世代間にわたる倫理の問題を哲学的に考え抜いた、今後の議論の基礎となる一冊。

購入はこちら

四六判上製248頁　定価4180円

魂の文化史
——19世紀末から現代におけるヨーロッパと北米の言説

コク・フォン・シュトゥックラート著
熊谷哲哉訳

知の言説と「魂」のゆくえ

古典ロマン主義からオカルティズム、ハリー・ポッターまで—ヨーロッパとアメリカを往還する「魂」の軌跡を精緻に辿る、壮大で唯一無二の系譜学。

購入はこちら

四六判上製444頁　定価6600円

あれ、感性レベルの共通するイメージ、例えば物語を聞くといった一定の反復的行為によって教え込まれることにより、諸国を流浪する零落した道幸、本福寺で救済に預った道幸といった具体的イメージが鮮明に眼前に幻視されるというような、非論理的感覚によって支えられているのである。

またここには、本福寺住持こそが真の善知識というに値するという自負が書き込まれている。もうひとつ注目しておきたいのは、あれほど法住たちを苦しめた堅田の「魔」＝堅田大宮が、本福寺を積極的に支援する守護神へと変貌してしまっていることである。このように、本福寺こそが真の救済を約束してくれる聖地なのだという寺院縁起、それが『由来記』というテクストのもう一つの側面なのである。

蓮如と「生身之御影」は、遠国への流浪という試練を経ることによって、「魔」の影響力の除去と山科御坊という自己完結した救済の場を獲得した。一方、法住と本福寺も、釈尊がそうであったように、幾多の試練に耐えることによって、これもまた自己完結した救済空間（ミクロコスモス）として自立したのである。本福寺は自立しているが故に、鴨社や比叡山も、本願寺や蓮如も、近江地方の他の真宗寺院も、もはや必要としない。『由来記』は、上記のような二面性、外部世界から訪れるさまざまな人間（存如・蓮如・順如・実如・各地の門徒・染殿后・大友皇子たち）、寺院（高徳庵・仏光寺・比叡山など）・神（鴨社・貴船社など）・「魔」といった、真宗の教義からすれば不要なものまでも受け入れるような、包容力をもつテクストとして書き始められ―本福寺を草創した善道も外部世界からの来訪者である―、しかし、それらが自己の言説を十分に豊饒にしてくれた後は、それらを外部に排除して自らテクストを閉じてしまう。そんな排他性をもちあわせた二面的なテクストである。そして、堅田と外部世界の聖なるものとの出入口が夢想であったことを確認しておきたい。ここまでの考察は、はなはだ煩雑なものになってしまったが、それというのも、中世という時代の言説のもつ広がり、解釈が解釈を産みだしながら、新たな言説を創造していくプロセスを多少なりとも再現してみたいと思って、このような叙述法を取ったのである。その点をご寛恕いただいて、明宗のもう一つのテクスト、『本福寺明宗跡書』の検討に移ろう。

四　『本福寺明宗跡書』のコンテクスト（1）―隠されていること

『本福寺由来記』は、本福寺第五世明宗が、父・明顕から伝聞した、主として祖父・法住の言行に関する〈語り〉を記録した聞書という様式で記されていた。聞書とは、中世のテクストの主要な一様式で、実際に発話された言葉を忠実に記録しようとする覚書とは異質なテクストであり、書き手が〈語り〉を再現してみせる二次的なテクストである。書き手の解釈を織り込んだ聞書は、〈語り〉自体から離れていこうとし、独立した地位を要求しようとするし、書き手の解釈が入り込んでいるだけ、さらなる改変や削除・付加が可能な不安定なテクストでもある。『由来記』が、自己完結的なテクストとして自立しようとするとき、この聞書という様式の不安定さを排除し、つまり他の言説の入り込む余地を排除し、自己の言説を特権化しなければならない。

それゆえ明宗は、『本福寺明宗跡書』というテクストを付随させることによって、『由来記』に加筆・訂正が起こらないようにしようとする。『本福寺明宗跡書』という名称は、近代になって付されたものであるが、テクストの種類として分類すれば〈口伝〉ということになる。〈口伝〉は、聞書の言説は表層的なものが書かれているに過ぎないとし、相対化してしまうテクストである(46)。〈口伝〉は、本来聞書の一部のはずだが、「実は……である」という、秘密のヴェールを一枚ずつ剝ぎ取っていくような言説を積み重ねていくことによって、聞書とは異質な神秘性を獲得し、さらに荒唐無稽な言説へと逸脱していく傾向をもつ。中世の〈口伝〉といわれるものが、近年まで歴史家からも文学研究者からも無視され続けてきたのは、理由のないことではない。だが〈口伝〉は、元のテクストを相対化するとともに、元のテクストには記されていない要素を加味したり、まったく相反する叙述を挿入することによって、元のテクストにズレを生じさせたり、脱中心化していくような機能を与えられている。したがって、両者を比較検討すれば、自己完結的に自立しているかにみえるテクストと、〈口伝〉の荒唐無稽さとの相互作用によって意味が紡ぎだされていくという、中世における言説システムの全体像が俯瞰できるはずである。

『明宗跡書』に語られる出来事が、すべて虚構だというのではない。だが、『由来記』では隠されていた〈真実〉の暴露、本願寺が権力機構として成長していく時、本願寺一族が行使した暴力性を暴きだす『明宗跡書』という〈口伝〉を、聞書＝『由来記』と並存させることによって、『由来記』に書き込まれた父・明顕の〈語り〉は、本福寺の栄光の歴史を物語りながら、しかも隠された意味をも語り続けるという、二重の〈語り〉を重ね合わせた神話的テクストということになる(47)。つまり、本来本願寺一族の横暴ぶりも叙述すべきであったのだが、それは禁忌に触れることであり危険を冒すことになるから、表面的には叙述しなかったのだ。そのかわりに、本福寺の自己完結性、本願寺を必要としない本福寺という形で表現したのである、それが『由来記』というテクストに隠された本当の意味なのだという解釈を生み出し、『由来記』自体から導き出される解釈と並存していくのである。このように、聞書＝『由来記』と口伝＝『明宗跡書』という二つのテクストは、まったく異質な物語を語りながら、どちらが真実なのかということを問うことのできない、相互補完的なテクストとして共存しているのである。以下の『明宗跡書』の検討は、このようなコンテクストで読んでいこうとするものである。

『明宗跡書』は短いテクストであるが、さらに三つのテクストから構成されている。表紙には明宗の自筆で、「門徒役　六分一之事」「置文大法」「本福寺跡書」の表題が書かれている。現在同書は、まったく逆の順序で装幀されているが、本来は表題のような順序で装幀されていたのであろう。したがって、「門徒役　六分一之事」

の方から内容をみていくことにしよう。「門徒役　六分一之事」は、本福寺を運営していく上での門徒それぞれの負担について叙述したものである(48)。『由来記』が、教学や往生といった抽象的・不可視的なテーマに沿って真宗を描こうとするのではなく、あくまでも、実体的・可視的なものとして叙述しようとしていたことはすでに述べた。『明宗跡書』もまた、真宗を具体的・数量的なものとして叙述していこうとする。そこが、同時代に成立してくる蓮如の言行録とは大きく異なる点である(49)。蓮如の言行録は、一読すると蓮如の言動を素朴に描写しているようにみえるのだが、理想化された門弟と蓮如の間で繰り広げられる、無菌状態のようなコミュニケーションを仮構して、蓮如を優れた教化者、さらには仏・菩薩の化身であるかのように振る舞わせている。そのような、蓮如をカリスマとして描く神秘的なテクストは、蓮如の言説に対する絶対的帰依を要求する、極めてイデオロギー性の強いテクスト（あるいは聖教といってもいい）だといわざるをえない。『由来記』もそうだが、『明宗跡書』は、そのような言行録と競合する対抗的な言説としての性格が濃厚なテクストとして成立してきたものである。だが、蓮如の超越性・神秘性に対抗して、具体性・数量性、つまりモノとモノとの関係性を強調するとき、大きな問題に行き当たってしまう。たとえば、言行録のようなテクストは、本願寺と末寺・門徒との間の負担関係を、自主的な寄進＝懇志と名づけ、あるいは寄進する対象を「仏物」「如来聖人ノ御用」(50)と叙述することによって、真宗集団内部の身分的差異を曖昧にし隠してしまう(51)。モノとモノとの関係性を強調してテクストを構成すると、隠されていた差異が一挙に白日のもとに晒されてしまうのだが、一旦具体的・数量的叙述の側に身を委ねたテクストは、いかなる関係性も数量と交換関係によってしか表象しえないことになる。

五　『本福寺明宗跡書』のコンテクスト（2）――暴露と贖罪

次の「置文大法」は、そのような隠されていたものの顕在化というコンテクストを、別の側面から叙述した言説である(52)。短文ではあるが、末尾に天文七年（一五三八）二月の日付と明顕の証判が加えられている。その内容は、最初に善道より明顕に至る本福寺歴代の住持が、大谷本願寺譜代の門徒として絶えることなく奉仕してきたこと、また、存如より実如に至るまでの歴代の宗主が再三本福寺を訪れたこと、とりわけ、寛正六年の本願寺破却により、応仁年間には「生身ノ御影」が本福寺に移坐され、報恩講も同寺で勤修されたことなどが記されている。ここまでの叙述は『由来記』と大差はない。ところが、本福寺が心血を注いで本願寺の存続に寄与してきたにもかかわらず、蓮如の子息・「御一家」は、本福寺の門徒を自家の門徒にしようと企んだり、「二季ノ彼岸銭」「盆の御志」として、新たな金銭的負担を絶え間なく要求したことが記される。それに対して明宗は、いかなる理由があろうとも、そのような要求を受け入れてはならないと訓戒する。この叙述は、本福寺と山科御坊が、共に自己充足的な聖域（ミクロコスモス）として自立したという『由来記』のコンテクストを解体しかねないような叙述である。『由来記』のコンテクストのなかには、「御一家」の居場所は設定されていない、というよりも、『由来記』が扱う時代には、存在しなかったという方が正確であろう(53)。「御一家」（以下、一家衆と呼んでおく）は、『由来記』が編纂された時代以降に登場してくるのだが、一家衆の登場する別の舞台を構成し、そこで一家衆になんらかの役割を演じさせ、最後に堅田の外に排除するという操作をしない限り、『由来記』のユートピアは崩壊するほかはない。とはいっても、『由来記』に対する〈口伝〉であるからには、登場する人物や配役を大幅に変えることはできないから、『由来記』というテクストが閉じられてしまうまでに消滅してしまった、比叡山の「魔」あるいは「本弘寺大進」を、姿を変えて再登場させ、その役廻りを一家衆に割り当てるという叙述法をとるのである。つまり一家衆は、外在化・客観化された視線によって浮び上がってきた、銭貨に対する貪欲のアレゴリーとして、一身に貪欲の罪を担って登場してくるのである。それによって、道場坊主と商人を兼ねていた本福寺歴代住持の金銭への執着と、本願寺を守護するための聖戦とはいえ、武士として数多の殺戮を犯してしまった罪までも一家衆に背負わせて、本願寺や本福寺といった救済空間の圏外へ放逐してしまおうというのである(54)。

続いて、法住の奉仕と寄進に対して蓮如より下付された、本福寺に現存する法宝物、親鸞蓮如連坐像・无㝵光本尊・御絵伝などについて記される。これも、『由来記』の叙述と異なることはない。だが、堅田惣中の共有財産として、住持や惣中の恣意によって譲渡・売買してはならないという規制が記されている。また、一家衆のさまざまな要求を拒絶したために、宗主に讒言して「御勘気」に処すと脅され、「御影」「御伝絵」を寄進すれば報復しないという甘言を囁かれたとしても、決して法宝物を一家衆に渡してはならないと警告している。一家衆のいかなる恫喝に会っても、法宝物を決して手放してはならないというのが、実質的な「大法」の内容である。在地の慣習法である「大法」が、一家衆の貪欲を排除する役割を担うイデオロギーとして登場していることに注意しておこう。

次の「本福寺跡書」は、主として永正六年(一五〇九)の明顕死去以降の出来事を明宗が収集したもので、これも末尾に天文七年正月の日付と明宗の証判がある。日付からすれば、「置文大法」よりもこちらの方が、わずかだが早い成立ということになる。なお「本福寺跡書」という名称は、明誓の著作と同一名称であるので紛らわしいが、原本にある名称なのでそのまま用いることとする(なお明誓の著作は『本福寺跡書』と表記し、区別しておく)。以下の「本福寺跡書」は、『明宗跡書』のなかの同書のことである。ところで、「本福寺跡書」は決して『由来記』の補遺というようなものではない。それは、「置文大法」の叙述を詳細にしたような、一家衆、とりわけ蓮如第六男・近松顕証寺蓮淳の非法と、それによって呻吟する門徒衆の惨状を暴露するような言説で満たされている。それは、「置文大法」の注釈といってもよい。

蓮淳の非法は、彼が大津・近松より堅田に移住してきた永正一五年(一五一八)より始まる。蓮淳は、その前年より彼の生計費の負担を本福寺明宗・明誓父子に要求していたのだが、この年さらに、二季彼岸銭・盆御志の上納を要求しはじめる。山科御坊が創建されるまでは、近松御坊を本願寺の代りとして本尊・親鸞御影を安置し、本寺の機能を代行させていたから、本福寺も近松御坊に、本寺に対する志納銭として二季彼岸銭・盆御志を納入していた。だから山科御坊建立以後は、顕証寺に対するそれらの負担は必要ないのであるが、以前からの慣例と称して蓮淳はそれらを要求してきたのである。しかし本福寺側は、顕証寺の門徒ではないという理由で上納を拒否する。顕証寺の門徒となることを拒否するのは非礼だとして、蓮淳は侘び状の提出を要求する。念の入ったことに蓮淳は、侘び状の下書きまで送ってよこし、この通りに書けと命ずるのである。さらに蓮淳は、明宗たちが新在家御坊(法住の寄進)の寺物を盗用したとして、当時まだ五・六歳にすぎなかった明誓にまで侘び状を要求したという。本福寺は、それでも「盗を仕りたらば腹をきらせられ候へ」(六八六頁)とまでいって果敢に抵抗していく。だが、状況を十分に理解できず、弁舌の才能もない本福寺門徒の「としより衆」のなかには、中村・願了、衣河・浄念のように、蓮淳の「誤とかきあげたらバほとけ(仏)になさう。かかずバ地獄へおとしたまはん」(六八六頁)という脅しに、泣く泣く承服するほかはなかったという。

蓮淳の使者の役割を果したのは、商業的(湖上通交権など)にも宗教的(門徒の獲得競争など)にも本福寺と対抗関係にあり、いつも本福寺の地位下落の機会を窺っていた近隣の門徒衆・坊主衆であった。『由来記』第一九条に、「東近江衆堅田法住ハ、イカニモ仏法ノ義サホドシカジカトナク候」と評したと記される「東近江衆」もそれに加担していた―後には、彼らも本福寺と同じ憂き目にあうのだが。「本福寺跡書」の叙述は、本願寺と本福寺という二つの聖域の外部にうごめく「魔」の働き、信仰でも献身でもなく、利害関心のみによって動かされている人間として蓮淳を描こうとする。堅田の住人もかつては、利害関心によって行動していた。しかし、本願寺を守護するために蒙った堅田の炎上と流浪という贖罪によって、彼らは免罪されたのだ。明宗は、ここではあらゆる罪を蓮淳に背負わせて追放するという神話的手続きによって、彼らの聖域を守ろうとする。明宗のテクストのなかで追放され、あるいは地獄に蹴落とされたのは、明宗や本福寺門徒ではなくて蓮淳の方なのである。現実に何が起こったのかではなくて、何かが起こった時、それをどのようにして切り抜けるべきなのかを物語るテクストを作成すること、そのことの方が重要なのだ。隠されているのは、実はそのことなのだ。

ここで時代は、近松に御坊が建立された文明元年（一四六九）に戻される。そして、蓮淳の非法な要求を許すことになったのは、本福寺門徒衆の判断の誤りが災いしているのだと明宗は記す。本福寺が近松御坊で負担していた頭役（御坊に出仕し、儀礼を主催する義務）は、山科御坊が完成した文明一一年以降は、山科御坊で勤めるべきであった。だが、本福寺の門徒たちは、巨大な寺院となった山科御坊に対する奉仕は、負担の増加になるだけだと考え、宗主・実如に対する奉仕も、その兄・蓮淳に対する奉仕も価値は等しいと主張して、山科での頭役を忌避してしまう。目先の利害に動機づけられた貪欲さが、蓮淳の横暴を許してしまう結果を生み、さらに本願寺奏者・下間氏の不興をもかってしまうはめになるという、より大きな損失を招いてしまったのだと明宗は告白するのである。再び堅田衆は、利害関心による貪欲の罪を犯してしまったのだ。彼らの罪が、蓮淳という「魔」のアレゴリーを呼び寄せてしまったのである。

『由来記』が、編年体の叙述様式をとりつつ、後の叙述によって先の叙述を顛倒してしまうという形式を取っていたの対し、「本福寺跡書」では、結果を先に明示しておいて、後から時代を遡ってその原因を叙述するという方式をとる。『由来記』の叙述法では、後の叙述によって先に記した出来事に別の解釈が与えられ、それに続く叙述によって、さらに別の解釈が生まれるというように、幾重にも解釈が重層していく。だが、「本福寺跡書」の叙述法では、ただ一組の原因と結果しか成立しない。しかも、非法を暴露するような言説が執拗に繰り返されていくから、その意外さに目を奪われた読者は—現代の読者も同様に—、他の解釈の可能性に思いを巡らすような余裕もなく物語のなかに引きずり込まれてしまうこととなる。度重なる蓮淳の非法の叙述は、『由来記』のなかの蓮淳の父・蓮如や弟・実如、そして本願寺の絶対性に亀裂を生じさせるから、結局、蓮如や本願寺の至高性・超越性は相対化されざるをえない。逆に、本福寺の聖域性や釈尊の化身として命がけで真宗を護ろうとする法住のイメージが、聞き手や読者に残像のように印象づけられることになる。

『由来記』の叙述、本福寺の聖地としての自己完結性が揺らぎ疑われるのは、当時の本願寺周辺で生産されていった、蓮如を神格化するような言説が真宗集団のなかに浸透していき、『由来記』の叙述を凌駕してしまう場合である(55)。それによって、『由来記』が作り上げた本福寺の聖域性は、壊滅的な打撃を受け、代りに救済者としての蓮如が、したがって蓮如の権能を継承したとみなされる本願寺の宗主が、本福寺の頭上に君臨することになる。神格化された蓮如のイメージによって、本福寺の聖域性が侵蝕されることを排除する方法が、蓮淳の非法を繰り返し暴露する叙述なのである。蓮如を直接批判する叙述は、蓮如に帰依した法住と彼が下付された法宝物の価値を下落させてしまうという結果しかもたらさない。真宗寺院にとどまる限り、このアポリアからは逃れられないのである。

結局、さまざまな口実を立てて讒言する蓮淳によって、明宗は三度の「御勘気」に会うはめになったと「本福寺跡書」は記す。ただし「御勘気」は、まもなく実如が実情を知るに及んで赦免されるのであるが。この「御勘気」は、本福寺門徒衆の犯した貪欲の罪の贖罪なのである。蓮淳の執拗なまでの経済的要求と法宝物に対する執着は、同じ出来事を表現を変えて繰り返し叙述するという手法によって、実際以上に強調されているのであるが、それでも、聞き手や読者に恐怖を植え付けるような感覚を喚び起こさないではおかない。また、「法住まで八存如上人様・蓮如上人様御座敷にて、御相伴ながら御前をもちてまいり候御事にては候」(六八七〜八頁)という、過去にはユートピア的といってもいい程の親密な師弟関係が実在したかのような印象を読み手に与えておいて、それとは対照的な苛酷な現実への零落という〈歴史〉を物語るという手法も用いられている。

もし、宗主と門徒たちの同席・饗食といった光景が、当時の門徒たちが抱いていた浄土のイメージ(神々との同席・饗食といった宮座的ユートピアが横すべりした)だとしたら、まさにそれは極楽と地獄との落差に匹敵するのであろう。「誤とかきあげたらバほとけになさう。かかずバ地獄へおとしたまはん」という蓮淳の恫喝に、声を挙げて泣いてしまうほかはなく、結局、侘び状を書いてしまった中村・願了と衣河・浄念に同情し、蓮淳の横暴ぶりに憤慨しながらも、われわれは、どこかで彼らの無知を嘲笑っているのではないか。しかし彼らの浄土のイメージが、それほどまでに具体的で日常的に経験できる、手の届くようなものとしてあったとするならば、もはや彼らを笑うことはできない。われわれは、浄土を限りなく抽象化・非日常化し、知識や思考の対象とし、実体としての浄土を放棄しているから彼らを笑えるにすぎない。彼らの現実と浄土との間には、ほんの僅の距離しかないのだ。彼らは、まさに本福寺という浄土で、阿弥陀仏の化身=蓮如と共に居た。だが、「魔」の手が彼らをそこから追い出そうとしている、その悲運を彼らは泣いているのである。

蓮淳の悪行ぶりは、さらに果てしなく続いていく。だが、叙述される時代は、蓮如の在世中に堅田・新在家御坊が建立された明応五年(一四九六)、「本福寺跡書」冒頭の叙述よりもさらに遡る時代へと戻される。完成した新在家御坊を、蓮淳は自坊に横取りしようと、実如に対してさまざまな画策をなす。そんな頃、当時山科御坊に居住していた蓮如が、堅田に下向することになるが、新築された新在家御坊には目もくれず本福寺を訪れ、歳がもう少し若ければ堅田に居住したかったという感慨を吐露する。新在家御坊を獲得しようとする蓮淳の画策は、一時的には成功したようにみえたが、永正二年（一五〇五）に至って、実如の所望により山科御坊に寄進せざるをえないはめとなり、見事に失敗してしまう。同四年六月、本願寺と同盟関係にあった細川政元の暗殺事件が起こり、実如は、親鸞御影とともに堅田・新在家御坊へ避難してくる。それより同六年一一月までの二年余りの間、親鸞御影は堅田にあり、同地で報恩講が勤修されることとなる、あたかも法住の時代が再現されたかのように。その間の同六年一〇月に起こった出来事を、「本福寺跡書」は次のように記す。

同六年〈蓮如上人御往生十一二年ゾ〉十月十六日寅刻、明顕歳六十五。堅田御坊御堂の御開山正面の御障子へころびかかり、はや人の請こたへもなくして、同十八日の卯の刻ニ、いきたゑ（絶え）あひおわりぬ。同年十一月十九日に、御開山様山科へ御帰寺の御事なり。御座之間ハ、明顕・我等（＝明宗）・猿千代（＝明誓）までちうや（昼夜）のへだてなく、御番を大事にかけ申仕る身になされ申事、今世後世願、本懐満足、何事か是にしかんや。（六八九頁）

身命を投げうって親鸞御影への奉仕に励んできた明顕は、御影が山科に帰還しようとする直前—すでに実如は、山科に戻っていた—、法住命日の一六日に堅田御坊に安置されていた親鸞御影に身を投げ出すようにして倒れ、存如命日の一八日に息を引き取ったのだ—『由来記』のコンテクストに従って解読すれば、明顕は法住と同様に釈尊の生まれ変わり、あるいは存如の化身だということを暗示していることになる—。「生身ノ御影」がある場所、それはまさに浄土そのものに違いない。明顕は、堅田が浄土である間にそこで死んだ、いや死のうとしたといってもいい。中世の騎士たちは、死を受け入れるべきだと思ったとき死んだ—もちろん自殺ではなく—というフィリップ・アリエスの言葉(56)を、われわれは容易に受け入れられないかもしれない。そうだとしても、『明宗跡書』というテクストが、明顕の死を超自然的な死であると物語ろうとしているという解釈は、決して不当な解釈ではない。死は、けっして自然な現象ではなくて社会的な出来事だからだ。

当該の社会が、死をどのように受け入れようとし、いかに語ろうとするかによって、死とはいかなるものであるのかが決定される。浄土が、極めて現実的で具体的なものと感覚されていたとするならば、往生もまた、誰もが知っている現実の場所で、誰もが視認できるような現象として起こるはずだ。そんなコンテクストに沿って『明宗跡書』は明顕の往生を叙述している。法住は、『由来記』で釈尊の生まれ変わりとして叙述されていた。しかし、それでは法住の死は、カリスマとしての特殊な死でしかなく、他者と共有できる死ではない。それに対して明顕の死の様式は、だれにでも起こりうる、社会が共有しうる死である。各地に下付されていた親鸞御影が、本願寺の「生身ノ御影」に劣らない価値があるのなら、明顕の死の様式は、各地の門徒が模倣することが可能な死の様式ということになる。それゆえ、この『明宗跡書』の明顕の死に関する叙述は、真宗集団の死の様式に関する神話的物語といえる。蓮淳が、門徒が所有していた親鸞御影などの法宝物を、執拗に奪い去ろうとしたという言説は、単にモノとしての法宝物を奪うということ以上に、門徒の間で維持されていた、浄土や往生は現実的で具体的なものであるという神話の破壊者として彼を描こうとしていることを意味している。

このテクストが、ある種の神話を物語ろうとしているならば、蓮淳の非法に関する叙述もまた、神話的叙述ということにならざるをえない(57)。つまり、このテクストは、蓮淳が現実におこなった行為を忠実に記録したテクストではないということになる。このような神話が破壊され、在地の住人から奪い去られる原因、「魔」のアレゴリーとして蓮淳という記号が使用されたということになる(58)。蓮淳の横暴という叙述を現実の反映とみなし、歴史的〈事実〉として再構成するのが歴史家の仕事であるが、そのようにして叙述された〈歴史〉は、今日の歴史家の一解釈にすぎない。それだけが唯一の解釈ではなくて、他にも解釈の仕方はいくらでもあるというのが、私の解釈の方法である。

これに続くのは、法住の時代の本福寺門徒たちの所役についての叙述である(59)。門徒たちは、本福寺へ春秋の彼岸銭、盂蘭盆銭、毎月一八日の存如命日、毎月一〇日の妙専尼命日(「御念仏」)、歳末の本尊・親鸞御影への供物を分担して寄進していた。大谷本願寺へは、彼岸銭、毎年五月二八日の御頭役、御堂御番役、報恩講役、御門御番役を負担したことが記される。しかし、年を経るごとに本福寺は疲弊していき、逆に一家衆は、いよいよ富裕になっていったという嘆きが語られる。天文元年(一五三二)六角氏等により近松顕証寺が焼かれ、ついで本福寺も被害を受け、ついには山科御坊が破却されると、明宗・明誓父子も大坂御坊に退去して防戦を続ける。天文五年、伊勢・長島に難を逃れていた蓮淳が大坂に戻ってくる。そして、また例のごとく門徒追放をちらつかせて本福寺を脅迫し、経済的負担を要求するのであった。

そこには面白い叙述がある。蓮淳は、数百通に及ぶ侘び状を本福寺の門徒たちから徴収し、それを事ある毎にちらつかせて、彼の経済的要求を押し通そうとしたのであるが、明宗はそれに対して、過去の赦免の例を挙げて反論すればいいといっている。また、「公事沙汰者、既早一年相すみ落居の間、仰らるる御方は有問敷といへども、何をも御存知なき御代証文有などとあらんそのとき、此理を申ひらくべきものなり。いかにかたた(堅田)に御座候御坊なれバとて、筋目なきにおいては、仰らるる事は、よもあらじと存ずる処也」(六九〇頁)と記している。つまり、明宗は侘び状という文書よりも、実如が赦免したという先例の方が効力があるといっているのだ。また、公事の未納については、一年間は請求できるが、それ以降は請求権が消滅するともいう。それは堅田の慣習法(つまり「大法」)であるから、ほとんどの人々は知っており、問題は起きないであろうが、もし知らない人(本願寺一族の)がいれば、それが慣習法である事を説明すれば済むことであるという。いかに一家衆という身分の人であっても、堅田に住んでいる限りは堅田の「大法」に背くことはできないというのである。

先にみた「置文大法」は、一家衆に何といわれようとも、けっして法宝物を寄進してはならないという本福寺寺内の掟を書記化したものである。それを歴史的（実は神話的な）叙述へと敷衍した「本福寺跡書」では、本福寺寺内の「大法」は在地の慣習法に一致していることを物語ろうとする。堅田御坊のような在地の御坊もまた、在地の慣習法に従わなければならないから、本福寺内部の「大法」も尊重されなければならないという、明宗からみれば至極当然な主張が展開されているのである。在地の慣習法の上位には、さらに、蓮如が「御文」に叙述したような「王法」があるはずであるが、『明宗跡書』にはそれへの言及はない。明宗が「王法」という概念を知っていたか否かについては判然としない。だが、六角氏との訴訟に関して登場する、『由来記』第二八条の「カタタ侍俗性、王ソン（王孫）ト、ムカシヨリ申ツタヘケルコトハリ（理）」（六七二頁）という王孫神話が、他者の支配を排除するための対抗言説として有効であるという認識があったことは確かである(60)。王孫神話が有効に機能している場では、「王法」という概念は機能しないといえる。王孫に伝承されてきた慣習自体が至高の「法」であって、その外部に「法」は存在しえないからである。

ここで付言しておくと、真宗が一神教的性格を強めていけば、真宗信者は、唯一の支配者・阿弥陀仏に隷属する人格という性格をもたざるをえない。そうであるならば、蓮如の『御文』にしばしば叙述される「一心ニ弥陀ニ帰命」とか「一向ニ弥陀如来ヲタノミタテマツリテ」といった言葉は、阿弥陀仏に対する一方的な従属関係に立つことを要求していることになる。ところが、蓮如言行録に記されるように、蓮如が阿弥陀仏の化身であるという教説を受け入れるならば、真宗教義を現実的・実体的に捉えようとする明宗たちの視線からすれば、実在する本願寺宗主を阿弥陀如来と認定し、それに無条件に従属しなければならなくなってしまう。つまり、『御文』のなかの「タノム」という言葉を、依存とか依頼といった意味ではなくて、本願寺宗主を主人として、それへの絶対的な服従関係を意味する言葉として受容することになってしまう。そうなれば、本福寺の聖域性、本福寺住持のカリスマ性、地方の真宗寺院の自立性を放棄しなければならなくなる。それゆえ「本福寺旧記」の各テクストは、非真宗的要素を堅田の伝統や慣習として多量に挿入し、自立した聖域としての本福寺の神話的起源を物語ろうとするのである。しかしながら、本願寺からの相対的な独自性を確保するだけでは、戦国期という時代に生き残ることはできない。本願寺以外の権力機構に組み入れられることも可能な限り排除する必要がある。王孫神話は、彼らの聖域と自立性を、権門寺社や世俗的な権力機構―彼らも独自の神話的起源をもち、それに支えられている―から守るための神話的起源を物語る言説として必要だったといえる。

ところで永正一五年の「御勘気」は、同一八年に実如によって赦免されるのであるが、その時実如は、「頸をきられ腹をバきれ共、加様にはか（書）かぬものぢゃに、かいたよな、めづらしいしやう（仕様）ぢゃ」（六八七頁）と述べたと「本福寺跡書」は記す。実如のような都出身の知識人には、書記言語や文書の方が、音声言語や慣習法を上回る強制力をもつのだが、明宗たちにとっては慣習や先行事例や神話の方が、書記言語よりも上位の価値をもっていたことが主張されている。蓮如・実如・蓮淳の言動が、明宗の書き著わしたテクストのなかで、時として苛酷であったり滑稽であるのは、両者の間の言語文化の相違に由来しているからであるとみることができる。

六　テクストのイデオロギー

モノの実在性に限りない信頼を寄せる明宗も、こと言語に関しては、言葉を物質化した書記言語や文書を信頼していない。明宗は、『本福寺由来記』や『本福寺明宗跡書』を記しているのであるから、読み書き能力をもたなかった当時の一般の人々とは異なり、書記言語を叙述し操作できないわけではない。それにもかかわらず、上記のような書記言語に劣った地位しか与えないのは、話し言葉というものは単なる記号ではなく、ある種の神秘的な霊力をもつものだという認識をもっているからである。話し言葉＝〈声〉が、神秘的な霊力をもつという彼の認識は、文字はその影のようなもので、文字自体が霊的な力をもつわけではないということを意味する。われわれが日常的に行っている言語行為は、長期間（歴史的にも個人的にも）にわたる〈読む〉〈書く〉という訓練を経てはじめて獲得された近代の技術なのである(61)。〈話す〉〈聞く〉という音声言語を、コミュニケーションの主要な手段とし、書記言語に重要な価値を与えていない社会の人々にとって、文字を〈書く〉〈読む〉という行為は、音声言語の規則によって規制されるとみなされる。話し言葉が、その場限りの音としてしか存在できないように、文字もまた、見る時にのみ出現する一過性のものにしかすぎない。書記言語によって読み手に喚起された過去に起こった出来事のイメージは、真正の実在として読み手の記憶に残るのだが、それは、伝承を〈聞く〉ことによって喚起されるイメージと等価なのである。読み手のなかに形成されたイメージ自体に価値があるのであって、読んだテクストに価値があるのではない。

それにもかかわらず、聞書や口伝が保存され継承されていくのは、正統な伝承の語り手を明らかにするためである。〈語る〉という行為は、誰にでも可能なのであるから、一体どれが正統な〈語り〉（ラング）で、どれが不法な〈語り〉（パロール）なのかの区分が判然としない。ある社会集団のなかでは、語り手としての役割を持つ者は明確に固定されている。だが、社会の外部から〈語り〉を持ち込む者もいるし、また、彼らの〈語り〉が内部の〈語り〉を多彩にしたり、価値を高めたり、内部の〈語り〉と外部の〈語り〉をつなぎ合わせて、新しい〈語り〉を創造していくのに役立つ場合もある。しかし、いかなる〈語り〉であれ、〈語り〉自体は外部の〈語り〉を導入したとか、変化を蒙っているとはいわないのであって、テクストからあらかじめ外部の影響力の痕跡を排除した上で、始原の〈語り〉が変ることなくそのまま伝承されたと主張するのである。同一の社会集団内部では、このルールが暗黙の内に承認されており、それに対して異義は唱えられないから、内部の誰かがそのルールを破壊しようとしない限り問題は起きない。だが、外部に対して正統性や有効性を最終的に保障してくれるのは、〈語り〉の内容ではなくて、語り手が正統と主張できるようなテクストを所持しているか否かなのである。書かれている内容が重要なのではない。上記の例でいうならば、ある社会の内部では慣習法とその現実的効果は誰もが知っているのであって、ことさら叙述する必要はないのであるが、別の慣習法をもつ他の社会集団との軋轢が起こったとき、自己の慣習法の正当性、由緒の正しさ、起源の古さを主張することが必要となるために、その慣習法の神話的起源に関するテクストが社会集団によって保存されるのである。明宗は、そのようなテクストの書き手なのだが、その内容自体は、彼が父・明顕から聞き、記憶しているはずだから、備忘のためのメモ程度のもの以外は、明宗自身が聞書あるいは口伝という様式のテクストを作成し所有する必要はない。堅田という社会の内部では、毎年の慣習として、「門徒役　六分一之事」さえ守られれば、「大法」と『明宗跡書』に記された構成員の義務は果されるはずだから、それをわざわざテクスト化する必要はない。聞書と口伝は、堅田という社会集団が、あくまで外部に対して所持する必要があるのである。寺院縁起として自己完結しているかのような『由来記』と、真相を暴露する口伝のような「本福寺跡書」というテクストの相矛盾する二面性は、内部世界（堅田と本福寺）という救済空間の自立性、それと、外部世界の「魔」の手による自立性崩壊の危険とその排除の方法（「大法」）、これら二つの関係を、二つのテクストとして叙述した結果である。

同一人物が編纂した『由来記』の叙述からは予想だにしなかった、『本福寺明宗跡書』の本願寺一族や一家衆の悪行が息もつかせぬ勢いで暴露される叙述に、今日の研究者は面食らい圧倒されてしまう。今日の多くの研究者はこのような叙述から、蓮如以降の本願寺で進行していった本願寺一族の特権化と教団の中央集権化を読み取ろうとする。しかし、そもそもこのテクストの当時の読者は不在なのである。つまり、書かれた内容を知らなければならない人物は、その内容をすでに聞き伝えているのであり、知る必要のない人物は、強いて読む必要のないテクストなのである。それとともに、その内容自体は、神話的叙述の様式で書かれているので、決して〈事実〉の反映ではない。今日、これらのテクストから何かを読み取ろうとする時、無自覚のうちに今日的な視線から解釈してしまう危険性を孕んでいることを忘れてはならない。

おわりに

ここまでの私の叙述に、読者の方々のなかには違和感をもたれる方も多いかもしれない。たとえば明宗は、『明宗跡書』に書かれた時代を生きていたのだから、そこに書かれていることは、彼自身が体験した〈事実〉と考えてもいいのではないか、そう考える人もいるだろう。しかしテクストというものは、明宗自らが体験したことの叙述であっても、戦国期という時代の社会的コンテクストに沿って書かれる。だが、それが今日のわれわれの生きている時代の社会的コンテクストと同一だというわけではない。われわれが、『明宗跡書』というテクストを読む時、テクストの外部から、他者として眺める視線に慣らされているから、いつ、どこで、誰が、何を、という客観化された視線から書かれた叙述として『明宗跡書』を読んでしまいがちである。しかし、そのような視線を、明宗もまた共有していたのだろうか。もし同一の視線を共有していないとするならば、客観化された視線から導きだされる光景は、われわれの解釈ではあっても、明宗の見ていた光景とはおよそ異なったものということになる。われわれの時代が、明宗の時代の視線を取り戻すことができるかといえば、それはかなり困難なことに違いない。むしろ、われわれのすべきことは、われわれ自身が、どんな社会的コンテクストによって過去のテクストを読み取ろうとしているのかを、真剣に考えてみることである。私たち自身とその社会の視線をもう一度客観化して見直してみること、フランスの社会学者、ピエール・ブルデューがいうように、〈客観化の客観化〉をしてみること、それこそが困難ではあるが今日緊急に必要とされる視線であるといえる(62)。

ここまで書いてきたように、明宗は、神話的なコンテクストで本福寺の〈歴史〉を物語ろうとしていた。そのような彼のまなざしは、音声言語の文化に属する視線が捉えた現実を、書記言語を用いて叙述するという方法から生まれた視点である。あるいは、中世社会の説話・物語・聞書・口伝といったテクストの特色、現実を仏神の働きによって起こった、社会に周知され類型化された現実として再構成し叙述するという、独特の言語文化の影響下に生まれたテクストだといっていい。ある時代を外部の視点から、しかもかなり遠い距離を置いて鳥瞰するというのは、われわれの時代に特徴的な視線ではあるのだが、そのような視線を所有することによって、明宗に見えたものと見えなかったものの双方が見えてくるかもしれないのだ。

テクストとは、それ自体に意味が隠されているのではなくて、解釈によって意味が生産される場なのだから、たとえば明宗のテクストをもとに、その子・明誓が編纂した『本福寺跡書』も明誓の解釈を経たテクストであるし、本稿もまた、それと同様に明宗のテクストを解釈したテクストであるという意味ではなんら相違はない。テクストとは、そのように解釈の積み重ねなのである。明宗の見た〈現実〉というのは、彼が起こったと考えたことなのであり、想像不可能な〈現実〉などというものは存在しない。われわれが、明宗の残したテクストを分析して抽出できることもまた、われわれの想像力の範囲内で起こりうると予想できることだけなのだ。そのことを十分に認識してテクストを分析し、新たな解釈の可能性を摸索していくならば、それは、われわれが今生きている日常的な〈現実〉に、新たな解釈を加え、新たな〈現実〉を創造していく力を与えてくれるに違いない。明宗がテクストを生みだしていくことによって獲得したもの、彼と私は同じ可能性を共有できるのであり、私の〈読み〉の目的もそこにあるのだ。

《註》

（1）テクストとして歴史史料を解読することについては、ドミニク・ラカプラ『思想史再考―テクスト、コンテクスト、言語』（山本和平・他訳、平凡社、一九九三年）第一章参照。テクストと歴史叙述の関係を多角的に論じたものに、ピーター・バーク編『ニュー・ヒストリーの現在―歴史叙述の新しい展望』（谷川稔・他訳、人文書院、一九九六年）がある。〈歴史〉とは何かという問題については、西谷修『世界史への臨界』（岩波書店、二〇〇〇年）が参考になるだろう。

（2）中世の本福寺については、千葉乗隆『本福寺史』（同朋舎出版、一九八〇年）、神田千里『一向一揆と真宗信仰』（吉川弘文館、一九九一年）第三「蓮如の活動と本願寺教団の発展」参照。

（3）拙稿「戦国期の真宗と歴史叙述―『本福寺跡書』をめぐって」（『蓮師教学研究』第七号、探究社、一九九七年）、本書第五章。

（4）『由来記』がいかなるコンテクストで叙述されているのかについては、本稿以前の拙稿、「戦国期真宗寺院の神話と現実―『本福寺由来記』のコスモロジー」（『蓮師教学研究』第六号、探究社、一九九六年）で検討してみたことがある。本稿は、それと重複する部分もあるが、『由来記』のコンテクストについて再考し、さらに『明宗跡書』との比較を試みたものである。なお、視点は異なるが、「本福寺旧記」を詳細に分析した研究として、神田千里『一向一揆と真宗信仰』第三章がある。本稿に引用する『由来記』の条文の番号は、神田・同書一四八～五一頁の条文番号と一致させてある。

（5）野家啓一『物語の哲学―柳田國男と歴史の発見』（岩波書店、一九九六年）参照。

（6）菊地仁「口伝と聞書」（本田義憲・他編『説話の講座』2、勉誠社、一九九一年）参照。

(7) 中世の近江地方における禅宗寺院の展開については、竹貫元勝「中世近江における大徳寺派の展開」(北西弘先生還暦記念会編『中世仏教と真宗』、吉川弘文館、一九八五年)参照。

(8) 以下の「本福寺旧記」からの引用は、堅田修編『真宗史料集成』第二巻(同朋舎出版、一九七七年)所収本を用い、引用した頁数を末尾に記載しておいた。なお、千葉千隆編『本福寺旧記』(同朋舎出版、一九八〇年)所収の影印本及び翻刻を適宜参照した。読みやすくするために、一部表記を改め括弧内に漢字を補った(以下の引用史料も同じ)。

(9) 思想史上における夢の意味については、池見澄隆「〈夢〉信仰の軌跡」(同『増補改訂版　中世の精神世界―死と救済』、人文書院、一九九七年)参照。

(10) 「絵系図」については、西口順子「中世後期仏光寺教団と村落―近世湖東地域を中心に」(浄土真宗教学研究所・本願寺史料研究所編『講座　蓮如』第四巻、平凡社、一九九七年)参照。

(11) レヴィ＝ストロースは、そういった神話的言説の構成法をブリコラージュと呼んだ。クロード・レヴィ＝ストロース『野性の思考』(大橋保夫訳、みすず書房、一九七六年)参照。

(12) 大隅和雄「女性と仏教―高僧とその母」(『史論』36、一九八三年)参照。

(13) 三谷邦明『物語文学の言説』(有精堂、一九九二年)参照。

(14) 堅田修編『真宗史料集成』第二巻所収。

(15) この夢想についての論考に、伊藤唯真「蓮如と知恩院―文明一九年の夢想をめぐって」(浄土真宗教学研究所・本願寺史料研究所編『講座　蓮如』第四巻)がある。

(16) 仏神からの「授かり子」「申し子」については、伊藤千世「「申し子譚」の構造」(『愛知淑徳大学　国語国文』第一二号、一九八九年)、美濃部重克「申し子譚の構造」(『国文学　解釈と鑑賞』第56巻10号、一九九一年)参照。

(17) 歴史叙述における始原については、前田雅之「説話と歴史叙述―平安期説話集の歴史叙述をめぐって」(本田義憲・他編『説話の講座』1、勉誠社、一九九一年)参照。一般的な始原の問題については、エドワード・サイード『始まりの現象―意図と方法』(山形和美・他訳、法政大学出版局、一九九二年)参照。

(18) 脱中心化という概念については、セベロ・サルドゥイ『歪んだ真珠―バロックのコスモロジー』(旦敬介訳、筑摩書房、一九八九年）参照。
(19) 妙専尼と法住との関係は、一対の母神と子神という説話世界のコンテクストと呼応しているともいえる。岩崎武夫「「しんとく丸」と母子信仰の世界」（同『さんせう大夫考―中世の説経語り』、平凡社選書、一九七三年）参照。
(20) 遠藤一「坊守以前のこと―夫と妻、真宗史における女性の属性」（大隅和雄・西口順子編『シリーズ　女性と仏教』3、平凡社、一九八九年）参照。
(21) 石田充之・千葉乗隆編『真宗史料集成』第一巻（同朋舎、一九七四年）五二一頁。
(22) 「玉女」や「女犯偈」については、田中貴子「〈玉女〉の成立と限界―『慈鎮和尚夢想記』から『親鸞夢記』まで」（大隅和雄・西口順子編『シリーズ　女性と仏教』4、平凡社、一九八九年）が参考になる。
(23) 中世社会において説話集が歴史書に代る役割を果したことについては、大隅和雄『中世思想史への構想』（名著刊行会、一九八四年）参照。
(24) 中世説話の世界において、「魔」は重要なテーマの一つといえる。たとえば『平家物語』には、無道心の智者は死して天魔となり、念仏者を妨げ嘲る者は天狗道に堕ちると記されている。天魔については、細川涼一「第六天魔王と解脱房貞慶―謡曲「第六天」と伊勢参宮説話」（同『逸脱の日本中世―狂気・倒錯・魔の世界』、ＪＩＣＣ出版局、一九九三年）、阿部泰郎「日本紀と説話」（本田義憲・他編『説話の講座』3、勉誠社、一九九三年）、伊藤聡「第六天魔王説の成立」（『日本文学』第四四巻第七号、一九九五年）、彌永信美「第六天魔王と中世日本の創造神話」上・中・下（『弘前大学国史研究』第一〇四～六号、一九九八～九年）参照。
(25) 「うわさ」については、石井正己「世間話し・世語り―『源氏物語』の世界」（本田義憲・他編『説話の講座』2）、酒井紀美『中世のうわさ―情報伝達のしくみ』（吉川弘文館、一九九七年）参照。
(26) 石田充之・千葉乗隆編『真宗史料集成』第一巻、五二四～五頁。
(27) 堅田修編『真宗史料集成』第二巻所収。
(28) 真宗に対する抑圧と真宗側の対応については、金龍静「禁止・抑圧下の戦国期一向衆」（平松令三先生古稀記念会編『日本の宗教と文化』、同朋舎出版、一九八九年）参照。

（29）　正法と魔との闘争という論理、終末論的ヴィジョンは、周知のように日蓮に顕著に見られる思想である。いわゆる蒙古襲来に対する異国降伏の祈禱もまた、同様に二つの国の神々相互間の闘争と観念されていた。村井章介「一三―一四世紀の日本―京都・鎌倉」（『岩波講座　日本通史』第8巻、一九九四年）参照。

（30）　軍記物語の方法については、山下宏明『軍記物語の方法』（有精堂、一九八三年）、同『いくさ物語の語りと批評』（世界思想社、一九九七年）参照。

（31）　『由来記』の戦闘場面の描写は、先行するテクストとして『太平記』における堅田衆の戦いぶりを参照しているといえる。『太平記』で活躍するのは、堅田の地侍・殿原衆であるが、『由来記』は、主役を法住たちのような新興勢力の全人衆に置き換え、しかも信仰を守るための聖戦として描写する。それによって、当時一般に流布し、民衆的知識の枠組みを形成するのに大きな役割を果していた『太平記』というテクストが語られ続けることにより、その社会的地位が維持されてきた殿原衆の地位を、引きずり降ろそうとしたといっていい。なお『太平記』と「本福寺旧記」に叙述された堅田衆について論及したものに、吉井宏「いくさと民衆」（福田豊彦編『中世を考える　いくさ』、吉川弘文館、一九九三年）がある。

（32）　語る／聞くという行為の関係に関する論考は多い。代表的なものとして、川田順造『無文字社会の歴史―西アフリカ・モシ族の事例を中心に』（岩波書店、一九七六年）、兵藤裕己『語り物序説―「平家」語りの発生と表現』（有精堂、一九八五年）、山本吉左右『くつわの音がざざめいて―語りの文芸史』（平凡社、一九八八年）、兵藤裕己『王権と物語』（青弓社、一九八九年）、坂部恵『かたり』（弘文堂、一九九〇年）、W・J・オング『声の文化と文字の文化』（桜井直文・他訳、藤原書店、一九九一年）、藤井貞和『物語の方法』（桜楓社、一九九二年）、イヴァン・イリイチ『テクストのぶどう畑で』（岡部佳世訳、法政大学出版会、一九九五年）、野家啓一『物語の哲学―柳田國男と歴史の発見』（前掲）、兵藤裕己『平家物語の歴史と芸能』（吉川弘文館、二〇〇〇年）第三部第三章「口承文芸とは何か」などがある。

（33）　〈自己〉の発見とその歴史については、スティーヴン・グリーンブラット『ルネサンスの自己成型―モアからシェイクスピアまで』（高田茂樹訳、みすず書房、一九九二年）、大桑斉「幕末在村知識人と真宗―原稲城における「我」の形成」（『日本思想史学』第二九号、一九九七年）参照。

（34）このような〈交換〉と意識と表象との関係について論じた研究に、ジャン＝クリストフ・アグニュー『市場と劇場―資本主義・文化・表象の危機　1550―1750年』（中里壽明訳、平凡社、一九九五年）がある。

（35）通過儀礼については、ヴィクター・ターナー『儀礼の過程』（冨倉光雄訳、思索社、一九七六年）、ファン・ヘネップ『通過儀礼』（綾部恒雄・他訳、弘文堂、一九七七年）、ヴィクター・ターナー『象徴と社会』（梶原景昭訳、紀伊國屋書店、一九八一年）参照。

（36）初期の蓮如の教化では、御文は重要な役割を果していないことは、すでに遠藤一「近江の蓮如―戦国期本願寺教団形成論・序説」（『龍谷史壇』第九九・一〇〇号、一九九二年）に指摘されている。御文とその受容についての私見は、拙稿「『御文章』はどのように読まれたのか」（『蓮師教学研究』第五号、探究社、一九九五年）、同「〈語る〉蓮如と〈語られた〉蓮如―戦国期真宗信仰のコスモロジー」（浄土真宗教学研究所・本願寺史料研究所編『講座　蓮如』第一巻、平凡社、一九九六年）、本書第三章で言及しておいた。

（37）「生身之御影像」が果した役割については、名畑崇「本願寺の御影崇敬と霊場説」（梯實圓・名畑崇・峰岸純夫監修『蓮如大系』第三巻、法蔵館、一九九六年）の論考がある。

（38）貴種流離譚については、高橋亨「貴種流離譚の構造」（『国文学　解釈と鑑賞』第56巻10号、一九九一年）参照。その社会史的役割については、桜井好朗「小栗判官の世界」（同『中世日本の王権・宗教・芸能』、人文書院、一九八八年）参照。

（39）救済の場としての聖地とフェティシズムについては、山本ひろ子「中世熊野詣の宗教世界―浄土としての熊野へ」（同『変成譜―中世神仏習合の世界』、春秋社、一九九三年）が参考になろう。

（40）水戸英雄「堅田一向一揆の基礎構造」（『歴史学研究』四四八号、一九七七年）、網野善彦「中世の堅田について」（『年報中世史研究』第六号、一九八一年）、高島幸次「近江堅田の土豪猪飼氏について」（日本仏教史の研究会編『日本仏教史の研究』、永田文昌堂、一九八六年）参照。

（41）モノと言葉との関係性については、ミシェル・フーコー『言葉と物―人文科学の考古学』（渡辺一民・他訳、新潮社、一九七四年）、篠田浩一郎『形象と文明―書くことの歴史』（白水社、一九九二年）、ジャン・ジョゼフ・グー『言語の金使い―文学と経済学におけるリアリズムの解体』（土田知則訳、新曜社、一九九八年）参照。

(42) 堅田大責については、下坂守「堅田大責と坂本の馬借」（北西弘先生還暦記念会編『中世社会と一向一揆』、吉川弘文館、一九八五年）参照。

(43) 「ソメドノキサキ」（染殿后）に関する説話は、中世説話のなかでもひときわ異彩を放っている。『今昔物語集』巻第二十第七話をはじめとする彼女に関する中世説話は、かなり流布した伝承である。内容は、高徳の聖が染殿后への愛欲を起こし、自ら餓死して鬼となり后への思いを遂げるが、その後も鬼に取り憑かれた后は、宮中の衆人注視の只中で鬼と睦みあったというものである。染殿后の伝承については、小峯和明「怨霊から愛の亡者へ―位争い伝承の変転」（同『説話の森―天狗・盗賊・異形の道化』、大修館書店、一九九一年）参照。明宗がこのような伝承を踏まえて、『由来記』を叙述したのか否かは不明である。もし都市を発生源とする、いささかグロテスクともいえる僧による王権侵犯の物語が読み換えられて貴種流離譚を生み出し、さらに、堅田住人を貴種の末裔であるとするような、在地の地位を高める伝承に転用されていったとすれば、説話の興味深い機能のひとつとして注目しなければならない。

(44) 戦国期真宗が生み出した蓮如言行録には、このような化身説が豊富に含まれている。『第八祖御物語空善聞書』では、親鸞と蓮如を阿弥陀如来の化身、細川政元を聖徳太子の化身と記す。『栄玄聞書』では、証如を権者と記す。実悟の編纂した『蓮如上人一語記』では、金森・善従を法然の化身、蓮如の母を観音菩薩、蓮如を法然の再誕・化身、あるいは親鸞の化身、親鸞を阿弥陀如来の化身、存覚を大勢至の化身あるいは釈迦の化身と記す。空善が編纂した初期の蓮如言行録に比べて、一世代後の実悟のものに化身説が大量に採録されていることは注意していい。これらの言行録の化身説は、いずれも容貌の類似、すぐれた教化者といった特性を共有し、アナロジーによって成り立っている。民衆的人物を生身仏とする思考については、誉田慶信「本地垂迹の体系と中世民衆神学」（羽下徳彦編『中世の政治と宗教』、吉川弘文館、一九九四年）の論考がある。高僧が仏・菩薩の化身と見なされるようになるプロセスについては、池見澄隆「善導・法然をめぐる人師信仰」（同『増補改訂版　中世の精神世界』）の分析がある。

(45) 「懺悔譚」については、川端善明「巡物語・通夜物語」（本田義憲・他編『説話の講座』2）参照。

(46) 菊地仁「口伝と聞書」（前掲）参照。

(47) 神話と暴力との関係については、ルネ・ジラール『暴力と聖なるもの』(古田幸男訳、法政大学出版局、一九八二年)参照。

(48) 本福寺の負担関係に関する近年の研究としては、大喜直彦「中世後期本願寺末寺の歴史的性格―近江国堅田本福寺、その収取体系よりみた側面」(平松令三先生古稀記念会編『日本の宗教と文化』)がある。

(49) 蓮如の言行録については、大桑斉「中世末期における蓮如像の形成―願得寺実悟の場合」(『大谷大学研究年報』第二八集、一九七六年)、村上學「蓮如の史実と伝承―伝記を中心にして」(『国文学　解釈と鑑賞』第63巻10号、一九九八年)などの分析がある。拙稿では「「始り」の誕生―蓮如上人の言説と蓮如上人像の神話化」(『蓮師教学研究』第四号、探究社、一九九四年)、本書第二章で言及しておいた。

(50) 蓮如言行録における「仏物」「如来聖人ノ御用」については、本書第一章を参照されたい。

(51) 現実を曖昧にするイデオロギー言説については、ヘルマン・オームス『徳川イデオロギー』(黒住真・他訳、ぺりかん社、一九九〇年)、同『宗教研究とイデオロギー分析』(大桑斉編訳、ぺりかん社、一九九六年)、ピエール・ブルデュー『構造と実践』(石崎晴己訳、藤原書店、一九九一年)参照。

(52) 真宗と「大法」については、大桑斉「蓮如における王法の問題」(浄土真宗教学研究所・本願寺史研究所編『講座蓮如』第一巻、平凡社、一九九六年)の論考がある。

(53) 「御一家」については、草野顕之「戦国期本願寺一家衆の構造」(平松令三先生古稀記念会編『日本の宗教と文化』)参照。

(54) このような放逐については、桜井好朗『祭儀と注釈―中世における古代神話』(吉川弘文館、一九九三年)第一章「王権-国家の神話と祭儀」参照。

(55) 物語の完結性と外部からの干渉については、桜井好朗「しんとく丸の世界」(同『中世日本文化の形成』、東京大学出版会、一九八一年)参照。

(56) フィリップ・アリエス『死と歴史―西欧中世から現代へ』(伊藤晃・他訳、みすず書房、一九八三年)参照。

(57) 神話的歴史については、桜井好朗『神々の変貌―社寺縁起の世界から』(東京大学出版会、一九七六年)、ジャン=マリー・グールモ「意味生産行為としての読書」（ロジェ・シャルチエ編『書物から読書へ』、水林章・他訳、みすず書房、一九九二年）参照。

（58）アレゴリーについては、エルヴィン・パノフスキー『イコノロジー研究―ルネサンス美術における人文主義の諸テーマ』（浅野徹・他訳、美術出版社、一九八七年）、カルロ・ギンズブルグ『神話・寓意・徴候』（竹山博英訳、せりか書房、一九八八年）、ヴィルヘルム・エムリッヒ『アレゴリーとしての文学―バロック期のドイツ』（道籏泰三訳、平凡社、一九九三年）、S・J・グリーンブラット『寓意と表象・表現』（船倉正憲訳、法政大学出版局、一九九四年）など参照。

（59）真宗における「役」については、金龍静「宗教一揆論」（『岩波講座　日本通史』第一〇巻、岩波書店、一九九四年）、同『蓮如』（吉川弘文館、一九九七年）参照。

（60）ここに登場してくる王孫神話は、当時の「民衆」的な人々の意識を知る貴重な手懸りとして多くの研究がある。主なものを上げると、藤木久志「戦国期の権力と諸階層の動向」（『歴史学研究』第三五一号、一九六九年）、金龍静「戦国期本願寺権力の一考察」（『年報中世史研究』第一号、一九七六年）、峰岸純夫「一向一揆」（『岩波講座　日本歴史』第四巻、岩波書店、一九七六年）、最近の研究としては、永井隆之「戦国期の百姓意識―『本福寺跡書』所収「百姓王孫」項を中心に」（『日本史研究』第四五〇号、二〇〇〇年）がある。

（61）J・E・スタッキー『読み書き能力のイデオロギーをあばく―多様な価値の共存のために』（菊池久一訳、勁草書房、一九九五年）、菊池久一『〈識字〉の構造―思考を抑圧する文字文化』（勁草書房、一九九五年）参照。

（62）ピエール・ブルデュー『実践感覚』1（今村仁司・他訳、みすず書房、一九八八年）参照。

第五章　戦国期真宗寺院の歴史叙述と神話（２）

――『本福寺跡書』をめぐって――

はじめに

〈私〉、あるいは〈私たち〉とは一体何ものなのか、それを物語る記録があるとする。その記録を、次の世代の人々が受け継ぐとき、何が書き加えられ何が削除されていくのか、それを確かめることによって、われわれは二つの記録のあいだに、何らかの差異を発見することができるだろう。ではその差異とは何なのか、この問いに答えるのはそれほどたやすいことではない。

私がここで念頭に置いているのは、滋賀県大津市の真宗寺院・本福寺に所蔵されている記録群、「本福寺旧記」である。「本福寺旧記」は、戦国期と近世の真宗寺院の動向に関する貴重な記録として、歴史学の分野では広く知られている。そのなかで、戦国期の史料としては、本福寺第五世明宗が記録した『本福寺由来記』『本福寺明宗跡書』、第六世明誓の『本福寺跡書』『本福寺門徒記』、第七世明順の『教訓并俗姓』がある。私は前章で、『本福寺由来記』と『本福寺明宗跡書』について分析した。そこで私が知りえたことは、『本福寺由来記』（以下『由来記』と略記）は、明宗が父・明顕からの伝聞を書記化した聞書という形式によって書かれた、本福寺の寺院縁起ともいうべきテクストであること、編年体で書かれてはいるものの、〈事実〉を記録した歴史叙述ではなくて、霊場としての本福寺の起源を明らかにする神話的物語というべきテクストであるということである(1)。また、『本福寺明宗跡書』は、明宗が『由来記』に書かなかった、あるいは書けなかった、本願寺権力の横暴ぶりに対処する方法を、後世に伝えるための「口伝」に当たるようなテクストであるということだった(2)。

それでは、明宗の次の世代、明誓の編纂したテクストで、法住・明顕・本福寺そして蓮如や本願寺などはどのように描かれているのか、それが本稿のテーマである。「本福寺旧記」のなかでも、もっともよく知られ、これまでにも多くの研究者によって解読されてきたテクスト、明誓が筆録した『本福寺跡書』(以下『跡書』と略記)の前半部は、『由来記』を再編して構成されたものである。一方後半部は、『本福寺明宗跡書』(以下『明宗跡書』と略記)のなかで、明宗の激しい批判に晒された本願寺の一家衆、とりわけ蓮如第六男・蓮淳の横暴ぶりに関する叙述を増広し、さらに寺院経営に関する訓誡、法宝物や聖教の管理法などを詳細に叙述したテクストである。このように、明宗と明誓のテクストは多くの共通性を保ちながら、構成法や内容などにかなりの差異を認めることができる。最初にその点から検討をはじめてみることにしよう。

一　『本福寺跡書』のコンテクスト

『跡書』前半部の条文の数は四一条、数え方にもよるが、『由来記』の四二条とほぼ同数である。ただし、『由来記』が「ひとつ書き」で書かれ、また反故紙の紙背を利用した冊子本である点など、中世の「聞書」の様式(3)に沿っているのに対し、それを再構成した『跡書』の方は、そんな「聞書」の様式をそのまま踏襲しているわけではない。

「聞書」は、伝聞を書記言語化した、あるいは伝聞を仮構したテクストであるから、それを示すような用語法が用いられることが多い。『由来記』は、明宗が父・明顕の〈語り〉を筆記した「聞書」というスタイルを取るから、末尾を「……トカヤ」といった伝聞を示す言葉で締めくくられる条文が八箇条ある。それに対して『跡書』前半部では、伝聞を示す言葉が一五箇条あり、ほぼ倍の数にのぼる。『跡書』は、『由来記』という書記言語化したテクストを参照して書かれたと考えられ、父・明宗からの伝聞を明誓が筆写したとは考えにくい。というのは、『跡書』は『由来記』に比べて論理的・説明的であり、音声言語による〈語り〉を直接記録した言説がもつ並列的・感覚的性格とは異なる、書記言語的な性格を濃厚に表出しているのである。中世の「聞書」の様式に従っているわけではないにもかかわらず、『跡書』があえて伝聞であるかのような語法を多用しているのは、明誓が本福寺の正統な後継者であること、つまり、本福寺や堅田にまつわる秘事や口伝の伝承者であることを表象しようとしているからだと思われる。

『跡書』と『由来記』の各条文の比較に先立って触れておかねばならないのは、両者の構成法の差異であり、二つのテクストは条文の配列がまったく異なっているということである（後掲「条文対照表」参照）。『由来記』は、ほぼ年代順に四二箇条を配列しているから、一見すると歴史叙述のように見える。だが、冒頭の第一・三条と末尾の第四〇・四二条に夢想に関する記事を配置していることは見逃せない。すでに前章で述べたことだが、第一条は本福寺第三世法住が、一七歳のときの夢想により本願寺に参詣したこと、第三条は、母・妙専尼が法住を懐妊したとき、法然・親鸞以外には帰依してはならないという夢想を得たことが記される(4)。第四〇条は法住の往生に関する叙述で、法住が、実は釈尊の生まれ変わりであったことが夢告によって明らかにされる。第四二条では、殺人を犯した人物が、夢告に従って本福寺に参詣し、教化を受けることにより救済されたことが記される。それからもわかるように、『由来記』は、各条文がほぼ年代順に配列されているからといって、歴史的〈事実〉を配列して本福寺の歴史を物語ろうとしているわけではない。『由来記』は、法住（あるいは釈尊が法住に姿を変えて）が数々の試練を乗り越え、本福寺を霊場化していくプロセス、本福寺の霊場縁起といった内容の物語なのである。

『跡書』にも夢想に関する上記の四つの条文がすべて引用されているのだが、それらは『跡書』のなかでは重要な役割を果たしていない。『跡書』は『由来記』とほぼ同一の素材を用いながら、本願寺の親鸞像（生身御影）や本願寺宗主たち（存如・蓮如・順如）の下向を起点として一定のテーマについて述べ、それが終わると時代を遡り、別のテーマについて述べていくという手法を用いている。『跡書』は、様式上からも歴史叙述の印象は拭い去られてしまっている。以上のような両者の構成上の差異を念頭に置きながら、両者の個々の条文の比較、何が加えられ何が削除されているのか、それによって何を表象しようとしているのかを探ってみよう。なお、二つのテクストを比較する上で、先に各条文の簡単な内容と相互の対応関係を表示しておいた方が便利かと考えたので、以下に記しておいた。

『本福寺跡書』前半部と『本福寺由来記』との条文対照表

条	『跡書』	『由来記』
1	毎年十二ヶ月念仏御頭	三四条
2	本福寺の系譜	（なし）

3	法住の夢想（第一の夢想）	一・二条
4	妙専尼の養子	（なし）
5	妙専尼の夢想（第二の夢想）	四条
6	妙専尼往生	五条
7	関上乗権の回復	（なし）
8	染殿后と十八講田、蓮淳への寄進	（二八条）
9	本願寺門徒役	（『明宗跡書』）
10	无㝵光本尊御免	九条
11	御開山御影御免	一〇条
12	御伝絵御免	一一条
13	生身御影の本福寺下向	一三条
14	生身御影の安養寺への移座	一三条
15	唯賢道場火災、无㝵光本尊の奇瑞	一五条
16	存如・蓮如、法西道場下向	六条
17	堅田大宮・本福寺の怪異	七条
18	本弘寺大進との手次争い	八条
19	大谷本願寺の破却	一二・三二条
20	生身御影の大津下向	一六条
21	堅田大責、堅田衆の移住	二〇条

22	堅田還住	二〇条
23	堅田の地名伝承	二五条
24	堅田衆の名字	二六条
25	稲荷宮の由来	（なし）
26	堅田の上乗権	二四条
27	六角氏との相論	二八条
28	堅田への貴種流離譚	一六・二七条
29	足利氏と堅田	（なし）
30	宮切と東切の争い	二五条
31	道幸の夢想（第三の夢想）	四二条
32	蓮如・順如の法住見舞	一八条
33	大夫への本願寺无导光本尊下付	一七条
34	蓮如の吉崎下向	三五条
35	野洲・栗本衆の法住批判	一九条
36	山科本願寺での蓮如と法住	三九条
37	出口殿での御文下付	三七条
38	法住の出口殿参詣	三八条
39	法住往生（第四の夢想）	四〇条
40	明顕の新在家御坊寄進	二九・三六条

二 〈始まり〉としての系図

『跡書』の冒頭、第一条「本福寺毎年十二ヶ月之念仏御頭之事」は、存如の命日である毎月一八日に、本福寺で行われていた念仏講の経費負担に関する条文で、『由来記』第三四条の前半部に相当する内容である(5)。『跡書』後半部にも同様な記載があるので、当初は、第一条として書かれていなかった可能性もある。『跡書』全体の構成からいえば、本福寺住持の始原について語る第二条が、冒頭の叙述といっていい。

『由来記』の冒頭では、本福寺の開基・善道の出自を「江州栗本ノ郡三上ノ社ノ神主」(六六一頁)と簡潔に語られているにすぎない。だが、『跡書』第二条の叙述は、次に記すように、はるかに詳細なものとなっている。

> 源家凡鴨次郎義綱ノ御息、二才ノ御時、丹波ノトコロ(=山芋)ホリ山路ノ辺ニシテ、御家ノ御系図御巻物ヲ肩ニワイカケサセ申、路次ニコノ小児ヲ捨置タリシヲ、カノ男拾奉リイダキ献《マイラセ》、三上社殿ヘ「御養アレ」ト申程ニ、養子奉リ、家督神職ヲ継申タリ。一年公方様御尋ノ間、ソノ御系図ト申ハ、唐錦ニ三重裹タル御巻物、御拝見ノ処ニ、彼巻物上一重開給。三重ヲ解セラルルニ及バズ、二重目ニ至テ、開《ヒラカン》トシ給ヘバ、親《マノアタリ》タチドコロニ煙出ニヨテ、元ノ如ク納給、三上ノ御社御宝殿ニ籠《コメ》ラレタリトナン。(六二九頁)

本福寺住持の始原は、平安時代後期、武勇で名を馳せた源義家の弟・鴨次郎義綱(?～一一三四)の子息だというのである。義綱もまた武勇で知られ、実際に近江で戦さをしたという記録もあるが、同様な伝承は、各地の鴨社領に広く分布しており、堅田に固有の系譜伝承というわけではない(6)。堅田の住人は、鴨社供御人としての特権を生かして、各地に散在する鴨社領を結ぶ商業活動に従事していたから(7)、上記のような系譜伝承を自分たちの起源伝承に取り入れていったのであろう。

また始祖が「捨て子」であるという伝承は、今日的感覚からすれば奇異に映るかもしれないが、各地のフォークロアとして近代まで残存していた習俗で、中世には武家の間でもおこなわれていた儀礼である。生まれたばかりの小児を、儀礼的に「捨て」、仏神からの「授かり子」として「拾う」ことによって、小児を聖別する習俗が「捨て子」である。「捨て子」や「授かり子」は、「申し子」とともに中世の僧伝・説話・お伽草子の主人公の特殊な霊能の起源を物語る手法としてしばしば用いられるが、上記の伝承もそれらの手法を転用したものといえる(8)。注目したいのは、小児の所持していた「御系図」が、神秘的な現象を顕したために、三上社の社殿に納められたという叙述で、後の展開の伏線となっていることである。「御系図」の社殿への納置は、両義的な意味をもつ。ひとつは「捨て子」とその子孫を守護する聖遺物として、もうひとつは名を籠められることによって呪われた系譜になるという(9)。このように、『由来記』が夢想から始まるのとは異なり、『跡書』は、本福寺住持が清和源氏の末裔という貴種の系譜から始まるのである。

第三条は、三上社の神主職を継承した「捨て子」が舎弟を殺害し、罪を逃れるため各地を転々とした後に堅田の地にたどり着き、そこに定住したという叙述で始まる。つまり本福寺の〈始まり〉は、おぞましい殺人という出来事なのである(10)。この時点で、聖遺物としての「御系図」の加護は得られないことになり、他の聖遺物の獲得が必要となる。また、呪われた系譜が殺人事件を生み、それを贖うための苦難と流浪が始まるという解釈も可能である。これは、いわゆる貴種流離譚(11)と呼ばれる類型の物語であるが、このような物語では、通常彼もしくは彼の子孫には、なんらかの贖罪が課せられる(12)。また、堅田という土地にとっては外来者であること、したがって、外来者がいかにして堅田との一体化をなしとげ自己同一性を確保していくのか、これらの点が後の叙述でどのように物語られていくかに注目していきたい(13)。

それに続く叙述は、『由来記』第一・二条からの引用となり、まず本福寺初代住持の善道が真宗に帰依したことが記される。しかし、突然善道の叙述が始まるから、前文との接続は唐突の感を免れない。『由来記』は、善道が誰から教化を受けたのかを記さないのに対して、『跡書』は堅田に立ち寄った本願寺の衆僧・「浄信御房」より教化を受けたとあるように、叙述がやや具体的になっている。続いて第二代覚念が、禅宗に転宗し高徳庵を建立したと記す点では二つのテクストは共通しているが、『跡書』は、奉公衆の高山明亭・明達父子の助力によって建立したとあるように、ここでも『由来記』より叙述が詳細になっている。本福寺の〈始まり〉に関する『跡書』の叙述が、『由来記』のそれよりもはるかに詳細になっているのは、『跡書』が書記言語的な論理的説明によって物語を叙述しようとするからである。

〈始まり〉は、何を物語るかによって変更される(14)。夢想という神秘的出来事から〈始まり〉を語り始める『由来記』に対して、『跡書』は、具体的・物質的な「御系図」というモノに〈始まり〉を置く。モノに焦点を置く叙述法は、夢想の連鎖によって描いていく叙述法よりも、論理的説明にとってははるかに都合がいいからである。一見すると『跡書』は、自らの出自を貴種とするために、系図に関する叙述を挿入したかのようにみえる。だが、『跡書』が重視しているのは、モノ自体としての「御系図」なのであって、しかも後述するように、それが他のモノによって取って替られるプロセスが重要なのである。系譜とは社会の構成員相互間で承認されている社会的役割や地位が、社会の構成員の誰も知らない遙か過去の時代にすでに決められたものとするための神話的言説の一様式である。もし『跡書』にとって系譜が重要ならば、省略などしない、もっと完備した系譜が語られていいはずだし、明誓の時代にも「御系図」―それは偽作でも一向にかまわない―が現存していなければ、『跡書』の言説はリアリティをもちえない。しかし「御系図」は、堅田に住む限り不在のままなのである。そうではあるのだが、三上社の社殿の奥深くに秘匿されることによって、誰の目にも触れることなく永遠の〈実在〉として現存している、あるいは、負の呪力を発散し続けている（本福寺第七代明順が記した『教訓并俗姓』では、子孫が武道を好み、仏法をないがしろにすることを恐れた覚念の妻・妙専尼が、「源家系図」を焼き捨てたという、より論理的な説明に変更されている）。眼前の不在と不可視の実在、このギャップを別のモノによって埋めていく物語、それが以下の『跡書』の叙述となる。

『跡書』は、次に『由来記』第一条の法住が病中にみた夢想を引用する。その夢想（第一の夢想と呼んでおく）とは以下のようなものである。

去、覚念ノ息法住、トシ十七才ノ比。疫癘《エキレイ》ノ病中ニ、夢ノ告ニ、ウス（薄）墨染ノ貴僧二人私宅ノ仏壇ニタタセタマヒ、「汝拙々」ト鳥ノ羽ニテハラハセ（掃わせ）給ヘバ、押板ヨリ色々ノ虫、ハラハラト落ルトオボヘテ夢サメ、母儀ノ妙専ニカクト語レバ、「ソレコソ一人ハ黒谷上人（＝法然）、一人ハ本願寺上人（＝親鸞）ニテオハシマスベシ。コレヨリホカニハ、更ニ別ノ御僧マミエ給フベカラズ。コハ違例トリモナヲ（治）サバ、カナラズ御本所（＝本願寺）マイリヲセヨ。親ノ覚念ハ座敷座上ノツキ合ナンドヲカマヘテ、高山トイイアハセ、禅宗ニナラレシヲ、両上人カナシクヤオモヒタマヒ、ユメ（夢）ニミエサセ給フ」ト、ネンゴロニイヒフクメノタマヘバ、……（六三〇頁）

疫癘の原因が、殺人の贖罪として課せられたものか、籠められた「御系図」の負の呪力によるものなのかは明らかでないが、上記の叙述からすれば、覚念が禅宗に帰依したことに対する贖罪なのであろう。あるいは、文明五年（一四七三）九月の『御文』に次のように記されているような、当時の地域社会の慣習に対する蓮如の批判を意識しているのかもしれない(15)。

抑年来当寺門徒ニオイテ、仏法次第以外《もてのほか》相違セリ。……イカニモソノ座上ニアガリテ、サカヅキ（盃）ナンドマデ人ヨリサキニノミ（呑み）、座中ノ人ニモ又ソノホカノタレタレニモ、イミジクオモハレンズルガ、誠ニ仏法ノ肝要タルヤウニ心中ニココロエオキタリ。コレサラニ往生極楽ノタメニアラズ、タダ世間ノ名聞ニニ（似）タリ。シカルニ当流ニオイテ、毎月ノ会合ノ由来ハ、何ノ用ゾナレバ、在家無智ノ身ヲモテ、イタヅラニクラシ（暮し）、イタヅラニアカシテ、一期ハムナシクスギテ、ツヰニ无間三途ニシヅ（沈）マン身ガ、一月ニ一度ナリトモ、セメテ念仏修行ノ人数バカリ道場ニアツマリテ、ワガ信心ハ人ノ信心ハイカガアルラントイフ信心沙汰ヲスベキ用ノ会合ナルヲ、チカゴロハ、ソノ信心トイフコトハ、カツテ是非ノ沙汰ニオヨバザルノアヒダ、言語道断アサマシキ次第ナリ。（三二）

『由来記』には、法住の父・覚念の禅宗改宗について、「覚念ハ善道ノ子息トイヘドモ、其志ナクシテ、御流（＝真宗）ヲウケス（棄）ツ。コトニ仏心宗ヲ専トシテ、当所ニ高徳庵ト云ヲトリタテケレバ、仏法タイテン（退転）シテ、アサマシキ事カギリナシ」（六六一頁）とある。明誓が『跡書』を編纂していく過程で、上記の『御文』の叙述を組み込み、覚念が、「座敷座上ノツキ合ナンドヲカマヘテ、高山トイイアハセ、禅宗ニナラレシヲ」とあるように、社会的・共同体的な慣習への従属や当面の利害関心によって、禅宗に改宗するという罪を犯し、法住が「疫癘ノ病」を患うことによって贖罪をするという形に『由来記』を書き直したということは十分に考えられることである。というのも、上記の『御文』は、蓮如の後継者・実如の時代に編纂された御文集、『五帖御文』一帖目第一二通に収められているので、明誓の時代にはある程度流布していたと思われるからである。

法住の「疫癘ノ病」は、夢想に法然と親鸞が現われて、負の呪力もしくは罪を祓い落としてくれることによって回復することになる(16)。その後、夢告に従って法住は本願寺に参詣するのだが、当時の本願寺は参詣者もなく寂れていたのに比べて、名帳・絵系図を下付していた「シル谷仏光寺」は、大いに繁栄していたことが記される(17)。法住は、仏光寺の繁栄ぶりに引かれて仏光寺西坊に師事することになる。ここまでの叙述は、『跡書』も『由来記』も大差はないが、以下の叙述は大きく異なる。

『由来記』が、西坊より「名帳・絵系図」を下付されたとするのに対して、『跡書』は、西坊より仏光寺系の本尊、光明本尊の意義を解説した存覚『弁述名体鈔』(18)の講説を受けたというのである。どちらの伝承にしても、法住は宗派の秘事・口伝にかかわるような伝授を受けたことになるが、『跡書』のコンテクストからすれば、「御系図」というモノの不在を埋めるものとして、言葉としての『弁述名体鈔』の講説よりも、モノとしての名帳・絵系図の伝授の方が都合がいいように思われる。また高貴な出自を証明する「御系図」を失った代りに、往生者の系譜に連なったことを証明する「名帳・絵系図」を獲得したという物語として『跡書』を構成してもいいはずである。にもかかわらず、『弁述名体鈔』の講説に代えてしまったのは何故か。後に法住が蓮如から下付される事になる无㝵光本尊との連続性という点から考えれば、「名帳・絵系図」と无㝵光本尊の間にはモノ自体という点では共通性があるから、モノの実在という意味では断絶が生じることはない。

一方、『弁述名体鈔』は光明本尊の注釈書だが、光明本尊に描かれた個々の尊像や祖師に関する叙述内容は、本願寺系の真宗の教義に沿った内容だし、无㝵光如来に関する叙述も含まれている。さらに、何よりも撰者が本願寺系の存覚であるという点で、无㝵光本尊や蓮如との連続性が確保されるというメリットがある。また、〈「御系図」→「名帳・絵系図」→无㝵光本尊〉というモノの伝授の系譜から、贖罪の系譜を重視するコンテクストへと転換していくとすれば、真宗の教説を説く『弁述名体鈔』を選択した方が好都合である。ここで、現実に起こったのは、「名帳・絵系図」の授与なのか、それとも『弁述名体鈔』の講説なのかを問うことは、ほとんど意味がない。聞書のようなテクストは、伝承、伝聞、他書からの引用などによって、さまざまな知識が編者の利害関心や社会的コンテクストの変化の影響を受けながら再構成され、その時点での現実の説明やその起源を物語るテクストとして作成されるものである(19)。そのテクストに叙述された個別の出来事は、物語という建築物を構成する部材として役に立つか否かが問題なのであって、その叙述の〈事実〉性は重要な関心事にはならない。

物語はその後、仏光寺住持と西坊との間で起こった女性を巡る争いから殺人事件が起こり、それに嫌気がさした法住は、仏光寺から疎遠になっていくという展開になる。この辺りの叙述は、多少の精粗の差はあるものの二つのテクストの間に差異はない。ところで、第五条は、「妙専尼懐妊夢相之事」で、時代は法住が誕生した応永四年(一三九七)以前に戻される。物語の展開のきっかけとなるのは、またもや殺人という暴力—この場合は他者による—なのである。内容は、『由来記』と大差ないが、以下のような夢想(第二の夢想と呼んでおく)に関するものである。

妙専尼、法住ニノタマフヤウ、「ソチヲクワイニン(懐妊)セウトテ、夢相ニウスズミゾメ(薄墨染)ノ衣メシタル御老僧、「汝コレヨコレヨ」トテ、御手ニ御袈裟一帖モタセタマヒ、「コレヲアタフルナリ」ト、ワラハガフトコロヘ御手ニテヲシイレ(押し入れ)タマフ。「タダゴトトハオモヒタマフベカラズ」ト、仰セオハルトオボヘ、ユメ(夢)サメ、ホドナクヤガテクワイニンス。応永四年タンジャウ(誕生)ゾヤ。能々仏法ヲ心ニ入タマヘ」ト、色々キカセヲシヘタマフトカヤ。(六三一頁)

時間的には「第二の夢想」の方が、「第一の夢想」よりも先行するのだが、二つのテクストは共に順序が逆転している。もし、「第二の夢想」を先に叙述すると、法住は、応永四年(一三九七)の誕生以前に仏法に帰依せよという夢告をえて、一七歳の時の「第一の夢想」で仏光寺参詣が実現したのだが、結局仏光寺を去ってしまうというところで断絶が生じ、後の叙述との脈絡が希薄になる。夢想の順序を逆転すると、「第一の夢想」で仏光寺に参詣したのだが、仏光寺の世俗性に嫌気がさし、一旦真宗から離れてしまった法住には、依然として「第二の夢想」に登場する「ウスズミゾメノ衣メシタル御老僧」の力が作用しており、ついには本願寺系の真宗に帰依することになるというように、物語はスムースに展開される。

その後の展開は、『由来記』では、第四条の前半で「第二の夢想」が叙述され、同じ条文の後半で、真宗を捨てた本福寺に「魔」や「化生ノモノ」が跳梁跋扈する状態が起きることになる(20)。そして、第五条の妙専尼の往生、第六条の存如・蓮如の堅田来訪という叙述が続く。第六条には、二人の宗主の来訪の時期は記されていないが、それを法住は、「十七ノ年ノエキレイ(疫癘)ノウチニシテオガミ奉ルユメ(夢)ヲオモヒアハセタリ」(六六二〜三頁)とあるように、「第一の夢想」に登場する法然と親鸞が、法住が背負った罪を除去するという夢告を実現するために、存如・蓮如に姿を替えて出現したという霊験譚として叙述されている。

一方、『跡書』の叙述では、第五条の「第二の夢想」の後、第六条では妙専尼の往生を叙述するのだが、続く第七条では、応仁二年(一四六八)、堅田が延暦寺衆徒によって攻撃され、堅田が保有していた琵琶湖の航行管理権を危うく失いかけた事件の叙述に移っていく。この事件で活躍するのは法住ではなく、彼の息男・明顕である。この事件の発端になったのは、堅田の住人が「花ノ御所」の用材を掠奪しようとした、彼らの貪欲さである。それゆえ堅田は暴力の支配に晒され、命を賭けて闘うという代価を支払うはめになるのである。しかしその過程で、明顕は殺人の罪を背負うことになる。『跡書』の叙述は、編年順に叙述されていないから、本福寺の歴代住持は、その系譜に継承された罪を法住が贖うといとまもなく、かといって救済者=蓮如はいまだ登場せず、息男・明顕が、さらなる罪を背負うことになってしまうという、罪の系譜といえる叙述法をとっていることになる。

『跡書』は以下、第八条の堅田の十八講に関する起源譚、第九条の東山大谷殿(本願寺)・近松御坊への奉仕と叙述が続いていく。第八条には、文徳天皇の染殿后(藤原明子)の堅田への流罪、九世紀に起こったとされる貴種流離譚が挿入されている。この染殿后の堅田流罪という出来事は、他の記録や説話にはまったくみられない。

ここでは、堅田の年中行事・十八講と呼ばれた念仏講を創始したという起源神話となっているが、第二八条にも「京チカケレバ、源平藤橘ニヨラズ、牢人ノ落タマヘルサト（里）ナリケリ」（六四一頁）とある。『跡書』は、罪の系譜というコンテクストと、貴種流離譚というコンテクストによる物語が重層して展開しているといえる。

染殿后説話は、『善家秘記』（『真言伝』所引）や『今昔物語集』巻第二十・第七話などの中世説話に好んで取り上げられたテーマである(21)。その源流は、葛川明王院の開創者・相応の伝記、『相応和尚伝』(22)に記される真言僧・真済の霊が染殿后に取り憑いたという出来事にあるようで、それが王権侵犯の物語へと肥大化していったと思われる。『跡書』第一九条「東山大谷破却之事」には、親鸞が、かつて明王院があった無動寺谷に居住していたと記されているから、このような親鸞伝承と、当時近江地方に流布していた葛川明王院に関する説話が融合して、『跡書』に摂取されていったのであろう。

ところで、第一〇条には「无㝵光ノ御本尊御下向之事」が記されるから、真宗へ帰依せよという夢告は、『由来記』のように、存如・蓮如の下向という形で実現するのではなくて、「无㝵光ノ御本尊」というモノの下付という形で実現したことになる。このように、ほぼ同一の素材を用いながら、その配列を変えることによって、物語の展開はまったく変化してしまう。図式化して記述すると、『由来記』のなかでの法住は、次のような軌跡を辿る。

祖父の真宗帰依→父の禅宗への転宗→「第一の夢想」→法住の仏光寺系真宗への帰依（名帳・絵系図の授与）→本願寺系の真宗（存如）への帰依→「第二の夢想」→母の往生→存如・蓮如の堅田下向→无㝵光本尊の獲得

このように『由来記』は、各条文の間には年代的な矛盾があるにもかかわらず、それをあえて行うことによって、本福寺が蓮如への帰依に至る軌跡というコンテクストを優先させて物語を構成しようとしている。それに対し、『跡書』での法住の物語は次のように展開する。

清和源氏という出自→失われた「御系図」→殺人→堅田移住→祖父の真宗帰依→父の禅宗への転宗→「第一の夢想」→法住の仏光寺系真宗への帰依（『弁述名体鈔』の伝授）→「第二の夢想」→母の往生→明顕たちと比叡山との戦闘→東山本願寺・近松御坊への奉仕→堅田惣中、山科御坊への奉仕を拒否→无㝵光本尊の獲得

『跡書』では、高貴な出自をもつ先祖が、殺人の罪を犯すことにより堅田に逃れ来たったことから物語は始まる。その後の夢想に関する物語は『由来記』と大差ないのだが、『跡書』では本願寺系の真宗に帰依する前に、自らの貪欲によって比叡山に奪われかけた堅田の湖上特権を、明顕たちが激しい戦闘の末に取り返し、堅田惣庄の共有財産として寄進したことが記される。それによって、堅田における本福寺住持の社会的地位は向上したのであるが、戦闘に参加することによって犯してしまった殺人の罪が消えることはない。しかし彼らは、彼らの罪を除去する能力をもった存如・蓮如父子と、テクストの叙述の上ではいまだ対面していない。したがって、法住・明顕父子は、本願寺への奉仕という贖罪によってしか、殺人の罪を償うことはできないことになる。『由来記』の主人公は法住一人なのだが、『跡書』では明顕も脇役として登場してくることにも注意したい。

もちろん、本福寺は本願寺の頭役を勤めていると記されているのだから、存如・蓮如父子と対面していないはずはないのだが、『跡書』はそのことをあえて叙述しない。そして山科御坊創建後、堅田惣中が目先の利害関心から、つまり大規模な寺院と化した山科御坊への奉仕は負担の増加になるという理由から、頭役を拒否してしまうという、またしても貪欲の罪を再生産してしまうのである。その罪を除去してくれる呪物として、蓮如筆の无㝵光本尊を獲得するという形で物語は展開することになる。

无㝵光本尊獲得の方が、山科御坊への奉仕の拒否よりも、年代的には二〇年余り先行するから、それら二つの物語の間には、相互の脈絡がほとんど配慮されていないことになる。『跡書』はこのように、年代記として書か

れていないにしても、やはり唐突な印象を読み手に与えてしまうかもしれない。しかし、本福寺住持のアイデンティティを保証してくれる、失われた「御系図」に代るべき聖遺物、モノとしての无㝵光本尊の獲得、世俗的な高貴な身分からの転落と宗教的な高貴な身分への上昇という、貴種流離譚と通過儀礼を組合わせたコンテクストに沿って叙述すると、物語の展開はこのようになるということである(23)。

ところで、第六条の妙専尼往生の記事から第一〇条「无㝵光ノ御本尊御下向之事」までの叙述は、『由来記』にはない記事を多く挿入している(一部は『本福寺明宗跡書』(24)からの引用)。とりわけ第九条では、山科御坊に対する奉仕の拒否という本福寺門徒衆の罪によって、以後の叙述で貪欲のアレゴリー(25)として描かれる蓮如第六男・蓮淳が登場し、聖地としての本福寺が崩壊の危機に瀕していく端緒が、ここに書き込まれているのである。『由来記』が全体で一つの自己完結した物語となっているのに対して、『跡書』の叙述は、このように堅田への貴種の来訪に始まる物語をいくつも積み重ねていくのであって、全体の流れのなかで一つの完結した物語を構成しようとはしていない。そのような『跡書』前半部の叙述法は、本福寺が聖域として完成されていく力学と、一面では、蓮淳の横暴や本福寺を出し抜こうとする門徒衆の貪欲さによって聖域崩壊の危機へと転落していく力学との双方を描写し、危機の対抗手段を記す『跡書』後半部、明宗の明誓に対する警告の言葉の必然性を導きだすための言説なのである。

三　モノの貴種流離譚

『跡書』第一〇条「无㝵光ノ御本尊御下向之事」は、平安期に遡る家系の由来から法住に関する叙述へ、さらに山科本願寺の時代へと、時代を駆けおりてきた叙述を再び法住の時代へと引き戻す。第一〇〜一二条は一連のもので、内容は蓮如より法住に下付された法宝物、「无㝵光ノ御本尊」、「御開山聖人様御影并蓮如上人様御寿像」（親鸞・蓮如連坐像）、「御伝絵」の銘文・裏書・下付に関するエピソードの叙述である。これらの叙述は『由来記』とほぼ同文なのだが、同じ明誓が記した『本福寺門徒記』には、「ウツボ字无㝵光如来ノ本尊ハ、忝モ大谷本願寺殿様御本尊タレバ、天下ノ門葉歩ミヲハコンデ、相見仕ル処ニ、法住無二ノ法義者、其外大分ノ忠功コレアルユヘ蓮如上人様当寺ノ本尊ニ下シ玉フ者也」（六八五頁）とある。明誓の時代には、大谷本願寺の本尊が本福寺に下付されたという伝承が成立していたことをうかがわせる。『由来記』では、本尊の単なる「御免」と記されているのに、『跡書』では、「御下向」となっているのは、第一三条の「御本寺様ノ御開山生身ノ御影様御下向之事」とのイメージ上の連続性を考慮したということもあろうが、大谷本願寺の无㝵光本尊と本願寺系真宗集団の至宝「御開山生身ノ御影」がともに堅田に移動し、真宗集団の最高の聖地は京都東山の本願寺ではなく、近江堅田の本福寺となったことを強調するための言説、本福寺の霊場神話といえよう。

ずっと後の第三三条に、法住とともに大谷本願寺に参詣した「大夫」という人物が、蓮如から、生身御影の脇に懸けられていた「无㝵光ノ本尊」を下付してもらったという叙述があるから、読み手は、決して起こらないわけではないという印象をもつことになる。時代の遡及とこのような書き換えによって明誓が語ろうとするのは、堅田にまつわる第二の貴種流離譚である。ただし、第二の貴種流離譚は、モノを主人公とした物語なのである。

第一三条は、「御本寺様ノ御開山生身御影様御下向之事」で、寛正六年（一四六五）正月の比叡山衆徒による本願寺攻撃によって、親鸞の遺骨を納めたとされた生身御影（親鸞木像）の流浪が始まり、応仁元年（一四六七）二月本福寺に安置されるまでの経緯に関する条文である。『由来記』では、この条文の前に法住による本願寺防衛、さらに彼が単身比叡山に乗り込んで真宗の正統性を説法するという、もっともドラマチックな叙述があるのだが、『跡書』では、その叙述は第一九条に配置されており、別の貴種流離譚を構成している。『跡書』の叙述では、なぜ生身御影が流浪しなければならなかったのかが不明瞭になってしまうから、この条文の末尾には、「併、法住ヲタスケタマハン御方便カトヨ」（六三四頁）という、『由来記』にはない、まるで出開帳であるかのような叙述が書き加えられている。それは、第二の夢想に登場した親鸞が現実世界に出現したとも解釈できるが、『跡書』は、物語を論理的に叙述しようとするから、このような説明的な文章が付加されることになるのである。

第一五条は、翌年同じ堅田の唯賢道場で起きた奇瑞に関する叙述である。『由来記』第一五条とほぼ同文であるが、火災にみまわれた唯賢道場の炎のなかから、本尊の蓮如筆无㝵光本尊が、金色の光を放つ阿弥陀如来の姿となって飛び出し、何事もなかったかのように、きれいに巻き取られた状態で湖岸に置かれていたという内容である。かつて本願寺の本尊であった「无㝵光如来ノ本尊」と生身御影、この二つのモノとしての貴種が起こした堅田での霊験譚、聖地となった堅田で起こるべくして起こった奇跡を、これらの条文が物語っているといえよう。別のいい方をすれば、破却されてしまった東山本願寺は、聖域としてのアイデンティティを、堅田の地でようやく回復することができたという物語なのである。

四 〈魔〉の系譜

続く第一六条「存如上人様并蓮如上人様、門田法西へ御下向之事」は、『由来記』第六条からの引用だが、再び時代は過去へと戻され、別の物語が始まる。存如・蓮如が本福寺来訪のついでに法住弟・法西の道場にも立ち寄ったという内容である。ただし、『由来記』にある、「コノ御下向ヲ法住十七年ノエキレイノウチニシテオガミ奉ルユメヲオモヒアハセタリト也」（六六二〜三頁）という叙述は削除されているから、夢想中の法然・親鸞が存如・蓮如に生まれ変って、法住を再訪するという『由来記』のコンテクストは改変されていることになる。この近江下向は、いつの時代のことか明記されていないから、『跡書』のコンテクストの支配を受けて、これもまた、流浪する貴種の物語の〈始まり〉を告げるエピソードとなっている。そこに登場する存如・蓮如は、夢想に現われた法然・親鸞の神秘的な教化の力の再現前化ではなく、また、実際には无㝵光本尊下向・生身御影下向以前の出来事でありながら、そういった歴史性から切り離されて、あくまでも流浪する貴種の堅田への来訪というコンテクストで登場してくるのである。このような書き換えによって、蓮如も法住と同様な試練を受けなければ、自己のアイデンティティを回復しえない存在となるのである。そしてその場は、もはや堅田以外ではありえないのである。われわれは、歴史的〈事実〉として一連の出来事の顚末を「知っている」から気づかないのだが、『跡書』というテクストの読者／聞き手が、それをどのように受容したのかは、最大限の想像力を働かさないと理解できない。

貴種流離譚というのは、何らかの罪やスティグマを背負った異人が、地域社会のなかに突然出現するわけだから、彼らが所有する聖なる力と共に、邪悪な力の作用をも地域社会に持ち込むことになる(26)。したがって、何らかの手段（武力・金銭・説得・聖人の力・聖遺物の力など）によって、邪悪な力を地域社会の外部に排除する必要が生じる(27)。第一七条では、堅田大宮の宮仕が何者かによって栴檀の木に釣り上げられたが、「名誉ノ銘」をもつ刀の威力によって難を逃れたこと、また、本福寺に「化者」が出現し、通夜する人々を眩惑したことが記されている。『由来記』には、第七条と第四条後半にこれらの出来事と対応する叙述があるが、それは真宗を捨てて禅宗に帰依したために「化生ノモノ」「魔」が跋扈したと解釈されている。『跡書』では、二人の宗主と邪悪な力との関係については叙述されていないが、すでに「无㝵光如来ノ本尊」と生身御影について叙述されたテクストのなかに、さらに二人の高僧が参入してくることによって、堅田という狭小な地域社会に〈聖なるもの〉が集中し、善・悪双方の力の過剰と世界の秩序の歪みが生じてしまうことになる。

第一八条「本弘寺大進公手次争事」には、法住が本願寺に出仕し始めた二〇歳の頃、宗主への取次をたまたま本弘寺大進という人物に頼んだところ、自分を経由しなければ宗主に対面させないと大進が主張し、一三年間もの長きにわたって、宗主との対面ができなかった事情が記される。後半では、存如によって直接対面することを許可されたこと、金銭で左右される大進の態度が暴露されたこと、そして一家衆や御堂衆などにうっかり手次を依頼すべきではないという教訓が記される。

『由来記』には、本弘寺大進が存如の落胤であるという噂があったと記されており、それが権勢を振るうことができた理由とされているが、『跡書』ではその叙述は削除されている。一方、『跡書』では、大進の貪欲さが強調され、大進の勝手な振舞いを許した宗主の愚闇へと批判は向けられるから、カリスマ化した宗主の身分を相対化する言説ともなるのである。このような叙述は、『跡書』後半部の伏線となっているのだが、それとともに「魔」の系譜と呼ぶべきコンテクストで書かれているといっていい。本福寺と同様に、本願寺内部にも本弘寺大進のような強欲という「魔」のアレゴリーが巣くっているのであり、それは存如・蓮如によっては取り除くことのできないものなのである。『跡書』は『由来記』に比べて、神秘的叙述よりも説明的叙述の方が勝っているから、「魔」も貪欲という倫理的な原因によって引き起こされた出来事と位置づけられるのである。

『跡書』のなかでもっとも長文である第一九条「東山大谷殿破却之事」は、より強力な「魔」、比叡山による本願寺破却という事件に関する叙述である。寛正六年（一四六五）正月九日、一五〇人程の比叡山衆徒により大谷本願寺は襲撃されるのだが、内容的には『由来記』第一二条の叙述と大差ない。しかし、一部省略された部分があり、また叙述の順序が変更された箇所もある。最初の叙述は、近江の門徒衆の奮闘ぶりを軍記物語風の筆致で描写することから始まる。不意打ちを食らった本願寺は、比叡山の衆徒たちによって、財物を残らず略奪されてしまう。『跡書』が、「大谷本願寺殿様御本尊」であった「ウッホ字无㝵光如来」が本福寺に下賜されたという伝承を強調するのは、この事件によって、本願寺に相伝されていた法宝物が残らず失われてしまい、したがって、本福寺の本尊の価値はいやがうえにも高まらざるをえないということになるからである。しかも本願寺の「御開山生身ノ御影」が、本願寺を離れて流浪した末に本福寺に移座されたことはすでに叙述されているから、本願寺は、あらゆる〈聖なるもの〉を喪失した、空虚な容器にすぎなくなってしまうことになる。

事件が起きた翌日、法西道場で妙専尼の命日に当って「十日ノ念仏」を行っていた法住たち堅田衆は、ただちに門徒衆二百余人を集め、武装して東山本願寺へと駆けつける。蓮如の救出をはじめ、華々しい活躍ぶりを特記される法住門徒の桶屋・「イヲケノ尉」は、「スマイノギヤウシ」（相撲の行事）・「スッパノテガラシ」（透波ノ手柄師）・「軍ニ意得」とあるように、敵の「悪僧」や「悪党」たちも同類と見間違えるような悪党的な人物として描写されている(28)。この辺りの叙述は、『太平記』における堅田衆の叙述を範型にしていると思われる(29)。南北朝期に堅田で勢力をもっていたのは、いわゆる殿原衆と呼ばれる階層で、法住たち全人衆よりも上層に属する人々であった。ここで「イヲケノ尉」のような無頼の徒の活躍をことさら特記するのは、全人衆こそが、事件の解決に力を発揮したことを強調し、堅田という地域社会における殿原衆の優位の転倒と、全人衆の中心化が行われたからである。『太平記』という人々に周知のテクストを読み換えることによって、別のテクストを創出し、しかも大した違和感もなく説得力をもたせようとする、音声言語圏特有の手法なのである。

「イヲケノ尉」は、通常は桶屋を営んでおり、この日も本願寺の桶を修理し、その出来栄えを蓮如に見せていた時に事件が起こった。とっさに彼は、蓮如を捕らえ引き立てて行くような素振りをして、まんまと寺外へ逃れ出たというのである。当時の身分制社会にあって、職人層と貴人が親しく接触するようなことがありえたか否かは問わないとしても、盗賊あがりの職人に高貴な上人が捕らえられるという、身分の顚倒を演出することによって危機を脱したという機知の巧みさを強調することによって、身分を相対化する言説となっている(30)。

この時、本願寺のみならず近江の他の門徒衆も、比叡山衆徒たちによって、金品を要求されたり无㝵光本尊を奪い取られたりと、多大の損害を蒙った。蓮如は、この問題は、比叡山と宗論を闘わせることによって解決すべきだと主張したので、金ノ森を拠点として武力で対抗していた門徒衆は、やむをえず集落を焼き払って退去することになった。法住は、縁故を頼って飯室谷松善院に案内をしてもらい比叡山に登る。法住は、比叡山大衆の集会の場に登場し、持参した无㝵光本尊を柱に懸け、真宗を邪法とする比叡山に対する反論を語りはじめる。

『由来記』のこの場面では、武士としての法住が、宗教者として生まれ変わる通過儀礼の物語として描かれており、法住のいわば一人舞台といえるこの場面が、全体の叙述の中でももっとも躍動感に溢れた描写となっている。『由来記』全体を通して、蓮如が真宗教義について物語る場面はない。比叡山衆徒を前にして語る法住の言葉だけが、それも无㝵光本尊の上部に記述された銘文を引き写しにした言葉だけが、真宗教義に言及した唯一の叙述である。つまり、言説による説得の力が紛争を解決したのではなくて、无㝵光本尊のモノとしての神秘的な力の勝利ということになる(31)。

一方『跡書』では、法住の宗論の言葉は簡略にされ、『由来記』第三二条からの引用、つまり比叡山へ三千貫文という多額の礼銭を支払い、さらに末寺として毎年金銭を納入するという条件で紛争を解決したという記事が挿入されている。もっとも、『由来記』のこの条文は後筆なので、本来『由来記』にはなかった叙述とも考えられる。『跡書』一九条には、比叡山の金銭的要求に関する叙述が集められているので、事件が教義的説得ではなく、金銭的な取り引きによって解決されたという印象が一層強調されることになる。ただし、この部分には、本願寺から礼銭を受け取った人物は、悪しき死にざまをしたという結末が記されているから、この条文全体から受ける印象は、比叡山による金銭的要求と礼銭による解決、礼銭を受け取った者の悪死、つまり「魔」＝貪欲の一時的な勝利と最終的な敗北ということになる。言葉による説得よりも武器の力―第一七条の「名誉ノ銘」をもつ刀が、「化者」を退散させた事件によって示唆されていた―や、金銭の力（武器や金銭自体に霊的な力が宿っていると信じられていた）の方が、堅田から邪悪な力を排除するのに有効であると解釈されているのである(32)。夢想の現実化、不可思議な力の表象としての貴種の来訪というコンテクストが変更されて、実在としての武器や金銭といったモノの働きが、叙述の前面に押し出されている。ここでも第九条と同様に、教訓的な結論を挙げておいて物語を閉じ、次の物語に移行していくという構成になっている。

五　堅田の終末とユートピアの誕生

次の第二〇条は、「生身御影様大津浜御著岸之事」という条文で、『由来記』第一六条からの引用である。応仁二年（一四六八）、堅田衆が京都花御所造営のために運送されていた材木に、湖上海賊を仕掛けた等の名目で、再び比叡山の攻撃を受ける。第七条と同じ事件の叙述であるが、ここでは「生身御影」の移座だけを記している。危機を察知した本願寺側は、あらかじめ生身御影を堅田から大津浜にあった本福寺門徒・道覚の道場に移坐することになる。またもや「生身御影」は、流浪の旅にでることになったのである。夜の闇に乗じて堅田東辻の浜より御座船を仕立てて移坐されたのだが、その浜の由緒を『跡書』は次のように記す。

コノ浜ハ昔大友ノ皇子、コノ浦ヘ流サレオハシマシ、イツモコノ辻ヲトヲラセタマヒ、ツリ（釣）ヲタレタマフハマ（浜）ニテアリケリ。御里ノ町トハ、居初ノ社ノ辺ヨリ、コノアタリヲ申ツタヘタリシハ、カノ明神スマセタマフ御在所ナレバ申トカヤ。マタイナリ(稲荷)ヲシレイ(死霊)ノイシノ堂ト申社ニクワンジャウ(勧請)申ト云々。其比ハ当庄ニ下馬ヲナスハ、大友ノ王子スマセタマフカカルイイアリト。(六三九頁)

大友皇子とは、天智天皇の皇子で、六七二年の壬申の乱に大津京で敗死した人物である。上記の伝承では、大友皇子が死を免れて堅田に流罪となったという貴種流離譚ということになる。『跡書』では、後の叙述になる程、時代を遡る人物に関する貴種流離譚を配列するから、堅田の起源がどこまでも遡りうるかのような錯覚を与えてしまう。「生身御影」の流転は、親鸞の流罪とオーバーラップして読み手に感覚されるはずであるが、さらに大友皇子の悲劇に重ね合わされて、悲壮感さえ漂う物語となっていく。それとは対照的に、船を自在に操り危機を乗り切っていく法住の活躍ぶりは、いかにも勇壮に活写されており、その描写は『由来記』よりも詳細である。この場面もまた、『太平記』を意識した叙述である。蓮如は、法住の後にただついていくほかはない哀れな存在にすぎない。なお、この条文の末尾は、『由来記』にはない、文明元年(一四六九)近松寺建立の記事が添えられている。

第二一条は堅田大責の戦闘に関する叙述で、ここも軍記物語のような筆致で描写されているが、『由来記』第二〇条とは一部に相違がある。『由来記』が、堅田の敗北が決定的になり、住人が沖島に逃れようとした時、東浦将監は、鴨社より供御人の印として許された葵の紋の入った堅田地下の旗を取りに戻ったが、敵に遭遇したため切腹して果てたと記す。それに対して『跡書』は、沖島に逃れる時、堅田惣庄の旗を捨ててしまったと書かれている。堅田にとって、町を焼き尽くすことになったこの敗北が大打撃であったことは間違いない。しかし、法住たち門徒衆にとっては、必ずしも悲劇的というわけではないのだ。第二二条にあるように、文明二年(一四七〇)、比叡山に金品を支払うことによって堅田に戻るのだが、その時、堅田の新興勢力である法住たち商工業者・全人衆は、彼らの経済力にものをいわせて、賠償金の多くを支払ったのである(33)。長らく湖上特権を独占し、堅田を牛耳ってきた殿原衆は、これによって特権を失ってしまうのだが、『跡書』の地下の旗を放棄したという叙述は、堅田の旧来の身分秩序が崩壊したことを象徴的に表現しているといえる。『跡書』は、『由来記』にはない法住たちが支払った具体的な金額の叙述があり、また、分担金を支払うことができず、地下の地位を失った者がいたことも記されている。他者の零落は、逆にいえば、法住たちの地位の上昇をもたらしてくれるのである。

『跡書』は、遠い祖先が貴種であったとはいえ、「湖上海賊ノソノ罪ノガレガタキ(逃れ難き)トイヒ、剰《アマサヘ》多ノ人ヲコロ(殺)セシ重科トイヒ」(六三九頁)とあるように、数々の罪を重ねてきた法住たちが、幾度かの試練を経ることにより、堅田で主導権を発揮できる地位をえることができたという通過儀礼・懺悔譚(34)でもある。本願寺・生身御影・蓮如は、法住たちに数々の試練を与えてくれたのではあるが、それは比叡山が彼らに課したものと大差はなく、決して宗教的な救済を与えてくれたわけではない。本願寺・生身御影・蓮如も、法住たちの命運と同様に、幾多の通過儀礼を受けなければならないというコンテクストで描写されているのであって、蓮如といい、生身御影といい、数々の苦難の果てに山科御坊という安住の地をえることができるのである。とはいえ、いましばらく苦難の道は続く。

一応の安穏を獲た堅田の地は、ある意味ではユートピアとなったということができよう。以下の第二三〜三〇条の叙述は、そんな堅田の地名の由来、堅田の祭礼・神社、湖上交通の支配権といった堅田の由緒に関する叙述となる。そのなかで注意されるのは第二七条である。『由来記』第二八条からの引用であるが、かなりの省略がある。内容は、堅田と近江の守護・六角氏とが、湖岸の用益権について争った鎌倉での訴訟に関する条文である。『由来記』では、「ナヲカタタ侍俗性、王ソン(王孫)ト、ムカシヨリ申ツタヘケルコトハリ」(六七二頁)とあり、堅田住人が王族の末裔であることを主張したので、訴訟の席では六角氏より上座に円座を与えられ、訴訟にも勝ったことが記されている。『由来記』第十六条には「大友ノ皇子」、第二七条では「ソメドノノキサキ」の流罪のことが叙述されているので、この王孫説話は、読者や聞き手にスムースに受け入れられることになる(35)。

一方『跡書』第二七条にも、使者が座った円座のことと勝訴のことは書かれているが、堅田住人が王孫であるという叙述は省かれ、後半部分(六五六頁)に廻されている。次の第二八条には、『由来記』第一六・二七条をふまえて、「ソレニ大友モ、文徳天皇ノキサキ染殿ノキサキモ、コノ浦ヘ流サレ給ヒ住セラレシ。京チカケレバ、源平藤橘ニヨラズ、牢人ノ落タマルサトナリケリ」(六四一頁)という貴種流離譚が総括的に叙述されているが、その王孫説話と訴訟とは結び付けて書かれてはいない。そのかわりに『跡書』第二九条には、南北朝の内乱期、堅田が足利軍に加担し、その代償として湖上交通の管理権を与えられたこと、越前で敗死した新田義貞軍の落ち武者たちが堅田に定住したという起源伝承が記されている。『跡書』前半部は、貴種流離譚というコンテクストで叙述され、王孫説話についても叙述されている。それでは堅田の住人のすべてが王孫として均質な社会を構成しているのかといえば、そうではなくて、南北朝の内乱期における勝者と敗者に、堅田の身分秩序の始原を求めているところが、『由来記』とは異なる特徴ということができよう。

ところで、堅田の使者は鎌倉からの帰路、六角氏の使者によって殺害されるのであるが、彼が座っていた円座は、堅田大宮の社殿に籠められたという。この叙述は、『由来記』と共通であるが、この円座は、六角氏の堅田への干渉を排除するための呪物として扱われたことがうかがわれ、『跡書』冒頭の三上社に籠められた「御系図」に替る呪物を獲得したという神話的言説ともなっている。

また『由来記』では、堅田の使者の装束について、「カイ(櫂)ノフルキヲツヱ(杖)ニツキ、百綴ヲキ、ナワヲ(縄緒)ノアシダ(足駄)ヲハカセ、ハ(歯)ワシロク、フルキヤブレミノ(破れ蓑)ヤレタルスゲガサ(菅笠）ヲキセテ」（六七二～三頁）とあるが、これは、村々を毎年訪れる来訪神、もしくはその似姿である一揆の装束をまとって訴訟に臨んだという、フォークロア的叙述となっている(36)。『跡書』では、単に「ツヅレヲキテ、カイヲ杖ニツキ下向ス」と記され、『由来記』のフォークロア的要素は捨て去られてしまっている。『由来記』から引用される過程で、中世の説話や物語にしばしば登場する王権神話やフォークロア的要素が脱落していくのは、『由来記』という文字で書かれたテクストを再編集したテクスト、論理性や読まれることを優先した『跡書』というテクストにとって、无㝵光本尊・親鸞御影・御絵伝といったモノの実在性が重要なのであって、もはや音声言語的な伝承は不用となってしまったからかもしれない。

第三一条「大宮参詣ニ道幸夢相之事」は、ユートピアとしての堅田を締めくくる夢想に関する記事である。堅田の兵庫入道道幸という人物が、堅田大宮に百度詣をしたところ、神殿より貴人が現われ、後生を祈るのなら本福寺に参詣せよという夢告を受ける。『由来記』末尾の第四二条にも同様な叙述があるのだが、『由来記』は、破損のため以下の部分を欠失しており、ここから後は『跡書』のみの叙述となる。彼は、夢告の通り本福寺に参詣し、明顕より真宗の教化を受け、妻子とともに出家したというのである。道幸が、大宮に参詣することになった動機は、湖上交通に携わっていた彼が、京都・聖護院で出家するために上京しようとしていた小児と出羽山の山伏を船に乗せたことから始まる。道幸は、彼らを皆殺しにして財物を奪ったが、やがて罪が露見してしまう。堅田全体に処罰が及ぶのを恐れた彼の父親が切腹し、その首を京都に進上することによって、堅田は危うく難を逃れることができた。そのことを聞いた道幸は、発心して比叡山をはじめ各地の霊仏霊社を巡り、自分のような五逆十悪の罪人を救済してくれる教えを探し求めるが、得るところなく堅田に戻ってくる。最後に、故郷の堅田大宮に参詣し救いを求めたという次第である。

現世の安穏を獲得した堅田は、後世をも救済してくれる理想的なユートピアともなったという物語として、ここまでの叙述が完結するのである。明顕は、「弥陀ノ悲願ハ五逆十悪ヲ摂スル証アリ。横超ノ本願親《マノアタリ》アヤマツ処ナシ」（六四二頁）と語っているが、『跡書』では、法住と明顕だけが真宗教義の語り手となっており、蓮如は単なる无㝵光本尊などの下付者にすぎない。この条文は、最後を「悪ニツヨキモノハ、善ニ強トハコレナリト云々」（六四三頁）という言葉で締めくくられる。法住や道幸のような武勇に優れ財力に恵まれた堅田衆は、たとえ海賊や殺人の罪を犯したとしても、一定の贖罪を経ることによって、必ず真宗の救済に預れるという発想なのである。

また、かつては法住たちと敵対していた堅田大宮が、ここでは真宗を守護する護法神に転換しており、真宗的に解釈された本地垂迹思想を形成しているのである。『跡書』が堅田の神々の由来を叙述し、決してそれらを排除しようとしないのは、そんな堅田のアイデンティティを明誓たちが創作していったからにほかならない。『跡書』は、蓮如が『御文』で説いた守護・地頭に対する敵対の禁止、阿弥陀仏以外の仏神の尊重、年貢の完済といった掟を逆手にとって、自らの地域社会のルールを大して変更することなく、しかも真宗に適応していくという巧妙な論理（当時の談義本にも見られる）を構築していたことが、上記の叙述からうかがわれる(37)。

六　現在するユートピア

第三二条以下は、再び時代を遡って、京都・大谷から山科まで、転々とする本願寺での法住と蓮如との交流について記していく。だがその叙述は年代順には書かれていない。だから、蓮如と法住との交流は、歴史上に生起するさまざまな出来事に左右されない、永遠に続く関係であるかのような印象を読み手に与える。明誓たちにとっては、むしろそれこそが真宗門徒にとってのユートピア、浄土そのものの情景であると確信していたのかもしれない。現実的で打算的にみえる『跡書』の叙述、それは当時台頭しつつあった彼のような新興の商工業者の視線なのであるが、そんな視線からすれば、知識人の論理的な言葉で説明される、想像的で抽象的な浄土など信じろという方が無理なことに違いない。眼前の可視的な現実世界への貴人の出現として宗教を理解し、体験可能な世界として浄土が構想されるとすれば、その体験を書記言語としてテクスト化し、モノとしてのテクストを所有したとき、はじめて彼らは他者の干渉を受けない、自分たちだけに許された救済を確保しえたと実感したに相違ない。

第三二条は、大津近松坊に蓮如が避難していた頃、蓮如は長男・順如とともに法住の病気見舞に堅田を訪れるが、法住は彼の病気を、本福寺門徒・法覚のせいだと、「タトヘバ、ワラベ（童）ガ人ノヲヤ（親）ニモノヲツゲ申ガゴトク」（六四三頁）とあるように、子供が父親に訴えるように蓮如に語りかけるのである。この引用の部分は『由来記』にはないが、『由来記』は、母・妙専尼の役割を重視し、彼女に予言者か巫女、あるいは仏・菩薩の化身であるかのような重要な役割を割り当てていた。それに対して、『跡書』での彼女の役割は目立たない。中世の真宗では、母もしくは女性の役割が大きかったことが指摘されているが(38)、ここでは、彼女に代って蓮如が父権者のような役割を果すことによって、女性の役割と交替させられてしまっている。

第三三条は、先に見た東山・大谷本願寺での出来事、法住とともに参詣した大夫に、蓮如が御堂の无导光本尊に裏書を加え、気楽に下付してやったというエピソードである。第三四条では、文明三年（一四七一）、吉崎下向の前に法西道場に宿泊した蓮如に、法住が同地に御坊を建立し寄進する旨申し出たことが記される。だが蓮如は、はるか比叡山の方を指して、「アレガ近ゾ」（六四三頁）という理由で断ったという。その後、法住は吉崎に蓮如を慕って下向する。『由来記』では、法住は二・三度吉崎を訪れたことになっているが、『跡書』では、そのことが削除されているので、蓮如の吉崎滞在中ずっと法住が付き従っていたかのような印象を与えている。また『由来記』にあった、一家衆の吉崎下向のための宿所を建立したこと、法住がとりわけ蓮如のお気に入りだったことを、吉崎に参詣した他の門徒衆が羨ましがったことなどは、整合性を欠くことになるから削除されてしまっている。これらの叙述では、蓮如と法住の直接的交流に、他者が介在するような叙述は一切削除して、ユートピア的な両者の親密な関係だけをことさら強調してみせる。

第三五条は、野洲・栗本の有力門徒たちが、法住の信心の不十分さを蓮如に訴えた出来事である。

野洲栗本老衆、法住ハ仏法ガチトシカジカトナイトイフ沙汰ヲ、蓮如上人様へ御耳ニ入ラレケレバ、「ヲウ、法住ハ仏法タ（足）ラハズ、信ガウスイ（薄い）ゾヤ。ナレドモアレハ聖人ニ生アハレタル人ゾ」トオホセゴトアリトカヤ。（六四三頁）

蓮如は、彼らの主張を認めながらも、法住が夢想のなかで親鸞に直接対面した希有の人物として、彼の価値を評価するのである。これは、法住の往生を記す第三九条の伏線となっている。

第三六条は、山科本願寺での出来事、法住と蓮如との間で交わされた、時刻を知るための不断香を巡る、いささか滑稽なやりとり。どうしても不断香の理屈を理解できない蓮如が、狂言廻しの役を勤めている。『由来記』第三九条では、法住は蓮如に対して、「コレホドニ上様ドン（鈍）ニ御座カ」（六七六頁）と、宗主を愚弄するような言葉を吐いてしまう。それは、両者の特別な親密さ（「御アリガタキ御宿エン」）の表象として採用されており、これも法住の往生と連環する叙述である。特にそんな発言を咎められたとは記されていないのだが、『跡書』ではこの部分は削除され、「法住正直ニホケホケ（惚々）トアル心ヲ御テウアイ（寵愛）オハシマス」（六四四頁）というように、「正直」という倫理的価値を表わす言葉に置き換えられている。

第三七条は、出口御坊で行われた報恩講に参詣した法住に関する叙述である。この時蓮如は、法住と出口御坊を建立した空念との間で交わされた「尊イ」という言葉に関する問答について、片仮名混じりの『御文』にしたためて下付してやった。『跡書』では、『御文』を気楽に下付してやったという出来事としてのみ記すに過ぎない。しかし、先にも書いたように、『由来記』も『跡書』も、真宗の教義面には無頓着といっていい。『跡書』が、ここで真宗教学の伝授の証拠として門徒たちに理解されていた『御文』の授与について叙述するのは、无㝵光本尊下付の場合と同様に、聖遺物として『御文』を捉えているからであって、教義の内容が問題なのではない。『御文』の不在は、有力寺院としてのステイタスにかかわるから、本福寺も他の寺院と同様に『御文』を所有していることを叙述したまでである。『由来記』第三七条には、その『御文』の全文を載せているが、内容は、法住と空念が、善知識（蓮如）と親鸞の生身御影とではどちらが尊いのかという問答をし、法住が負けてすごすごと堅田へ帰っていったという次第を記したもので、仮名法語である『御文』の範疇からは外れるものであるし、本福寺にとっても決して自慢できるような叙述ではない。だから、『跡書』では、『御文』下付という部分だけを残して、その内容や下付の顚末の詳しい説明は削除されているのである。

第三八条は、同じ出口御坊へ年始の挨拶に風雪を凌いで参詣しようとした法住を、蓮如が馬を迎えに遣すという記事である。到着後すぐに、両者の間に和歌の応答があり、それを蓮如は自ら筆を執って記し、法住に下付してやったのである—これも『御文』の下付ではないことに注意。その蓮如自筆本が、すでに失われてしまっていたことは、『由来記』第三八条にも記されているのであるが、『跡書』は、さらに「大事ノモノノ本ヲバ、人ニアリトハイフマジキコトナリ」（六四五頁）という、『跡書』後半部へと連続していくような教訓を書き加えている。とはいえ、蓮如と法住との間で繰り広げられるユートピア的世界は、戦闘場面の続くこれまでの叙述と対照的な、時間が止ってしまったかのような、牧歌的といっていい、束の間の安息を読み手に与えてくれる。そんなユートピア的景観のなかで、法住は往生を迎えるのである。

文明一一年（一四七九）一二月の法住の往生を記す第三九条は、ある男の夢想から書きはじめられる。

文明十一年十二月九日ノ夜、アル男夢ニ、本福寺ノ御本尊ノ御前ニ畏ル処ニ、御ヨハイ五十余斗《バカリ》ノ貴聖人、仏檀ヨリオリサセ給ヲ拝ミ奉バ、御指ヲサシ堂ヨリモタツミ（辰巳）ノ方ニ当リテササセラレ、仏入滅アルハマイリテ拝《オガメ》ト仰ケル。身ノ毛ヨダチタフト（尊）クテ、仰ノゴトクマイリミ奉レバ、一間間中四面ノ堂、東ノ方ハザマガウシ（狭間格子）ナリ。ヨハイ（齢）八旬ニアマラセタマフ程ノ老マウ（耄）、クチビルヲアキ、モノニヨリカカリタマフ。拝トスレバハヤサメ（覚）ヌ。（六四五頁）

『由来記』がそうであるように、『跡書』もまた、夢想で物語は閉じられようとする。第三五条では、蓮如が法住の第一の夢告に依拠して、「聖人ニ生アハレタル人」といっていたが、最後にその親鸞が再び出現し、法住が釈尊の再誕であること、だから彼の死は往生とはいっても、通常の往生とは異なることを告げるのである。法住＝釈尊であるからには、浄土に往生して悟りを開く必要はないのだし、彼に対して蓮如がわざわざ教化する必要もない。むしろ、仏・菩薩の化身として語られることのない蓮如の方こそ、法住の保護なしには数々の苦難を乗り越え、失われた真宗のアイデンティティを山科御坊で回復することなどできなかったという、地位の逆転が起こるのである。同時代の言行録とは異なり、『跡書』に登場する蓮如が、真宗教義についてまったく語らないこと、法住だけが比叡山衆徒に対して教化の言葉を語るのは、そんな理由による。上記のことに関しては、二つのテクストは共通しているといえる。

だが、法住の往生が二つのテクスト間で、微妙なズレを見せていることも見逃せない。『由来記』第四〇条では、法住往生の夢想について、「御年五十余バカリノ御僧、ウスズミゾメノ御衣・御ケサ（袈裟）・御ジュズ（数珠）モタセタマヒテ、仏檀ヨリヲリタマフ」（六七七頁）とあるように、第一と第二の夢想に共通する「ウスズミゾメノ衣」という言葉を、この夢想にも用いることによって、冒頭の予言と結末での現実化という連環を完成させる。『由来記』は、道幸の夢想を含めて四つの夢想の連環によって構成される、本福寺こそが救済空間と呼ぶにふさわしい場であるという霊場縁起である。しかも最後に法住＝釈尊という叙述を書き込むことによって、本福寺は、蓮如、あるいは本願寺の宗主をもはや必要としない、本願寺から自立した聖域（ミクロコスモス）としての地位を確立したといえる。最後の夢想によって、『由来記』というテクストは自己完結している、つまり、もはや不要となった他者として、本願寺と蓮如を堅田より排除し、自立してしまったということができよう。

一方『跡書』では、「ウスズミゾメノ衣」という第一・第二の夢想と共通する言葉を用いず、ただ「貴聖人」とだけ記すことによって、他の夢想との連環を断ち切っている。あるいは、『跡書』の「第四の夢想」は、本福寺の親鸞・蓮如連座像の起こした奇瑞として、モノの関係性に置き換えられていると解読することもできよう。第一・第二の夢想との連環から解放されることにより、第三九条の法住往生の夢想は、第三六条以下で叙述されてきた法住と蓮如とのユートピア的交流、地上世界における浄土＝本福寺、浄土としての本願寺といったイメージ群の方に引き寄せられ、本願寺と対等な浄土という本福寺の地位の確立に寄与している。だが、法住＝釈尊ということになれば、それは法住という特殊な人格と彼が生存していた特殊な時代に起こった特別な事件であるということになる。法住の往生と第三一条の「大宮参詣ニ道幸夢相之事」とのイメージ連鎖がうまく機能していないから、本福寺は永続的に救済空間となったという、第三一条がかもしだすイメージが断ち切られてしまって、テクストが余韻を残しながら閉じられるという効果が発揮されないのである。そういった意味では、『由来記』のように道幸への夢告で終わった方が効果的であるといえる。

だが、『跡書』が別の効果を狙っているとするならば、話は別である。ユートピアという言葉の原義がそうであるように、現実にはどこにも存在しない、ただ空想することができるだけの世界でしかない、そんなコンテクストで物語を締めくくろうとするならば、イメージ連鎖が断絶してもいいことになる(39)。それは、『跡書』後半部を見ていけば自ずと明らかになることである。

第四〇・四一条は、法住往生以後の後日譚というべきものである。第四〇条は、文明九年頃、堅田新在家御坊の土地を法住が寄進し、二間三間の萱葺の堂が建立されていたのであるが、法住の死後、継嗣の明顕が他寺の堂舎を買得して同地に御坊を建立しようとしたが、比叡山の妨害により山科御坊の堂舎として移築したという叙述である。『由来記』第三六条では、堂舎を買得したのも法住と記されており、移築されたのは野洲郡内の「音羽」となっている。それを『跡書』は、山科の「音羽」としているわけで、山科御坊の堂舎を本福寺が寄進したかのような叙述に変更されているのである。

第四一条は、延徳三年（一四九一）十二月の本福寺の火災と明徳元年（一四九二）の再建にまつわるエピソードである。これは、『由来記』第四一条からの引用であるが、本福寺の再建にあたって経費が不足し、仕方なく蓮如に借銭を申し入れたところ、寄進してやるといわれたので明顕が辞退したところ、蓮如は、「コザカシイ恩召子細アル。御影様へ御寄進」（六四六頁）といわれたので有難く受け取ったという。「御影様へ御寄進」というのは、中世文書にしばしば見られる本尊寄進に類似した行為であるが(40)、後半部の検討で明らかになるように、必ずしも寺僧の私財となってしまうことを防ぐために、所有という概念自体を否定してしまうという意味ではない。蓮如の言行録にも、「仏物」「聖人ノ御用」といった言葉がしばしば登場するが、それは、真宗の懇志は宗主であっても個人の所有物としてはならないという意味で用いられているから、中世文書の用法と一致している。しかし、『跡書』ではまったく逆の用法、寄進されたすべての財貨は宗主の所有物であるというような、コンテクストの逆転現象が起きているのである。むしろ、所有権を曖昧にしないことによって、本福寺住持固有の財産権を積極的に主張していこうとする姿勢を読み取ることができる。そうであるならば、「御影様へ御寄進」という表現は、仏への一方的な〈贈与〉行為ではなくて、法住の死後になって、蓮如が法住への借財を返済したという、社会的な交換関係という意味が生じることになる。

後述するように『跡書』では、「仏法領」という言葉が本願寺と同義で使用されているから、「仏法領」と「御影様へ御寄進」は、本願寺と本福寺が、それぞれに固有の所有権をもっていることを意味していることになる。第四一条の末尾、『跡書』前半部の最後は、一家衆の近松蓮淳が、事あるごとに宗主に借銭を申しでたことが、明顕の謙虚さと対照的に叙述されている。これに該当する叙述が『由来記』にあったのか否かは、『由来記』の末尾が破損しているので不明であるが、『跡書』では、このようなユートピアの崩壊を予感させるような叙述を前半部に書き込むことによって、後半部がどのような叙述になるのかを予告しているである。

七　ユートピアから現実へ

『跡書』後半部は、「ひとつ書」の様式で書かれた六七条からなっており、一見して前半部とは様式も異なり、内容的にもまったく異質な叙述となっている。前半部が、増補や削除や書き換えがあるものの、基本的には『由来記』というテクストを引用したものであるのに対し、後半部は、『本福寺明宗跡書』という父・明宗の編纂した短いテクストを下敷にしながらも、大幅な増広を加えたものである。『本福寺明宗跡書』は、「門徒役　六分一之事」「置文大法」「本福寺跡書」という三つのテクストを合冊したものである。明誓の『本福寺跡書』後半部は、明宗の「門徒役　六分一之事」と「本福寺跡書」の二つのテクストをもとにしているが、特に後者の叙述、一家衆の悪行やそれへの対処法を詳細に叙述し、さらに補完する記事を挿入したもので、明宗のものより約二・五倍の分量となっている。したがって、明宗からの聞書であるとともに、『本福寺明宗跡書』の注釈書でもあるという内容となっている。以下、『跡書』後半部の叙述を追いながら、前半部との関係について考えていこう。なお原文にはないが、便宜上「ひとつ書」の各項目を一条として、一～六七の番号を付けて引用していくことにする。

第一～九条は、『明宗跡書』のなかの「門徒役　六分一之事」を詳細にしたもので、一部は『由来記』第三四条や『明宗跡書』のなかの「本福寺跡書」の叙述と一致する部分がある。内容は、本福寺の年中行事と門徒たちの各種の負担を叙述したものである(41)。第九条の末尾には、「十二ケ所シテ本福寺ヲ崇敬ノ処ヲ、不参ニハナリヨキ（＝易い）モノナリ」（六四七頁）という教訓が書き留めてある。これは、本福寺門徒を一二組に分け、毎月一八日の存如の命日の行事、「念仏」の頭役を勤めてきたのだが、天文元年（一五三二）八月の六角氏や日蓮宗徒による山科本願寺焼打の後は、相続権をめぐる争いも加わって、その分担体制が崩れてしまったことをいっているのである。興味深いのは、「正月ト七月ノ盆トニ、十日ノ日、トキ（斎）ヲシテヨビアツメ御勧化ヲ聞セラレタル間、御モントモアリキ。死去已後ナケレバ、ミナ参ル人ナシ」（六四七頁）と記されていることである。かつては西浦の道場主が、妙専尼が往生を迎えた法西道場で、正月と七月の彼女の命日に当る一〇日に門徒衆を集め、「御勧化」と斎の饗食が継承され、それによって門徒間のきづなが保たれていたのだが、明誓当時、すでに普門・門田の門徒は退転してしまっていたのである。つまり地域社会の真宗集団は、真宗教義の共有だけではなく、一族の〈始まり〉にあたる女性を祭祀することで、族的結合としての門徒組織が維持されてきた事情が知られる。しかし、誰が正統な相続者なのかをめぐる対立が生じていくなかで、共通の母を始原とする族的結合関係が解体してしまった過程が窺われる。

第一〇条以下には、本願寺宗主の親族・一家衆に対する鋭い批判の言辞が続く(42)。第一〇条は、一家衆や本福寺門徒衆などが、さまざまな謀略を凝らして本福寺住持を宗主に訴え、勘気や門徒追放の処分にしようとしたことが記されている。一家衆は、本福寺に伝来している「ウツボ字无㝵光如来御本尊」「御影様」「御伝絵」、蓮如筆の聖教類等を寄進すれば許すといって、それらを取り上げようとしたという。また勢力のある一家衆は、門徒たちに、本福寺住持の支配下にいると、「ソノ人イカニ弥陀ヲタノミタリトモ、地獄ヘヲチンゾヤ」（六四七頁）と触れ回ったりして、門徒衆から住持を孤立させようとする。そんな時は信頼できる人の所に一時避難し、財産や法宝物も預けてしまうのがよいと記される。一家衆に往生を左右する力が備っているという言葉は、いかにも滑稽に見えるかもしれないが、貴人と坊主衆や門徒衆との饗食が浄土のイメージだと理解されていたとすれば、坊主衆と門徒衆との関係の崩壊が、浄土の喪失と感覚されても不思議ではない。そして最後には、「シカノゴトキノ御イセイ（威勢）ノアル御一家ノ御代ハ、ソノ本福寺住持ハハヤ死シタリトオモヒ、カクゴ（覚悟）ヲモチタマヘ。御佗言ヲトリツグ（取り次ぐ）人ハアルマジケレバ、ケンメン（＝税の免除）キレテ、イノチトトモニ忍ビ、堪忍アルベシ」（六四八頁）とある。このように、『跡書』後半部の叙述は、前半部の説話的、あるいは神話的叙述とはまったく異なり、緊張感の漂う、きわめて現実的かつ教訓的な叙述となっている。

第一一条には一家衆が、本福寺の門徒を奪って自家の門徒にしようとしたことが記される。そんな時は、たとえ本福寺という寺院組織が解体し、堅田から退去することになっても、決して了承してはならないと記す。また、寺院の経理に関して、わずかな金品でも、「仏法モツ（物）」と考えておろそかにしない人に対しては、「ヨミアゲ（読み上げ）キカセマウサルベシ」（六四八頁）とあるように、収支を細大洩らさず聞かせておくべきであるが、貪欲な人には秘密にしておくべきだと記す。この条文は、文書や記録が、読み上げられていたことを示す興味深い史料である。ここでの「仏法モツ」は、中世社会における仏物と共通する概念で、個人の恣意で処分できない財貨の意味で用いられているのだが、それとともに、貪欲の反対概念である無欲と同じ倫理的次元で使われている(43)。財産の処分は住持と門徒との合議によるべきだとされ、末尾には、「住持ニナニゴトモカクス（隠す）事ハ、コノ寺ヲヤブル（破る）人ナリ。ツメ（爪）ノサキホドモダンガウ（談合）シ、ミミ（耳）ニウツ（＝聞かせる）ベシ」（六四八頁）という教訓が記されている。ここでも、音声言語の優位が語られている。

たとえば、実悟の編纂した『蓮如上人一語記』(44)第一八二条には、談合は各人の教義理解を他の人々の前で述べ合い、独善的で誤った教義理解をしていないかを、集団的に確かめ合うために必要だと記されている。しかし『跡書』では、人々の貪欲さから寺院財産を守るために必要であるとされている。蓮如の言行録の言葉は、各地の真宗集団に、同一の価値体系を植え付け、再生産していくようなイデオロギー的言説である。それに対して『跡書』は、蓮如の言行録に見られるような、本願寺周辺で形成されていった真宗イデオロギーを表象する言説を無視するか、さもなければ、その意味をずらせ脱中心化することによって、自分たちにふさわしい言説へと作り変えていくテクストとして位置づけることができよう(45)。

上記の第一〇・一一条の二箇条で、すでに『明宗跡書』に書かれている一家衆や門徒衆の貪欲さに対する批判、それへの対処の方法の大部分は叙述されてしまったことになる。同様な叙述は、何度か繰り返し登場するが、以下の『跡書』の叙述は、ある程度同類の条文が集められているものの、アトランダムに教訓を追書きしていくように続いていく。それらはほとんどが、前半部のような「……トカヤ」といった聞書を表わすような言葉で締めくくられていないので、明宗からの聞書なのか、それとも明誓自身の考えを記したものなのか判然としない。それらのなかで、興味を引く条文をいくつか取上げてみよう。

第一二条の末尾には、「モノヲヨミカキ（読み書き）スルモノ、ナニヲアヅ（預）クルトモチガ（違）ユルモノゾヤ。コトバ（言葉）ニシヤウオリ（精折）スルホドノコトヲイフモノニカギリテ、ワル（悪）ウテハ（果）ツルモノナリ」（六四九頁）とある。この条文には、連歌や俳諧を好むこと、料理包丁をすること、心を偽って人によく思われようとすること、機敏でいろいろな世話を器用にこなすこと、「ワレホド仏法タシナム（嗜む）モノハナイ。万キヨウ（器用）ナドイイマワリ」とか「コトバヲカザリ（飾り）、仏法ギ（義）ヲコマヤカニ、ニッコリトイイマワリ、ワガアヤマリ（誤り）ヲバ、ケシ（芥子）ホドモイハズ」（以上六四八頁）といった行為が批判されている。世間の目を欺いたり、他人を陥れようとする原因を、「コトバヲカザリ」とか「コトバニシャウヲリスル」とあるように、虚飾の言葉の使用や思考と行為の不一致に見い出しているのである。そして、その原因を「モノヲヨミカキスル」というように、読み書き能力の獲得に結びつけているのである。

すでに指摘されているように、読み書き能力の獲得は、音声言語の使用から書記言語の使用という社会的・文化的な一大変化といっていいが、それは、人間に重大な思考の変化をもたらした(46)。文字を経由しない音声言語圏のコミュニケーションでは、ある出来事の評価は、当該の社会のなかで予め決められた価値体系—その価値体系は、慣習法・神話・伝承・物語などを聞くことによって社会に周知されている—に従って決定されているから、一個人の思考や発話が他者のそれと一致しないことは稀である。もちろん社会の内部での利害の不一致は起こるが、その解決方法も慣習法や物語などに書き込まれることによって制度化されている。

しかし、人間が文字言語を使用するようになると、出来事を一旦思考の回路のなかに持ち込み、経験や文字情報からえた知識と照合し、自分にもっとも有利なように再解釈して語られたり、あるいは沈黙する場合もあるから、他者の思考との差異や、思考と発話との間のギャップが生じることになる。そういった、言語上の社会的・文化的変化が、当時急激におこっていたことをうかがわせる叙述であるが、そういうことが、われわれが想像しがちな、教育を媒介とした書記言語の学習によってではなく、連歌や俳諧といったある種の言葉遊び(47)の過程で訓練されているという『跡書』の叙述は、文化の変容を考える場合きわめて興味深いといえよう。ということは、『御文』や蓮如の言行録を、人々が読む／聞く／談合するということは、言語文化の変容につれて、社会の内部で起こりはじめた個人間の価値体系の差異を、真宗的な価値体系の領域内に再統合していく言説として機能していったということになろう。したがって、『御文』や言行録の言説は、宗教的救済を物語る言説というよりは、倫理的価値を表象し、模倣されるべき規範的行為を提示する言説として受容されていたということになる。

『跡書』前半部が、音声言語の文化に属する神話的・物語的言説を残した聞書という様式を採用しているのに対して、『跡書』後半部は、内面での真宗的かつ倫理的な「自己成型」(48)を要求するような、書記言語の文化の色彩を鮮明にした教訓的な言説を採用している。音声言語にあっては、必ず語り手と聞き手が必要だし、誰から聞いたのかが重要な意味をもつから、語り手は明確であり、言葉も語り手の所有するものという意識が強い。しかし、書記言語の使用は、他者から聞いたことも自らが経験したことも、共に知識として自己の内部に集積され自己の所有物と認識されるから、文字に表記される場合、本来、誰の言葉だったのかは曖昧となり、テクストの所有者がその全言説を独占的に支配することになる。つまり語り手は、テクストの背後に隠され消失してしまうのである。『跡書』後半部の叙述が、明宗からの聞書なのか、明誓自身の言葉なのかが判然としないのは、そのような、書記言語の文法に従って叙述されていることによる。

『跡書』前半部のような神話的・物語的テクストは、社会の構成員が模倣すべき規範的行為を、過去の偉大な人物が手本を示すために行ったという物語に変換し、文字として記録し保存しておくための様式である。そこでは、思考することは必要ではないし、むしろ社会にとって思考は有害ですらある。それに対して、『跡書』後半部の教訓的な言説は、書記言語の修得によって生まれてくる個人の内面のなかに言葉を持ち込んで、思考し判断し納得し服従させるための言説である(49)。『跡書』後半部は、そういった書記言語の文化に依存した、内面的な思考と「自己成型」を要求する言説なのだが、その一方で、音声言語的な、思考をせずにただ聞いたことを模倣・反復せよと要求するような叙述も残存しているから、重層した言語文化のなかにあるといえる。むしろ、商工業者であるがゆえに、否応なく書記言語の文化に浸らざるをえなくなった堅田門徒たちに、思考するとともに、一方的に従うことを要求する教訓的言説、音声言語と書記言語との中間的言説を、『跡書』が創造しようとしていると考えた方がいいのかもしれない。

『跡書』の以下の叙述にみられる、言葉に関する条文のいくつかをここで取上げておこう。第三四条は教化に関する数少ない叙述であるので、原文を記しておく。

リンガウ（隣郷）リンタン（隣単）御門徒ノサトヘ、ミミチカ（耳近）ナル御聖教ヲ懐ニ入テ、一行々々ヲヨミタマヘ。ソノ一帖ヲ初カラ、ヲハリ（終）マデ、ヨミトヲシ（読み通し）キカ（聞か）セントハオモフベカラズ。人ノ機ガ短クアコビ（欠伸）サマタレ、ネムリ、イヤガラルルゾヤ。「マチトヨミ（読み）タマヘ、キキ（聞き）タイ」トアランホドニ、早ク果シタマフベシ。サテナヲ読マントオモハバ、人ノ機アイ（機合）ノザフダン（雑談）ヲシテ笑セテ、人ノ目サムル。ソコデ又ヨミタマヘ。（六五二頁）

門徒に対し、教義の理解や説得ではなく、聞き慣れた聖教を、幾度も繰り返して読み聞かせ記憶させることが教化の基本であったこと、したがって、書記言語的な内省を促すのではなく、音声言語の文化圏でのコミュニケーション、語られた行為が模倣され反復されることを重視しているであろうことが、この叙述によって知られる。そんな〈語り〉の場こそが、阿弥陀仏や親鸞・蓮如との共住の場、浄土そのものの体験なのである。聞き手の多くが読み書き能力を所有し、安価な印刷本が普及していった近世中期以降でも、このようなコミュニケーションの様式が一般的なのであって、テクストを黙読し内面の自己と対話するようになるのは、近代社会が誕生してからも、しばらくたってからのことと考えていい(50)。

また第四八条は、次のような「ゲイノウ」（芸能）に関する叙述である。

ウタ（歌）・レンガ（連歌）・ユミ・マリ・ハウチヤウ（包丁）・フエ（笛）・シャクハチ（尺八）・タイコ・ツヅミ・オンギョク（音曲）、ハシリマウ（走舞）・ブンノモノヨミ（文の物読み）・セセリガキナンドヲシテ、十人ヅレニ、キヨウ（器用）ナドイハルルブンニテ、五人十人ノ人ヲバフヂ（扶持）スルコト、カナウマジキナリ。イヘゴト（家毎）ニタクサンナルケザイ（家財）ナリトモ、ゼニ（銭）ヲマウ（儲）クルノウ（能）ヲモタズバ、ヨヲス（世を過）グルタタズマイナルマジキナリ。（六五七頁）

これは、「芸能」に熱を上げれば、財産を使い果たすだけで、たとえ上達しても生計は成り立たないという教訓である(51)。「ブンノモノヨミ・セセリガキ」といった、物語などを読み聞かせたり、文章を書くような能力は、たとえ多くの財産を所有していたとしても、商才がなければ家族を養うことはできないというのである。中世における「芸能」という言葉は、個人の能力を表わす肯定的な意味をもっていたが、『跡書』では、非生産的なものとして否定的な意味に使われている。そして、読み書き能力は、そんな意味での「芸能」のひとつと考えられ、それほど高く評価されていないことが知られる。明誓の場合、僧侶であるといっても商工業者や在地武士に近い身分であるから、書記言語を操作することを職業とする知識人、上層の公家や武家や僧侶とは異なる言語観や「文化資本」をもっていたということである(52)。

八　ユートピアの破壊者

『跡書』後半部の叙述で、多くの研究者が注目してきたのが、「御勘気」に関する叙述の多さである。とりわけよく知られているのが、次のような第一八条の記事である。

子共多クアラバ、人ノヤウシ（養子）ニナスカ、他国ヘナリトモヤリ、世ヲ心安フヘルシアハセナラバ、主アルトコロヘナリトモヤルカ、他宗ノ出家ニナリトモマヅナスベシ。御坊々々ヨリ御訴訟ト御勘気ノトキハ、一所ニアレバ、蛇子ノヒヅマリノゴトク、カツエジニ（餓死）、コジキ（乞食）ジニ、ココヤカシコニタフレジニ、コキヱジニ（凍死）、ヒヱ（冷）ヨリノヤマヒヲウケヤミジニ（病死）、カカル死ニヤウヲスルゾ。マコトニクワヌガカナシケレバ、仏ヱ（仏絵）サンノモ（＝讃のある絵画）、聖教三具ソク（足）ナド、万ノ道具ヲウリクライ（売り喰らい）ナンドシテ、悉ク払果テ当寺ヲタヤスハ、御勘気ノユヘゾ。返々一人ハ坊主ニサダメ、ソノ外ノ子共ヲ差急ギ、ソレゾレニカタヅケベシ。明宗ノ代ニ御勘気三度ナリ。三度目ニツイニカツヱ死ニタマヒケリ。コレゾ末代ノ前車ニテ候へ。カツヱジニハ十人、生別死ニ別十余人ニ離ケル。御本寺様御一門御一家ノ御意ニ違フ身ハ、カカルウキ目ニアイ申スゾ。（六四九～五〇頁）

とりわけ、明宗が三度の「御勘気」により飢死したという叙述は、当時の本願寺や一家衆の苛酷さを示す格好の事例として、よく引用される一節である。この叙述は、『明宗跡書』に、「今まで三度の御勘気に、御影御伝上よと被仰に、門徒衆も各々あげて御免可有をあげ申さずと、腹立以外也」（六八八頁）と明宗自身が書いているから、現実におこった出来事であろう。これは、本福寺の法宝物を取り上げようとした蓮如第六男・蓮淳が、宗主に讒言し勘気にしたにもかかわらず、思い通り法宝物を手に入れることができないのに立腹したという出来事の顚末に関する叙述である。『明宗跡書』には、三度の勘気は、いずれもしばらくして赦免されたという叙述があり、また明宗は、勘気への対処法を記すためにことさら勘気を強調しているのであるから、勘気を重大視しすぎるとテクストを読み誤ることになる。それに勘気で餓死した明宗が、上記のような、後日譚や対処法まで記した記録を残すはずはないから、明宗の餓死は、一家衆の苛酷さを強調するために『跡書』が創作した事件にすぎない。

ただ注意したいのは、ここで子供を養子に出し、あるいは他宗の僧侶にする―蓮如も同様なことをしている―ことを勧めていることや、第一七条の末尾で、「妻子ヲスゴサント思ハバ、ナニトモシテ料足ヲテニマウ（儲）ケ出スカ、大豆カ麦カ俵カズ（数）ヲトルホドナラバモ（持）タルベシ。サナクバコノ寺ヲモチヤブ（持破）ルベシ」（六四九頁）と書いていることである。このように、門徒の寄進に頼るのではなく、自ら商業か農業経営で生計を立てていく算段をしないと、寺院はたちまちのうちに廃絶の憂き目にあうと述べていることなど、誇張があるとはいえ、中世、とりわけ戦国期に寺院を存続させていくことの困難さをうかがわせてくれる。これについては、続く第二〇・二三条にも関連する叙述があるが、「御勘気」が、本願寺・一家衆からの苛酷な賦課、有力門徒衆による寺院財産の横領、山科御坊の焼失後の近江守護・六角氏による真宗坊主の追放、これらの事件（『跡書』前半部の比叡山による圧迫も含めて）と等質のものとして理解されていることは興味深い。つまり、寺院が衰微したり財産を失うといった意味では、宗派や権力の所在は異なっても、個々の寺院にとっては、どれも大した違いではないのである。

『跡書』には、上記以外にも「御勘気」に関する叙述は多い。ことに第四〇条には、前述した蓮淳の謀略による明宗の三度の勘気のことが詳細に記されている。一度目の勘気は、永正一五年（一五一八）のことである。蓮淳は、堅田御坊移住の後、さっそく本福寺に難題を課してきた。

「盆正月ヒガンセン（彼岸銭）デウデウ（条々）アヤマリ（誤り）タトカ（書）イテ上ヨ。サナクバ御モント（門徒）ヲミナ地獄ニオトサン」ト被仰レバ、中村ノ願了、キヌ川ノ浄念、「人ヲヂゴク（地獄）ニオトサシム、ナサケナイ」ト、ナミダ（涙）ヲナガサルレドモ、サラニカキマウサズ。「已後、支証（＝証拠）ニハメ（召）サレマジキトノ御意ゾ」ト、真了御使ニテ、カカセラルル。六十カデウ（箇条）ヲ、案文ヲクダサレ、カカセラレシナカニ、七十貫ゼニ（銭）七十石ノコメ（米）ヲヌスミ（盗み）タト、カカセラレタリケルカキモノ（書き物）ヲモテ、上様（＝実如）ヘ御マウシアリテ、御勘気ニナサレタリ。カカルオチツキ（落着＝結末）ハ、二季彼岸銭・盆ノ志ヲ、メ（召）サレツケン御タメ、又五月ノ御頭ヲ東山殿（＝大谷本願寺）ヨリ御本寺様ニテ、二十八日ヲツトメ（勤）キタルヲ、ヨソハミナ野村殿（＝山科御坊）ヘヒ（引）カレタルヲ、

ソノゴトクヒ（引）カセマジキトノ御イタメ（痛め）ナリ。（六五三〜四頁）

これらの叙述は、『明宗跡書』の叙述を再構成して引用したものである。本来ならば山科御坊に納入すべき「二季彼岸銭、盆ノ志」を、蓮淳は「御モントヲ、ミナ地獄ニオトサン」と脅迫し、自坊に納入させようとしたが果せず、実如に讒言して「御勘気」にしたという内容である。二回目の勘気は、大永七年（一五二七）、堅田御坊に本福寺の門徒を寄進せよという蓮淳の命令を明宗が拒否したために招いた事件である。これら二度の勘気に会って、明宗は、所有する田地などをすべて売り払うはめになったという。三度目の勘気は、享禄五年（一五三二）の山科御坊の焼失に際し、明宗が防御を怠ったという理由で勘気を蒙ったとある。もはや彼は無一物になり果てていたにもかかわらず。『跡書』には、『明宗跡書』にあった赦免の叙述が脱落しているので（それゆえ餓死したことになるのだが）、ことさら勘気の苛烈さだけが強調される結果となっている。明宗は、戦乱の世という修羅道をいやという程体験したのではあるが、それにしても、「御勘気」によって彼らが体験した餓死・別離・乞食などの恐怖は、三悪道（地獄道・餓鬼道・畜生道）の体験そのものと感覚されたに違いない。現実のなかで浄土を体験できると考えていた彼らにとって、それらは、現実のなかでの悪道体験以外のなにものでもない。『平家物語』灌頂巻「六道之沙汰」のなかで、建礼門院は後白河法皇に、生きながらにして六道輪廻を体験したと語っているが、それはあくまでも比喩的な表現にすぎない(53)。しかし明宗・明誓たちにとっては、「御モント（門徒）ヲミナ地獄ニオトサン」という蓮淳の言葉は、けっして比喩でも脅しでもない。彼らは、宗主や一家衆にはそんな力が備っていると考えていたのだし、現実にそんな憂き目を体験したのだから。

第四七条には、当時の宗主に対する末寺や門徒衆の意識について、「アメガ下ノ坊主・御門徒ノ上様ヘタイシ奉リテ、イカニ今世後世バチ（罰）ノアタル人ナレバトテ、御テキ（敵）ヲナシ申人コレアルベキヤ」（六五六頁）と記されている。宗主が、往生を決定する力をもつ霊能者と認識され、反抗することなど思いもよらぬことであったことがわかる。不可視の阿弥陀仏ではなく、現在する人間が人々の往生を決定できるという考え方は、現実のなかに浄土や救済や地獄が実在するという視線と表裏の関係にある。それに対して一家衆は、「ソノアト（＝遺産）ヲトランタメカ、ソノモント（門徒）ヲトランタメカ、ニク（憎）シキタナ（汚）シ、ワレヲバソム（背）ケタルソノニクミ（憎み）カ、上様ノ御意ダニモヨケレバ、アラヌタクミ（巧）ヲモテ、御ソセウ（訴訟）アリテ、御勘気ニキモ（肝）ヲケス（消す）」（同頁）と、悪逆非道の人物のように叙述されている。これは、現実の反映と解釈するよりも、宗主が一神教的な絶対者とみなされるとき、宗主は、救済者という側面と処罰者という側面、あるいは善と悪との二面性をもたざるをえないというところに、その原因があるといわなければならない(54)。しかし宗主が、阿弥陀仏の化身として絶対的な善のアレゴリーとみなされるとすれば、悪の側面を担う存在が必要となってくる。その役割を一家衆、蓮淳が一手に引き受けているのである。そしてそれを、教訓譚というコンテクストにしたがって、善／悪をことさら強調してみせる物語として語っていると考えた方がいいだろう。

この条文の最後には、かつては比叡山の「魔」に悩まされたが、今は一家衆という「魔」によって、仏法に名を借りた抑圧に苦しんでいると記される。以下、第五七・五九・六二条等にも勘気の叙述はあるが省略する。なお、第五九条には、「東山大谷殿様ニ、御代々御座ノ御トキマデハ、国々ニ御一家御座ナカンナル間、諸国ニ一・二人法文イイカヘタトノ被仰、御意ワロキ衆候ツルトカヤ」（六五九頁）という伝承が記されている。勘気とは、本来教学上の異義を唱えた者にだけ適用すべきであるという認識が示されていることを指摘しておきたい。

九　モノの秩序

次に注目したいのは、第二一・二四・二九・三〇条にある「仏物」「道場ノモノ」「仏法領」といった概念である。第二一条には次のように記されている。

仏物、憂歎ノ志ノ物ヲ受ケ食ヒ費ス人ハ、昔カラ今ニ至マデ、ハテハ（果端）ガ悪候ナリ。何様ノワザ（業）ヲモシテ仏物ヲ費サザレ。仏ノ変化ノ御身ニ遁タマハズ、上々様ノ御子タチニ御報オハシケル。マシテ坊主妻子従類眷属受モチイ食ヒ費ス。追ツメ、タチマチ冥加ニツキ（尽）ンコトハ、シノギガタキコトナリ。オモヒノサマニ、キセ（着せ）、クワセ（喰せ）、ハカセ（履せ）、ホシイママノハタラキ、コノ世、ノチノヨ（後の世）ノムクイ（報い）、トンヒ（遁避）シガタキモノヲヤ。（六五〇頁）

たとえば第一七条が、門徒の寄進に頼らず、商売か農業経営で生計を立てるようにと述べているのは、門徒に対する不信感からいっているだけではない。門徒からの志納は、阿弥陀仏に対する純粋な〈贈与〉、「仏物」と意識されているからで、生活のために費やされてはならず、たとえ一家衆であっても往生を目指さず、貪欲にかられて「仏物」を盗用する者は、堕地獄の罪に当るというのである。ということは、自らが商業や農業経営からえた利潤は、他の財貨から分離し、自己の自由裁量に委ねられるべきものだという、当時の商業者特有の主張でもあったのだ。今日では当たり前のようにみえる、財産権とその自由な処分権が、歴史的にみても不変の権利であり続けたという思い込みは、近代社会が創作した神話的イデオロギーにすぎない。第二四条は、「仏物」という言葉は記されていないが、門徒の幹部・老衆が、「道場ノモノヲクウ（喰う）タコソトク（得）ヨ。ツカフ（使う）タコソ得ナレト、アレニカクシコレニカクシ、クイ（喰い）ツヤ（費）スバカリナリ」（六五一頁）といった意識で、寺院の財産を浪費・横領してしまうことに対する、警告の言葉が記されている。貪欲に身分の区別はない、それゆえ、すべての人間に適用される倫理的規制が必要だというのである。

ところで第三〇条には、「仏法領ニモノヲツカヘバ、上々御内衆モ用求シタマイ、アレカコレカト、コトバヲカケタマフ」（六五一頁）とある。「仏法領」とは、本来仏法の働く領域のことであり(55)、文明七年四月の『御文』(56)や実悟の編纂した『蓮如上人一語記』第二四二条にも用いられている。後者では、「仏法領ノ物」という形で用いられ、「御用」とか「仏物」という言葉と併用されて、モノの非所有性を指し示す言葉として使用されている。しかし『跡書』の上記の条文では、「仏法領」は本願寺の意味で用いられており、本願寺に寄進すれば、宗主をはじめとする本願寺の人々の知己や便宜を得られるという、利害関心の視線から叙述されていることは見逃せない。続く第三一条には、かつて堅田衆は、奥州から岩見に至る諸国で広範に商業を営んでいたが、「イマハ湖ノハタ（端）バカリ廻テハ、ナニノマウケ（儲け）ノアルベキゾ。ソノハタハリ（端張）ナクシテ心ネ（根）ヲソロシク候ソ。ブンゲン（分限）ナレバ心ユタカニ仏法ニ物ヲナ（投）グルモノナリ」（五六二頁）とあり、「仏法」の語が、「仏法領」と同義で用いられている。そして、「ハタハリナクシテ」、つまり家勢が衰えてくると人間の資質も悪くなるが、身の程を知り、気持にゆとりをもって寺院に寄進することが大切だというのである。前条の末尾にも、「ブンゲンニテモノヲツカウホド万事カナフナリ」（六五一頁）とあって、仏物的な概念が、中世的な非所有のイデオロギーや私的な流用による堕地獄という宗教的なタブーを表象するよりも、経済的・倫理的な消費のあり方として理解されている。そして、「仏法領」を本願寺という具体的な実在とみなすことにより、私有財産の不可侵性を逆説的に証明しようとするのである。つまり、寄進された物をどのように使うべきかという問題から、自己の財産をいかに消費すべきかという問題へと叙述がずらされている。社会的規範としてよりも個人的倫理レベルの問題として叙述されているから、利害関心が前面に出てくるような印象を与えているのである。

これを宗教の倫理的機能として理解することも可能である。だが、『跡書』前半部でみたように、明誓は、現実的・可視的レベルで、しかも社会の他の構成員と共同で確認可能なもの、つまり惣村や寺内町といった社会構造のなかで、仏法の働きを確認しようとしているわけだから、その社会内部での宗教的関係（門徒集団と非門徒集団）や身分的関係（殿原衆と全人衆）、貴種・本願寺一族・比叡山・六角氏といった外部世界との交流、流通過程のなかでのモノの共同性と個別性、などに仏法の働きを見い出そうとしているといっていい。その他、興味深い条文も多いが、最後に二・三の条文を挙げて、『跡書』後半部の検討を終えることにしたい。

第四四条は、永正四年（一五〇七）、本願寺と懇意であった細川政元の暗殺事件により、実如と生身御影が、再び堅田に避難してきたときの出来事に関する条文である。

ココモトノ様体、実如上人様、コマゴマト御尋アリ。御堂御エン（縁）ニテ、御ケヌキ（毛抜）ニテ、ヲヒゲ（御髭）ヲヌカセラルルトキ、「明顕ニ主ハナキカ」ト仰ケルニ、「法住申ヲキ候ハ、御主ニモ上様、御師匠ニモ上様ゾト申ヲキテ候」ト申セバ、御機嫌ヨウ、サモニコヤカニ笑ラレシヲ、孫ノ猿千代（明誓）モ、御縁ノハシニ祇候シテ承ル。カカル御事ヲシラヌ衆、ナニトモシテ明誓子孫ニ主ヲトラセントラセント、テウハウ（調法）シタガルモノノミナリ。（六五六頁）

次の第四五条は、これを受けた条文である。

諸国ノ百姓ミナ主ヲモタジモタジ（持たじ持たじ）トスルモノ多アリ。京ノオホトノヤ（大殿屋）ノ衆モ主ヲモタズ。人ノイイ（飯）ヲケガシ、ヒヤイタ（冷板）ヲアタタ（暖）ムルモノハ、人ノ御相伴ヲセザルゾヤ。主ノナキ百姓マチ太郎ハ、貴人ノ御末座ヘマイル。百姓ハ王孫ノユヘナレバ也。公家公卿ハ百姓ヲバ御相伴

ヲサセラルル。侍モノノフハ、百姓ヲバサゲ（蔑）シムルゾ。（五六六頁）

後者は、戦国期の百姓意識や地域社会の自治を物語る史料として、よく引用される叙述であるが(57)、どうみても、そのような解釈は誤読である。第四四条は、『跡書』前半部の最後に集中的に叙述される、蓮如と法住との格式張らない親密な交流、ユートピア的世界、彼らにとっての浄土の光景、それが親鸞の生身御影が再び堅田に下向することにより再現されたという奇跡と感動について述べているのである。そして、そのことを知らない堅田の住人は、宗教上の師と世俗的な主人は別だと考えているのだが、明誓たちにとっては、本願寺の宗主がそれらを兼ね備えた存在なのだ、それが法住の遺言でもあるといっているのだ。

第四五条はそれを受けて、真宗門徒にとっての浄土のイメージを、貴人と百姓身分の人々との饗食のイメージに重ね合わせ、主従関係を絶対視し、他者を排除しようとする武家社会のイメージと対比して見せる。『由来記』第二八条には、「カタタ侍俗性、王ソント、ムカシヨリ申ツタヘケルコトハリヲ、オホカタ申処ニ」（六七二頁）と記され、この発言によって、堅田の住人が、武家である六角氏より高い身分であることが認められたと記されている。同条を引用した『跡書』前半部の第二七条では、その叙述は削除されているのだが、代りに後半部の第四五条で、諸国の百姓の一般論として述べられているように見える。しかし、この条文は、前の第四四条の叙述の規制を受けているから、一般の百姓について述べているのではなく、堅田に居住する真宗門徒の浄土のイメージを、より鮮明にするための言説と考えるべきである。外部の他者から見ると、本願寺宗主と堅田門徒との関係は、武家社会の主従関係と同一のように見えるし、たしかに、蓮如の『御文』に頻出する「タノム」という言葉を、彼らは阿弥陀仏、その化身としての親鸞（生身御影）や宗主に絶対的に服従することだと理解している。それゆえ明宗たちは、幾度となく命を失いかけ、無一物になるまで、親鸞の生身御影や宗主―それは生きた親鸞そのものであり、彼らは親鸞や宗主によって救済される―を護るために戦ったのだ。

『跡書』のようなテクストにとって、堅田の住人以外の他者について、一般論を叙述する必要性などどこにもない。そのような外在化され客観化された視線からの叙述は、われわれの視線なのであって、明晳が思いつくことなど、およそありえないのだ。惣村の祭礼で行われていた、神々と人々との饗食というフォークロア的なイメージ、貴人と百姓との饗食のイメージ、蓮如と法住との交流、本願寺宗主と本福寺一族との交流のイメージ、それらのイメージが次々とずらされた所に、真宗の浄土のイメージが形成されているのである。ここで主人を持たないというのは、宗主と門徒との主従関係は絶対的な服従関係ではあるのだが、それは武家の主従関係とは異質なのであって、真宗門徒は、本願寺宗主や生身御影を、浄土の主人、阿弥陀仏のように認識しながらも、親しく近侍し、何事も包み隠さずに語り合う関係―『御文』にある「寄合」や「談合」のように―にあるといっているのである。

第四九条には、堅田門徒の構成員であった商工業者について、鍛冶屋・桶屋・研屋・番匠などの例をだして、凶作や飢饉のような時こそ、彼らが大きな収益を上げることができると記されている。たとえば鍛冶屋は、「カジトシ（飢年）ニ、カマ（鎌）・ナタ（鉈）・フルカネ（古金）ヲヤスヤストウル（売る）ヲ、カイトメ（買留め）、スキ・クワ・カマ・ナタニシテ、ウトク（有得）ナル人ニウル（売る）ゾ。カマハ月々ニツカヒウシナウ（失）テハヤ（流行）ルゾ」（六五七頁）というように。同条後半や第五〇条には、逆に、塩・米・豆・麦や食料品を売買する者は、不作のときに餓死することはないが、紺屋・具足屋・糸屋・白銀屋などは、飢饉のときは窮乏する職であると記されている。飢饉の頻発した戦国期に、真宗が急速に教線を拡張し富裕化していった状況、しかし飢饉といった社会的危機のもとにあっても、すべての人間が生命の危険に晒されているわけではない状況がうかがわれる。そのような状況をチャンスとして、富裕化していく商工業者もいるし、彼らの寄進によって存続しえた寺院も多いのだ(58)。獲得した財貨を贖罪として投棄する場が求められていたこと、寄進により富裕となった寺院が、新たな需要を創出したこと、そんな商工業者と寺院の間のモノと通じた共生関係の一端を伺わせるような叙述である。

蓮如には、よく知られているように、「侍能工商之事」と題した『御文』がある(59)。蓮如はそこで、生業に勤しむ在家者は、「朝夕ハ悪業煩悩ニノミマトハレテ、一スヂニ弥陀ヲタノム心ノナキハ、アサマシキ事ニハアラズヤ」と問い掛け、そんな「諸仏ニステラレタル悪人女人」こそ、阿弥陀仏に帰依する他に救済される途はないではないかと述べている。近世的な身分秩序、「侍能工商」を先取りしたような叙述から、このような蓮如の言葉を、仏の前での平等を説く仏教教理、あるいは、親鸞の思想から逸脱した世俗的かつ固定的な身分秩序を容認する言説であるといった批判がなされたこともある。だが、身分制的な社会構造のなかのいかなる身分の者であっても、絶対的な阿弥陀仏の前では所詮、「悪業煩悩ニノミマト(纏)ハレ」た「諸仏ニステ(捨)ラレタル悪人女人」にすぎないといっているのであって、そのような非難は的外れといわねばならない。この『御文』は、まさに上記の堅田門徒のような人々に向って投げ掛けられた言葉といえよう(60)。

第五一〜五四条は、本尊や聖教類の管理法に関する叙述である。それらを納めた箱の封印の仕方、封印を破らずに中身を盗み取る手口などが事細かに書かれている。中世的な非所有の論理を放棄し富貴となった寺院が、富貴のゆえに戦乱・火災・一家衆対策として、血縁の者や知人に什物を預けなければならなくなるという逆説、什物の集積により生じた財産の喪失に対する不安と贖罪との狭間で苦悶する住持の姿は滑稽に見えるかもしれない。彼らにとっての現実とは、このように直接目撃し触れることのできるような、まさに眼前の実在なのであり、それ以外は信頼することも想像することもできない、そんな社会のなかで彼らの生は営まれていたのである。

おわりに

『跡書』前半部は、『由来記』からの引用からなるのであるが、構成を完全に変更し、さらに若干の加筆・訂正・削除を行っている。それにより、『由来記』の霊験寺院・本福寺の誕生―そこでは、宗主は必要とはされない―という寺院縁起的なテクストから、貴種の流離譚を幾重にも積み重ねることにより、本願寺宗主と本福寺住持とが織りなすユートピア世界、明誓たちにとっての理想的な真宗像、彼らが実現しようとした浄土とはいかなるものであったのかを物語ろうとするテクストを作り上げていった。そこでの本願寺宗主と本福寺住持との関係を、素朴ともいえるユートピア的感覚で捉えようとする点が特徴的である。

一方、『跡書』後半部は、『明宗跡書』の補足もしくは注釈であり、多岐にわたる雑多な叙述の入り交じったものではあるが、モノ自体、とりわけ本尊や聖教類などの法宝物に、したたかともいえるほどの執着をもっていることが目につく。したたかさと素朴さ、われわれの時代からすれば、それは相反する感覚であるように見えるのだが、モノ自体を注視するがゆえに、モノ＝真実の世界、浄土＝実在の世界と考え、実在する宗主に対する絶対的帰依を疑わない態度は、当時の社会からすればかえって自然なことなのかもしれない。しかし、そのことを明らかにしようとすると、本稿のように長大な叙述と煩雑な分析を必要としてしまうのである。

先に述べたように、われわれは書記言語の修得によって、世界を言葉の関係性のなかで思考し、〈私〉という存在の外部にモノが客観的に存在すると思い込み、いつも他者としてそれらを眺めることに慣れている。浄土にしても、抽象的・観念的に言葉によって思考し、直接手に触れたり経験できるものだとは思っていない。それは、われわれの文化に特有な思考の様式なのであって、それが、人間にとっての普遍的な思考というわけではない。『跡書』は、そんなわれわれの思考とは別の次元で考えられ経験されたことの記録なのである。それは、描かれた浄土を実体だと感じ、宗主との饗食を浄土での出来事と認識するような感性である。そんな直接性を、われわれはとうの昔に失ってしまっているのだが、『跡書』に残されたそんな叙述に出会うと、われわれがまだどこかに留めている感覚が呼び覚まされ、各地の真宗寺院に習俗として残されている真宗行事の光景を想い出し、ある種の懐かしさを覚えるのかもしれない。

近代的な歴史学は、そんな非論理的で曖昧な感性を、前近代的・封建的な遺制として、徹底的に批判し葬り去ろうとする営為であったはずである。にもかかわらず、その目論見が完結する前に、歴史学のそのような営為自体が、ポストモダニズムによって過去の遺物として歴史化されようとしている。そんななかで、モダニズム的な論理と言語に対する過剰な信頼を留保し、現実世界のリアリティを、いかに言葉によって表現し回復していけるのか、そんなテーマに挑戦してみたい衝動にかられて本稿を書きはじめた。それが、成功したか否かを問える程には、このアイデアは成熟しているとはいいがたい。いましばらく続くこのような叙述へのご寛恕をお願いして、本稿を終えることにしたい。

《註》

（1）拙稿「戦国期真宗寺院の神話と現実—『本福寺由来記』のコスモロジー」（『蓮師教学研究』第六号、一九九六年）も参照されたい。

（2）拙稿「中世真宗の歴史叙述と神話—「本福寺旧記」の言説をめぐって」（千葉乗隆編『日本の社会と真宗』、同朋舎出版、一九九九年）、本書第四章。

（3）「聞書」のテクストとしての性格については、菊地仁「口伝と聞書」（本田義憲・他編『説話の講座』2、勉誠社、一九九一年）参照。

（4）夢想や夢告については、デーヴィッド・コクスヘッド他『夢—時空を超える旅路』イメージの博物誌3（河合隼雄・他訳、平凡社、一九七七年）、カラム・ハリール『日本中世における夢概念の系譜と継承』（雄山閣出版、一九九〇年）、池見澄隆「〈夢〉信仰の軌跡」（同『増補改訂版　中世の精神世界—死と救済』、人文書院、一九九七年）参照。

（5）以下の「本福寺旧記」からの引用は、堅田修編『真宗史料集成』第二巻（同朋舎出版、一九七七年）所収本により、当該箇所の頁数を記した。また、笠原一男・井上鋭夫校注『日本思想大系』17蓮如・一向一揆（岩波書店、一九七二年）所収の『本福寺跡書』も参照した。なお、読みやすくするために表記を一部改め、括弧内に漢字を補った（他の史料も同じ）。

（6）鴨義綱伝承については、井上鋭夫『一向一揆の研究』（吉川弘文館、一九六八年）第四章第二節「寛正法難と堅田衆」参照。

（7）新行紀一「中世堅田の湖上特権について」（『歴史学研究』第三四九号、一九六九年）、水戸英雄「堅田一向一揆の基礎構造」（『歴史学研究』四四八号、一九七七年）、網野善彦「中世の堅田について」（『年報中世史研究』第六号、一九八一年）、高島幸次「近江堅田の土豪猪飼氏について」（日本仏教史の研究会編『日本仏教史の研究』、永田文昌堂、一九八六年）など参照。

（8）「捨て子」「授かり子」「申し子」については、佐竹昭広「捨て童子譚」（同『酒呑童子異聞』、平凡社選書、一九七七年）、ウラジミール・プロップ「異常誕生のモチーフ」（同『口承文芸と現実』、斎藤君子訳、三弥井書店、一九七八年）、岩本通弥「泣き虫子虫はさんで捨てろ—民俗的世界からみた捨子」（『月刊百科』第二二一号、一九八一年）、伊藤千世「申し子譚の構造」（『愛知淑徳大学　国語国文』第一二号、一九八九年）、美濃部重克「申し子譚の構造」（『国文学　解釈と鑑賞』第56巻10号、一九九一年）、山田厳子「子どもと富—「異常児」をめぐる「世間話」」（『国立歴史民俗博物館研究報告』第五四号、一九九三年）などの研究がある。

（9）「名を籠める」ことについては、酒井紀美「名を籠める」（『ことばの文化史』中世2、平凡社選書、一九八九年）参照。

（10）〈始まり〉と暴力との関係については、ルネ・ジラール『暴力と聖なるもの』（古田幸男訳、法政大学出版局、一九八二年）参照。

（11）貴種流離譚については、岩崎武夫「流離性と罪―貴種流離譚をめぐって」（山折哲雄編『大系 仏教と日本人』6 遊行と漂白、春秋社、一九八六年）、高橋亨「貴種流離譚の構造」（『国文学 解釈と鑑賞』第56巻10号、一九九一年）参照。

（12）中世物語における贖罪については、岩崎武夫『さんせう大夫考―中世の説経語り』、（平凡社、一九七三年）参照。

（13）共同体にとっての外来者については、小松和彦『異人論―民俗社会の心性』（青土社、一九八五年）、マーシャル・サーリンズ『歴史の島々』（山本真鳥訳、法政大学出版局、一九九三年）参照。

（14）〈始まり〉については、エドワード・サイード『始まりの現象―意図と方法』（山形和美・他訳、法政大学出版局、一九九二年）参照。

（15）『御文』の引用は、堅田修編『真宗史料集成』第二巻所収「諸文集」により、それに付せられた番号を引用の末尾に記載した。

（16）夢想のなかで、貴僧が「鳥ノ羽」を用いて罪や穢れを祓うというモチーフは、「本福寺旧記」だけに見られる叙述ではない。たとえば、説経「しんとく丸」のなかに、しんとく丸の許婚者・乙姫が清水寺の観音から授かった鳥箒で、彼の身体を撫でることによって、罪障を祓い復活を遂げるという、「本福寺旧記」に類似したエピソードがある。中世のテクストを解読する場合、〈歴史〉叙述と物語・説話の間に境界などなかったことには、十分注意する必要がある。

（17）中世の仏光寺や名帳・絵系図については、神田千里「仏光寺派の特質―庶民門徒の実像」（同『一向一揆と真宗信仰』、吉川弘文館、一九九一年）、西口順子「中世後期仏光寺教団と村落―近江湖東地域を中心に」（浄土真宗教学研究所・本願寺史研究所編『講座 蓮如』第四巻、一九九七年）参照。

（18）石田充之・千葉乗隆編『真宗史料集成』第一巻（同朋舎、一九七四年）所収。

（19）ロラン・バルト『物語の構造分析』（花輪光訳、みすず書房、一九七九年）、アーサー・C・ダント『物語としての歴史―歴史の分析哲学』（河本英夫訳、国文社、一九八九年）など参照。

(20)「魔」については、ノーマン・コーン『魔女狩りの社会史―ヨーロッパの内なる悪霊』(山本通訳、岩波書店、一九八三年)、アンブローズ・ビアス『新編　悪魔の辞典』(西川正身訳、岩波書店、一九八三年)、谷川健一『魔の系譜』(講談社学術文庫、一九八四年)、カルロ・ギンズブルグ『ベナンダンティ―16―7世紀ヨーロッパにおける悪魔崇拝と農耕儀礼』(竹山博英訳、せりか書房、一九八六年)、小松和彦『悪霊論―異界からのメッセージ』(青土社、一九八九年)、J・B・ラッセル『悪魔の系譜』(大滝啓裕訳、せりか書房、一九九〇年)、馬杉宗夫『黒い聖母と悪魔の謎―キリスト教異形の図像学』(講談社現代新書、一九九八年)、バーナード・マッキン『アンチキリスト―悪に魅せられた人類の二千年史』(松田直成訳、河出書房新社、一九九八年)参照。なお中世においては、仏教の流布を妨げる第六天魔王も、「魔」について考察する場合に考慮しなければならないが、それに関する参考文献は、前章に注記したのでここには記さない。ただ、第六天魔王を、自らの祖先とする中世武士の系譜神話が、中世末期以降、関東から東北にかけて流布していったことを指摘した、萩原龍夫「伊勢神宮と仏教」(同編『伊勢信仰』I、雄山閣出版、一九八五年)、入間田宣夫「津軽安東の系譜と第六天魔王伝説」(同『中世武士団の自己認識』、三弥井書店、一九九八年)は、「魔」=武士の能力という理解があったことを明らかにしており、注目すべき問題を提起している。

(21)染殿后説話は、テクストによって内容に差異がある。密教僧が染殿后に祟るというものから、ある聖人が彼女への愛欲の心を起こし、自ら餓死して鬼となり、衆人の眼前で彼女と戯れるというものまで、幾種類かのヴァリエーションがある。小峯和明「怨霊から愛の亡者へ―位争い伝承の変転」(同『説話の森―天狗・盗賊・異形の道化』、大修館書店、一九九一年)、前田雅之「天皇を囲遶する護持僧と后―正統的権力が生み出す余剰物をめぐって」(『國文學　解釈と教材』第四五巻第一二号、二〇〇〇年)参照。

(22)『群書類従』第五輯所収。

(23)通過儀礼については、ヴィクター・ターナー『儀礼の過程』(冨倉光雄訳、思索社、一九七六年)、A・ファン・ヘネップ『通過儀礼』(綾部恒雄・他訳、弘文堂、一九七七年)、ヴィクター・ターナー『象徴と社会』(梶原景昭訳、紀伊國屋書店、一九八一年)参照。

(24)堅田修編『真宗史料集成』第二巻所収。

(25) アレゴリーという概念については、カルロ・ギンズブルグ『神話・寓意・徴候』(竹山博英訳、せりか書房、一九八八年)、ヴィルヘルム・エムリッヒ『アレゴリーとしての文学―バロック期のドイツ』(道籏泰三訳、平凡社、一九九三年)、S・J・グリーンブラット『寓意と表象・表現』(船倉正憲訳、法政大学出版局、一九九四年)など参照。

(26) 「悪」の問題は興味は尽きないが、その反面、「善」の問題よりも困難で扱いにくいテーマである。戦国期の真宗が、一神教的な性格を強化していったとするならば、阿弥陀仏は、救済者と処罰者の二面的性格をもつことになる。そして、真宗門徒に「悪党」的性格をもった商工業者や武士が大量に流入してくると、「悪」は、いかにして救済されるのかという問題を避けて通ることはできなくなる。一般的な「悪」の問題については、ジョルジュ・バタイユ『文学と悪』(紀伊國屋書店、一九五九年)、『中村雄二郎著作集』第二期Ⅲ　悪の哲学ノート(岩波書店、二〇〇〇年)参照。貨幣と利潤の「悪」については、アラン・マクファーレン『資本主義の文化―歴史人類学的考察』(常行敏夫・他訳、岩波書店、一九九二年)第四章「悪―すべての悪の根源」参照。

(27) 小松和彦『異人論―民俗社会の心性』、同『悪霊論―異界からのメッセージ』参照。

(28) 悪党については、新井孝重『中世悪党の研究』(吉川弘文館、一九九〇年)、網野善彦『悪党と海賊―日本中世の社会と政治』(法政大学出版局、一九九五年)、新井孝重『悪党の世紀』(吉川弘文館、一九九七年)参照。

(29) 『太平記』と「本福寺旧記」に叙述される堅田衆を比較した論考に、吉井宏「いくさと民衆」(福田豊彦編『中世を考える　いくさ』、吉川弘文館、一九九三年)がある。

(30) このような地位の逆転については、P・ラディン他『トリックスター』(皆河宗一・他訳、晶文社、一九七四年)、バーバラ・バブコック編『さかさまの世界―芸術と社会における象徴的逆転』(岩崎宗治・他訳、岩波書店、一九八四年)、C・V・バルレーヴェン『道化―つまずきの現象学』(片岡啓治訳、法政大学出版局、一九八六年)参照。

(31) 法論による説得は、別の見方をすれば、言葉による戦闘(「詞たゝかい」)ということもできる。藤木久志「言葉戦い」(同『戦国の作法―村の紛争解決』、平凡社選書、一九八七年)参照。

(32) 武器の呪力については、関幸彦「「武」の光源―甲冑と弓矢」(福田豊彦編『中世を考える　いくさ』)参照。

(33) 戦国期真宗と商工業者との関係については、鍛代敏雄「戦国期真宗の宗教と商業―本願寺教団の場合」(浄土真宗教

学研究所・本願寺史研究所編『講座　蓮如』第三巻、平凡社、一九九七年）参照。
（34）「懺悔譚」については、川端善明「巡物語・通夜物語」（本田義憲・他編『説話の講座』2、勉誠社、一九九一年）参照。
（35）王孫説話については、藤木久志「戦国期の権力と諸階層の動向」（『歴史学研究』第三五一号、一九六九年）、金龍静「戦国期本願寺権力の一考察」（『年報中世史研究』第一号、一九七六年）、峰岸純夫「一向一揆」（『岩波講座　日本歴史』第四巻、岩波書店、一九七六年）、片山伸「中世本願寺の寺院組織と身分制」（『真宗総合研究所紀要』第四号、一九八七年）、永井隆之「戦国期の百姓意識―『本福寺跡書』所収「百姓王孫」項を中心に」（『日本史研究』第四五〇号、二〇〇〇年）参照。
（36）蓑・笠のフォークロアに関しては、折口信夫「春立つ鬼」（『折口信夫全集』第一五巻、中央公論社、一九五四年）、勝俣鎮夫『一揆』（岩波新書、一九八二年）、小松和彦「蓑笠をめぐるフォークロア―通過儀礼を中心にして」（同『異人論』、青土社、一九八五年）、網野善彦「蓑笠と柿帷―一揆の衣裳」（同『異形の王権』、平凡社、一九八六年）、黒田日出男「「隠れ蓑」・「隠れ笠」―『一寸法師』と『大江山絵詞』」（同『歴史としての御伽草子』、ぺりかん社、一九九六年）参照。
（37）談義本については、北西弘「真宗の布教―談義本」（同『一向一揆の研究』、春秋社、一九八一年）第一編第二章、柏原祐泉「中世真宗「善知識」の性格―教団構造把握への示唆として」（北西弘先生還暦記念会編『中世仏教と真宗』、吉川弘文館、一九八五年）参照。
（38）真宗における女性の役割については、遠藤一「坊守以前のこと―夫と妻、真宗史における女性の属性」（大隅和雄・西口順子編『シリーズ　女性と仏教』3、平凡社、一九八九年）参照。
（39）ユートピアについては、E・M・シオラン『歴史とユートピア』（出口裕弘訳、紀伊國屋書店、一九六七年）、カール・マンハイム『イデオロギーとユートピア』（鈴木二郎訳、未来社、一九六八年）、安永寿延『日本のユートピア思想―コミューンへの志向』（法政大学出版局、一九七一年）、宮田登『ミロク信仰の研究』（未来社、一九七五年）、フランセス・イエイツ『薔薇十字の覚醒』（山下知夫訳、工作舎、一九八六年）、ルイ・マラン『ユートピア的なもの』（梶野吉郎訳、法政大学出版局、一九九五年）参照。

（40）笠松宏至「仏物・僧物・人物」（同『法と言葉の中世史』、平凡社選書、一九八四年）参照。
（41）本福寺の経済的基盤については、水戸英雄「堅田一向一揆の基礎構造」（『歴史学研究』第四八号、一九七七年）、大喜直彦「中世後期本願寺末寺の歴史的性格―近江国堅田本福寺、その収取体系よりみた側面」（平松令三先生古稀記念会編『日本の宗教と文化』、同朋舎出版、一九八九年）参照。
（42）一家衆については、草野顕之「戦国期本願寺一家衆の構造」（平松令三先生古稀記念会編『日本の宗教と文化』）参照。
（43）貪欲と無欲に関しては、ジョルジュ・バタイユ『呪われた部分―普遍経済学の試み』（生田耕作訳、二見書房、一九七三年）、井波律子『酒池肉林―中国の贅沢三昧』（講談社現代新書、一九九三年）、ピーター・ミルワード『素朴と無垢の精神史―ヨーロッパの心を求めて』（山中理訳、講談社現代新書、一九九三年）が参考になろう。
（44）堅田修編『真宗史料集成』第二巻所収。
（45）脱中心化という概念については、今村仁司「脱中心化の思想　ミシェル・フーコー」（同『現代思想の系譜学』、筑摩書房、一九八六年）参照。
（46）リチャード・ホカート『読み書き能力の効用』（香内三郎訳、晶文社、一九七四年）、川田順造『無文字社会の歴史―西アフリカ・モシ族の事例を中心に』（岩波書店、一九七六年）、兵藤裕己『王権と物語』（青弓社、一九八九年）、坂部恵『かたり』（弘文堂、一九九〇年）、W・J・オング『声の文化と文字の文化』（桜井直文・他訳、藤原書店、一九九一年）、イヴァン・イリイチ『テクストのぶどう畑で』（岡部佳世訳、法政大学出版会、一九九五年）、菊池久一『〈識字〉の構造―思考を抑圧する文字文化』（勁草書房、一九九五年）、野家啓一『物語の哲学―柳田國男と歴史の発見』（岩波書店、一九九六年）参照。
（47）中世の言葉遊びのヴァリエーションについては、鈴木棠三『中世の笑い』（秋田書店、一九九一年）参照。
（48）「自己成型」という概念については、スティーヴン・グリーンブラット『ルネサンスの自己成型―モアからシェイクスピアまで』（高田茂樹訳、みすず書房、一九九二年）参照。
（49）たとえば、佐藤和夫「戦国大名の家訓」（『季刊　日本思想史』第五一号、一九九七年）の叙述のように、社会の始原に位置する人物の行為は、無条件に称賛されるべき対象なのである。

(50) 前田愛『近代読者の成立』(有精堂、一九七三年)、高橋敏『国定忠治の時代─読み書きと剣術』(平凡社選書、一九九一年)、高橋敏編『村の手習塾─家族と子供の発見』朝日百科　日本の歴史別冊(朝日新聞社、一九九五年)、辻本雅史『「学び」の復権─模倣と習熟』(角川書店、一九九九年)参照。

(51) このような叙述は、井原西鶴(一六四二～九三)が、『日本永代蔵』などの作品で描いた商人倫理と共通する感覚である。山本眞功「江戸庶民家訓の軌跡」(『季刊　日本思想史』第五一号)参照。

(52) 「文化資本」については、ピエール・ブルデュー『ディスタンクシオン』I(石井洋二郎訳、藤原書店、一九九〇年)、石井洋二郎『差異と欲望─『ディスタンクシオン』を読む』(藤原書店、一九九三年)参照。

(53) 新日本古典文学大系45『平家物語』下(岩波書店、一九九三年)、四〇〇～六頁。

(54) 一神教的な絶対者が、いかなる性格をもつことになるのかについては、井筒俊彦『イスラーム文化』(岩波書店、一九八一年)参照。

(55) 「仏法領」については、黒田俊雄「一向一揆の政治理念─「仏法領」について」(『黒田俊雄著作集』第四巻、法蔵館、一九九五年)参照。

(56) 堅田修編『真宗史料集成』第二巻「諸文集」第八七章。

(57) 註(35)の諸論考参照。

(58) 藤田弘夫『都市の論理』(中公新書、一九九三年)、藤木久志「飢饉と戦争からみた一向一揆」(浄土真宗教学研究所・本願寺史研究所編『講座　蓮如』第一巻、平凡社、一九九六年)参照。

(59) 堅田修編『真宗史料集成』第二巻「諸文集」第二四五通。

(60) 鎌倉期後半の無住『沙石集』巻第五本「学生畜類ニ生タル事」には、「世間ノ治生産業マデ、仏法ノ助トナリテ、道業ヲ成ベシ」とあり、近世初頭の鈴木正三は、『万民徳用』などの著作で職分仏行説を説いた。それらは、生業がそのまま仏道修行となるという思想であるが、とりわけ正三の思想は、近世の身分階層を所与のものとして、各階層別の生業と仏行との関係を説いている。それらと蓮如の思想とは異なっているし、戦国期の堅田門徒は、当然ながら蓮如の思想の影響下にあったことはいうまでもない。

終　章　戦国期真宗の儀礼とテクスト

――「恵信尼書状」から『山科御坊事并其時代事』へ――

はじめに

私はここまでの叙述で、『御文』などの蓮如の著述、『第八祖御物語空善聞書』や『蓮如上人一語記』などの言行録、「本福寺旧記」のような門徒の記録など、戦国期に編纂された各種のテクストの特質について考察してきた。しかし、『御文』や上記の言行録、蓮如第十男・実悟の編集した『山科御坊事并其時代事』や『本願寺作法之次第』に見られる、真宗寺院の儀礼が果した役割についてはいまだ言及してこなかった。

上記の蓮如をめぐる著述や思想が、戦国期の真宗の普及にとって重要であることは当然のこととしても、それらの著述を門徒たちが読むことだけで教義が普及していったわけではない。『御文』や言行録自身が物語ってくれるように、蓮如の思想や教義は、門徒たちの前で語られることを通して始めて門徒たちに影響力を及ぼしていったのである。では、いかなる場でそれらが物語られたのか。そして、どのようにして門徒たちは受容していったのか。そういった真宗の教義が物語られる場を探るために、本稿では各種のテクストに叙述された儀礼に注目してみることにする。

それとともに、個別のテクストの性格や相互の関連性を検討することなく、それらのテクストのなかから、近代的な意味での信仰や内面のあり方について叙述されているようにみえる言葉だけを抽出したり、そうでなければ、真宗集団が中央集権的に組織化されていくうえで、それらのテクストが、イデオロギーとしていかなる機能を果たしていったのかに注目したりすること、つまり信仰論か権力論かといった二者択一的な思考法は、テクストの読みとしては不適当だと考えている。そのような二者択一的な思考法は、研究者がもっている関心に適合するような史料を収集し、関心のない問題についての叙述を無視することによって導き出された結論にすぎないし、さらにその史料を、あたかも客観的な〈事実〉であるかのように思い込み、叙述してしまうことになりがちである。では、個人のアイデンティティを形成し、社会構造や真宗集団内部の社会的コンテクストを形成するとともに、集団外部とのコミュニケーションを保っていく上で、これらのテクストがどのように関与していったのかを理解するにはどうすればいいのか。蓮如と門徒たちが接触する場である年中行事に関する叙述は、これらの問題になんらかの解答を与えてくれると思われる。本稿では、最初に『御文』にみられる「会合」や報恩講などの〈講〉に関する叙述を分析することから始めて、そのような問題について考察を進めていきたい。

一　夢想のなかの親鸞

親鸞入滅の翌年、弘長三年（一二六三）、親鸞の妻・恵信尼は、生前の親鸞を追憶した書状を末娘・覚信尼に送った。そこには次のような叙述がある。

さてひたち（常陸）のしもつま（下妻）と申候ところに、さかいのがうと申ところに候しとき、ゆめをみて候しやうは、だうくやう（堂供養）かとおぼへて、ひんがしむき（東向）に御たう（塔）はたちて候に、しんがく（試楽）とおぼえて御だうのまへにはたてあかし（立明し＝松明）しろく候に、たてあかしのにしに、御だうのまえにとりゐ（鳥居）のやうなるに、よこさまにわたりたるものに、ほとけをかけまいらせて候が、一たいはただほとけの御かほ（顔）にてはわたらせ給はで、ただひかりのま中ほとけのずくわう（頭光）のやうにて、まさしき御かたちはみへさせ給はず、ただひかりばかりにてわたらせ給。いま一たいはまさしき仏の御かほにてわたらせ給候しかば、「これはなにほとけにてわたらせ給ぞ」と申候へば、申す人はなに人ともおぼえず、「あのひかりばかりにてわたらせ給は、あれこそほうねん（法然）上人にてわたらせ給へ、せいしぼさつ（勢至菩薩）にてわたらせ給ぞかし」と申せば、「さて又いま一たいは」と申せば、「あれはくわんおん（観音）にてわたらせ給ぞかし、あれこそぜんしん（善信）の御房よ」と申とおぼえて、うちおどろきて候しにこそ、ゆめにて候けりとは思て候しか。（1）

そこには恵信尼が体験した、親鸞の師・法然は勢至菩薩の化身、夫・親鸞（善信）は観音菩薩の化身という夢想について語られている（2）。それに続けて恵信尼は、生前の親鸞に、法然＝勢至菩薩という夢想については語ったが、親鸞＝観音菩薩という夢想については語らなかったこと、しかし、それが彼女の生涯にわたる確信となったと述べている。恵信尼の体験は、親鸞が、人々を浄土へと導くために、人間の姿となって現実世界に出現した菩薩であったことを意味している。それゆえ彼女は、親鸞の往生に疑いをもっていたと思われる覚信尼に、「されは御りんず（臨終）はいかにもわたらせ給へ、うたがひ（疑い）思まいらせぬうへ、おなじ事ながら、ますかた（益方）も御りんずにあいまいらせて候ける、おやこのちぎり（契り）と申ながら、ふかくこそおぼえ候へばうれしく候、うれしく候」と、書き送ったのである。親鸞が、観音菩薩の化身であるならば、覚信尼は父の往生を疑う必要などないからである。それはまた、観音の化身に出会い教化を受けた彼女自身と覚信尼に、浄土往生を保証するものでもある。これまでは秘密にしてきた恵信尼の喜びを、はやく娘と共有したいという気持ちが、この書状には溢れている。

覚信尼の孫・本願寺第三世覚如は、永仁二年（一二九四）、親鸞の三十三回忌の法要に読み上げるテクストとして『報恩講私記』を著わし、また翌年、親鸞の伝記、『親鸞伝絵』を編纂した。覚如は、『報恩講私記』のなかで、親鸞について次のように記している。

つらつら平生の化導を案じ、閑に当時の得益を憶《おもう》に、祖師聖人（親鸞）は直人にましまさず、すなはちこれ権化の再誕なり。すでに弥陀如来の応現と称し、また曇鸞和尚の後身とも号す。みなこれ夢のうちに告を得、幻の前に瑞を視しゆえなり。いはんやみづから名のりて親鸞とのたまふ、測り知ぬ、曇鸞の化現なりといふことを。しかればすなはち聖人、修習念仏のゆえに、往生極楽のゆえに、宿命通をもて知恩報徳の志を鑑み、方便力をもて有縁・無縁の機を導きたまはん。願くは師弟芳契の宿因によりて、かならず最初引接の利益を垂たまへ。（3）

ここでは、親鸞を現実世界に出現した阿弥陀如来、あるいは曇鸞の生まれ変りと記す（『親鸞伝絵』にも類似の叙述がある）。そして、そんな親鸞の導きによって人々は必ず極楽浄土に往生できるのだと。それは覚如自身が、夢想のなかで感得した神聖な体験に裏づけられた確信だと彼は述べているのである。『報恩講私記』は、親鸞の三十三回忌だけに読誦されたわけではなく、毎月の親鸞の命日、二八日に読誦されたことは、覚如の伝記『慕帰絵』第五巻に、「将又、往年にや、報恩講式といへるを作せり。是も祖師聖人を歎徳し奉れば、遷化の日は月々の例事として、いまもかならず一座を儲て三段を演るものなり」（4）とあることによって知られる。注意しなければならないのは、親鸞の命日に『報恩講私記』が読誦されるのは、単に親鸞の遺徳を偲び彼を讃仰するためだけではないということである。それは、親鸞の肖像を前にして読まれるのであるが、それが読誦されるとき、親鸞はそこに参会した人々を、「方便力をもて有縁・無縁の機を導き」、さらに「かならず最初引接の利益」を与えてくれる、そんな存在と認識されているのである。読誦の〈声〉を媒介として親鸞と参詣の人々が出会い、親鸞の引導によって極楽往生が約束される場、それがこの儀礼の意義なのである(5)。

覚如の長子・存覚は『報恩講嘆徳文』を著わし、次のように述べている。

おほよそ三段の式文(『報恩講私記』)、称揚足ぬといへども、二世の益物讃嘆いまだ倦ず。是の故に一千言の褒誉を加へて、重ねて百万端の報謝に擬す。しかればすなはち、蓮華蔵世界の中にして今の講肆を照見し、檀林宝座の上より此の梵筵に影向したまふらん。内証・外用定て果地の荘厳を添へ、上求・下化よろしく菩提の智断を究めましますべし。(6)

存覚のこの作品は、覚如が『報恩講私記』で示唆していた救済者としての親鸞のイメージを鮮明にし、報恩講という儀礼の場こそ、救済が現実化する場だと明確に位置づけたといえよう。これが親鸞命日の法要＝報恩講で読まれる時、親鸞は極楽世界を離れて法要の場に現われ、浄土往生を約束してくれるのだと。ちなみに存覚は彼の著作、『浄土真要鈔』『破邪顕正鈔』『決智鈔』『弁述名体鈔』や彼の言行録『存覚法語』のなかで、善導・法然・親鸞のみならず、法華経に登場する龍女・嵯峨天皇の母・加茂明神、中国浄土教の理論家である少康や法照、源信に至るまでの多様な存在を菩薩の化身として叙述している。現実世界は、菩薩の化身によって満たされており、人々は夢想や儀礼の場でそれらと対面できるのである。

つまり報恩講という儀礼は、恵信尼が、そして覚如が、夢想によって阿弥陀仏の化身である親鸞に対面したように、儀礼の参加者が親鸞―現実には、その表象としての本願寺に安置された親鸞の肖像―と対面し救済に預れるという、本願寺に伝承されてきた秘蹟を、多くの真宗信者に追体験させる儀礼だったといえる。本願寺で相承されていった上記のような化身説は、中世仏教の諸宗が正統性の証拠としていた、祖師の著作の伝授や師資相承という面では、関東の真宗各派に比べて明らかに劣る本願寺系の真宗が、独自性を主張できる数少ない切り札、「口伝」の伝授として継承されたものである。

親鸞の浄土教は、阿弥陀仏の救済の働きは、過去でも未来でもない、念仏行者が現在している〈いま〉という時に、彼/彼女が現在する〈ここ〉という場所で、彼/彼女の口をついて出る念仏の〈声〉として現象するのであり、それ以外に阿弥陀仏が救済活動を行う場はないと主張する。彼の浄土教は、本来、現象世界で起きる極めて実践的かつ現実主義的な出来事である。しかしながら、それはもっとも現実的でありながら、ではいつどの念仏の〈声〉が、阿弥陀仏の救済の働きを表象したものであるのか、あるいは本当に救済が実現するのかを確認することは、念仏者にとってほとんど不可能なのである。つまり、論理的に阿弥陀仏の救済の働きを説明しようとすれば、極めて不可思議で神秘主義的な出来事として説明するほかはないことになる。

夢想と儀礼を重視する、この時代に登場してくる覚如たちのテクストは、論理的には理解困難で、いつ起こるともしれない浄土往生という現象を、また恵信尼が体験した往生への確信を、集団的に共有するための言説として成立したものだったということができよう。そして、それが現実化するのが、本願寺の親鸞の肖像と対面し、その親鸞像との対面の意義を解説する『報恩講私記』や『報恩講嘆徳文』が読誦される〈声〉を聞く儀礼の場なのである。

二 『御文』のなかの儀礼

蓮如以前に、東山本願寺や各地の真宗集団の間で、どのような儀礼が行われていたのかを知る史料は乏しい(7)。しかし蓮如以後の真宗の儀礼については、比較的豊富な史料に恵まれているといえる。それでは、蓮如は儀礼についてどのように考えていたのかを、彼の書き残した『御文』の叙述のなかから探ってみることにしよう。

『御文』が、いかなる目的から書かれたにせよ、それが蓮如のもっとも重要かつ後世に大きな影響を与えた著作であることは間違いない。金龍静は、『御文』の役割の推移について、①最初の『御文』が発給された寛正二年(一四六一)から文明三年(一四七一)吉崎移住まで=自らの信心の表白、②文明三年より同七年までの吉崎滞在期=門徒へ下付されるものとしての『御文』、③文明七年の吉崎退去以降=拝読するための『御文』、という区分をしている(8)。金龍は、寛正二年三月の最初の『御文』を、蓮如が親鸞の二百回忌法要を期して、自らの信心を表白したものだろうと推測している。私は、より積極的に解釈して、本願寺住持職を継承して四年目の蓮如が、親鸞の二百回忌を契機として、今後彼が門徒たちに語っていこうと決意した彼の教義理解を、親鸞の肖像を前にして読み上げ、前もって親鸞の許しを請おうとしたのではないかと考えている。右の金龍の分類は、おおむね妥当と考えるが、ここでは、別の角度から『御文』というテクストについて考えてみたい。

寛正六年(一四六五)一月、京都東山にあった本願寺が、延暦寺衆徒によって破却されて以降、蓮如は、河内、摂津、近江金森・堅田・大津、越前吉崎、河内出口、摂津富田、山城山科、摂津大坂というように、目まぐるしく〈移動〉を繰り返していった。それは、戦国期という社会的状況を考えればやむをえない選択であったし、真宗以外の京都を拠点とする他の宗派が、戦乱を避けて各地を転々としていった状況と大差ないのかもしれない。そうだとしても、この〈移動〉性が、蓮如の自己認識や『御文』のようなテクストの叙述、あるいは、蓮如から真宗教義を受容しようとした人々に、どのような影響をあたえたのかは考えてみる必要がある。また京都を離れた蓮如は、行く先々で社会的〈他者〉として自己を認識せざるをえないこと、そして蓮如を受容した人々にとっても蓮如は、彼らが所属する社会集団からすれば〈他者〉として認識されざるをえないことも考えてみなければならない。この〈移動〉性と〈他者〉性というコンテクストから、『御文』を解読してみようというのが、ここでのテーマである。

以前私は、初期の『御文』には、対話様式によって叙述されたものが多いということを指摘したことがある(9)。その理由は、蓮如の教化を受容しつつも、真宗以外のさまざまな宗教にもあいかわらず依存しようとしていた人々や、「善知識だのみ」を当然とするような宗教環境にある人々に対して、既存の宗教観を解体し、選択すべき唯一正統な宗教として蓮如の教説を受容させようとする場合、この対話様式という叙述法が有効だと考えられたからである。対話様式の『御文』は、蓮如の思想とは異なる真宗信仰に立脚した在地の有力僧侶と、在俗ではあるが蓮如が考える正統な真宗信仰に帰依した在俗信者との対話を設定し、後者によって前者が保持していた宗教秩序が論破されてしまうという物語として叙述されている。そんな『御文』が人々の前で読まれるとき、聞き手はその物語を現実に起こった出来事として聴き、他の人々に真実として伝え、あるいは、その物語を模倣した行動が繰り返されることによって、現実社会に変化が生じることになる。そんな変化を生み出す言説として機能するところに、初期の対話様式の『御文』の特色を見出すことができると指摘しておいた。

その指摘を補足する意味から、この対話様式の『御文』を、〈移動〉性(10)と〈他者〉性(11)という視点から眺めてみると、また別の思想的側面が浮び上がってくる。文明三年七月、現存する『御文』では、吉崎へ〈移動〉後最初に書かれたことになる第七～一〇通は、いずれも対話様式による『御文』である(12)。第七章（第九章も類似する内容）は、在地の宗教指導者、大坊主と在俗信者との間で、真宗門徒は大坊主と阿弥陀仏のどちらに所属するのかをめぐる論争という形式で叙述される。第七章には、「タマタマ弟子ノアリテ、信心ノ沙汰ノアルトコロヘチカヅキテ、聴聞シ候人ヲバ、コトノホカ説諫ヲクハヘ候テ、アルヒハ、ナカ（仲）ヲタガ（違）ヒナンドセラレ候アヒダ」とあるように、真宗の教義を理解せず、自分の利益を守るために、弟子が他の場所に行って真宗教義を聴聞しようとするのを妨害する大坊主というイメージが造形されている。対話様式にあっては、それが現実に起こった出来事なのか、それとも仮構された物語なのかは大した問題ではない。対話様式のテクスト――経典やその注釈書にも、しばしば用いられる様式だが――は、仏教各宗で行われる「論義」(13)という儀礼と同様に、その宗派にとって、問題とすべきなのは何であり、その答は何なのかが鮮明になればいいのである。あるいは、対話様式の『御文』は、「論義」という儀礼の物語化といってもいい。

また、文明三年七月に書かれた蓮如自筆の第一〇章（第八章もほぼ同内容）には次のようにある。

文明第三初秋仲旬之比、賀州或山中辺ニオイテマタ会合シテ申様、近比仏法讃嘆事外ワロキ由ヲマフシアヘリ。ソノナカニ俗ノ一人アリケルガ申様、去比南北ニ念仏ノ大坊主モチタル人ニ対シテ法文問答シタルヨシマフシテ、カクコソカタリ侍ベリケリ。俗人イハク、当流ノ大坊主達ハ、イカヤウニ心ネヲ御モチアリテ、ソノ門徒中ノ面々ヲバ御勧化候ヤラン、御心元ナク候。委細仰ヲ蒙リタク存ジ候。坊主答テ云ク、当流上人ノ御勧化ノ次第ハ、我等モ大坊主一分ニテハ候ヘドモ、巨細ハヨクモ存知セズ候。……坊主答云ク、誠ニ以テ貴方ハ俗体ノ身ナガラ、カカル殊勝ノ事ヲ申サレ候者哉。委細御カタリ候ヘ、聴聞スベク候。俗答テイハク、如法出物ナル様ニ存ジ候ヘ共、此ノ如ク仰ヲ蒙り候ノ間、聴聞仕リ候趣、大概申シ入ルベク候。我等ガ事ハ、奉公ノ身ニテ候ノ間、常ニ在京ナドモ仕リ候間、東山殿ヘモ細々参リ候テ、聴聞仕ル分ヲバ、心底ヲノコ（残）サズカタリ申スベク候。御心ニシヅメラレ、聞召ルベク候。……大坊主モ殊勝ノオモヒヲナシ、解脱ノ衣ヲシボリ、歓喜ノナミダヲナガシ改悔ノイロフカクシテ申様、向後ハ我等カ散在ノ小門徒ヲモ、貴方ヘ進ジオクベキ由申シ侍ベリケリ。

これも、在地の大坊主と俗人との対話であるが、真宗の教義についてほとんど無知に等しい大坊主が、俗人によって批判に晒される。この俗人は、東山本願寺に幾度も参詣し聴聞を重ねた人物として設定され、聴聞した内容と地域社会の現実との落差を、「会合」した坊主衆や俗人たちの前で暴露するという物語である。第八章ではさらに、「タダ弟子ノカタヨリ細々ニ音信ヲモ申、又ナニヤランヲモマイラセ候ヲ」、つまり頻繁に寄進する弟子を「信心ノ人」と認識している大坊主のイメージが付加されている。

このように、吉崎で発給された初期の『御文』には、在地の大坊主と俗人との対話という様式で叙述され、蓮如が直接教化の言葉を語るという様式にはなっていないものが少なくない。歴史世界においては、地域社会からすれば外来者(14)、〈他者〉である蓮如の教説が地域社会に受容されるか否かは、かならずしもその教説の正しさによるわけではない。蓮如は、地域社会にとっては〈他者〉であるにしても、外来の貴種として地域社会の宗教秩序の上位に君臨することは可能である。あるいは、地域社会に受容されている坊主衆の宗教的権威が崩壊することによって、蓮如は彼らが占めていた社会的地位に取って替ることができる。それが、蓮如が〈他者〉のままで地域社会に受け入れられる第一歩であって、蓮如の教説の内容自体は、地域社会にとって当面大した関心事とはならない。上記の対話様式の『御文』が、そのような社会的地位の逆転(15)を促すような言説であることは間違いない。

ところで、第八章や第一〇章の『御文』では、各地の坊主衆や俗人が、一所に「会合」し、仏法の「讃嘆」を始めるという場面が設定されている。これは、たまたま寺社に参詣し出会った人々が、対話様式により各自の信仰告白や懺悔を行うという、巡り物語や通夜物語といった、中世説話でしばしば用いられる言説の様式に従った叙述ということができる(16)。「会合」への参加者は旅の途上にあり、それぞれが〈他者〉同士の関係にあるから、そこでは地域社会内の身分秩序による規制は希薄になり、各自の宗教的立場を自由に表明したり批評することができる。エリック・リードが指摘しているように(17)、地域社会への「定着」は、社会構造・制度・身分秩序・慣習を生み出し、それらを永続的で変更してはならないものという思い込みを各自に植え付ける。しかし、旅や〈移動〉に生きる人々の視線は、それらが虚構にしかすぎないということを暴露し、一時的にせよそれらを無効にし、ときには解体してしまう作用を及ぼす。巡り物語や通夜物語の中では、自由な批判が繰り広げられ、既存の宗教的秩序は相対化もしくは解体されてしまうのだが、それは単なる言説のレベルで終るわけではない。『御文』の読み手／聞き手は、その物語の「会合」の場面に、自分自身や自分たちが所属する社会の現実を同一化しようとするから、物語は結局現実の社会秩序に何らかの変化を与えることになる。〈移動〉性に身を委ね、社会的〈他者〉として地域社会に向き合う蓮如は、その〈移動〉性がもつ特性を最大限に駆使することによって、〈他者〉のままで、吉崎の地に自己の存在領域を確保できるのである。

ところで第七章の冒頭は、「或人イハク」で始まり、その最後には、「答テコノ御不審モトモ（最も）肝要ト存ジ候テ、殊勝ニオボヘ候。カタノゴトクミミ（耳）ニトドメヲキ候オモムキ、申ノブベク候」とある。第一〇章なども同様であるが、そこで叙述されるのは、坊主衆や俗人たちといった登場人物によって、社会的地位の逆転と正統な真宗教義の伝達が起こるという出来事であって、その物語のなかに蓮如自身が登場しているわけではない。上記のような『御文』は、あくまで蓮如が伝聞したこと、つまり聞書として叙述されているのである。中世社会での聞書という言説の様式は、師僧の口伝や説法といった音声言語を、書記言語に変換して記録したものとみなされていたから、そこに叙述された言葉は、すべて現実に師僧から伝承されたものとして受容しなければならない権威ある言説とみなされた(18)。

また、これらの『御文』が、何らかの機会に読み上げられる場合、それを聴聞する人々は、たとえ仮構された物語であったとしても、それを現実に起こったことと理解し、読み手を『御文』の中に登場する大坊主もしくは俗人本人と同一視してしまう。また聞き手は、第一〇章にある東山本願寺で俗人に説法した人物を、蓮如と同一化して理解することになる。『御文』は、書記言語ではあるのだが、人々の前で音声言語として読み上げるために叙述されたものである。音声言語は書記言語とは異なり(19)、出来事を過去の時間や聞き手のいる場所とは別の空間で起こったこととして客観化して表象する言葉ではなく、このような、時間的・空間的同一化を起こす言葉、つまり神話化する言説なのである(20)。

中世社会における聞書と音声言語の文法にしたがって『御文』が叙述され、それが地域社会の中で読み上げられるとき、書き手の蓮如は、〈他者〉のままであるにしても、真の教説の語り手として地域社会の中心に居場所を確保することができる。むしろ、〈移動〉性に身を委ねる〈他者〉であるからこそ、既存の社会の外部から新たな秩序や教説を持ち込むことが可能なのであり、ときには、いきなり社会の枢要な地位を占めてしまうことも起こりうるのである(21)。地域社会の住民によって、それが既存のものより高い価値を有すると認められた場合には、むしろ積極的にその秩序や教説は受容され、既存の秩序や教説は廃棄されることになる。中世社会には、そのような教説や霊能を携えて〈移動〉し、地域社会に教説や霊能を売り込もうとする宗教者、念仏聖・律衆・禅衆・密教僧・山伏たちが大量に存在し競合していたのであり、蓮如だけが特殊というわけではない(22)。だが、社会的な〈他者〉によって持ち込まれた秩序や言説は、地域社会に定着した基盤をもたないだけに、その必要性がなくなるか、より優れた秩序や教説を持ち込む〈他者〉が登場してくると、容易に廃棄されてしまうことにもなるのである。

『御文』の中に叙述された対話が、仮構されたものであったとしても、そこで物語られた地位の逆転、ここでは大坊主に代って真宗の正統な教説の普及者(もちろん、蓮如が考える)が地域社会の宗教的な指導者に取って替ることが、社会によって許容されるものであるならば、その物語は模倣されて現実は変革されるわけだから、『御文』が現実に起こったことを叙述したのか否かは大した問題ではない。結果は同じことなのだから。『御文』

というのは、仮構と模倣の言説であるということだ。

それでは、『御文』が読み上げられる場とは、どのような場であったのであろうか。文明五年九月下旬の第三三章には次のようにある。

抑年来当時門徒ニオイテ、仏法次第以ノ外相違セリ。ソノイハレハ、マズ座衆トテコレアリ。イカニモソノ座上ニアガリテ、サカヅキ（盃）ナンドマデモ人ヨリサキニノミ（呑み）、座中ノ人ニモ又ソノホカタレタレニモ、イミジクオモハレンズルガ、誠ニ仏法ノ肝要タルヤウニ心中ニココロエ（心得）オキタリ。コレサラニ往生極楽ノタメニアラズ、タダ世間ノ名聞ニニ（似）タリ。シカルニ当流ニオイテ、毎月ノ会合ノ由来ハ、何ノ用ゾナレバ、在家無智ノ身ヲモテ、イタヅラニクラシ、イタヅラニアカシテ、一期ハムナシクスギテ、ツイニ无間三途ニシヅ（沈）マン身ガ、一月ニ一度ナリトモ、セメテ念仏修行ノ人数バカリ道場ニアツマリテ、ワガ信心ハ人ノ信心ハイカガアルラントイフ信心沙汰ヲスベキ用ノ会合ナルヲ、チカゴロハ、ソノ信心トイフコトハ、カツテ是非ノ沙汰ニオヨバサルアヒダ、言語道断アサマシキ次第ナリ。所詮自今已後ハ、カタク会合ノ座中ニオイテ、信心ノ沙汰ヲスベキモノナリ。

これは、相互の信心を確認すべき場であるはずの「毎月ノ会合」が、地域社会に慣習として継承されてきた収穫期の饗食儀礼(23)の性格を引きずったまま、しかも、地位や身分の優劣を争う場になっていることを非難した『御文』の中の文章である。この『御文』は、そのような「毎月ノ会合」の場で読み上げられるために書かれたと考えられる。同じ「会合」について語られているにしても、先に見た『御文』では、地域社会の外部での「会合」と〈他者〉同士の対話についての語りであったものが、ここでは、『御文』の聞き手が所属する社会の内部での「会合」の問題についての言及へと、対象とされる場が変換されていることが注意される。同月には、他にもいくつかの『御文』が集中的に出されているが、第二八章には、初めて「当流ノヲキテ（掟）」への言及がみられる。

〈他者〉として地域社会の中に浸透していった蓮如は、吉崎に坊舎を建立し、そこに多くの参詣者、つまり相互に〈他者〉同士の関係にある人々を集め、新たな社会的関係を形成しようとする。蓮如は、参詣者たちに、彼らを拘束していた各地の地域社会の規制や身分関係を吉崎に持ち込むことを禁止し、一旦既存の規制や身分制度から解放された場としてしまう。東山本願寺を含めて、ある特定の地域の規制や身分関係だけを重視し、他の地域のそれらを禁止してしまえば、特定地域の出身者が吉崎でのイニシアティヴを獲得し、彼らを中心とする社会関係が形成されてしまうからである。吉崎で語られる蓮如の言説、とりわけ「ヲキテ」への言及は、他のさまざまな既存の規制や身分関係を排除するとともに、吉崎に新たな秩序を構築する言説となる。それはまた、蓮如の語る真宗の正統な言説以外の言説を排除することでもある。だが同年一二月の第四三章には、「当流ノヲキテ」について、「カクノゴトク信心ノカタ（方）モ、ソノフルマイ（振る舞い）モヨキ人ヲバ、聖人モヨク心エタル信心ノ行者ナリト、オホセラレタリ」とあるように、「ヲキテ」は、蓮如ではなく親鸞によって制定されたごとくに叙述される。つまり、蓮如という〈他者〉の言説は、親鸞というさらなる〈他者〉に根拠をもつことになる。当時の各地の真宗集団は、現在する善知識を指導者と仰ぐ集団であり、決して親鸞を開祖と仰ぐ集団ではなかった。一般の信者たちが、親鸞の存在さえ知らなかったとしても不思議ではなかった(24)。二重の意味で〈他者〉である親鸞の「ヲキテ」が、新たな規制力として真宗集団に作用することになる。

ところで、文明五年一一月の『御文』第四〇章（正規の文書として漢文体で書かれていることに注意）に、「於真宗信者中可停止子細事」として規定された十一ヶ条の「制法」のなかには、「念仏会合」と「念仏集会」の規定がある。そこには、「念仏会合」などでの魚鳥の不食と過度な飲酒の禁止が定められており、地域社会の宗教的慣習、収穫と結びついた饗食儀礼―それは神々との共食でもあった―からの訣別が規定されているのである(25)。

「念仏集会」は、すでに弘安八年（一二八五）八月の「善円の制禁」(26)などに見られるから、鎌倉後期には真宗各派で「ヲキテ」を制定し、「集会」を行っていたことが知られる。『御文』の「制法」は、吉崎という小世界を規制する言説なのだが、それは吉崎に集った人々の前で語られ、彼らによって地域社会に持ち帰られ、そこで営まれる「会合」や「集会」で物語られると、地域社会の宗教的規制(27)として機能していくことになる。〈移動〉性に身を置く〈他者〉としての蓮如が、吉崎で「制法」を語ることによって、吉崎は秩序と法制を制定する世界の中心、都市的世界として各地に散在する地域社会の真宗信者を規制していくようにみえる(28)。しかし、蓮如の語りや「ヲキテ」は、親鸞に根拠をもつものとして語られるから、秩序の制定者や真宗集団の中心としての地位は親鸞に与えられ、あいかわらず蓮如は、〈他者〉の地位に停まったままなのである。同年一一月二一日に書かれた第四一章には、次のような報恩講に関する叙述が登場することになる。

夫今月廿八日ハ忝モ聖人毎年御正忌トシテ于今退転ナク其御勧化ヲウケシトモガラ（輩）ハ、イカナル卑劣ノモノマデモ、ソノ御恩ヲオモンジ（重んじ）申サヌ人コレアルベカラズ。……コレニ依テ今月廿一日ノ夜ヨリ聖人ノ知恩報徳ノ御仏事ヲ加賀越前ノ多屋ノ坊主ノ沙汰トシテ勤仕申ルルニツイテ、マヅ存知アルベキ次第ハ、イカナル大儀ノワヅラヒ（煩い）ヲイタサレテ御仏事ヲ申ルトイフトモ、当流開山聖人ノスス（勧め）メマシマストコロノ真実信心トイフ事ヲ決定セシムル分ナクバ、何ノ篇目モアルベカラズ。……タダ人マネ（真似）バカリノ体ハ、マコトニ所詮ナシ。……コノオモムキ（趣）ヲヨクヨクココロヱ（心得）ラレテ、此一七ケ日ノアヒダノ報恩講ノウチニオイテ信不信ノ次第分別アラバ、マコトニ自行化他ノ道理、別シテハ聖人ノ御素懐ニモフカクアヒカナフ（適う）ベキモノナリ。

親鸞の命日に勤修される報恩講は、それ以前にも勤められていたようだが、『御文』に言及されるのは、この年が最初である(29)。注意したいのは、吉崎の報恩講が蓮如ではなく、吉崎に〈移動〉してきた加賀・越前の多屋坊主たち（吉崎に〈定住〉していたのかどうかは不明）が主催するものであると記されていること、それとともに、その目的はあくまでも、「当流開山聖人ノス、メマシマストコロノ真実信心トイフ事ヲ決定セシムル」ことにあると記されていることである。本願寺にとっては重要な開祖であったとしても、当時の一般の真宗信者には、具体的イメージとしてほとんど知られていなかった親鸞が、教義と「ヲキテ」の制定者として歴史の表舞台に登場し、儀礼の主役に抜擢されたのである。

二重の意味で〈他者〉であり、人々が想像することすら困難であった親鸞を、祖師と名づけて中心化することは、画期的な出来事に相違ない(30)。眼前の善知識でも蓮如でもない人物の中心化によって、現実の社会的秩序は相対化されざるをえないからである。非在の親鸞に対面する機会は、吉崎の地で執行される報恩講という儀礼の場に参加して親鸞の画像に対面し、『報恩講私記』『親鸞伝絵』『報恩講嘆徳文』が読誦される〈声〉を聞き、蓮如によって語られる教説・掟を通して親鸞を体験するしかないのである。しかも、親鸞のいわゆる「根本之御影」は近江大津にあったから、吉崎での親鸞との出会いの体験は、あくまでも疑似的な体験にしかすぎない。吉崎は、確かに都市的世界としての中心性を獲得し、教義・法制の発信地となることによって、他の真宗地域や門徒集団を統合し支配することは可能だとしても、それは大津という聖地の模像にしかすぎず、真の中心性は不在なのである。報恩講を維持・管理し儀礼を執行するのは、加賀・越前の多屋坊主たちであるが、彼らもまた「根本之御影」のある大津という地からすれば〈他者〉でしかない。逆にいえば、吉崎移住以前に蓮如から教化を受け、「根本之御影」のある近江の地もまた、善知識＝蓮如のいる吉崎からみれば〈他者〉ということになる。吉崎と大津という場は、さらにいえば東山本願寺もまた、真宗信者にとっての中心であるとともに、何かが欠如し、真の中心性からは隔てられた非在の場であり、相互に渇仰する場とならざるをえないのである。〈移動〉する蓮如は、このようにして、各地の真宗信者の間にある種の渇きにも似た感覚を生み出していくのである。この非在から生じる渇きは、それらの聖地間を〈移動〉する門徒たちの運動（巡礼）を生み出すとともに、不可視の阿弥陀仏や不在の親鸞への帰依と〈他者〉としての蓮如への熱狂を生み出し、蓮如の語る教化の言葉へと人々を引き込んでいく(31)。その状況を蓮如は、文明六年正月の『御文』第五七章のなかで次のように語っている。

去年霜月ノコロヨリコノカタ、当国加州能登越中ノアヒダヨリ、男女老少、幾千万トナク当山ヘ群集セシムル条、シカルベカラザルヨシノ成敗ヲナストイヘドモサラニモテ、多屋坊主以下、ソノ承引ナシ。……在家止住ノツミフカキ（罪深き）身ガ、弥陀ノ本願ヲ信ジ、後生一大事トオモヒ、信心決定シテマコトニ極楽往生治定ト、ココロエタラン身ハ、ソノアリガタサノアマリ、報謝ノタメニ足手ヲハコビ、マタ、当山ニ安置スルトコロノ本尊、ナラビニ、開山ノ御影ヘモマイリ、マタ、ワレラナンドニモ対面ヲトゲンハ、マコトニ道理ナルベシ。シカルニ、ナニノ分別モナク、タダヒトマネ（人真似）バカリニキタラントモガラハ、当山ノ経廻シカルベカラザルヨシヲマフスナリ。ソモソモ、予ガマヘ（前）ヘキタリテ、見参対面ヲトゲタリトイフトモ、サラニ、ワレラガチカラ（力）ニテ、後生ヲタスクベキムネ（旨）ナシ。信心ヲトリテ、弥陀如来ヲタノミタテマツランヒトナラデハ、後生ハタスカルベカラズ。……カヘスガヘス当山ヘナニノココロエ（心得）モナキヒトキタリテ、予ニ対面シテ、手ヲアハセオガメ（拝め）ルコト、モテノホカナゲキ（嘆き）オモフトコロナリ。

吉崎に集まる多くの信者たちにとって、抽象的な概念としての阿弥陀仏や親鸞や蓮如の語る教説の言葉はたいした意味をもたない。抽象的な概念は、書記言語の文化圏で成立する認識方法だから、音声言語の文化圏に住む大多数の人々にとっては、眼前の具体的なモノ自体と感性を直撃する霊的なもの、発話される瞬間の言葉が存在するもののすべてである。蓮如が本尊・親鸞画像・讃嘆の言葉への帰依を促したとしても、困ったことに発話する蓮如自身が礼拝されることになってしまう。モノが対象化されるためには、〈自己〉という存在が社会から分離され客観化されていなければならないが(32)、それは、書記言語の修得によって実現される現象なのである。彼らが、本尊や親鸞や蓮如を礼拝するのは、それらと彼らが一体であることを確認するためである。『御文』に信心の説明として頻繁に用いられる阿弥陀仏を「タノム」という言葉を、蓮如がいかなる意味で使ったとしても、当時の身分制社会の大多数の人々にとってその言葉は、阿弥陀仏に主人として服従することと理解されてしまう。それはまた、蓮如を主人として服従することをも意味するから、彼らは蓮如を礼拝するのである。彼らのそうした行為は、蓮如と門徒たちの双方から〈他者〉性を奪い取ってしまい、否応なく蓮如と吉崎に世界の中心の地位を与え、真宗集団を主従関係に基づく社会集団へと還元し、権力機構へと変容させてしまうことになる。それは、真宗の教説を破産へと導くことになるから、それを否認するために蓮如は、あくまでも〈他者〉として振る舞い、〈移動〉性に身を置き続けなければならない。

〈移動〉性という視点より見たとき、文明六・七年の一向一揆の発生と蓮如の吉崎退去について、蓮如の教説がその動機となったといったイデオロギー的理由づけ、反対に、信者側の教説の無理解とか蓮如の和合尊重の精神といった教学的説明は、一向一揆の発生や蓮如の吉崎退去を説明したことにはならない(33)。そのような説明は、思想を社会的・イデオロギー的側面でのみ評価するとか、反対に、仏教は平和を重視する思想であるとか、蓮如こそ真宗教義の真の普及者であるとか、そうではなくて、親鸞こそ真宗教義の唯一の源泉であるといった原理主義的評価を、歴史的現実の解釈に適用しようとしたとき生まれる論理的誤認にすぎないし、なによりも〈定住〉者の視線にすぎないからである。

〈移動〉性という視点から見たとき、〈定住〉者にとって重大な事件に見える出来事も、じつは何も起こらなかった、何も変らなかったということもあるのだ(34)。つまり、私たちを含めて〈定住〉する者から見たときにのみ、現在いる空間とは別の空間や時間といった概念が生じ、現在と過去、原因と結果、自己と他者が分離され、

〈いま〉〈ここ〉という場以外で起こっている出来事を想像することが可能になる。〈移動〉性に身を置く者から見れば、このような分離は存在せず、いま目の前で起こっている出来事のみが唯一の現実であると共に、すべての出来事は、〈聖なるもの〉の発現として互いに連関したエコロジカルなものとして認識されるから、それが起こった理由の説明を探し求めたり、別のコンテクストによる説明を考えようとすることはない。

たとえば、吉崎で文明五年一〇月に書かれた『御文』第三八章には次のようにある。

> 抑、去文明三ノ暦林鐘（六月）上旬候ヨリ当年マデハ、スデニ三ケ年ノ間、当山ニ堪忍セシムル志シ、偏ニ後生菩提ノ為ニシテ、サラニ名聞利養ヲノゾマズ、又栄花栄耀ヲモ事トセズ、タダ越前加賀多屋坊主、当流ノ安心ヲモテ先トセラセズ、未決定ニシテ不信ナル間、坊主一人ノ心得ノトヲリヨク信心決定シ給ハバ、ソノスエズエ（末々）門徒マデモコトゴトク今度ノ一大事往生ヲトゲ（遂げ）ナバ、マコトニモテ、自身教人信ノ釈義ニモ叶ヒ、又聖人報恩謝徳ニモナリナント思ニヨリテ、今日マテ堪忍セシムルモノナリ。殊ニ此方トイフ事ハ、冬来レバ誠ニ山フク風モハゲシ（激し）クシテ、又海辺ニウツ浪ノ音マデモタカクシテ、空ニハトキドキカミナリ、大雪ナンドニフリコメラレタル体タラク、誠ニモテ心労ナリ。……或ハ要害、或ハ造作ナンドニ日ヲオクリ、スデニ春モスギ夏モサリ秋モハヤサリヌル間、カクノゴトク徒ニ日月ヲオクリナンドスル事、誠ニ本意ニアラザル間、先ヅ暫時ト思テ藤嶋辺ヘ上洛セシムル処ニ、多屋面々帰住スベキ由、シキリニ申間、マヅ帰坊セシメオハリヌ。

信心に関する叙述がなければ紀行文とみまがうようなこの文章は、決して望郷の念や心情の吐露といった種類の叙述ではない。蓮如自身が常に旅の途上にあること、自己の〈移動〉性を表明する言葉なのである。

文明七年八月、吉崎を去った蓮如は、河内国出口・摂津国富田・堺の坊舎の間を頻繁に行き来する日を過ごす[35]。そして、文明一〇年以降、山科での坊舎の建設が始まり、文明一二年には御影堂が完成し、「根本之御影像」が大津より移坐される。もちろん、これらの地でも蓮如は〈他者〉なのであり、そこに集る人々も互いに〈他者〉同士であることは吉崎の場合と同様である。だが、吉崎退去以後の『御文』には、吉崎で書かれたものとは、微妙な差異が生じていることに気づく。吉崎退去後、最初の報恩講で書かれた文明七年一一月の第九二章には、次のような文章が見出せる。

コノ当国ニコエ（越え）、ハジメテ今年聖人御正忌ノ報恩講ニアヒタテマツル条、マコトニモテ不可思議ノ宿縁、ヨロコビ（喜）テモナヲヨロコブベキモノ歟。シカレバ自国他国ヨリ来集ノ諸人ニヲヒテ、マヅ開山聖人ノサダメオカレシ御掟ノムネヲヨク存知スベシ。……近代コノゴロノ人ノ仏法シリガホ（知り顔）ノ体タラクヲミヲヨブ（見及ぶ）ニ、外相ニハ仏法ヲ信ズルヨシヲ人ニミエテ、内心ニハサラニモテ当流安心ノ一途ヲ決定セシメタル分ナクシテ、アマサヘ（剰え）相伝モセザル聖教ヲ、ワガ身ノ字チカラ（力）ヲモテコレヲヨミ（読み）テ、シラヌエセ法門ヲイヒテ、自他ノ門徒中ヲ経廻シテ虚言ヲカマヘ結句本寺ヨリノ成敗ト号シテ、人ヲタブロカシ（誑かし）モノヲトリテ、当流ノ一義ヲケガ（汚）ス条、真実々々アサマシキ次第ニアラズヤ。コレニヨリテ、今月廿八日ノ御正忌七日ノ報恩講中ニヲイテ、ワロキ心中ノトヲリ（通り）ヲ改悔懺悔シテ、ヲノヲノ正義ニオモムカズバ、タトヒコノ七日ノ報恩講中ニヲイテ、足手ヲハコビ人マネバカリニ報恩謝徳ノタメト号ストモ、サラニモテナニノ所詮モアルベカラザルモノナリ。

一見、吉崎での『御文』と大差ないように見えながら、ここには明確に「開山聖人ノサダメオカレシ御掟」という言葉が登場している。また、師僧から相伝していない自己の聖教解釈によって教化を行うこと、「相伝モセザル聖教ヲ、ワガ身ノ字チカラヲモテコレヲヨミ」が禁止されていることも、新たな叙述として注意される。しかし考えてみれば、「ワガ身ノ字チカラヲモテコレヲヨミ」といった、まったく他の言説から孤立した解釈が、中世社会で成立し通用したとは考え難いし、「ワガ身ノ字チカラ」といっても、誰かから相伝した解釈を継承しているはずである。

この当時、たとえば『御文』第四七章にあるように、「アルヒハ禅僧ノハテ、アルヒハ聖道ノハテ」といった他宗・他派の僧侶が大挙して真宗に帰入し、彼らが身につけていた知識によって、真宗の教説を独自に解釈するという事態が生じていた。蓮如は、彼らが独自に生み出した教説＝「シラヌエセ法門」を、「自他ノ門徒中ヲ経廻」して語るという出来事が頻出した事態への危惧を表明しているのである。さまざまな宗派や真宗各派といった中世社会の宗教構造が解体し始め(36)、僧侶たちが流動化するようになれば、各地の寺院や僧侶が保有している、蓮如の教説からすれば非正統な真宗のテクストや、真宗以外のテクストが混合され、さまざまな教説の入り混じった論理が形成され、論理の流動化が起こることになる(37)。

蓮如は、吉崎退去直前に書いた第九〇章に、「夫聖人ノ御入滅ハ、ステニ一百余歳ヲ経トイヘドモ、カタジケナクモ目前ニヲイテ真影ヲ拝シタテマツル。又徳音ハ、ハルカニ无常ノ風ニヘダツ（隔つ）トイヘドモ、マノアタリ実語ヲ相承血脈シテ、アキラカニ耳ノ底ニノコシテ一流ノ他力真実ノ信心イマニタヘ（絶え）ザルモノナリ」と記している。だが、中世社会での相伝の論理からすれば、蓮如は、親鸞の教義の正統な伝承者とはいいがたい(38)。戦国期の高田派が主張していた、自分たちこそが親鸞の正統な継承者であるという主張は、中世社会の相伝の論理からすれば当然の主張なのである(39)。親鸞の著述は、確かに高田派などの間で師僧から弟子たちへと、書写され相伝され続けていたからである。本願寺の系譜には、このような相伝は行われていなかったから、覚如は如信から親鸞の口伝を相承したと主張したのだが、それは中世社会で社会的承認をえられるような伝承の論理では到底なかった。蓮如のもとには、相伝された親鸞の著述は少なく、ほとんどが覚如・存覚の著作が相伝されているにすぎなかった。もちろん、蓮如が親鸞の著作をまったく所持していなかったとか、読んでいなかったといっているのではない。ここでは、中世的な相伝の論理というコンテクストから見て、蓮如が親鸞のテクストの正統な相承者と認められたのか否かを問題にしているのである。

蓮如の〈移動〉性と〈他者〉性は、中世的な相伝の論理から離脱する一手段でもあったのだ。あらゆる既存の秩序から距離を置く〈他者〉となることによって、各地で入手した親鸞や真宗各派・各浄土門流の多様な聖教類、談義本の類に至るまでを総合化し、「当流ノ一義」を再構成したのが蓮如であった。換言すれば、〈他者〉性と〈移動〉性が、中世的な伝承の論理を超えた他派との交流や自由な聖教解釈を許容してしまうのである。それは、上記の『御文』に記される「ワガ身ノ字チカラヲモテコレヲヨミ」という行為そのものを、蓮如自身が行ったということである。蓮如自身はそれを行い、他の者が同様な行為を行うことを禁止することによって、蓮如が創り上げた「当流ノ一義」が、唯一の正統な教義となることができたのである。それゆえ、新たな聖教解釈を増殖させてしまいかねない、「自他ノ門徒中ヲ経廻」する自由な〈移動〉性は制限されねばならない。

第九六章に「俗人アルヒハ入道等モ、当流聖教自見ノ分ヲモテハ、セメテハワガカタ（我方）ノ一門徒中バカリヲコソ勧化スベキニ、結句仏光寺門徒中ニカカリ、アマサヘ『改邪鈔』ヲ袖ニイレテ、マサニ当流ニナキ不思議ノ名言ヲツカヒテ、カノ方ヲ勧化セシヌル条、不可説ノ次第ナリ」とあるような教化は制限される。〈移動〉は、在地と蓮如の居住する坊舎との間の往復だけが許容され、多くの『御文』に記されているように、〈移動〉の過程で他者に対して真宗の教義を語ることは制限される。金龍静が指摘している、浄土真宗という宗派が、蓮如の時代に成立したというのは(40)、このようなことであったと私は理解している。いまや唯一の教化者となった蓮如に対面し、「当流ノ一義」だけを修得しようとひたすら勤める門徒が求められていくのである。

文明九年一〇月の第一〇二章には、親鸞の主著、『教行信証』の解説が記されるが、末尾に「他人ニ対シテ、タヤスクコレヲ談ズベカラザルモノナリ」とあるにしても、人々の前で読み上げられるという『御文』の性格からすれば、たとえこの公開禁止の文言があったとしても、中世真宗で秘本として扱われていた『教行信証』は、公開されたも同然となったといえる。秘本の内容が公開されることにより、相承の論理とそれによって維持されていた、真宗他派の社会構造や伝承の秩序は崩壊せざるをえない。同年一一月の報恩講のために作成された第一〇四章には、『御伝鈔』（『親鸞伝絵』の詞書）を再構成した親鸞の伝記が記されているが、聖教（『御伝鈔』も聖教の一つである）の内容が次々と公開されることによって、他派の聖教相承の正統性は危機に晒され、蓮如が創り上げ『御文』に叙述した親鸞のイメージが、門徒たちを統合する神話的始原となる。文明一一年一一月の第一一三章には、「ソレ開山聖人ノ尋本地、既号阿弥陀如来化身、又曇鸞大師之再誕トモイヘリ」という文章で始まる親鸞の伝記が記されている。帰依すべきは聖教ではなくて、阿弥陀仏の「化身」である親鸞自体ということになる。このような聖教相承の論理の否定と親鸞の神話化が門徒たちの間に浸透していったころ、山科に御影堂が建立され、「根本之御影像」が安置されることになった。門徒たちが帰依すべき場所と教説は、もはや真宗の〈聖なるもの〉が集約されたユートピアとなった、山科という地と『御文』の言説のなかにしかない。

文明一二年一一月完成し、「根本之御影像」を安置した山科御坊での報恩講の『御文』第一一九章には、「然間、不信心之行者ニ於テハ、此一七ケ日之報恩講中ニ、御影前ニアリテ改悔之意ヲオコシテ、相互ニ信不信之次第ヲ懺悔セバ、誠ニ報恩謝徳之本意ニ達スベキモノ也」と述べられている。報恩講での「改悔」「懺悔」は、すでに文明三年の吉崎移住直後の『御文』（第八・一一章）にも叙述されているが、山科での報恩講の『御文』には、親鸞の御影を前にしての「改悔」「懺悔」が必ずといっていいほど叙述されるようになる(41)。このように、報恩講では、親鸞御影に対して、あたかも生きているがごとくに親鸞に語りかける儀礼が営まれていたことが知られる。

文明一四年一一月の『御文』第一二四章には、次のように記される。

所詮今月報恩講七昼夜ノ内ニヲヒテ、各々ニ改悔ノ心ヲヲコシテ、我身ノアヤマレルトコロノ心中ヲ心底ニノコサズシテ、当寺ノ御影前ニヲイテ廻心懺悔シテ、諸人ノ耳ニキカシムルヤウニ、毎日毎夜ニカタ（語）ルベシ。……シカラバ、マコトニココロアラン人々ハ、コノ廻心懺悔ヲキキ（聞）テモ、ゲニモト思テ、オナジク日ゴロノ悪心ヲヒルガエシ（翻し）テ、善心ニナリカヘル人モアルベシ。コレゾマコトニ今月聖人ノ御忌ノ本懐ニアヒカナフベシ。

ここでは、日常の勧化活動の成果を確認する場として、報恩講が位置付けられている。そして、「改悔」「懺悔」は、親鸞に対しての語りかけであるとともに、聴衆にも聞こえるように語ることが要求されている。その〈声〉によって、さらに多くの聴衆に対する勧化が期待されているのである。

もっとも、そのような信心獲得の方法が、いつもうまくいったわけではないようで、文明一六年一一月の『御文』第一三〇章には、「仏法ノ由来ヲ障子カキ（垣）ゴシニ聴聞シテ、内心ニサゾトタトヒ領解ストイフトモ、カサネテ人ニソノヲモムキ（趣）ヲヨクヨクアヒタヅネテ、信心ノカタ（方）ヲバ治定スベシ。ソノママ我心ニマカ（任）セバ、カナラズカナラズアヤマリナルベシ」とある。また、翌年一一月の第一三三章には、「モトヨリワガ安心ノヲモムキ（趣）イママタ決定セシムル分モナキアヒダ、ソノ不審ヲイダスベキトコロニ、心中ニツツミ（包）テ、アリノママニカタ（語）ラザルタグヒアルベシ。コレヲセメ（責め）アヒタヅ（尋）ヌルトコロニ、アリノママニ心中ヲカタラズシテ、当場ヲイヒヌ（言い抜）ケントスルヒトノミナリ。勿体ナキ次第ナリ。心中ヲノコ（残）サズカタリテ、真実信心ニモトヅク（基づく）ベキモノナリ」とある。

このような現象が起こるのは、蓮如は人々を勧化するのは阿弥陀仏もしくは親鸞であると述べているにもかかわらず、聴衆はあいかわらず蓮如こそが勧化する人であり、善知識であると理解していたからである。蓮如の前で自己の信心を語ったとき、もし蓮如からいまだ信心を獲得していないと判定されてしまえば、それは死の宣告に等しいほどの打撃を彼らに与えたに違いない。報恩講の聴衆の多くは、地域社会の代表者であり宗教的指導者であったから、そのような失敗は、信者の喪失と彼らの社会的地位の失墜をもたらしかねない。それゆえ彼らは沈黙するか、心にもない言葉で取り繕おうとしたのである。そのような齟齬があったにせよ、これらの叙述によって、山科で執行される報恩講という場（毎月の親鸞・存如・法然の命日勤行や夏安居もそういった場となった）において、勧化・聴聞・改悔・懺悔といった儀礼を通しての信心獲得のシステムが整っていったことがうかがえる(42)。この信心獲得のシステムは、第一三三章に、「信心決定ノヒトモ、細々ニ同行ニ会合ノトキハ、アヒタカヒ（互い）ニ信心ノ沙汰アラバ、コレスナハチ真宗繁昌ノ根源ナリ」とあるように、地域社会で催される「会合」の場で繰り返し補強されることが期待されていたのである（第一六六章にも同様な叙述がある）。このことについては、後に再び考察することにしよう。

三　蓮如言行録のなかの儀礼

蓮如の言行録のうち初期のものとしては、蓮如の晩年に近侍した弟子・空善（生没年未詳）が筆録した『第八祖御物語空善聞書』（以下、『空善聞書』と略記）、蓮如第七男・蓮悟（一四六八～一五四三）の伝聞を編集した『蓮如上人御物語次第』などを挙げることができる。その中には、儀礼に言及した条文がいくつか含まれている。これら蓮如に直接接した人々が語る言行録を第一期の言行録とするならば、蓮如に接したことのなかった人々が、さまざまなテクストを収集し編集した第二期の言行録が存在する。その内、儀礼に言及するものとしては、蓮如の第一〇男実悟（一四九二～一五八三）の編集した、『蓮如上人一語記』『蓮如上人仰条々』『蓮如上人御一期記』が代表的なものである(43)。実悟は、他にも本願寺の年中行事や慣習に関する著述を残しているが、それについては次節で検討することにし、ここでは、上記の言行録に見られる儀礼について考えてみたい。

『空善聞書』は、蓮如が隠退した延徳元年（一四八九）から明応八年（一四九九）の示寂に至るまでの言行を、編年順に記載しているが、その内の第一〇～二一条は延徳元年一一月の報恩講に関する条文である。そこには、各地から出仕してきた直参門徒衆が交代で主催して、宗主をはじめとする本願寺の坊主衆と饗食する儀礼、「斎《とき》」や「非時《ひじ》」が毎日行われていたことが記されている。ところで、各種の史料から復元した戦国期の報恩講の構成は、次のようなものであったと推測される(44)。

晨朝勤行―日中法要―斎勤行―逮夜法要―非時勤行―讃嘆―改悔―談合

このような構成の報恩講を、地域社会の門徒衆を山科御坊に出仕させ、親鸞に対する奉仕義務として各種の負担（役）を履行させることによって(45)、蓮如や本願寺を中心とする中央集権的な宗教組織を形成し維持するためのシステムと規定してしまうのには、いささか躊躇せざるをえない。たしかに蓮如や山科御坊を中心として考えれば、各地の門徒たちは、遠隔の地と世界の中心＝山科の間を〈移動〉する〈他者〉ということになる。しかし、「斎」勤行（「非時」勤行も同様な行事である）は、本願寺の坊主衆によって催される勤行と交互に行われるような構成になっているから、報恩講は、本願寺の僧侶と各地の門徒衆とが協同で主催する行事ということになる。各地の門徒衆が儀礼の主催者となって勤行を行い、蓮如たちを饗応するときには、蓮如たちの方が彼らに招かれた〈他者〉ということになる。すでに指摘されているように、本願寺の「斎」が、地域社会で広く慣行化していた、仏神や領主を「客人」としてもてなす収穫祭と結合した饗応儀礼と同種の儀礼として門徒衆たちに認識されていたとすれば(46)、「斎」の場では蓮如たちの方が来訪者となるからである。儀礼の主催者が交代するごとに、相互に主催者と来訪者の役割を果すことになる。このことは、蓮如や山科が世界の中心として固定され、そこに権威や権力や支配が発生し、物質的財貨を貢納する者と受納する者といった区分が生じてしまうことを、多少なりとも緩和してくれるはずである。

しかし報恩講が、親鸞御影を前にして、ただ勤行や饗食をするだけのものではなかったことは、『空善聞書』五二条に記される、報恩講での蓮如と門徒衆との次のような対話によって知られる。

イマモ一心ノトヲリ、聖人ノ御スヽメ（勧め）ノゴトク決定ナクバ、マタ流転センコトアサマシ（浅まし）ヤト仰候テ、ソノ敷居ノソナタニ往生スル人四人カ五人アルベキカ、五人マデハアルマジキカト仰候キ。コノコト明応元年十一月廿六日御非時ノ御座ニテ、ワカサキ二郎三郎モ人数ナリ、シカレバ四人五人々数ニテモナクバアサマシサヨトウチ案ジ申候ヘバ、ミナミナ下向候ヘドモ、クダリ（下り）モウチワスレ（打ち忘れ）、上様ヘ安心ヲコヽロエ申タル分、改悔申上テ下向可申カト、日々夜々ニ案ジ候テ、十二月二日ノ夜、南殿ニテ申上ル処ニ、改悔ハ御スヽメノゴトクニ候。サリナガラミナミナ（皆々）口ニハ改悔ヲ御スヽメ（勧め）ノゴトク申セドモ、コヽロエオチツキカヌル也。改悔コトバノゴトク、コヽロネアラバ、往生スベキナリ、ヨキナリ、ト仰候キ。

ここには、明応元年（一四九二）の報恩講に出仕した若狭の二郎三郎にまつわるエピソードとして、「非時」という場での蓮如による教化、そして彼が信心獲得へと至るプロセスが語られている(47)。蓮如の往生の困難さを示唆する言葉によって不安にかられた二郎三郎は、若狭に帰るのも忘れて思案した末、蓮如の前で自らが領解した信心について語る「改悔」を行うのである。もちろん、それ以前に二郎三郎が幾度も本願寺に出仕し、蓮如の教化（讃嘆）の言葉を繰り返し聴聞して記憶し、それを自分の言葉として復唱できるようになっていることが前提となるのだが。「改悔」とは、彼が蓮如の語る教説の一方的な聞き手という集団性のなかに安住するのではなく、集団性から〈自己〉を分離し、阿弥陀仏との統合へと一歩を踏み出そうとする、ある種の飛躍を伴う行為なのである。彼は、彼が所属する若狭の社会集団のなかから〈自己〉を分離して〈他者〉となり、山科へと〈移動〉することによって、山科で形成される〈他者〉同士の社会集団である蓮如の聴衆へと加入するのだが、それだけでは、信心の獲得者になることはできないと蓮如は語っているのだ。彼が、その集団からさらに〈他者〉化することによって、はじめて信心の獲得者となることができる、そう蓮如は語る。

では、「改悔」を体験し、蓮如から信心の獲得者と認定された彼は、如何なる存在となるのか。若狭の地で彼は、阿弥陀仏の世界への統合を達成した「如来等同」の善知識として(48)より高い社会的地位を獲得するか、もしくは異質な〈他者〉として地域社会から排除されるかのどちらかであろう。しかし二郎三郎にとっては、もはやどちらであっても大した違いはない。一旦〈移動〉性や〈他者〉性に身を委ねた者にとって、地域社会に受容されるのか否かは問題とならない。なぜなら、地域社会が彼を受容し、そこに留ることを認めようが、地域社会が彼を排除し流浪する結果になろうが、〈移動〉する〈他者〉となった彼の自己認識では、地域社会で彼が占めていた場所に元の状態で復帰することは必ずしも必要ではないからだ。もはや彼にとって、周辺で起きるあらゆる出来事が、浄土への〈移動〉の過程で見た風景に過ぎず、社会的な〈他者〉性こそが、阿弥陀仏の世界の住人であることの証しだと自覚することになるからである。

ところで、蓮如が報恩講で行う讃嘆のみが、唯一の教化の場であったわけではない。『空善聞書』九一条には次のようにある。

朝夕正信偈和讃ニテ念仏マウス、往生ノタネニナルベキカ、タネニハナルマジキカ、トヲノヲノ坊主ニ御タヅネアリ。……正信偈和讃ハ衆生ノ弥陀如来ヲ一念ニタノミマヒラセテ、後生タスカリマウセトノコトハリ(理)ヲ、アソバサレタリ。ヨクキキワケテ信ヲトリテ、アリガタヤアリガタヤト、聖人ノ御マヘ(前)ニテ念仏マウシ、ヨロコブ事ナリ、トクレグレ仰候キ。

このように、蓮如は、毎日の勤行で自分が読み上げる、もしくは、他の出仕者によって読み上げられる正信偈や和讃の言葉を聞くことが教化となると語る。そこで信心獲得という現象が起こった人間にとっては、勤行で称える念仏が、そのまま報謝の念仏となるといっているのである。つまり、勤行という儀礼行為のなかに、聞法・信心獲得・報謝の念仏という、往生者となるための一連のプロセスが組込まれていることになる(49)。ただ、注意しなくてはならないのは、そこでの教化者は蓮如ではなくて、あくまでも正信偈・和讃の作者である親鸞である。そのことに関連して、『空善聞書』六〇条には、次のような蓮如のエピソードが記されている。

御ツトメノトキ順讃御ワス（忘）レアリ。南殿ヘ御カヘリ（帰り）アリテ仰ニ、上人御ススメノ和讃、アマリニアマリニ殊勝ニテ、アゲバ（揚場）ヲワスレタリ、ト仰候キ。サレバアリガタキ御ススメヲ信ジテ、往生スルヒトスクナシ、ト御述懐アリケリ。

勤行のなかで交代で読み上げる和讃の言葉に聞き入っているうちに感動してしまった蓮如が、自分が読み上げる番が回ってきたのに読み忘れてしまったというのである。つまり、蓮如自身が、勤行で読み上げられる和讃は、自ら読むとともに教化の言葉として聞くことにこそ意義があるという、勤行の受容の仕方を身をもって示したという神話的言説になっているのである。このように『空善聞書』には、山科御坊で完成された聞法・信心獲得・報謝の念仏という往生者を成型するシステム、つまり、日常的な勤行や毎月の忌日法要で読み上げられる親鸞の作った正信偈と和讃の言葉（それは御影堂の親鸞像に代って読むことである）に耳を澄ませ、その後に語られる蓮如の「讃嘆」、つまり正信偈・和讃を解説する言葉を聴き、一一月報恩講で聞き手の理解度を試す「改悔」を幾度か経験することによって、一人の真宗門徒が成型される一連のプロセスについて叙述されているのである。

六八条には、明応三年の報恩講の期間中に見た空善の夢想について叙述されている。その夢想によって空善は、蓮如が「開山聖人ノ御再誕」という確信をもつことになる。一六・三〇条には、蓮如が親鸞を「弥陀ノ化身」と述べたことが記されているから、空善にとっては、蓮如もまた「弥陀ノ化身」ということになる。一〇八条には、地方から山科に参詣にきた門徒たち（「田舎ノ人」）が、御堂衆を「イキボトケ」と認識していたと記されているように、このような理解が、彼だけの特殊な理解ではなかったことが知られる(50)。真宗のなかのそれぞれの身分に応じて、彼らが接触することの可能な最高位にある人格を、如来そのものと認識していたということは、山科という場自体が、浄土そのものと認識されていたことでもある。それゆえ山科への〈移動〉は、浄土への往生を擬似的に体験することであり、蓮如の教化の言葉は、弥陀の説法そのものということになる。そうであるならば、山科から地域社会への帰還は、如来となって教化のために衆生の世界へと戻っていく「還相廻向」のプロセスに違いない。真宗集団の各構成員が、彼らの上位にある者を「イキボトケ」と認識したということは、決して彼らの無知や無理解を意味しているわけではない。彼らは、今日のわれわれのように、書記言語を読むことによって獲得した知識でもって阿弥陀仏や浄土を理解しようとし、論理的に理解し納得できれば、それで往生ができるようになったと錯覚しないだけのことである。われわれは、そうやって阿弥陀仏や浄土を対象化するために、それらを、遥か彼方の遠い存在にしてしまっているのである。『空善聞書』は、そのような門徒たちの解釈に根拠を与え、彼らの欲求を満たしてやるような言説なのである。もちろん、蓮如の側近であった空善もそのような欲求をもっていたのであろうが。

ところで、他の言行録のなかには、自分だけが往生の約束を独占したいという門徒たちの欲求を否定するような蓮如の言葉が収載されている。それが「談合」「寄合」に関する叙述である(51)。蓮悟の聞書を集めた『蓮如上人御物語次第』三〇条には次のようにある。

同行ヨリアヒ候トキハ、タガヒ（互）ニモノヲイヘイヘ、トオホセラレ候。モノヲマフ（申）サヌモノハヲソロ（恐ろ）シキ、トオホセラレ候。モノヲモフセバ心中モキコヘ、マタヒトニモナヲ（直）サルルナリ。タダモノヲマフセ、トオホセラレサフラフ。

『御文』にも、門徒たちが自己流に解釈した誤った信心を持ってしまうことを防ぐ目的から、「談合」「寄合」の場で相互の信心を批判しあう「信心ノ沙汰」（第三三章）をするように奨励されていたが、蓮悟も同様のことを記しているのである。これらの言説は、蓮如から聴いた教化の言葉や信心獲得といった聴聞の成果の独占を禁じた言説である。確かに、信心獲得や阿弥陀仏の世界への統合のプロセスは、自己を地域社会や真宗集団からさえも分離し、相互に孤独な〈他者〉となることを要求するのだが、だからといって、真宗の集団性が無意味になってしまうわけではない。往生の実現は、相互の信心理解を語り合うという、〈他者〉同士の緊密なコミュニケーションという協同性によって達成可能となるのである(52)。蓮悟は、また五条で次のようにも語る。

タダ仏法ノ儀ヲバヨクヨクヒトニトヘ（問え）、モノヲバヒトニヨクトヒマフセ、トオホセラレ候。タレニトヒマフスベキ、トウカガヒ申ケレバ、仏法ダニモアラバ上下ヲイハズトフベシ。仏法ハシリ（知り）サフニナキモノガシル（知る）ゾ、トオホセラレサフラフ。

真宗教義の中心となる他力とは、自己のなかに救済の根拠を見い出すことを徹底的に排除することによって成り立つ〈他者〉性の論理である。論理的には阿弥陀仏の力によってそれが実現するのであるが、現実世界のなかでは教学の内面化を〈他者〉によって、つまり蓮如の前で行われる「改悔」か、「談合」「寄合」で他の門徒たちの批判に晒されることによって実現するのである。真宗の救済の論理は、決して抽象的な概念としてあるわけではない。現実世界のなかで、現実の人間同士の言説を通したコミュニケーションのなかで現実化する、きわめて実体的なプロセスとして説明され理解されていたのである。

抽象的な概念化は、書記言語を読み書きする能力を備えた人々が、見聞きした言説を、〈自己〉の内面で論理的に再構成することによって獲得可能な能力である。多くの人々が、十分な読み書き能力をもたず、音声言語に依存したコミュニケーションを行う社会にあっては、発話者と聞き手が存在する〈いま〉〈ここ〉という時間と空間、そこで交わされる言説が現実のすべてであって、そこには過去や未来といった隔絶した時間の概念も、現在する場所とは異なる他の領域といった想像力のなかに存在する空間も、一切存在する余地はない。蓮如が生きた中世社会の多くの人々にとっては、抽象的な概念は希薄だったし、往生も浄土も信心も可視的で極めて現実的なものとして受容されていたと考えなくてはならない。

ところで、実悟が編集した『蓮如上人一語記』(以下『一語記』と略記)六条には次のようにある。

蓮如上人へ久宝寺ノ法性申サレ候。一念ニ後生御助候ヘト弥陀ヲ頼ミ奉ルバカリニテ、往生一定ト存候。カヤウニテ御入候カト申サレ候ヘバ、アル人ワキヨリ、ソレハイツモ事ニテ候。別ノ不審ナルコトナド候ハデト申サレ候ヘバ、蓮如上人仰ラレ候。ソレゾトヨ、ワロキ(悪き)トハ、メヅ(珍)ラシキコトヲキキタク思ヒ知リ度ク思也。信ノ上ニテハ、イクタビモ心中ノ趣、カヤウニ申サルベキヨシ仰ラレ候。

蓮如は、いつも同一の教学理解の言葉を述べ、それへの同意を繰り返し蓮如に求める法性の態度を称賛する(六三・六四条も類似した条文)。「別ノ不審」「メヅラシキコト」が次々と生まれるということは、一見、信仰への情熱を表わしているようにみえるかもしれない。だがそれは、次々と多様な言説を生み出し、それらをすべて自己の所有物と化し、それらのなかから取捨選択して再構成した居心地のよい安住の場を、信心として〈自己〉の内面に築きあげたいという欲望からおこる。それでは、他力の信心という〈自己〉の〈他者〉性から遠ざかってしまうことになる。

〈自己〉の確立は、近代社会にとっては必須のものであり、むしろ、社会が教育や慣習を通して強制的に付与するものだから、われわれもそれを当然視してしまっている(53)。だが、中世の真宗のみならず、仏教一般にとって〈自己〉は、捨て去らなければならない悪である。それゆえ、〈自己〉を〈他者〉化するという方法が取られることになる。〈自己〉という概念は、〈定住〉性—読み書き能力の修得はそれを促す—から生じる〈自己〉のいる時間と空間を中心化する思考から生まれる。それは、空間とモノの所有権という概念を生みだし、それとともに〈自己〉や社会という存在の誕生と消滅のプロセス、つまり時間もしくは歴史という概念をも生産する。逆に〈移動〉性は、所有や時間、確固とした領域や実体的なモノの存在を拒否し―書記言語の優位の拒絶も含む―解体する。〈他者〉性・〈移動〉性によって〈自己〉が拒絶されたところには、知的な解釈の変化や多様性は生じないから、「別ノ不審」「メヅラシキコト」といった懐疑も生じることはない。同一の解釈を反復し、その承認だけを蓮如に求め続けるということは、〈他者〉性を持続していること、浄土への〈移動〉性を見失っていないことである。つまり、自己が〈自己〉を経由することなく、阿弥陀仏と空間的に乖離することなく、しかも阿弥陀仏との出会いを将来の出来事として延引することもなく、いま眼前の現実として起こっているという無時間性のなかにあることの証明なのである。それゆえ蓮如は、法性を称賛するのである。

ところで、『一語記』一九条は、門徒同士の間で互いの信心を批判し合うという内容で、『蓮如上人御物語次第』三〇条からの引用であるが、同様な条文は、『一語記』に繰り返し登場している（二五・三九・四〇・五三・七〇・一〇一・一三一・一三八条など）。たとえば、次のような条文がみられる。

何トモシテ、人ニナヲ（直）サレ候ヤウニ心中ヲモ（持）ツベシ。ワガ心中ヲ同行ノ中ヘウチ出シテヲクベシ。下トシタル人ノ云事ヲ心用セズ腹立スル也。アサマシキコト也。唯人ニイハルルヤウニ心中ヲモツベキヨシニ候。（四〇条）

アルヒハ講演、又ハ仏法ノ讃嘆ナド云トキ、一向ニモノヲイハザルコト、大ナル違ヒ也。仏法讃嘆トアラントキハ、イカニモ心中ヲノコ（残）サズ相ヒ互ニ信不信ノ義、談合スベキコトナリト云々。（一三一条）

信心という、今日の常識からすればもっとも個人的な精神の所産とみなされているものを、〈他者〉に対して語る義務があり、〈他者〉によって承認されなければならないという、精神の〈他者〉性として語ることは、私たちの時代からすれば奇異に映るかもしれない。しかし、自らの所属する社会から〈自己〉を〈他者〉として分離し、そうした〈他者〉の集団として構成される真宗集団のなかから、さらに〈自己〉を分離して阿弥陀仏、もしくは浄土との同一化へと旅立つことが求められる時、真宗集団の集団性は崩壊してしまわざるをえないことになる。「談合」「寄合」は、そういった〈他者〉化のプロセスを協同して行うことを通して個人に分裂した真宗集団を再統合し、真宗集団の協同性を維持しようとする方法なのである[54]。とりわけ地域社会にあっては、〈自己〉の〈他者〉化は、地域社会からの孤立を招きかねないから、社会の協同性によって個々人の生存が維持されている前近代社会にあっては、生命すら危機に陥れる危険性を孕んでいる。それゆえ、地域社会の真宗寺院で定期的に行われる儀礼化した「談合」「寄合」の場で、地域社会の構成員全体の〈他者〉化を実現しようとするのである。

誤解してはいけないのは、協同性とはいっても、地域社会の協同性が一旦解体され〈他者〉化した各個人は、自らの意志によって思考し行動しなければならないのであって、決して無批判に蓮如の言説に追従すればいいというわけではない。個々の信心獲得の重要性と、それを〈他者〉同士の結合関係として再編成された協同性のなかで実現すべきことが、個人の意識のレベルまで浸透し自覚されているということである。たとえば、蓮如の弟子として著名な道宗の自戒である『赤尾道宗廿一条覚書』第一九条[55]で彼が、「かやうに申し候は、あまりわが心ちう（中）おもひしれもなく、あさましく候ほとに、かやうに心をかた（語）らいさだ（定）め候ても、そのしるしもかへしと、おもひ候て、かやうにいま申し、いくへにもいくへにも人の御なを（直）しには、した（従）がい申すべき事」と述べているように。

また、「同行」「同朋」と相互に呼び合うことで協同性を維持することは、地域社会で孤立してしまった門徒たちや〈移動〉する彼ら、異なる地域に分散して居住している真宗集団の各構成員や山科のような寺内町の住人たち、それらの人々の間に真宗ネットワークともいうべき統合性を生み出すこと、浄土へと〈移動〉し続ける人々に生活と休息と避難場所を提供していくうえでも必要であった。このように、真宗の〈他者〉性と協同性との並存を実現してくれる場が毎月もしくは毎年定期的に繰り返される儀礼の場であったのである(56)。では、その儀礼の場の具体的なあり方を、実悟が残した『山科御坊事并其時代事』『本願寺作法之次第』という、本願寺の儀礼について記すテクストを通して見ていこう。

四　実悟の儀礼テクスト

実悟は、天正三年(一五七五)六月に記した『山科御坊事并其時代事』の前半部と同八年三月に記した『本願寺作法之次第』(57)に、蓮如以降三代にわたって形成されていった本願寺の儀式や慣習とそれらの変化について記している(58)。そこでは、蓮如と実如の時代、とりわけ前者が真宗の故実として規範化され回顧されている。蓮如を遡る時代を起源とする儀式や慣習も若干記載されているが、本願寺の儀式や慣習の多くは、蓮如が発案し実施していったものとして叙述されている。つまり、これらのテクストは、それが編集された天正年間頃に行われていた本願寺の儀式や慣習の多くが、蓮如の思想を実現するために始められたという神話的起源を物語るテクストなのである。たとえば『山科御坊事并其時代事』一三条の叙述は次のようなものである。

御堂の勤の上に御法談候事、実如の御時は近年実如常に仰には、我は無弁にて物を言も人の耳にも入まじきとのみ仰侍し。卑下の御心にても候や。蓮如上人は常に御法談候しと各申され候。先太夜(逮夜)は夕の六時に候つる程に、御法談候へは夜に入り候。御明日(命日)の朝太夜なとに御物語候へば、諸人感涙を催し、御堂のうちはしばらく各立あがる人もなく候つる、と申され候き。或時四日太夜に御法談候しか、実如も御涙にむせび給ひ、座を御立かねさせ給ひたる事候き、と各御かたり候き。朝勤の上などには細々御法談候し由、みなみな物語候き。

実如が、自らの教化の能力を蓮如と比較して卑下してみせるような冒頭の言説は、天正年間当時の現実からはかなり掛け離れた言説といえる。当時の門徒たちは、蓮如ではなく現在する生きた宗主を、つまり顕如を善知識とみなし絶対的に帰依していた。蓮如に対面し、直接教化を受けたことのある人たち、あるいは、その人たちから蓮如の言行を伝聞した人々にとっては、示寂後の蓮如であっても、絶対的な存在であり続けるかもしれない。しかし、そのような人々が次々と世を去ってしまえば、もはや蓮如は社会集団の記憶のなかから消滅するほかはないのである—かつての親鸞がそうであったように。わたしたちの時代の感覚からすれば、真宗史上に大きな足跡を残した蓮如のことが、そんなにも早く忘れ去られることはないと考えがちである。だが音声言語によって社会のコミュニケーションと社会的合意の形成が計られている社会にあっては、眼前の可視的な現実が常に優先するのである。蓮如が示寂した後、いくつかの言行録が編纂されたのは、蓮如の言行を書記言語として記録することにより、現在する善知識（宗主）を超えて、真宗の神話的起源としての蓮如という存在は不滅であること、蓮如は宗主をも含めた真宗信者たちが模倣すべき言行の規範となり、あるいは、『御文』という言説となって、死後も人々を教化し続けているということを、人々に物語り記憶させるためのテクストが必要だと考えたためである。上記の引用は、蓮如の存在を人々の記憶のなかに植え付けるための言説なのである。天正年間当時、いまだ人々の記憶のなかに生きていた実如が、自己を超える存在として、蓮如を絶対視していたという言説を叙述することにより、絶えることなく教化の言葉を語り続け、人々を感動の渦に巻き込んでいった、卓越した宗教者としての蓮如の神話的イメージにリアリティが与えられるのである。

次に『山科御坊事并其時代事』で注目される記載は二八条である。

太夜過ては、坊主衆御堂衆はかま（袴）ばかりにて手に蠟燭をともし持て、御堂衆同前に、人をことごとくえらび（選び）出され、御堂の庭にも人一人もなく、御門を打て閑に候つる。さて聴聞に望なる人は縁々に五人三人、後に仏前に出られ候間、人多くみえ候時も百人とも候はず候、五六十、七八十人か多勢の分にて候間、坊主衆斗り一人づつ改悔せられ、一心のとおり心しづかに申され、惣の衆五人か十人が後に終に申る間、殊勝なる改悔にてたふと（尊）く候つる。聴聞の衆も耳によく入り候き。談合は五時まで、果て候て日没はあり。七日の間かくのごとし。廿八日には常の如く日没あり。

この「改悔」に関する叙述が、蓮如期と実如期のどちらの時代のことを描写しているのかは定かではない。宗主をはじめとする本願寺の坊主衆と御堂衆、それに一〇〇人足らずの選ばれた聴衆が見守るなかで、親鸞像の前に一人ずつ進みでて、自らの信心を物語る在地の坊主衆や惣衆たちの孤独と緊迫感が、ひしひしと伝わってくるような描写である。「改悔」という儀礼のなかでは、彼は真宗集団の只中にありながらも、まったくの〈他者〉として孤立する。この孤立感と闘いながら、日常的に聴聞していた真宗の教説を自らの言説として語ることに成功したとき、つまり「改悔」の言葉が宗主の承認をえたとき、彼は阿弥陀仏の世界との統合を達成したのだと認められるのである。それは、真宗の教説を聴く側から、本願寺の坊主衆や御堂衆たちと同等な、つまり彼らの感覚からすると、現実世界の浄土＝寺院において真宗の教説を語ることを許された者の側への〈移動〉が完了したことの証明でもある。

自らの信心のありさまを「改悔」するのに成功するか否かは、単に自らの往生が約束されるかどうかといった、個人の信仰上の問題に留らない。聴衆のなかには、自分たちが在地より連れてきた門徒たちが耳を澄ませて聞いているわけだから、「改悔」に成功すれば門徒たちは彼を「如来等同」と認め、彼への信頼は一挙に高まることは間違いない。だが、それに失敗すれば、彼の門徒たちは彼を見捨ててより優れた他の坊主のもとへと去ってしまうだろう。「改悔」に成功するか否かに、彼らの宗教者としての命運がかかっていたといっても過言ではない。「改悔」の後で行われる「談合」「寄合」では、「改悔」の成功者も失敗者も共に、各自の信心について語り合うことになる。成功者は自らの感激を滔々と物語り、失敗者は、必死で彼らから成功の秘訣を聴き出そうとするに相違ない。「改悔」の聴衆たちは、単なる聞き手ではないのだ。彼らは次なる「改悔」の候補者たちであるから、彼らが「談合」「寄合」に加わることになれば、それは夜を徹して行われる熱気を帯びた言説合戦とならざるをえない。参詣者の爆発的増加は、儀礼のなかで起こる穢土から浄土への〈移動〉、聴覚と視覚を通して参加者全員が協同で体験する、人間が如来へ生まれ変る有様を目の当たりにした感動が、彼らの口を通して在地の人々に喧伝されるとき、それが真宗教義とどのような関係があるのかにかかわらず、自らも体験したいという渇望と熱狂によって喚び起こされたものである。それがどれ程のものであったかは、『山科御坊事并其時代事』三一条によってうかがうことができる。

此近年天文以来まいり候て報恩講にあひたてまつり有り難く候。聴聞申し候に、讃嘆はじまり、改悔五人三人申さる歟とおもへば、兎角して一度に五十人百人大声をあげてよば（呼）はりあげて申さる時は、興さめてきも（肝）もつぶれ、たふとげもなく候。喧嘩なども出来候歟とききなし候事古へなきことにて候。古は縁のはし庭より一心の改悔を申候ば、曲言とて申させられず、生後の一大事の申事など、縁からや庭からや垣ごし物ごしに申事、成敗候き。今は庭の聴衆千万人居ならべ申し候事、勿体なき事にて候。……各の信もなくて、聴聞に望のなきゆへにて候。さ候程に、京にて人のききて語候は、大坂にて安心を申すとて、大声をあげてわめきいふとても、これにて仏に成る、と本願寺にはいひひろめ（言い広め）られ候か、おかしき事を沙汰候、とわらひ申候事とて候、勝事と存じ候事にて候。

天文期以降のどの時期かは不明だが、報恩講の「改悔」者が数十倍、あるいはそれ以上にも膨れ上がり、彼らは自分の「改悔」を宗主に聴いてもらい、往生の確約を取り付けようとして、一度にあらん限りの大声でわれ勝ちに「改悔」する喧騒ぶりが描写されている。往生予定者の大量生産は、確かに実悟が考えたように真宗の堕落かもしれない。しかしそれは、信仰者の〈他者〉化による孤立を、「談合」「寄合」という場で参加者全員を協同して信仰者に成型することによって回避しようとする結果生じた現象である。小数の優れた信仰者を育て上げるべきと考える実悟の編集したテクストは、蓮如の時代を蓮如と少数の理想的な信仰者が共住する神話的始原、あたかも浄土で繰り広げられる仏と菩薩たちとの対話が、現実世界に出現したかのごとくに物語ろうとする。たとえば、三二条には蓮如時代のこととして次のように語られる。

蓮如上人の御時には、平生も申に及ばす、まして報恩講などには、いかなるへやべやわきわきの人の集り居られたる所にても、仏法の事ならでは、かりにもいはじ、物語もせじとせられたるとて候。人々口々にも法儀の方の事ならでは申されず、と各物語候しに、近年は御堂にて仏像御影の御前に御かほをまもりゐて、仏とも法とも申し出されず候事、上古には大にかはりたるあさましき事にて候。

しかし、実悟と同時代の栄玄の編集した『栄玄聞書』三条は、別の物語を語ろうとする。

山科殿御建立候テ以後、七八年ノ時分マデハ御流中絶ノヤウニ候キ。アルトキ蓮如上人仰ラレ候。各法義ハイカガ意得ラレ候、ト人々御尋ナサレ候ヘバ、或ハ四五年サキニワレラノカミ（髪）ヲソリ（剃り）オトシ候、ト申上ラレ候人モアリ。アルヒハ本尊名号ヲ望ミ申シ、安置仕リ候トコタヘ申サルル人モアリ。然ニイマハ安心ノヒトトヲリヲミナスルスルトココロヘラレ候事ハ、コレヒトヘニ御文聴聞ノユエニ候、ト京都ニ御取ザタニテ候ヨシ候。

この条文のなかで栄玄は、建立以後、蓮如の隠退に至るまで、山科御坊が不振に陥ってしまったことを暴露する。したがって、山科御坊での蓮如の直接的な教化、「改悔」や「談合」「寄合」による往生者の成型は、相対的に低い評価しか与えられないことになる。彼は、『御文』という言説の普及を、多くの人々が信心を獲得しえた最大の要因と叙述する(59)。よく知られているように『栄玄聞書』一一条には、蓮如と同じようには門徒の教化はできないと述べ、後継者となることを躊躇する実如のために、蓮如自身が『五帖御文』を編纂し、それを門徒たちに下付してやれば教化は十分可能だと語ったと書かれている。栄玄は、音声言語を通した直接的かつ対話的な教化や「談合」「寄合」ではなく、書記言語に定着された『御文』という言説を人々の前で読み上げ、それを聴聞するという、もっぱら儀礼の場を前提とした一方向的な教化を重視している。

だがそれは、教化する者と教化される者という身分的差異を生み出して固定化する。つまり、『御文』の所有者、それを発給する宗主、あるいはそれを読み上げる者やその場所を特権化し世界の中心とする言説である。『栄玄聞書』は、『五帖御文』が開版され、また『御文』の聖教化が確立された天文期頃、『御文』という書記言語と儀礼を通して協同性が維持される真宗集団をユートピアとみなすような、神話的言説として再構成されたテクストなのである。書記言語化された『御文』を媒介とする教化を積極的に評価しようとする栄玄の立場は、『御文』というテクストの非所有者を〈他者〉化し、教団という組織の末端に追いやってしまう。彼らが、真宗信者としてのアイデンティティを獲保するためには、読み上げられる『御文』の言葉、あるいはそれについての解説を聴き、真宗信者へと自己成型を成し遂げ、宗主によって信心を獲得したと認められる必要がある。さらに、それを証明するモノとしての『御文』(あるいは方便法身像や親鸞御影など)を下付してもらい所有者となるという、『御文』というモノを媒介とした往生予定者を再生産するシステムに参加する他はない。一方、音声言語を通した双方向的・対話的な教化への愛着、社会から〈他者〉として離脱し、〈他者〉同士の原初の運命協同体としての真宗集団、そんな協同性回復への熱い想いが、実悟に多くの言行録を編纂させた。こんな両者の差異が、まったく異質な神話的テクストを作りあげていったのである。

おわりに

ここまで考察してきたように、蓮如が強調した信心獲得といった、現在では教学上の問題、個人の内面的な信仰の確立と考えられているようなテーマが、戦国期という時代にあっては、儀礼という場で一定のシステムを通して実現されるものだと認識されていたことがわかる。それは、いかにすれば地域社会の集団性のなかに埋没した個々の人間を分離（〈他者〉化）し、浄土へと〈移動〉する集団として再編成していくのか、しかも、地域社会からの孤立によって生の基盤を失わないように最大限の配慮をするという課題にも答えるという困難な問題でもあった。従来の研究では、一向一揆の社会的基盤の形成といった視点から、ともすれば真宗の集団性や等質性だけに目を奪われたり、逆に『御文』のなかに、自覚的・主体的に思考し行動する、今日的な信仰者となるように促すメッセージを探し出そうとしてきた傾向がないわけではない(60)。

私は、戦国期の真宗集団が共有した、個別性と集団性の関係を明らかにする目的から、〈他者〉性と〈移動〉性といった概念を用いて、『御文』をはじめとする同時期の各種のテクストを分析してみた。今日、宗教にとって極めて重要とされている個人や主体性といった概念は、現代に比較的近い時代、恐らく一七・八世紀以降、ヨーロッパという地域を中心として歴史的に形成されていった、しかも、どちらかといえば知識人の間に普及していった概念であって、全世界の歴史のなかで、普遍的な価値として常に重視され続けてきたわけではないことには十分な注意が払われなければならない―たとえそれらが、今日急速に存在価値を失いつつあるとしても(61)。

だが現代の私たちには、個人や主体性といった概念が、ほとんど性癖といっていいまでに身体のすみずみまで浸透しているから、無意識のうちにそれらを前提として思考している。個人や主体性の呪縛から相対的に自由な視点から、歴史上に起こったことをリアルに再現してみようとするならば、何らかの方法によって、私たちの意識のなかに住み着いた呪縛を意図的に排除してやらなければならない。そこで、〈他者〉性と〈移動〉性といった視座から歴史世界を眺めて見た光景を描写するという方法をとったのである。

そのためには私たち自身が、現在の社会や研究者が共有している知的資産や禁忌から、ある程度〈自己〉を引き離し〈他者〉化しなければならない。〈他者〉性と〈移動〉性という視座から眺めようとするとき、私自身もまた〈自己〉という中心性を失ってしまい、精神の放浪者となってテクストの狭間を漂いはじめる。言説の波間を漂う旅のなかで、私が漂着した言葉の島々について叙述してみたのが本稿である。もちろんそれが、戦国期の人々が、自らの生の依り所として発見した言葉と同じものだというのではない。しかし、このような方法は少なくとも、私たちが〈自己〉という基盤を絶対視し、過去の歴史世界を未成熟な発展途上の世界としてみてしまう誤謬から逃れでて、私が存在している場所とは何かを発見するとともに、新たな歴史世界の光景を発見するのには役立つに違いない。

だが、私が最初に発見したのは、この視座の定礎が思いのほか困難であるということである。それほどまでに、私たちの思考と感性は、自分たちが信じているほどには自由ではなく、現代社会を維持するために、私たちが否応なく身につけざるをえない慣習や感覚に呪縛されているということである。また、〈他者〉性や〈移動〉性について叙述することは、歴史というものを、連続した出来事の一連のプロセスとして叙述することを不可能にしてしまう。紀行文がそうであるように、この叙述法はときに非論理的で、原因も結果も定かでない断片化された言葉の羅列となろうとする。それは、詩的・文学的にならざるをえないのである。そんな呪縛の存在を発見し、そこから逃れ出ようともがきながら、歴史世界との対話の可能性を試みること、そして、より優れた叙述の方法を摸索すること、それが本書の目的であるし今後の課題であり続けることを報告して、ひとまずは私の拙い叙述を終ることにしよう。

《註》

（1）石田充之・千葉乗隆編『真宗史料集成』第一巻（同朋舎、一九七四年）「恵信尼書状」第三通。読みやすいように一部表記を改め、括弧内に漢字を補った（以下に引用した史料も同じ）。なお、覚如は『口伝鈔』中巻のなかに、この書状を引用している。

（2）中世の夢想については、カラム・ハリール『日本中世における夢概念の系譜と継承』（雄山閣出版、一九九〇年）、玉山成元「二祖対面の史的考察」（藤堂恭俊編『善導大師研究』、山喜房佛書林、一九八〇年）、池見澄隆「〈夢〉信仰の軌跡」（同『増補改訂　中世の精神世界―死と救済』、人文書院、一九九七年）、渡辺信和「親鸞・蓮如の太子信仰」（『国文学　解釈と鑑賞』第六三巻第一〇号、一九九八年）参照。夢想という現象は、親鸞が康元元年（一二五六）に書写した、法然の教学や伝記を集成した『西方指南鈔』―それが親鸞の撰述なのか否かについては、いまだ結論は出ていないが―に、善導あるいは法然が菩薩の化身であることを証明するような夢告譚が大量に収載されている。また、覚如の『口伝鈔』『改邪鈔』などにも、善導・法然・親鸞を菩薩の化身とする叙述を一〇カ条程見い出すことができる。このような夢想へのこだわりは、法然の浄土教学は、中国ないしは日本の祖師から、正統な師資相承を受けたものではないという他宗からの批判に反論するのに、「夢告」という神秘的な現象を経由することによって相承が成立しているとするか、あるいは、善導・法然の化身説を展開して、師資相承という論理自体を無意味なものにするかしかないという事情によるのであろう。

（3）『報恩講私記』の引用は、『真宗聖教全書』三　歴代部（大八木興文堂、一九四一年）による。原文は漢文であるが、ここでは書き下し文にした。

（4）『慕帰絵』の引用は、石田充之・千葉乗隆編『真宗史料集成』第一巻による。

（5）〈声〉が現実世界と冥界とを結びつける力をもつことについては、川田順造『聲』（筑摩書房、一九八八年）、山田陽一「自然と文化をつなぐ声、そして身体─音響身体論にむけて」（山田陽一編『講座　人間と環境』11　自然の音・文化の音、昭和堂、二〇〇〇年）が参考になる。このような解釈は、文化人類学による、いわゆる「未開」社会に対する解釈には適用可能でも、「文明」化された社会の事象を解釈するには不適当だという反論が直ちになされるかもしれない。そういった反論には、現代の〈音〉について論じた、後者の著作の他の論考が反証となるであろうし、M・デュフレンヌ『眼と耳─見えるものと聞こえるものとの現象学』（桟優訳、みすず書房、一九九五年）、工藤進『声─記号に取り残されたもの』（白水社、一九九八年）、デイヴィッド・エイブラハム「言語の果肉─感覚的なるものの魔術」（ハロルド・フロム他『緑の文学批評』、伊藤詔子・他訳、松柏社、一九九八年）が、未開と文明の間には、知性や感性の断絶が存在するという現代の神話を突き崩してくれるだろう。

（6）石田充之・千葉乗隆編『真宗史料集成』第一巻所収。原漢文。

（7）初期真宗の儀礼については、山田雅教「初期本願寺における法要儀礼─覚如を中心として」（『教学研究所紀要』第三号、本願寺出版部、一九九五年）を参照されたい。

（8）金龍静『蓮如』（吉川弘文館、一九九七年）「「御文」の地平」参照。

（9）拙稿「『御文章』はどのように読まれたのか─歴史におけるコミュニケーションの二つの側面」（『蓮師教学研究』第五号、一九九五年）、同「〈語る〉蓮如と〈語られた〉蓮如─戦国期真宗信仰のコスモロジー」（浄土真宗教学研究所・本願寺史料研究所編『講座　蓮如』第一巻、平凡社、一九九六年）。本書第三章。

（10）〈移動〉性については、エリック・リード『旅の思想史─ギルガメシュ叙事詩から世界観光旅行へ』（伊藤誓訳、法政大学出版局、一九九三年）参照。

（11）直接〈他者〉性について論じているわけではないが、クリフォード・ギアーツ『文化の読み方／書き方』（森泉弘次訳、岩波書店、一九九六年）、周蕾「あのネイティヴたちはどこへ行ったのか？」（同『ディアスポラの知識人』、本橋哲也訳、青土社、一九九八年）は、その問題を考える際に示唆を与えてくれる。

(12) 以下の『御文』の引用と番号は、堅田修編『真宗史料集成』第二巻(同朋舎出版、一九七七年)「諸文集」による。

(13) 「論義」については、山岸常人「論義会と仏堂」(同『中世寺院社会と仏堂』、塙書房、一九九〇年)、永村眞「「法会」と「文書」—興福寺維摩会を通して」(佐藤道子編『中世寺院と法会』、法蔵館、一九九四年)参照。

(14) 「外来者」の社会的役割については、小松和彦『異人論—民俗社会の心性』(青土社、一九八五年)、同『悪霊論—異界からのメッセージ』(青土社、一九八九年)、マーシャル・サーリンズ『歴史の島々』(山本真鳥訳、法政大学出版局、一九九三年)参照。

(15) 社会的地位の逆転という現象については、ジョルジュ・バランディエ『舞台の上の権力—政治のドラマツゥルギー』(渡辺公三訳、平凡社、一九八二年)、バーバラ・バブコック編『さかさまの世界—芸術と社会における象徴的逆転』(岩崎宗治・他訳、岩波書店、一九八四年)参照。

(16) 巡り物語や通夜物語という叙述様式については、川端善明「巡物語・通夜物語」(本田義憲・他編『説話の講座』2、勉誠社、一九九一年)参照。

(17) エリック・リード『旅の思想史—ギルガメシュ叙事詩から世界観光旅行へ』序章。

(18) 中世の口伝や聞書については、竹内理三「口伝と教命—公卿学系譜(秘事口伝成立以前)」(同編『律令制と貴族政権』第II部、一九五八年)、小峯和明「院政期文学史の構想」(『国文学　解釈と鑑賞』第五三巻第三号、一九八八年)、菊池仁「口伝・秘伝・聞き書き—注釈というメディア」(三谷邦彦・小峯和明編『中世の知と学問—〈注釈〉を読む』、森話社、一九九七年)参照。

(19) 音声言語と書記言語との差異については、川田順造『無文字社会の歴史—西アフリカ・モシ族の事例を中心に』(岩波書店、一九七六年)、池上嘉彦『ことばの詩学』(岩波書店、一九八二年)、W・J・オング『声の文化と文字の文化』(桜井直文・他訳、藤原書店、一九九一年)、イヴァン・イリイチ『テクストのぶどう畑で』(岡部佳世訳、法政大学出版局、一九九五年)参照。

(20) この問題は、本書第三章「『御文』はどのように読まれたのか」で考察した。

(21) それゆえ、このような現象は「王権」とも関わる問題でもある。松原正毅編『王権の位相』(弘文堂、一九九一年)、桜井好朗『祭儀と注釈―中世における古代神話』（吉川弘文館、一九九三年）、マーシャル・サーリンズ『歴史の島々』参照。

（22）日本中世の遊行宗教者については、堀一郎『我が国民間宗教史の研究』二　宗教史編（創元社、一九五三年）、大橋俊雄『一遍―その行動と思想』（評論社、一九七一年）、五来重『高野聖』（角川選書、一九七五年）、佐藤正英『隠遁の思想』（東京大学出版会、一九七七年）、萩原龍夫『巫女と仏教史―熊野比丘尼の使命と展開』（吉川弘文館、一九八三年）、山折哲雄編『大系　仏教と日本人』6　遊行と漂白（春秋社、一九八六年）、五来重『遊行と順礼』（角川選書、一九八九年）参照。

（23）共食や饗宴の儀礼については、今村仁司『交易する人間―贈与と交換の人間学』（講談社選書メチエ、二〇〇〇年）、原田信男「食事の体系と共食・饗宴」（朝尾直弘・他編『日本の社会史』第8巻　生活感覚と社会、岩波書店、一九八七年）、アーロン・グレーヴィチ「富と労働についての中世的表象」（同『中世文化のカテゴリー』、川端香男里・他訳、岩波書店、一九九二年）、保立道久「説話「芋粥」と荘園制支配―贈与と客人歓待」（同『物語の中世―神話・説話・民話の歴史学』、東京大学出版会、一九九八年）参照。

（24）当時の「善知識」に対する信仰については、柏原祐泉「中世真宗「善知識」の性格―教団構造把握への示唆として」（北西弘先生還暦記念会編『中世仏教と真宗』、吉川弘文館、一九八五年）参照。

（25）真宗集団の掟に関する研究には、青木馨「中世真宗集団の制禁及び掟について」（『同朋大学仏教文化研究所紀要』第四号、一九八二年）、神田千里「戦国期本願寺教団の構造」（『史学雑誌』第一〇四編第四号、一九九五年）がある。

（26）石田充之・千葉乘隆編『真宗史料集成』第一巻所収。

（27）宮家準「総論―共同体の伝承とコスモロジー」（同編『大系　仏教と日本人』9　民俗と儀礼、春秋社、一九八六年）参照。

（28）ここでいう都市的世界とは、宇宙論的意味での中心性のことである。西川幸治『都市の思想』（ＮＨＫブックス、一九七三年）、ルイス・マンフォード『都市の文化』（生田勉訳、鹿島出版会、一九七四年）、大室幹雄『劇場都市―古代中国の世界像』（三省堂、一九八一年）、ジュウリオ・Ｃ・アルガン『ルネサンス都市』（中村研一訳、井上書院、一九八三年）、フランソワーズ・ショエ、他『都市空間の解剖』、アナール論文選4（福井憲彦・他訳、新評論、一九八五年）、ジョーゼフ・リクワート『〈まち〉のイデア―ローマと古代世界の形の人間学』（前川道郎・他訳、みすず書房、一九九一年）参照。

(29) 報恩講の歴史については、武田英昭『本願寺派勤式の源流―宗祖より現代まで』（本願寺出版部、一九八二年）、佐々木孝正「本願寺教団の年中行事」（『日本仏教学年報』第四三号、一九七八年）、同「浄土真宗と祖先崇拝」（『尋源』第三三号、一九八二年）、草野顕之「戦国期本願寺教団における年中行事の意味」（『大谷学報』第六七巻第一号、一九八七年）、平松令三「津市白塚町の高田派本山通夜講―その成立をめぐる諸問題」（同『真宗史論攷』、同朋舎出版、一九八八年）、稲城信子「本願寺の報恩講」（仏教民俗学大系編集委員会編『仏教民俗学大系』1、名著出版、一九九三年）、友久武文「安芸門徒と報恩講」（『国文学　解釈と鑑賞』第六三巻第一〇号、一九九八年）参照。

(30) 中世の祖師信仰については、佐藤道子「祖師会の史的研究」（『芸能の科学』9、東京国立文化財研究所、一九七八年）、伊藤唯真「忌日法要と年中行事」（伊藤唯真編『仏教民俗学大系』6、名著出版、一九八六年）、中尾堯「鎌倉時代の民衆宗教―祖師信仰の伝統」（村上重良編『大系　仏教と日本人』10　民衆と社会、春秋社、一九八八年）参照。

(31) 「根本之御影」に対する門徒の崇敬については、名畑崇「本願寺の御影崇敬と霊場説」（梯實圓・名畑崇・峰岸純夫監修『蓮如大系』第三巻、法藏館、一九九六年）参照。

(32) 〈自己〉という認識の成立過程については、S・グリーンブラット『ルネサンスの自己成型』（高田茂樹訳、みすず書房、一九九二年）、あるいは西谷修『不死のワンダーランド―戦争の世紀を超えて』（講談社学術文庫、一九九六年）参照。

(33) 蓮如や真宗教義と一向一揆との関係に言及した論考は極めて多い。ここでは、その問題については論じないが、研究史に関しては、忍関崇「研究史・理解史の中の「蓮如」」（浄土真宗教学研究所・本願寺史料研究所編『講座　蓮如』第三巻、平凡社、一九九七年）を参照されたい。

(34) 平安期の巡礼を、〈移動〉性という視線から論じた拙稿、「仏の旅・ひとの旅―示現と巡礼からみた平安社会」（巡礼研究会編『巡礼論集』1　巡礼研究の可能性、岩田書院、二〇〇〇年）を参照されたい。

(35) 吉崎退去後の蓮如と門徒たちの行動については、木村壽・上場顕雄「摂河泉における真宗教団の展開―蓮如の時期を中心に」(浄土真宗教学研究所・本願寺史料研究所編『講座　蓮如』第六巻、平凡社、一九九八年)に詳しい。

(36) 中世寺院の興廃を、歴史地理的に考察した論考として、野崎清孝「奈良盆地における歴史的地域に関する一問題」(『人文地理』第二五巻第一号、一九七三年)がある。

(37) 中世社会では、テクストの改変がしばしば起こった理由については、ピエール＝イヴ・バデル『フランス中世の文学生活』(原野昇訳、白水社、一九九三年)第三部「文学と社会」、小川豊生「偽書のトポス―中世における《本》の幻像」(『日本文学』第四七巻第七号、一九九八年)が参考となる。

(38) 金龍静『蓮如』「「御文」の地平」参照。蓮如が相伝していた聖教類については、平松令三「蓮如の聖教書写と本願寺の伝統聖教」(浄土真宗教学研究所・本願寺史料研究所編『講座　蓮如』第二巻、平凡社、一九九七年)参照。

(39) 首藤善樹「専修寺と大谷本願寺」(浄土真宗教学研究所・本願寺史料研究所編『講座　蓮如』第四巻、平凡社、一九九七年)参照。

(40) 金龍静「一向宗の宗派の成立」(浄土真宗教学研究所・本願寺史料研究所編『講座　蓮如』第四巻)。

(41) 「改悔」「懺悔」については、青木忠夫「戦国期本願寺報恩講の「改悔」に関する一考察」(『仏教史学研究』第三七巻第一号、一九九四年)参照。

(42) 「改悔」「懺悔」と類似した言葉に、「悔過」や「慚愧」がある。「悔過」は八世紀以降、寺院で行われる恒例化した法会の名称として用いられるようになる。「悔過」については、井原今朝男「中世国家の儀礼と国役・公事」(『歴史学研究』第三六〇号、一九八六年)、佐藤道子「悔過法要の形式―成立と展開」一・二(『芸能の科学』第一九号・第二〇号、一九九〇・九一年)、同「悔過　中世への変容」(同編『中世寺院と法会』)参照。「慚愧」については、池見澄隆「慚愧の精神史―その初発としての『霊異記』」(『日本思想史学』第二六号、一九九四年)、同「鈴木正三にみる仏・儒―〈恥〉の視点から」(『日本仏教学会年報』第六二号、一九九七年)参照。

(43) 以下の蓮如の言行録からの引用は、堅田修編『真宗史料集成』第二巻による。

(44) 金龍静『蓮如』「年中行事と地域的結集」参照。

（45）「役」については、金龍静「蓮如教団の身分的・組織的構造」（楠瀬勝編『日本の前近代と北陸社会』、思文閣出版、一九八九年）、神田千里「戦国期本願寺教団の構造」、金龍静「戦国期一向宗教団の構造」（梯實圓・名畑崇・峰岸純夫監修『蓮如大系』第三巻）参照。

（46）佐々木孝正「本願寺教団の年中行事」参照。

（47）在地の真宗門徒に関する研究としては、本福寺関係のものを除くと、織田顕信「佐々木如光とその周辺」（『真宗研究』第一〇輯、一九六五年）、内田秀雄「蓮如と金森の道西」（『湖国と文化』第一三号、一九八〇年）、高島幸次「近江堅田の土豪猪飼氏について」（木村武夫先生喜寿記念会編『日本仏教史の研究』、永田文昌堂、一九八六年）、橋本芳契「赤尾道宗「心得」の特色と蓮如の教化」（『宗教研究』第五九巻第四号、一九八六年）、金龍静「勧修寺の道徳少考」（『蓮如上人研究会会誌』第一号、一九八九年）、上場顕雄「蓮如の河内国進出—慈願寺法円を中心に」（福間光超先生還暦記念会編『真宗史論叢』、永田文昌堂、一九九三年）、源了圓「後期蓮如と妙好人赤尾の道宗」（大谷大学真宗総合研究所編『蓮如の世界』、文栄堂、一九九八年）、金龍教英「赤尾道宗と蓮如上人」・金龍静「菅生の願正考」（共に蓮如上人研究会編『蓮如上人研究』、思文閣出版、一九九八年）などがある。

（48）「民衆」的な人々の「如来等同」観については、金龍静「蓮如上人の本尊観・善知識観」（『宗教』一九九五年二月号、教育新潮社）参照。

（49）儀礼のなかの言葉と実践との関係については、青木保『儀礼の象徴性』（岩波現代選書、一九八四年）II「儀礼のことば」参照。

（50）化身観については、吉原浩人「観音の応現としての聖徳太子・親鸞—『聖徳太子内因曼陀羅』」（『国文学　解釈と鑑賞』第五四巻第一〇号、一九八九年）、誉田慶信「本地垂迹の体系と中世民衆神学」（羽下徳彦編『中世の政治と宗教』、吉川弘文館、一九九四年）、池見澄隆「善導・法然をめぐる人師信仰」（同『増補改訂版　中世の精神世界—死と救済』、人文書院、一九九七年）参照。なお、覚如が編纂し描かせた『親鸞伝絵』上巻「入西観察」段には、親鸞を「生身の弥陀如来」として描いている。そのことの意味については、吉原浩人「『親鸞聖人伝絵』にみる親鸞像—善光寺如来の来現として」（『国文学　解釈と鑑賞』第六三巻第一〇号、一九九八年）参照。

(51) 中世社会の一般的な「談合」については、勝俣鎮夫『戦国法成立史論』(東京大学出版会、一九七九年)第二部第一章「相良氏法度の一考察」参照。

(52) 儀礼とコミュニケーションとの関係は、エドマンド・リーチ『文化とコミュニケーション』(青木保・他訳、紀伊國屋書店、一九八一年)、青木保『儀礼の象徴性』I「儀礼とコミュニケーション」参照。

(53) ミシェル・フーコー『言葉と物—人文科学の考古学』(渡辺一民・他訳、新潮社、一九七四年)、同『知の考古学』(中村雄二郎訳、河出書房新社、一九八一年)、大森荘蔵『知の構築とその呪縛』(ちくま学芸文庫、一九九四年)、坂口ふみ・他編『宗教への問い』3「私」の考古学(岩波書店、二〇〇〇年)参照。

(54) このようなプロセスは、〈自己〉の変容ではなくて、あくまでも〈自己〉の解体を目的とするから、文化人類学でいう通過儀礼と完全に一致するわけではない。したがって、仏教儀礼の解釈に、通過儀礼という概念を使うときには、〈自己〉の変容と〈自己〉の解体との差異には、十分な配慮が必要であろうし、〈他者〉の共同体としての信仰集団ないしは寺院組織という社会のあり方について、理論化する必要があるだろう。通過儀礼については、ヴィクター・ターナー『儀礼の過程』(冨倉光雄訳、思索社、一九七六年)、A・ファン・ヘネップ『通過儀礼』(綾部恒雄・他訳、弘文堂、一九七七年)、ヴィクター・ターナー『象徴と社会』(梶原景昭訳、紀伊國屋書店、一九八一年)参照。

(55) 堅田修編『真宗史料集成』第二巻所収。

(56) このような宗教的なネットワークは、羽田正・他編『イスラム都市研究［歴史と展望］』(東京大学出版会、一九九一年)、宮崎正勝『イスラム・ネットワーク—アッバースがつなげた世界』(講談社選書メチエ、一九九四年)、片倉もとこ『「移動文化」考—イスラームの世界をたずねて』(岩波同時代ライブラリー、一九九八年)など、近年のイスラーム社会研究で、その存在が注目されるようになった。

(57) いずれも、堅田修編『真宗史料集成』第二巻所収。

(58) これらの実悟のテクストに言及して、本願寺の年中行事を考察した論考として、堅田修「真宗教団における儀礼—特に法会について」(『大谷学報』第三七巻第一号、一九五七年)、同「真宗教団と民俗信仰」(大谷大学編『親鸞聖人』、大谷大学、一九六一年)、佐々木孝正「本願寺教団の年中行事」、草野顕之「戦国期本願寺教団における年中行事の意味」、瀬尾顕證「行儀の確立とその推移―和讃・御文を中心として」（同朋大学仏教学会編『論集　蓮如―その思想と文化』、同朋大学仏教学会、一九九八年）がある。

(59) 戦国期における『御文』の普及については、大桑斉「吉崎開創理念と文明五年九月御文群―『五帖御文』の思想序説」（福間光超先生還暦記念会編『真宗史論叢』）、岡村喜史「蓮如自筆御文と御文普及の意義」（浄土真宗教学研究所・本願寺史料研究所編『講座　蓮如』第二巻）参照。

(60) いわゆる「民衆」の歴史を論じる際に注意しなければならないのは、「民衆」という概念が、今日の歴史家によって造形された概念であること、そして、「民衆」の歴史もまた、歴史家が、さまざまな史料をブリコラージュして再構成した作品であることを、研究者が忘れないことである。そのためには、資料を信憑性という恣意的な基準で等級づけしたり、客観的方法などという、人間の理性を絶対視するような無意味なパラダイムを一刻も早く捨て去って、あらゆるテクストを収集し、それらを、さまざまな研究分野で開発されてきた多様な読みに晒してみることだ。とりあえずは、ジム・シャープ「下からの歴史」（ピーター・バーク編『ニュー・ヒストリーの現在―歴史叙述の新しい展望』、人文書院、一九九六年）などを参照し、そのあとは、自分一人で考える孤独な作業に没頭するしかないのだろう。同じアイデアで思索する歴史家は、二人は必要ないからだ。

(61) 西谷修『世界史の臨界』（岩波書店、二〇〇〇年）参照。「知識人」という存在そのものを、歴史的に研究した著作は意外に少ない。大室幹雄『新編　正名と狂言―古代中国知識人の言語世界』（せりか書房、一九八六年）、小原仁『文人貴族の系譜』（吉川弘文館、一九八七年）、ピエール・ブルデュー『ディスタンクシオン』（石井洋二郎訳、藤原書店、一九九〇年）、荒井健編『中華文人の生活』（平凡社、一九九四年）、アラン・ド・リベラ『中世知識人の肖像』（阿部一智・他訳、新評論、一九九四年）、エドワード・サイード『知識人とは何か』（大橋洋一訳、平凡社、一九九五年）、周蕾『ディアスポラの知識人』など参照。

エピローグ

小著を読み終った読者が、どのような印象をもたれたとしても、そこに私の関心があるわけではない。私にとって小著は、もはや読者のあらゆる解釈に委ねられたひとつのテクストにすぎないからだ。読者は小著をどのようにでも解釈し、自由に脱構築のメスを入れてもらいたい。それで私は満足だし、そのために小著を書いたのだから。

私が最後に書きたいと思っているのは、私の今後の叙述につながる次のようなプランについてである。残念ながら私にとって以下の叙述は、いまだ現実的な構造も形態も備えていない、まだ朦朧とした今後の研究の見通しないし目標以上のものではない。そのことをお断りした上で、あえて書いてみたいという衝動を文字言語化してみることにする。

歴史上に登場してきたテクストのすべて――もちろん現在書かれているものも含めて――、そしてテクストに叙述された人間・生物・無生物・現象などはすべて、歴史世界のなかのみならず現代社会のなかに、私たちと同等の存在する「権利」をもつものとして認められるべきではないか。

たとえば、聖徳太子という人物は、それが最初に叙述された『日本書紀』の段階から、すでに十分に神話化されてしまっている。だが歴史家は、聖徳太子の実像を探究する以前に、聖徳太子について叙述したテクスト自体、そしてテクストに叙述された聖徳太子のイメージ、出来事、夢告といった神秘的な現象を、存在する「権利」をもった一個の存在として承認すべきなのである。またその聖徳太子に関する言説が、各時代にさまざまなイメージを付加されて、新たなテクストを生み出していくが、それらの聖徳太子のイメージもまた、それぞれが一個の人格として承認されなければならない。つまり、歴史上に聖徳太子に関する多様なテクストが次々と生み出されてきたが、それぞれのテクスト・言葉・イメージはすべて存在する「権利」をもっているということである。また、かりに物語や説話の登場人物や現象で、実在性を疑われる人物や、実際におこったとは到底考えられない現象であったとしても、それらも歴史世界のなかに、存在する「権利」が与えられなければならない。

歴史家が、ある人物の実像を探究し、彼らが造形した人物像を、歴史世界の一定の場所に存在させるべきだと主張するならば、過去に造形されたその人物のイメージもまた、同等の資格で存在する「権利」があることを認める責任がある。近代社会が、あらゆる人間の「生存権」をア・プリオリに認める社会であり、歴史家が、歴史上の人物の実像を探究する「権利」と「自由」を有することを主張するのであれば、そうしなければならない。歴史上の人物や現象は、すでに死去したり再現不可能であるから、歴史家の造形した自己のイメージに対していかなる反論もできない。だからこそ、過去の時代に作成されたテクストに叙述されたままの姿で、歴史上の人物や現象が存在する「権利」をもっていることを認める必要性を強調しないわけにはいかない。

現代のエコロジー思想が、人種や性別や思想や宗教にかかわらず、あらゆる人間の「生存権」を認め、それのみならず自然のなかに存在する、あらゆる種類の動物や樹木、岩石や水にも、それらが存在する場所で存在する「権利」を有していることを承認するように、歴史上のさまざまなテクストに登場する人物はもちろんのこと、想像力の所産のものも含めた生物・無生物・出来事・現象に対して、歴史家は、自分たちと同等の「生存権」――たとえ自分が許容できる範囲外のものであっても、テクストが叙述しているままに、それらが叙述されている時と場所に存在する「権利」—をもっているということを認める責任があるという私の主張は、もはやそれほど突飛な発想というわけではあるまい。それは、歴史学における〈存在の連鎖〉とか、エコロジカルな歴史学・思想史（エコロジー思想の歴史ではない）とでも名づけるべき思考法といっていい。それは、中世に登場した本覚思想といわれるものが、たとえテクスト上だけの比喩的表現にすぎないとしても、救済の対象を草木や無生物まで拡大した叙述法をとり、宇宙に遍満する全存在の〈存在の連鎖〉という思想を提示したことの延長線上にあり、それをさらに展開したものだということができる。そのことは、中世キリスト教が提起した、宇宙の全存在が存在する意味と役割をもっており、それらの存在はどれ一つとしてかけがいのないものであるという、〈存在の連鎖〉の思想をひとつの起点として、欧米のエコロジー思想が展開していったことと平行関係にあるといえる。

エコロジーの思想が、アフリカ系奴隷の「権利」、女性の「権利」、愛玩動物や家畜の「権利」、あらゆる動物の「権利」、植物の「権利」、無生物の「権利」を次々と認めさせていったように、歴史学もまた、女の歴史、「民衆」の歴史、被差別者の歴史、先住民族の歴史、移動する人々の歴史、病気の歴史、心性史へといった、歴史の表層から見えなくされていたもの、隠されていたものへと至る扉を次々と開いてきた。その延長線上に、私のいうエコロジカルな歴史学が存在している。そんなエコロジー的な思考法を、テクスト分析という方法に導入するのが私の次のテーマである。残念ながら本書の段階では十分な準備ができていないので、それが可能とならなかったのだが、いずれそのような構想で仏教思想と実践の歴史について叙述してみたいと思っている。

それとともに私が構想しているのは、本書でも提示したテクストと注釈、思想家の著作と言行録との関係についてである。あるテクストが別のテクストを産み出すということについて考える時、それらのテクスト相互の関係は、原本と異本との関係として捉え直すことはできないか。これはメルロ＝ポンティに示唆をえたアイデアであるが、原本を少しずらした地点に異本が形成されるのは、わずかにずれた地点からでないと原本自体が理解できないからではないか。異本が次々と生産されていくのは、原本から徐々に遠ざかっていくように見えながら、実のところ原本に叙述されていなかった事物や現象を携えて原本に回帰し、エコロジカルな関係として世界を再構築するための運動ではないかと考えるのである。つまり、原本と異本、テクストと注釈、祖師の著作と言行録、それらの関係は、語り手と聞き手、作者と読者、祖師と弟子といった乖離を意図的に起こし、その乖離を埋める言説を書き込むことによって、始原の渾沌と豊穣を開示しようとする営為だと考えられないだろうか。こういってもよい、原本と異本とは全体的な意味でひとつのテクストなのだが、テクストが自らの全体性を理解するために、自らが〈他者〉(第二・第三の現実)を産み出すということであると。

そのようなものとしてテクストを分析すること、それが今後の私の構想であること、しかしその構想によって再び蓮如をめぐるテクスト群を論じることはないであろうということを記して、小著を結ぶことにしよう。私はもはやこのテクストのなかにはいない。私は「もっと遠くへ行く」。

小著に掲載した諸論考を作成するにあたって、円満寺住職・金龍静師および光蓮寺仏教研究会、龍史会の方々には大変お世話になった。いまから一三年前、平安期の仏教史を研究していた私に、蓮如に関する研究に目を向けさせ、惜しみない支援と教示を頂き、論文発表の機会を与えてくださったのはこれらの方々である。また大谷大学名誉教授・大屋憲一先生、佛教大学教授・桜井好朗先生、同・池見澄隆先生からは、方法論やテーマを考える上で多くの示唆や助言を頂いた。とりわけ小著が出版できたのは、池見先生のおかげである。小著と直接の関わりはないが、大谷大学教授・大桑斉先生が企画された、カリフォルニア大学教授・ヘルマン・オームス先生との「徳川イデオロギー」シンポジウムに参加したことは、その準備段階としての翻訳作業や参加者とのディスカッションを通して、欧米の最新の方法論に触れるよい機会となった。以上の諸先学の他にも多くの人々のおかげで小著は日の目をみることとなったのだが、お名前を銘記しなかった方々を含めて謝意を表したい。また、人文書院の落合祥尭氏には、出版の労のみならず、叙述の不備や誤字に至るまで原稿に丁寧に目を通され適切なアドバイスを頂いた。感謝したい。

【付記】

小著を作成するにあたり、基礎となった既発表の論文は次の通りである。なお、既発表の論文には、大幅な加筆・訂正を加えている。以下の既発表の論文は、すべて旧姓「藤原」で発表したものである。

序　章　新　稿

〈関連論文〉「中世における仏教の論理と世俗の論理」

（『蓮如上人の研究（平成元年度）』、浄土真宗教学研究所、一九九〇年三月）

第一章　「中世仏教への都市論的アプローチ—顕密仏教のイデオロギーと蓮如上人のことば—」

（『蓮師教学研究』第三号、光蓮寺仏教研究会、一九九三年七月）

〈関連論文〉「顕密仏教のイデオロギーと蓮如のことば—『蓮如上人一語記』の言説より—」

（梯實圓・名畑崇・峰岸純夫監修『蓮如大系』第三巻、法藏館、一九九六年一一月）

第二章　「「始り」の誕生—蓮如上人の言説と蓮如上人の神話化」

（『蓮師教学研究』第四号、光蓮寺仏教研究会、一九九四年七月）

第三章　「『御文章』はどのように読まれたのか―歴史におけるコミュニケーションの二つの側面―」

（『蓮師教学研究』第五号、光蓮寺仏教研究会、一九九五年七月）

〈関連論文〉「〈語る〉蓮如と〈語られた〉蓮如―戦国期真宗信仰のコスモロジー―」

（浄土真宗教学研究所・本願寺史研究所編『講座　蓮如』第一巻、平凡社、一九九六年一二月）

第四章　「中世真宗の歴史叙述と神話―「本福寺旧記」の言説をめぐって―」

（千葉乗隆編『日本の社会と真宗』、思文閣出版、一九九九年七月）

〈関連論文〉「戦国期真宗寺院の神話と現実―『本福寺由来記』のコスモロジー―」

（『蓮師教学研究』第六号、光蓮寺仏教研究会、一九九六年一一月）

第五章　「戦国期の真宗と歴史叙述―『本福寺跡書』をめぐって―」

（『蓮師教学研究』第七号、光蓮寺仏教研究会、一九九七年一〇月）

終　章　「信心と懺悔―戦国期真宗の信仰と儀礼―」

（『蓮師教学研究』第八号、光蓮寺仏教研究会、一九九八年一〇月）

著者紹介

稲城正己（いなぎ・まさみ。旧姓，藤原）

1949年広島県生まれ。立命館大学経済学部卒業。大谷大学大学院博士後期課程単位修得満期退学。専攻は日本宗教史。現在、相愛大学・佛教大学など非常勤講師。博士（文学）。

主要論文：「王宮と山巖と一空海をめぐる都市と山林」（『南都仏教』58号）、「摂関期における都市・自然・仏教一『栄花物語』の言説より」（『仏教史学研究』36巻１号）、「近世初期の都市と言葉一『慶長見聞集』から鈴木正三へ」（『シンポジウム　徳川イデオロギー』、ぺりかん社）、「仏の旅・ひとの旅一示現と巡礼からみた平安社会」（『巡礼論集』１、岩田書院）、「『平家物語』の〈音〉の風景一「祇園精舎の鐘の声」をめぐって」（『歴史と仏教の論集』、自照社）ほか。

訳書：ヘルマン・オームス『宗教研究とイデオロギー分析』（ぺりかん社・共訳）

〈語る〉蓮如と〈語られた〉蓮如
戦国期真宗の信仰世界

二〇〇一年四月一日　初版第一刷印刷
二〇〇一年四月八日　初版第一刷発行

著者　稲城正己
発行者　渡辺睦久
発行所　人文書院
京都市伏見区竹田西内畑町九
電話〇七五(六〇三)三三四四　振替〇一〇〇〇-八-一一〇三

印刷　創栄図書印刷株式会社
製本　坂井製本所

ISBN4-409-41070-9　C3014

増補改訂版 中世の精神世界 死と救済　池見澄隆
「死と救済」という観点から中世人の心象を照らし、死に臨んだ日本人に仏教がどんな役割を果しているかを問う。　3200円

増補新装改訂版「さとり」と「廻向」 大乗仏教の成立　梶山雄一
廻向は空の世界に支えられている。キリスト教やゾロアスター教との比較思想から捉え、大東仏教を位置づける。　2200円

歴史と古道 歩いて学ぶ中世史　戸田芳実
貴族の社寺参詣の実態や交通の問題、文化財としての古道の保存など環境問題まで多岐に論じたユニークな書。　3800円

日本人の地獄と極楽　五来重
我々の父祖は山中他界、海上他界に何を託したか。恐山、白山、大峯山、熊野補陀落渡海など民衆の信仰世界を追求。　1600円

記憶する民俗社会　小松和彦編
村の忘れられつつある記憶を発掘し、民俗社会の生活を追体験する。民俗学にとって「記憶」とは何かを検証する。　2400円

不老不死という欲望 中国人の夢と実践　三浦國雄
中国文化の基底に見られる独特の欲望論、長寿、不死、昇仙などのユートピア志向。それを実現するための技法。　2200円

老子と道教　カルタンマルク著　坂出祥伸・井川義次訳
フランス・シナノロジーの粋を伝える独創的な老荘解釈。最高水準のタオイスム研究の名著。東洋理解の手がかり。　2200円

（数字は税抜価格。二〇〇一年四月現在）